Dervla Murphy, Jahrgang 1931, sagt über sich selbst, sie habe ganz offensichtlich einen Hang zu ungewöhnlichen Ländern und Orten. Als Entdeckerin will sie aber nicht gesehen werden. Geboren in Dublin, reist sie Mitte der 1960er Jahre per Fahrrad von Irland nach Indien; sie bereist u.a. die Anden, Südafrika, Nepal, Äthiopien und Rumänien, immer per Rad, zu Fuß oder mit einfachsten Beförderungsmitteln. Und immer in engem Kontakt mit den Einheimischen, deren Lebensumstände und Denkweisen sie interessieren, und die sie feinfühlig in ihren Büchern festhält. Insofern könnte man sie, die auch bereits ihre Autobiografie vorgelegt hat, doch eine »Entdeckerin vieler besonderer Lebensweisen auf vier Kontinenten« nennen.

Von derselben Autorin bei Frederking & Thaler:
»Das wilde Herz Europas«.

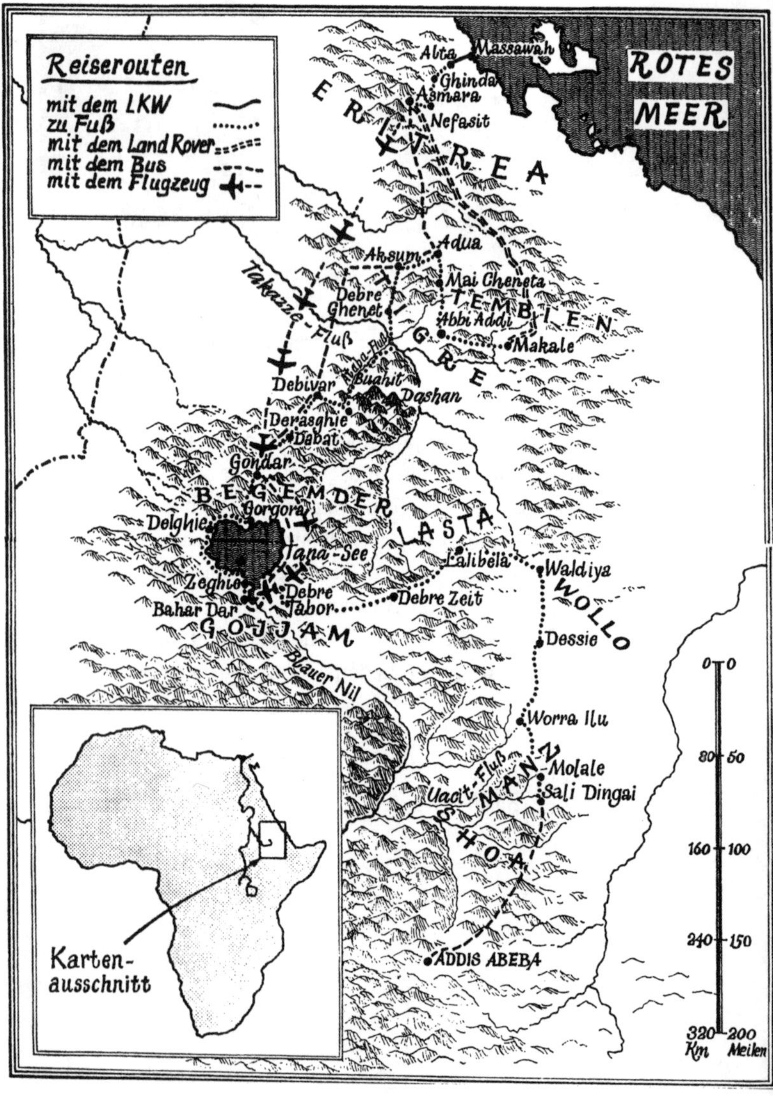
Reiserouten
mit dem LKW
zu Fuß
mit dem Land Rover
mit dem Bus
mit dem Flugzeug
ROTES MEER
Alta
Massawah
Ghinda
Asmara
Nefasit
ERITREA
Adua
Aksum
Mai Cheneta
TEMBIEN
Debre Ghenet
Abbi Addi
Makale
TIGRE
Takazze-Fluß
Buahit
Dashan
Debivar
Derasghie
Dabat
Gondar
BEGEMDER
Gorgora
Delghie
Tana-See
LASTA
Lalibela
Waldiya
WOLLO
Zeghie
Debre Tabor
Debre Zeit
Bahar Dar
GOJJAM
Dessie
Blauer Nil
Worra Ilu
Molale
Sali Dingai
Uacit-Fluß
MANZ
SHOA
ADDIS ABEBA
Karten-
ausschnitt
0
80
160
240
320
Km
0
50
100
150
200
Meilen

Dervla Murphy

Im Land des Löwenkönigs

Mit dem Maultier durch Äthiopien

Aus dem Englischen
von Angela Gaumér und Uta Haas

SIERRA

Die Deutsche Bibliothek – CIP-Einheitsaufnahme
Ein Titeldatensatz für diese Publikation ist bei
Der Deutschen Bibliothek erhältlich.

REISEN · MENSCHEN · ABENTEUER

1. Auflage 2002
SIERRA bei Frederking & Thaler Verlag, München,
in der Verlagsgruppe Random House GmbH

erschienen bei Century Hutchinson LTD, London
Originaltitel: In Ethiopia with a Mule

Titelfoto: Gettyone Stone, München
Umschlaggestaltung: Atelier Seidel, Altötting
Produktion: Sebastian Strohmaier, München
Satz: Uhl + Massopust, Aalen
Druck und Bindung: Clausen & Bosse, Leck
ISBN 3-89405-155-8
Printed in Germany

www.frederking-und-thaler.de

Für Patsy, John und William

Inhalt

In ihrem Buch »Im Land des Löwenkönigs« schildert die Autorin Dervla Murphy die politische, soziale und wirtschaftliche Situation des heutigen Eritrea und Äthiopien, wie sie sich 1966/67 darstellte. Die Region hat sich seit damals dramatisch verändert. Nicht zuletzt der Vergleich mit der aktuellen Situation jedoch macht die Lektüre für Reisende in das heutige Äthiopien höchst aufschlussreich und spannend. Zur Zeit der Reise Dervla Murphys war Eritrea Teil einer Föderation mit dem Kaiserreich Äthiopien.

Einige historische Fakten zur Entwicklung der Gebiete seit den Sechzigerjahren bis heute: 1962 wird Eritrea in das Kaiserreich Äthiopien integriert. 1975 wird die Monarchie in Äthiopien abgeschafft. Zwei Jahre später beginnt Eritrea den Kampf um Unabhängigkeit. 1987 werden Tigre und Eritrea zu »autonomen Regionen« der »Demokratischen Volksrepublik Äthiopien« erklärt. Anfang der 1990er-Jahre beginnen Demokratisierungsbestrebungen in Äthiopien. 1993 erkennt Äthiopien nach einer Volksabstimmung Eritrea als unabhängigen Staat an. 1998 entbrennt erneut ein Grenzkrieg zwischen beiden Ländern, der die Region am Horn von Afrika schwer schädigt. Weit mehr als hunderttausend Menschen fallen Krieg und Hunger zum Opfer. Im Jahr 2000 schließen die beiden Staaten einen Friedensvertrag, dennoch kam es immer wieder zu Kampfhandlungen. UN-Friedenstruppen sollen das umstrittene Grenzgebiet schützen.

Prolog

Wenn man mich fragt, warum ich Äthiopien bereist habe, kann ich darauf unmöglich eine kurze, klare Antwort geben. Von frühester Kindheit an sind für mich so romantische Namen wie Prester John, Rasselas, die Königin von Saba und der Löwe von Juda mit Abessinien verbunden. Durch meine Lektüre entstand allmählich ein Bild vor meinen Augen: ein Land voller Gewalt und Frömmigkeit, Liebenswürdigkeit und Verrat, Unfruchtbarkeit und Fertilität.

Äthiopien war schon immer schwer zugänglich. Dennoch ist Äthiopien weniger unzugänglich als die meisten anderen Länder Afrikas. Seit dem frühen 16. Jahrhundert haben eine Menge Reisender das zentrale Hochland und Teile der Somalihochfläche besucht, um dort die Interessen Europas zu wahren. Derzeit verfolgen diese Reisenden hauptsächlich geschäftliche oder politische Interessen; die frühesten europäischen Forschungsreisenden waren jedoch portugiesische Missionare, deren übertriebener Eifer ein Zeitalter des Fremdenhasses einläutete, das erst heute seinem Ende entgegensieht.

Viele Europäer, die das Glück hatten, aus Äthiopien zurückzukehren, ergingen sich in den höchsten Tönen über das gebirgige Empire, und ganz allmählich verband sich der Name des Landes Äthiopien oder Abessinien mit Schönheit, Gefahr, Einsamkeit und Mysterium. Oft wird einem der Reiz eines solchen Landes nicht richtig bewusst. Manchmal aber erwacht der Reisende eines Morgens und überrascht sich selbst mit dem Entschluss: »Ich werde nach Äthiopien fliegen.«

Äthiopien ist ungefähr fünfmal so groß wie England. Seine Südspitze liegt etwa 400 Kilometer vom Äquator entfernt, und die Küste am Roten Meer ist 800 Kilometer lang. Das Gebiet, das gewöhnlich als »zentrales Hochland« bezeichnet wird, ist eine ausgedehnte, rissige Hochebene zwischen dem Oberen Niltal und der Somaliland-Wüste. Diese Hochebene liegt 1800 bis 3000 Meter über dem Meeresspiegel, in bestimmten Gegenden steigt sie sogar bis 3600 bzw. 4600 Meter an. Die Höhenlage verleiht ihr – trotz der Nähe des Äquators – ein Klima, das als das gesündeste und angenehmste der ganzen Welt gilt.

Das Land ist in 14 Provinzen unterteilt und wird von Menschen verschiedener Rassen, Religionen und Kulturen bewohnt – wie den Danakils, Falashas, Gurages, Somalis, Konsos, Waytos und Wollamos. Die wahren Abessinier jedoch sind die Amharen und Tigres, die fast die ganze Bevölkerung der sechs Hochlandprovinzen ausmachen, durch die ich gereist bin: Eritrea, Tigre, Begemdir, Gojjam, Wollo und Shoa. Bis in die zweite Hälfte des 19. Jahrhunderts hinein waren die acht anderen Provinzen entweder völlig unabhängig oder mit dem amharischen Reich nur locker assoziiert.

Man nimmt an, dass die Ureinwohner des Hochlands von den Hamiten abstammen, ebenso wie die Danakils, Somalis und Nubier. Dann, vermutlich 1000 bis 500 v. Chr., überquerten Stämme der Yemeni-Araber das Rote Meer und siedelten sich im fruchtbaren Norden des Plateaus an. Die Ruinen großer Städte zeugen von ihrer blühenden Kultur, Jahrhunderte vor und nach Christi Geburt. Einer dieser Stämme nannte sich die Habashat, wovon sich der Name »Habesh« ableitet, unter dem Äthiopien noch heute in moslemischen Ländern bekannt ist und aus dem europäische Zungen Abessinien machten. Wie auch immer, heute nehmen die Hochlandbewohner es übel, wenn man sie Abessinier nennt. Sie bezeichnen sich als Äthiopier, was allerdings ein Problem mit sich bringt. Alle Einwohner sämtlicher Volksstämme sind dem Recht nach Äthiopier, also wäre es sehr ungenau, wenn man Äthiopier schreibt, sich aber speziell auf Amharas oder Tigres bezieht, die mit den nicht abessinischen Staatsbürgern so gut wie gar nichts gemein haben. Daher vermeide ich aus Genauigkeitsgründen die Bezeichnung »Äthiopier« und aus Höflichkeitsgründen »Abessinier« und beziehe mich im Folgenden auf »Amharas«, »Tigres« oder »Hochlandbewohner«.

Im Zuge der arabischen Besiedelung ersetzte die semitische Sprache und Kultur die alte hamitische Zivilisation, von der nichts Genaues bekannt ist. Einige Wissenschaftler jedoch behaupten, sie sei hoch entwickelt gewesen. Neuankömmlinge und Einheimische heirateten untereinander, und obwohl die hamitischen Erbeigenschaften dominant blieben, ist der semitische Einfluss noch erkennbar. Aus diesen Verbindungen ging eine Rasse außergewöhnlich gut aussehender Männer und schöner Frauen hervor.

Im Jahre 524 n. Chr., kurz vor dem Niedergang des aksumitischen Reiches, reiste ein ägyptischer Händler namens Cosmos vom Hafen von Adulis am Roten Meer nach Aksum. Dieses Empire wurde einst von den semitisierten Hamiten der heutigen Provinzen Eritrea und Tigre gegründet, aber weder Cosmos noch sonst jemand berichtete ausführlich darüber, sodass über die 600 Jahre Ruhm und Glanz dieses Imperiums nur wenig bekannt ist. Es gilt als das Zentrum, von wo aus sich die semitische Kultur und die christliche Religion nach Süden ausbreiteten, bis im 13. Jahrhundert die Provinzen Begemdir, Gojjam und Shoa nicht mehr heidnisch waren.

Die Verbreitung des Islam zog sehr schnell die Isolierung dieses christianisierten Hochlandes nach sich. Nach Cosmos gingen etwa 1000 Jahre ins Land, ehe durch die Ankunft des nächsten Fremden in Massawah wieder aus Äthiopien berichtet wurde. Sein Name war Francisco Alvarez. Er verbrachte dort sechs Jahre als Kaplan einer diplomatischen Missionsstation, von König Manoel I. von Portugal an den Hof des Kaisers Lebna Dengel gesandt, dessen Großmutter Portugal um Hilfe gebeten hatte, als Äthiopien vom Ottomanischen Reich bedroht wurde.

Dieses Jahrtausend Abgeschiedenheit inspirierte Gibbon zu dem oft zitierten Satz: »Umzingelt von allen Seiten von den Feinden ihrer Religion, schliefen die Äthiopier fast tausend Jahre – die Welt vergessend, von der sie vergessen waren.« Tatsächlich jedoch waren die Äthiopier damals aufgeweckter als heute. Während dieser Jahrhunderte entstanden die kunstvollsten Malereien und die aufklärerischsten Schriften, viele außergewöhnlich schöne Kirchen – von denen die elf in Lalibela die berühmtesten sind – und das Beste an Literatur.

Alvarez war der einzige Europäer, der Äthiopien noch vor der schrecklichen moslemischen Invasion beschrieben hat, die 1527 begann – ein Jahr nach der Aufgabe der portugiesischen Mission. Die Eindringlinge wurden angeführt von Mohammed Gragn, einem bemerkenswert tüchtigen General, der sich die Überlegenheit der Feuerwaffen zu Nutze machte, die er von den Türken bekam, die auch eine kleine Truppe von ungefähr 200 Männern stellten. »Der Effekt dieser kleinen disziplinierten Truppe, trainiert im Umgang mit Feuerwaffen, war verheerend. Die abessinische Front brach auseinander, und die Soldaten flohen wie Spreu vor dem Wind. Ganz Abessinien war besetzt... Die Festungen mit all den Schätzen waren in der Hand der Feinde, und der gesamte Reichtum des Königreiches wurde davongeschleppt. Die Kirchen und Klöster wurden geplündert und in Brand gesteckt... und die Prinzessin salomonischer Abstammung fiel dem Schwert zum Opfer. Den abessinischen Chroniken zufolge legten neun von zehn Christen ihren Glauben ab und bekannten sich zum Islam. Nur der König und eine Hand voll treuer Gefolgsmänner setzten sich weiterhin zur Wehr... im Schutz des gebirgigen Binnenlandes.«*

Um 1535 gelang es Lebna Dengel, die Portugiesen um Hilfe anzurufen, und sechs Jahre später landeten 400 portugiesische Truppen in Massawah, unter dem Kommando von Christopher da Gama, einem Sohn des berühmten Seefahrers. In der darauf folgenden Schlacht kamen sowohl der portugiesische als auch der moslemische Anführer um. Ohne Mohammed Gragn waren die Eindringlinge

* Jones & Monroe: A History of Ethiopia

verloren, und sie wurden unter der Herrschaft von Lebna Dengels Sohn, Claudius, vertrieben.

Das Reich war mittlerweile merklich geschwächt, und sofort starteten die Galla einen neuerlichen Angriff. Diese heidnischen Nomaden, gequält und ausgebeutet von den Somalis, fielen in den südlichen Teil des äthiopischen Plateaus ein. Sie bemächtigten sich der Pferde der Hochlandbewohner, wurden bald gefürchtete Kavalleristen und drangen nach Norden bis Begemdir vor. »Die Galla kamen nicht nur als Reiter in das Hochland, sondern auch als Siedler. Wo immer sie sich niederließen, machten sie das Reisen für Abessinier gefährlich und unsicher, isolierten sie ganze Provinzen voneinander und zerstörten so das Reich. Die Abessinier kämpften viele Schlachten gegen die Galla, und obwohl einzelne Gruppen geschlagen werden konnten, war der Einmarsch der Galla nicht aufzuhalten. Viele von ihnen wurden auf Grund ihrer kriegerischen Neigung in die Armeen der abessinischen Herrscher eingezogen… (und)… es heißt, dass während dieser Zeit nur der ehrwürdige Charakter der abessinischen Monarchie die Dynastie vor ihrem Untergang bewahrte, sodass die Galla, obwohl sie viel Macht ausübten, nie den Thron innehatten.«*

Während der 90 Jahre zwischen der Vertreibung der Moslems und dem Beginn der Gondarine-Ära brachte ein weiteres Störelement den »ehrwürdigen Charakter« der Monarchie ins Wanken: der bereits erwähnte übertriebene Eifer gewisser Missionare. Die Bekehrung des Kaisers Susenyos durch die Jesuiten im Jahre 1632 und die unduldsamen Versuche der Katholiken, das ganze Reich zu bekehren, führten zur Verbannung aller Fremden aus Äthiopien. Ein Rückfall in die Isolation war die unmittelbare Folge.

Die Geschichte Äthiopiens ab 1632 ist ziemlich gut dokumentiert; ich habe mich in meinem Tagebuch auf die wichtigsten Ereignisse und die bedeutendsten Charaktere beschränkt.

* Frederick J. Simoons: Northwest Ethiopia

Es gibt eine interessante Ähnlichkeit zwischen der Verbreitung des Christentums in Äthiopien und der der buddhistischen Religion in Tibet. In beiden Fällen gelangten fremde Religionen in abgeschiedene Länder, und die »importierte« Religion wurde hier wie dort schon sehr bald mit uraltem animistischen Aberglauben verwässert. Diese Verschnitte zweier großer Weltreligionen trieben auf den Hochplateaus eigenartige Blüten und waren schließlich kaum mehr als Abkömmlinge der ursprünglichen Glaubensrichtungen erkennbar. Hier endet auch die Gemeinsamkeit. Der tibetanische Buddhismus ist von beiden Religionen in philosophischer Hinsicht weitaus fortgeschrittener und hat einen viel größeren kulturellen Einfluss auf die Landbevölkerung. Lamas schüren weder Fanatismus noch Fremdenhass, wie es die koptischen Priester Äthiopiens mitunter tun, indem sie predigen, dass die äthiopischen Christen die einzig wahren Christen dieser Welt seien. Diese Unsitte haben koptische Priester nicht alleine für sich gepachtet, aber sie wirkt sich eben in einem isolierten Land besonders negativ aus, wo ein mitreißendes nationales Überlegenheitsgefühl in Ermangelung eines sachlichen Vergleichs mit anderen Nationen leicht aus dem Ruder gerät.

Obwohl über die frühe Geschichte Äthiopiens nur wenig bekannt ist, halten Wissenschaftler die romantische Geschichte der Bekehrung des Reichs weitgehend für wahr. In der ersten Hälfte des 4. Jahrhunderts machte sich Meropius, ein Philosoph aus Tyre, mit zwei jungen Verwandten, Aedesius und Frumentius, auf die Suche nach Erkenntnissen über das Land. Um Wasser zu laden, legte ihr Schiff in einem Hafen (Adulis?) an. Dort wurden sie von »Barbaren« überfallen, die Meropius und seine Männer niedermetzelten, die beiden Jungen aber verschonten – man fand sie lesend unter einem Baum am Ufer. Die Barbaren brachten sie an den Hof von Ella Amida in Aksum. Der König gewann die beiden Jungen sehr lieb, machte Aedesius zu seinem Mundschenk, und Frumentius, der gebildet und weise war, zu seinem Sekretär und Schatzmeister. Aber schon bald starb Ella Amida und hinterließ einen kleinen Sohn, Aeizaras, als Erben. Die Königin bat nun die beiden jungen Männer, ihr zu helfen, die Last der Regentschaft zu tragen. Während dieser Jahre, in denen Frumentius der tatsächliche Regent war, ermutigte er römisch-katholische Händler, ihren Glauben zu verbreiten.

Als Aeizaras gekrönt wurde, kehrten Aedesius und Frumentius ins Römische Reich zurück, obwohl der König und seine Mutter sie anflehten zu bleiben. Aedesius eilte zu seiner Familie nach Tyre, wo er später Priester wurde. Frumentius hingegen ging nach Alexandria und drängte Athanasius, einen Bischof nach Äthiopien zu schicken, um dort den christlichen Glauben zu predigen. Athanasius beschloss, Frumentius selbst zum Bischof zu weihen, und schickte ihn auf Mission. Er bekehrte zahllose Heiden, weihte Priester, und nach Jahren konvertierte sogar Aeizaras. So etablierte sich die koptische Kirche in Äthiopien.

Von der Einsetzung Frumentius' durch Athanasius bis ins Jahr 1951 war das Oberhaupt der koptischen Kirche (der Abuna) stets ein ägyptischer Mönch, bestimmt vom Patriarchen von Alexandria aus dem Kloster St. Antonius. Zwischen dem Tod eines Abunas und der Einsetzung seines Nachfolgers lagen unausweichlich manchmal ein oder zwei Jahrzehnte. Die Weihbischöfe, die gelegentlich stellvertretend bevollmächtigt waren, durften jedoch keine Priester weihen. Darüber hinaus war kein Abuna je tatsächlich mit den orthodoxen christlichen Traditionen vertraut, denn durch sein Leben im »Exil«, seine Sprache, seine Ausbildung und seinen kulturellen Hintergrund war er völlig von der ihm fremden Diözese isoliert. Niemand kontrollierte daher die eigenwilligen Interpretationen der Heiligen Schrift durch die Äthiopier.

Das äthiopische Christentum zeichnet sich noch immer durch viele animistische Elemente aus. Aber auch der jüdische Einfluss ist beträchtlich. Die amharischen Worte für »Almosen«, »Götterbild«, »Reinigung«, »Hölle« und »Ostern« stammen aus dem Hebräischen, obwohl die einzige Version der Heiligen Schrift, die die äthiopische Kirche je kannte, eine Übersetzung der Septuaginta war. A. H. M. Jones nimmt an, dass die jemenitischen Juden vor dem Aufschwung des Islam ihren Glauben in ganz Äthiopien zu verbreiten suchten, »das damals sehr enge wirtschaftliche und politische Beziehungen zu Südwestarabien pflegte; auch Sprache und Kultur der beiden Länder waren einander ähnlich... Die Bekehrung des Königshauses zum Christentum verhinderte, dass das Judentum offizielle Religion des abessinischen Königreiches wurde. Der Glaubensübertritt verschiedener Agau-Stämme zum Judentum und die Übernahme bestimmter jüdischer Sitten und Bräuche blieben davon jedoch unberührt.«

Zugehörige dieser konvertierten Agau-Stämme werden von den koptischen Hochlandbewohnern »Falashas«, »die Verbannten«, genannt. Einige von ihnen sprechen noch heute hamitisch genauso wie ämharisch. Ihre traditionelle Hochburg befand sich im Semien-Gebirge. Obwohl es heute von den Nachfolgern der Agau nur noch 30 000 gibt, waren sie im 7. Jahrhundert so mächtig, dass Professor Simoons vermutet, die Agau trugen zum Niedergang des Aksumitenreichs bei, da sie die Verbreitung des Christentums nach Süden blockierten.

Unter den Falashas wie auch unter ihren christlichen Nachbarn führte die Isolation zu den ausgefallensten Blüten in Glaube und Brauchtum, und eine Reihe koptischer Traditionen, eingeschlossen das Klosterwesen, verschmolzen mit ihrer eigenen archaischen Form des Judentums. Da die Falashas nie über eine eigene geschriebene Sprache verfügten, sind sie auf die übersetzte Version des Alten Testaments angewiesen; eine Mischna oder den Talmud besitzen sie nicht. Wolf Leslau zufolge basieren die meisten ihrer Gesetze und Vorschriften auf der apokryphen Schrift »Book of Jubilees«. Diese »schwarzen Juden« leben heute verstreut in den Provinzen Tigre und Begemder. Landbesitz erlaubt man ihnen dort nicht, sie müssen den Boden von Christen pachten, von denen sie verachtet werden, weil sie keine Christen sind, was wiederum den Falashas nicht viel ausmacht, die ihrerseits unreinen Nicht-Falashas aus dem Weg gehen.

Soweit zum Hintergrund meiner Reise durch ein nicht ganz afrikanisches, aber auch nicht ganz asiatisches Land mit einer in der Abgeschiedenheit sich entwickelnden Kultur. Viele Jahrhunderte lang drangen neue Ideen und Gedanken kaum zu der Küste des Roten Meers vor; sie erreichten das Hinterland als beunruhigende Gerüchte, denen man ablehnend gegenüberstand, da sie den Menschen weniger glaubhaft erschienen als die Legenden der Heiligen in den Handschriften ihrer Klöster.

Die ganz persönlichen Vorbereitungen für eine solche Wanderung sind relativ einfach. Ich musste mir lediglich einen großen Rucksack kaufen, ein festes Paar Stiefel, eine fünf Liter fassende Wasserflasche aus Plastik, eine Eskimo-Ausrüstung, bestehend aus Jacke, Hose und Socken, die leicht zu tragen und warm war, eine kleine Reiseapotheke, sechs Notizbücher und ein Dutzend Kugelschreiber. Um den Kontakt zu meiner Kultur nicht zu verlieren, packte ich außerdem eine Shakespeare-Anthologie, »Tom Jones«, W. E. Carrs »Poetry of the Middle Ages«, Coopers »Talleyrand« und Boros »Pain and Providence« ein. Unseligerweise kamen zwischen London und Massawah noch weitere Bücher dazu, sodass ich ein Gewicht von fast 50 Pfund zu schleppen hatte, als ich zu dem über 2000 Meter hoch gelegenen eritreischen Plateau aufstieg.

Ich war vorgewarnt – von Leuten, die Leute kannten, die Leute kannten, die bereits in Äthiopien waren –, dass die äthiopischen Behörden Ausländern misstrauten und mir nur ein Touristenvisum für 30 Tage geben würden. Das erwies sich zum Glück als Unsinn. Als ich in der äthiopischen Botschaft in London meinen Pass vorzeigte, einen Antrag für ein sechsmonatiges Geschäftsvisum stellte und die Gebühren bezahlte, bat man mich, am nächsten Vormittag um zehn Uhr wiederzukommen. Ich war um fünf nach zehn da und innerlich auf einiges gefasst, aber mein Pass lag schon gestempelt und unterschrieben bereit und wurde mir sofort überreicht.

Die tatsächlichen Schwierigkeiten begannen bei den Landkarten. Es gab keine wirklich präzise Karte von Äthiopien. Barbara Toy überließ mir großzügigerweise ihre italienischen Landkarten, die sie auf ihrer Äthiopienreise benutzt hatte. Sie waren ungenau genug, dass ich mir gelegentlich vorkam wie ein Forschungsreisender in der Wüste, hingegen aber wieder genau genug, mir anzuzeigen, dass Addis Abeba südlich von Massawah liegt. So machte es also nichts aus, wenn ich jeden Tag ein wenig vom Kurs abkam, vorausgesetzt, ich ging nicht zu lange ohne Unterbrechung nach Osten oder Westen.

Die mir selbst auferlegte Hausaufgabe war schon ein wenig anstrengender. Ich las die meisten kürzlich erschienenen Bücher über Äthiopien und studierte sorgfältig »Wax and Gold«*, was zum Vergnügen an meiner Reise wesentlich beitrug. Ohne Dr. Levines einfühlsame Untersuchung der amharischen Kultur wäre ich halb blind durch das Hochland gewandert.

Als ich schließlich alles erledigt hatte, flog ich am 3. Dezember 1966 nach Kairo. Acht Tage später trat ich in Port Said meine fünftägige Reise nach Massawah an Bord eines norwegischen Schiffes an.

* Donald N. Levine: Wax and Gold, University of Chicago Press, 1965

1.

Wie ich zu meinem Vierbeiner kam

16. Dezember – Massawah

Den ganzen Tag über war die Küste zu sehen – ein langer Streifen niedriger Berge, oft nicht zu unterscheiden von den tief hängenden, blassen Wolken. Keiner konnte mir sagen, wo der Sudan endete und Äthiopien begann, aber um 5.40 Uhr nachmittags erreichten wir Massawah. Die rot glühende Sonne versank rasch hinter dem Hochplateau Abessiniens.

Wir ankerten ungefähr eineinhalb Kilometer vom Ufer entfernt und warteten auf unseren Lotsen. Während ich ungeduldig an Deck stand, lag noch immer ein goldenes Leuchten über den Bergen, und eine silbrige Mondsichel warf ihre Strahlen auf das ruhige Wasser. Hier in der Nähe befand sich einst Adulis, der Haupthafen des aksumitischen Reiches. Im 1. Jahrhundert n. Chr. schrieb der anonyme Autor des Werks »Periplus of the Erythraean Sea«: »In solchen Häfen werden allerlei Güter abgeladen, wie zweifach gesäumte Umhänge, verschiedene Artikel aus Flintglas; Messing, das entweder zu Schmuck verarbeitet wird oder, in Stücke zerteilt, als Zahlungsmittel an Stelle von Münzen gilt; Eisen, das man zu Speeren verarbeitet, mit denen wilde Tiere erlegt werden oder in Kriegen die Feinde; Wein aus Laodicea oder Italien – nicht gerade reichlich; Olivenöl, nicht eben viel; und für den König kunstvoll verzierte Gold- und Silberplatten. Exportiert dagegen werden Elfenbein, Schildkrötenpanzer und Rhinozerushörner.« Die Händler fürchteten damals die Angriffe der »barbarischen Eingeborenen«. Heute fürchten meine mit Luxus überladenen italienischen Mitreisenden Überfälle der *shifta* (Banditen) auf ihrem morgigen Weg nach Asmara.

Nach Ankunft unseres Lotsenbootes verbrachten wir zwei Stunden mit betont lässigen Einreise- und Gesundheitsbeamten. Der Passkontrolleur war ein zart gebauter, dunkelhäutiger kleiner Mann mit einem Gesichtsausdruck wie ein bekümmerter Affe. Er warnte mich eindringlich vor den Eingeborenen Massawahs – »ein Haufen mordlustiger, diebischer Moslems«. Aus seinen Äußerungen schloss ich, dass er ein Hochlandbewohner war. Er stammt aus Tigre und hasst das Klima hier. Da die Einheimischen aber so ungebildet und unzuverlässig seien, müssten die Hochlandbewohner eben alle verantwortungsvollen Posten übernehmen.

Als Letzter geruhte der Zollbeamte seinen Dienst zu tun. Wir durften von Bord gehen. Die Zollstation war vollkommen überdimensioniert. Hier hätten leicht 200 Passagiere Platz gehabt, anstatt sieben. Mein Rucksack und meine gesamte Erscheinung machten den vorteilhaften Eindruck quälender Armut, und ich wurde mitfühlend mit einer Dreimonatsration unverzollter Zigaretten weitergewunken.

Noch nie habe ich mich die ersten paar Stunden in irgendeinem anderen Land so fremd gefühlt wie hier. Massawah ist eigentlich nur im politischen Sinn äthiopisch, und mir sollte die Atmosphäre einer hauptsächlich arabischen Stadt eigentlich vertraut sein. Dennoch strahlt genug von der Abgeschiedenheit des Plateaus zur Küste hinunter, sodass man als Neuankömmling sofort die Isolation Äthiopiens spürt, obwohl der Kontakt mit der Außenwelt eigentlich ganz nah ist.

Äußerlich sichtbar ist diese Abgeschiedenheit zunächst nicht. Ich ging zuerst auf der Uferstraße mit italienischem Flair spazieren, vorbei an mehreren Matrosen und einheimischen Beamten, die an kleinen Tischchen saßen, eisgekühltes Bier, Kaffee oder geschmuggelten Alkohol tranken. Einige Bettler versuchten zu »helfen«; sie schnappten sich meinen Rucksack und führten mich zu irgendeiner billigen Unterkunft. Sie waren aber leicht abzuschütteln, und als ich in eine schmale, holprige, schlecht beleuchtete Gasse zwischen hohen Häusern einbog, folgte mir niemand. Die meisten Gebäude waren Bordelle. Junge tigrische Mädchen saßen vor den Eingängen und spielten mit ihren kleinen Kindern (Prostitution und Familienleben sind hier nicht unvereinbar) oder flochten einander die Haare zu unzähligen kleinen Zöpfchen. In der Dunkelheit verwechselte man mich öfter mit einem Kunden. Wenn sie sich aber ihres Irrtums bewusst wurden, machten sich die meisten Mädchen über mich lustig, beschimpften mich oder schickten ihre Kinder zum Betteln zu mir.

Das »Hotel« ist jedoch sehr angenehm. Die freundliche Besitzerin – eine ältere, attraktive Tigreanerin – hält mich für das Witzigste, was ihr seit langem begegnet ist. Sie sitzt gerade mit zwei ihrer Nachbarinnen neben mir und sieht mir beim Schreiben zu. Anscheinend musste sie die Nachbarinnen einladen, weil man einen solchen Spaß schließlich gerne teilt.

Von dem Gässchen vor der hohen Eingangstüre, auf der »Pension« steht, tritt man in einen großen, quadratischen Raum mit ein paar hässlichen Metalltischen und Plastikstühlen auf einem unebenen Betonboden. Die äthiopischen Christen verehren ganz besonders die Heilige Jungfrau, und es hängen zwei Heiligenbilder der Jungfrau Maria an den Wänden zwischen weniger erbaulichen Kalenderblättern, auf denen Damen italienische Exportartikel feilbieten. Hinter diesem »Foyer« – abgetrennt durch ein Holzgitter – befindet sich ein kleiner Raum im Freien mit einem Kohleherd zum Kochen in einer Ecke. Ein paar ziemlich wackelige Holzstühle führen auf einen niedrigen Dachboden mit fünf Schlafräumen zu je drei Betten. Schreckliche Tische und Stühle zieren diese »Lounge«, in der ich gerade unter einem Wellblechdach sitze. Die Läden der unverglasten Fenster und die obere Hälfte der Schlafzimmerwände sind ebenfalls aus Holzgitter – schön fürs Auge, aber weder der Intimsphäre noch der Lärmdämmung zuträglich. Die Toilette hängt ziemlich merkwürdig eingemauert an der gegenüberliegenden Wand; der Verhau an Rohren ist verwirrend und darüber hinaus ziemlich Ekel erregend. Theoretisch scheint alles in Ordnung. Es ist eine Toilette aus dem Westen mit funktionierender Druckspülung – man sieht das

Wasser durch die durchsichtigen Plastikrohre, die am Dach befestigt sind, ablaufen. Der Haken ist, dass nichts weiter gelangt als bis zu einer Senkgrube, bedeckt mit einem Eisengitter inmitten des Küchenbodens.

Die Hitze ist heute Abend entsetzlich. Während ich hier sitze und schreibe, habe ich fast drei Liter *talla* getrunken – das trübe, hausgemachte Bier der Hochlandbewohner. Betrunken wird man davon nicht, es schmeckt erfrischend und angenehm.

17. Dezember

Heute aß ich zu Mittag zum ersten Mal *injara* und *wat. Injara* schmeckt bitter und hat eine feinkörnige Struktur; es sieht aus und fühlt sich an wie feuchter, grauer Schaumgummi, ist aber ein fermentiertes Brot aus *teff* – eine Getreidesorte, die vornehmlich auf der äthiopischen Hochebene wächst. Es wird in Lagen zubereitet, ist einen guten Zentimeter dick und hat 60 Zentimeter Umfang. Die Scheiben werden doppelt gefaltet und zu einem Schüsselchen *wat* serviert, einem sehr würzigen Eintopf mit Fleisch oder Hühnchen. Man isst (nur) mit der rechten Hand, tunkt den Brotfladen in das Schüsselchen, und ein Diener schüttet einem vor und nach dem Essen Wasser über die Hände, wie in moslemischen Ländern üblich.

Am Nachmittag lag eine köstliche Ruhe über dem brütend heißen Massawah, und ich schlief tief und fest von zwei bis fünf. Gegen fünf ließ die glühende Hitze etwas nach, und ich machte mich auf den Weg, mir ein paar Sehenswürdigkeiten anzusehen – was nicht heißen soll, dass es hier allzu viel zu sehen gibt. Besucher dürfen den kaiserlichen Palast nicht betreten, und Frauen haben keinen Zutritt zu den Moscheen – von denen es einige gibt, aber nur die Große Moschee sieht interessant aus. Sie wurde vom Kaiser erbaut, vermutlich um seine rebellischen eritreischen, moslemischen Untertanen zu besänftigen. (Massawah spielte in der äthiopischen Geschichte stets eine wichtige Rolle, allerdings im negativen Sinn, denn es lag an der Unfähigkeit der Hochlandbewohner, diesen natürlichen Hafen, der sie so folgenschwer von allen Nachbarländern isolierte, zu halten. Zu Beginn des 15. Jahrhunderts eroberte König Yeshaq Massawah, das sieben Jahrhunderte lang in moslemischer Hand war. Aber schon 80 Jahre später übernahmen die Küstenstämme die Macht und verteidigten ihren Stützpunkt gegen die Hochlandbewohner. Von 1520 bis 1526 war der Hafen von den Portugiesen besetzt, von 1527 bis 1865 von den Türken und von 1865 bis 1882 von den Ägyptern. Dann folgten die Briten und versprachen Kaiser John IV., nach ihrem Rückzug Massawah den Hochlandbewohnern zurückzugeben. Drei Jahre später zogen sie tatsächlich ab. Um jedoch dem französischen Einfluss an der Küste zum Roten Meer etwas entgegenzusetzen, überließen sie Massawah den Italienern, die es zur Hauptstadt ihrer neuen Kolonie machten, bis sie 1897 die Verwaltung nach Asmara, der zweitgrößten Stadt der Provinz Eritrea, verlegten. Nach dem Zweiten Weltkrieg besetzten die Briten erneut Massawah. Erst 1952 wurde die Stadt neben Eritrea Teil des äthiopischen Reichs. Heute ist diese Provinz ein recht unruhiger Landstrich. Viele Eritreer ärgern sich, von Addis Abeba aus regiert zu werden. Ausländische moslemische Mächte schüren diesen Ärger und wirken darauf hin, aus Eritrea einen unabhängigen Staat zu machen.)

Im alten Teil der Stadt, südlich des Hafens, ist die Architektur rein arabisch, obwohl viele der heutigen Bewohner aus dem Hochland stammen. Die engen Straßen mit ihren Stein- oder Ziegelhäusern strahlen etwas Urtümliches, Geheimnisvolles aus. Verkrüppelte Bettler schleppen sich durch den Staub, während kranke Hunde sich davonschleichen, sobald ein menschliches Wesen auftaucht; sie sehen aus, als wollten sie knurren, aber es fehlt ihnen die Kraft dazu.

18. Dezember – Nefasit

Von einem Radfahrer zum Fußgänger zu werden ist ein ziemlich schmerzhafter Prozess. Zwar bin ich heute nur knapp 30 Kilometer gelaufen, aber ich fühle mich erschöpfter, als wäre ich 200 Kilometer geradelt. Verständlich ist das insofern, als ich nicht sehr gut in Form bin und zudem fast 50 Pfund von 900 auf 1800 Meter Höhe hinaufgeschleppt habe. Im Augenblick schmerzen meine Schultermuskeln höllisch, und trotz bequemer Stiefel plagen mich drei große Blasen an jedem Fuß.

Gestern schlug der Fregattenkapitän der königlichen Marine, Iskander Desta, freundlicherweise vor, mich in einem Marinejeep durch den Wüstenstreifen an der Küste bringen zu lassen. Um acht Uhr morgens stand der Wagen vor meiner »Pensione«. Der eritreische Fahrer sprach zwar fließend Italienisch, aber kein Wort Englisch, und das Dutzend Englisch sprechender Offiziersanwärter, die das bevorstehende Wochenende auf Embatcallo, einem in 1200 Metern Höhe gelegenen Erholungscamp der Marine, verbringen wollten, war anscheinend unter keinen Umständen bereit, sich mit der *faranj* (Fremden) zu verbrüdern.

Hinter ein paar neu gebauten städtischen Wohnblöcken wand sich unsere Straße durch rote, mit niedrigen grünen Büschen bewachsene Sandhügel. Aus diesen Sandhügeln wurden nackte Felsberge – und die ganze Zeit über lag im bläulichen Nebel eine gewaltige Gebirgskette vor uns. Ich war Feuer und Flamme, dorthin zu kommen. Wir kamen an einer einfachen Siedlung aus einem halben Dutzend länglicher, rechteckiger Hütten vorüber, die auf meiner Karte als Dorf ausgewiesen ist – vielleicht, weil vor einer der Hütten Coca-Cola verkauft wird. Ein paar Kilometer weiter schlängelte sich die Straße in einer Reihe geschickt angelegter Haarnadelkurven den Steilhang hinauf.

Um zehn Uhr stieg ich in knapp 1000 Metern Höhe aus dem Jeep – und war umringt von Bergen. Hier war das Klima erträglich. Zwar brach mir die nächste Stunde bei jedem Schritt erneut der Schweiß aus, aber dann zogen rasch Wolken auf, und eine kühle Brise kam auf. Auf den sechs Kilometern bis nach Ghinda begegnete ich vielen anderen Fußgängern – zerlumpten, ausgezehrten Stammesangehörigen, in ihre *shammas* (weiße Baumwollumhänge) gewickelten Hochlandbewohnern und abgemagerten Kindern, die noch abgemagertere Ziegen hüteten. Alle starrten mich misstrauisch an, und nur einmal wurde mein Gruß erwidert – von einem hoch gewachsenen, dunkelhäutigen Stammesangehörigen. Man kann ihnen diese misstrauische Zurückhaltung nicht übel nehmen, denn sie ist wohl in erster Linie der Angst vor dem Unbekannten zuzuschreiben, dennoch hörte ich bald auf, weiterhin derart unbelohnt freundlich zu sein.

Schon jetzt fällt mir der Unterschied auf, mit dem Rad oder zu Fuß in einem fremden Land unterwegs zu sein. Zu Fuß ist man noch sensibler für alle möglichen Eindrücke und fühlt sich auch ein wenig unsicherer.

In meinem Reiseführer ist Ghinda als »kleiner Ausflugsort« beschrieben. Leute aus Asmara kommen hierher, um der Kälte zu entfliehen, und aus Massawah, um der Hitze zu entrinnen. Tatsächlich ist Ghinda eine kleine Stadt aus Hütten mit Wellblechdächern, in der mich gar nichts hält.

Etwas außerhalb von Ghinda gaben mir ein paar Kinder den Rat, die Hauptstraße zu meiden, und führten mich steil bergauf, eine Abkürzung von etwa drei Kilometern. Später nahm ich noch einmal zwei Abkürzungen, entdeckte aber bald, dass diese scheinbare Wegersparnis auf der lockeren, trockenen Erde steil hinauf ziemlich anstrengend ist. Die verkehrsreiche Eisenbahnlinie Massawah–Asmara führt in der Nähe der Straße vorbei. Als ich bei einer meiner Abkürzungen versuchte, einen Abhang hinaufzuklettern, rutschte ich auf halber Höhe aus und schlitterte bergab auf die Schienen, gerade als eine antiquierte Dampflok, die pfeifend dicke, schwarze Wolken ausstieß, 20 Meter weiter um die Ecke bog. Zum Glück fahren auf dieser Strecke keine Expresszüge; durch eine Dampflok ums Leben zu kommen wäre schon ein sehr prosaisches Ende einer Äthiopienreise. Während des abrupten Abstiegs hatte ich mir meine Knie aufgeschürft und beide Hände an den dornigen Sträuchern verletzt, an denen ich mich vergeblich versucht hatte festzuhalten. Das war jedoch nur eine Art »Einstand«. Erst wenn man von einem Land »verletzt« wurde, ist man richtig angekommen.

Von Ghinda bis zur Peripherie von Nefasit scheinen die abgerundeten Bergkuppen und bewaldeten Schluchten fast vollkommen unbewohnt und unbewirtschaftet. Sogar diese besiedelte Ecke Äthiopiens wirkt verlassen und still. Viele der tiefer gelegenen Hänge sind dicht mit grünen Büschen, gigantischen Kakteen und großen Bäumen bewachsen. Ein paar Büsche tragen flammenrote Blüten, und leuchtend bunte Vögel flattern lautlos durch das Unterholz. Um die wenigen Dörfer herum hat man versucht, terrassenförmige Felder anzulegen, aber sie wirken unbearbeitet und im Hinblick auf eine Ernte nicht gerade viel versprechend.

Hin und wieder fuhr ein Konvoi aus sechs oder acht Fahrzeugen – Italiener oder Amerikaner auf dem Heimweg zurück nach Asmara – an mir vorbei. Im Pulk zu fahren ist eine Art Vorsichtsmaßnahme gegen die *shifta*. (Am Kagnew-Militärstützpunkt in der Nähe von Asmara sind etwa 5000 Amerikaner stationiert.) Als weitere Vorsichtsmaßnahme saßen alle acht Kilometer zwei Polizisten am Straßenrand, gestützt auf vorsintflutliche Gewehre. Man sagt, die *shifta* seien weit besser bewaffnet als die Polizei, ihre ausländischen Hintermänner hätten sie gut ausgerüstet. Viele Autos hielten an, um mich mitzunehmen, und irgendwann wurde diese Freundlichkeit anstrengend. Es ist nicht einfach, Autofahrer davon zu überzeugen, dass man mit zwei Beinen genauso ans Ziel kommt – nur eben später. Die letzten acht Kilometer gingen ziemlich auf die Muskulatur. Bei jedem Kilometerstein hielt ich an, nahm meinen Rucksack ab und machte eine kleine Pause.

Einquartiert habe ich mich hier in einem sauberen, italienischen Gästehaus. Die aus Eritrea stammende Besitzerin verlangt für alles Phantasiepreise. Im Zuge dieser Niederschrift wurde ich allmählich ein wenig betrunken von einer Flasche abscheulichem Essig, der sich »Vino bianco« schimpft – hergestellt von den Italienern in Asmara.

19. Dezember – Asmara

Um halb sieben wachte ich auf. Das Licht über den von Bougainvilleen gesäumten Bergen strahlte kühl und perlmuttfarben. Der Diener bedeutete mir, dass an »mangare« um diese Zeit nicht zu denken sei. Also war ich um zehn vor sieben auf der Straße. Nach zehn Stunden Schlaf war mein Rücken überraschend beweglich, meine Füße hingegen schmerzten schlimmer, als ich befürchtet hatte.

Von Nefasit führt die Straße im Zickzack eine Passhöhe hinauf, und ich war noch keine fünf Kilometer gegangen, da platzten die Blasen an meinen Füßen. Über die nächsten zwei Stunden Pein half mir nur meine Feldflasche mit Brandy für den Notfall hinweg. Zuerst kam ich mir ein wenig unverantwortlich vor, so früh an meine Notfallration zu gehen, aber die Lage war entschieden ernst. Mehrere Autos hielten an und machten mir das verlockende Angebot, mich mitzunehmen, aber ich war Anhängerin der Theorie (mittlerweile verworfen), die besagt, dass Wunden an den Füßen am schnellsten heilen, wenn man auf ihnen läuft.

Die Straße wand sich jetzt auf gleicher Höhe von Berg zu Berg. Der weite Landstrich mit seinen Hügeln und Tälern war unbewohnt und ruhig. Die Berge sind weich gerundet, obwohl sie steil ansteigen, und trotz der immensen Höhenunterschiede sieht man keine gähnenden Abgründe oder Felsspitzen.

Den ganzen Tag über war keine einzige Wolke am Himmel. Eine kühle Brise machte die Hitze jedoch erträglich. Trotzdem sind die ultravioletten Sonnenstrahlen in dieser Höhe unerbittlich, und mein Nacken ist ziemlich verbrannt.

Der Körper braucht ein paar Tage, um sich an 2000 Meter Höhe zu gewöhnen. Als ich mich auf das 2500 Meter hoch gelegene Plateau hinaufkämpfte, bekam ich Kopfschmerzen auf Grund des Sauerstoffmangels, und mein Rücken tat mir weh. Am schlimmsten jedoch schmerzten meine Füße, am Ende so arg, dass ich die anderen Kleinigkeiten darüber völlig vergaß. Endlich war ich oben und schaute triumphierend auf eine strahlende Masse weißer Wolken, die die untere Hügelkette einhüllte. Hier auf dem freistehenden Kamm blies jedoch ein kalter Wind, der harte Staubkörner umherpeitschte, die mich durch mein schweißnasses T-Shirt stachen; ich humpelte also schon bald den Abhang Richtung Asmara hinunter.

An der letzten Wegschleife kam ich an einem großen britischen

Friedhof voller Kriegsgräber vorbei und spitzte neiderfüllt hinein, in dem Gefühl, dass ein Friedhof für mich ein günstigerer Rastplatz wäre als ein Hotel. Eine Viertelstunde später erreichte ich den nichts sagenden Stadtrand von Asmara und hielt nach einer Bar Ausschau. Um halb zwei hatte ich eine gefunden, schob einen Vorhang aus Flaschenverschlüssen an Schnüren beiseite und bestellte drei Bier. Seit heute früh war ich lediglich 25 Kilometer gelaufen, war aber so erschöpft, dass mir jemand helfen musste, meinen Rucksack abzunehmen.

Gegen drei hatte ich diese kleine, von Italienern geführte »Pensione« in der Stadtmitte gefunden, bequemerweise gegenüber dem britischen Konsulat. Ich setzte mich auf den Bettrand, zog meine Schuhe und Socken aus und sah Fürchterliches. Das Ganze ist nicht länger eine Frage von aufgeplatzten Blasen. Mit den Socken habe ich mir die ganze Haut von den Fußsohlen abgezogen. Was zurückgeblieben ist, sieht aus wie zwei Pfund rohes Fleisch. Zweifellos ist dies der Punkt, an dem ich vergesse, dass der Geist die Materie besiegen kann, und werde wohl die nächsten Tage herumsitzen, bis die Haut nachgewachsen ist.

20. Dezember

Heute Morgen humpelte ich zum Konsulat hinüber, um nach einem vertrauenswürdigen Arzt zu fragen. Aber der Konsul, Major John Bromley, ist dienstlich in Massawah, und seine Mitarbeiter hatten keine Ahnung, obwohl sie sehr freundlich und hilfsbereit waren. Die nächsten Stunden verbrachte ich damit, betäubt vor Schmerzen herumzuhumpeln, auf der Suche nach einem brauchbaren medizinischen Rat. Nicht, dass es hier zu wenig Ärzte gäbe, aber ich als Irin misstraue fremden Medizinmännern, deren Namen von einem ganzen Alphabet – in umgekehrter Reihenfolge – gefolgt sind. Zufällig traf ich auf eine freundliche Schwester der lutheranischen Missionsstation. Sie empfahl mir Professor Mario Manfredonia, angeblich der beste Arzt Äthiopiens. Aber auch er ist heute in Massawah, und ich konnte nur für morgen einen Termin vereinbaren.

21. Dezember
Heute Morgen sah mein rechter Fuß schon etwas besser aus, mein linker dagegen begann zu eitern. Professor Manfredonia tastete die wunde Stelle geschickt ab, ehe er sie mit antibiotischer Salbe bestrich, einen imposanten Verband anlegte und mir sagte, ich müsse vier oder fünf Tage ausruhen. Er ist einer jener Ärzte, in deren Gegenwart man sich gleich gesünder fühlt, und ich verließ seine Praxis halbwegs wiederhergestellt.

Heute kamen die Bromleys aus Massawah zurück. Major Bromley lebt mittlerweile seit 30 Jahren in Äthiopien und gab mir viele gute Ratschläge für meine Reise ins Hochland; er sagte mir, ich solle eine Wasserflasche und etwas zu essen mitnehmen. Als ich erklärte, ich könne nicht ein einziges Pfund Gepäck mehr verkraften, kamen wir auf den Gedanken, ein Maultier zu kaufen. Abgesehen von der Gepäckfrage, könnte man im Notfall, wenn man krank wurde oder sich in entlegenen Gebieten das Bein brach, auf einem solchen Tier auch reiten.

Am Nachmittag, ich hatte mich pflichtgemäß in meinem Zimmer zur Ruhe gelegt, rief Mrs. Bromley an und lud mich ein, bei ihr zu wohnen. Also bin ich in dieses sympathisch unbekümmerte Haus umgezogen.

22. Dezember
Zum Glück heilen Wunden bei mir sehr schnell; mein rechter Fuß hat eine neue feste Hautschicht bekommen, und mein linker tut wenigstens nicht mehr weh.

Mit der Maultiersuche hatten wir heute kein Glück. Der Diener der Bromleys berichtete, dass es auf dem Markt heute ziemlich dürftig war; aber am 24. will er es noch einmal versuchen, da der wichtigste Markt jeweils am Samstag stattfindet.

23. Dezember
Heute machte ich einen ruhigen Spaziergang durch Asmara. Die Stadt wurde vor 70 Jahren von den Italienern gegründet und sieht

aus wie ein verlorener Vorort von Mailand mit seinen vielen arabischen Buden und Baracken, Nomadenlagern und Hütten der Hochlandbewohner. Die Entwürfe für die katholische Kathedrale, die Große Moschee und die koptische Kirche stammen alle von Italienern. Mussolini war unter den großen Spendern für den Bau der Kathedrale, und der Stil erinnert etwas an die lombardische Schule für Architektur. Wesentlich besser hat mir die Moschee gefallen oder vielmehr das, was mir davon zu sehen erlaubt war. Abgesehen von einer klassischen Schnörkelei – einer römischen kannelierten Säule – ist dieser Bau ein gelungenes Stück unprätentiöser arabischer Architektur. Unweit der Moschee steht die koptische Kirche St. Mary's (rechteckig mit Tukuldach und aksumitischem Blendwerk aus Stein), und ich verbrachte ein paar Stunden auf der Umfassungsmauer – nicht, weil mich das Gebäude so fesselte, sondern weil mich die Kirchgänger interessierten. Äthiopische Kirchen werden nach der Morgenmesse abgeschlossen. Doch als ich in der Sonne auf einer kleinen Treppe saß, umringt von auffällig verstümmelten Bettlern, beteten eine Menge Gläubige inbrünstig vor jeder Tür. Nachdem sie sich bekreuzigt und drei kleine Knickse gemacht hatten, gingen sie ganz nah zur Tür, pressten ihre Körper dagegen und küssten und streichelten zwischen geflüsterten Gebeten das goldene Holz. Viele Frauen mit fliegenübersäten Kindern auf dem Rücken waren darunter. Fünf sehr wild aussehende Männer schienen mir Neuankömmlinge in Asmara zu sein. Sie waren schlank und hoch gewachsen, hatten dunkelbraune Haut, klare hamitische Züge und krause, lange Haare. Bekleidet waren sie mit den zerschlissenen Resten eines knielangen Umhangs aus einem Stück. Vermutlich gehörten sie zu einem der Stämme im Tiefland und sind erst vor kurzem zum Christentum übergetreten. Nachdem sie ihre Gebete beendet hatten, betrachteten sie das gewaltige, protzige Mosaik an der Fassade. 20 Minuten lang verweilten diese augenscheinlich so wilden Stammesbrüder auf den Eingangsstufen und diskutierten lebhaft über Engel und Heilige.

Mittlerweile war ein sehr vornehm aussehender älterer Herr

zu den Kirchgängern am Haupteingang gestoßen. Er hatte dunkelgraues Haar, fast schwarze Haut, fein geschnittene Gesichtszüge und strahlte eine ungeheure Würde aus. In seinem gut geschneiderten Anzug und seinem schneeweißen Hemd ragte er aus der schmutzigen, barfüßigen Menschenmenge heraus. Nachdem er seine Andacht verrichtet hatte, zog er sich wieder zurück – er trug auf Hochglanz polierte Schuhe – und stand aufrecht und bewegungslos über eine Stunde im Schatten eines Glockenturms, starrte auf die Kirche und betete *sotto voce*. Als ich ging, stand er immer noch dort.

Heute Nachmittag habe ich zehn Pfund importierte Notration erstanden – getrocknete Früchte und Dosen mit Fisch und Käse. Die Preise waren astronomisch, da zu den Frachtkosten noch Einfuhrsteuern in Höhe von 65 bis 100 Prozent kommen. Diese Steuern scheinen ziemlich unbescheiden, aber sie sind die Haupteinnahmequelle der Regierung. Die meisten dieser Importwaren werden ohnehin nur von *faranjs* gekauft, und die können sich eher als die Äthiopier leisten, solche Steuern zu zahlen. Äthiopien braucht gegenwärtig dringend mehr Geld. In verschiedener Hinsicht ist Äthiopien eines der unterentwickeltsten Länder Afrikas – ein Resultat dessen, nie kolonialisiert gewesen zu sein, und ein wunder Punkt in den Augen der wenigen Äthiopier, die der Rückständigkeit ihres Landes ins Gesicht sehen.

Im Allgemeinen verstehen sich die Eritreer und die Bewohner der italienischen Kolonie prächtig. Die meisten hier lebenden Italiener sind hier geboren. Der Umstand, dass sie nach der Vereinigung mit Äthiopien geblieben sind, beweist, dass Eritrea ihr Zuhause ist. Für alle Einheimischen, mit denen ich mich unterhalten habe, sind die Italiener ihre Lieblings-*faranjs*; leider verbindet eine unselige Gemeinsamkeit die Siedler und die Eritreer, nämlich die Verachtung für den Rest der »ungebildeten« Untertanen des Königreichs.

Die letzten Tage über war es relativ kühl. Auf diesem Plateau herrscht eine erstaunlich gleichmäßige Temperatur. Im Mai, dem heißesten Monat, liegt die Durchschnittstemperatur in Asmara bei 18 Grad Celsius, und im Dezember, dem kältesten Monat, bei 14 Grad

Celsius. Dennoch ist die Danakilwüste, westlich des Tafellandes, einer der heißesten Plätze dieser Erde. Die Berge, die das Klima hier oben so angenehm machen, bringen dem Hochland in den Monaten Juni bis September auch den Monsun vom Indischen Ozean.

24. Dezember

Auch heute hatten wir kein Glück beim Maultierkauf. Der Diener hatte zwar ein paar schöne Tiere gesehen, aber die Preise waren völlig übertrieben – 200 Dollar, das sind 30 Pfund. Er riet uns, auf einem kleineren Markt zu kaufen; dort könne man ein genauso gutes Tier für den halben Preis haben. Diese Eröffnung fiel zeitlich mit der Ankündigung Major Bromleys zusammen, dass er am 26. zwei Fahrzeuge nach Makale bringen müsse; also beschlossen wir, daraus eine kleine Expedition zu machen. Mrs. Bromley (genannt Peter) und ich würden mit dem Auto, der Major und die Kinder mit dem Landrover fahren.

In Makale lebt Ihre Hoheit Leilt (Prinzessin) Aida Desta, die älteste Enkelin des Kaisers. Sie ist eine langjährige Freundin der Bromleys und meinte, sie würde mir gerne helfen, ein gutes Maultier zu einem annehmbaren Preis zu finden. Ich hätte Gelegenheit, mich ein paar Tage mit dem Tier vertraut zu machen und von Makale aus aufzubrechen, sobald meine Füße wieder »besohlt« wären.

Ursprünglich lag Makale nicht auf meiner Reiseroute; es liegt südlich der Asmara-Adua-Aksum-Strecke, die ich auf meinem Weg zum Semien-Gebirge einschlagen wollte. Jetzt muss ich zuerst nach Nordosten Richtung Adua, ehe ich wieder nach Süden zur Takazze-Schlucht laufe, die die Provinzen Tigre und Begemder teilt.

25. Dezember

Mit zwei Kindern im Haus – Christopher und Nicola Bromley – kann ich ein geruhsames Weihnachtsfest, wie wir es zu Hause feiern, erst wieder so richtig schätzen. Äthiopische Christen feiern Weihnachten am 7. Januar. Bis dahin kann ich hoffentlich schon irgendwo in der Wildnis mit ihnen feiern.

26. Dezember – Makale

Mein erster Blick auf das Hochland, auf der Fahrt von Asmara nach Makale, überwältigte mich. Diese großartige, wilde Schönheit überstieg all meine Erwartungen und kühnsten Phantasien. Allein, wenn ich daran denke, schlägt mein Herz schneller.

Wir brachen in Asmara um halb elf auf. Schon unmittelbar vor der Stadt erstreckte sich eine weite, dürre, rot-braune Ebene, eingegrenzt von niedrigen Hügeln vor uns und hohen Bergen im Osten. Hinter Decamere schlängelte sich die Straße viele Kilometer lang bergauf und bergab durch eine traumhafte Gebirgslandschaft. Oft fuhren wir am Rand einer gewaltigen Schlucht entlang, die zwischen pinkfarbenen oder gelben, bizarr geformten Felsformationen lag – diese quälende Pracht zog sich hunderte von Kilometern hin.

Heute legten wir gute 300 Kilometer zurück. In einem Auto stürmen so viele Eindrücke auf einen ein, dass ich schon vergessen habe, wo wir was gesehen haben. Ich glaube, es war in der Nähe von Adigrat, als das Semien-Gebirge zum ersten Mal auftauchte – gute 100 Kilometer entfernt. Die 3500 bis 4500 Meter hohen bläulichen Gipfel schienen trügerisch nah und klar. Noch nie habe ich so ein eigenartiges Gebirge gesehen. Die Gipfel sehen wie in einem Cartoon aus. Wir befanden uns jetzt auf einem Hochplateau in 2700 Metern Höhe, und zwischen uns und dem Semien-Gebirge lag diese rissige Wildnis aus Schluchten, Felsbrocken und niedrigeren Bergen. Unweit vor uns befand sich ein perfekt geformter Kegel, und dort erhoben sich aus ebener Erde ein paar allein stehende *ambas* mit steilen Seitenwänden und flachen Dächern. Diese *ambas* bilden beinahe uneinnehmbare natürliche Festungen. Sie spielten in der äthiopischen Geschichte eine große Rolle, und wir betrachteten sie mit Ehrfurcht, als wären es verehrungswürdige Veteranen einer berühmten Schlacht. Auf meiner Landkarte sind zwischen Asmara und Makale sechs »größere« Städte eingezeichnet, aber jede kam mir wie ein relativ groß angelegtes, protziges Dorf vor. Früher mögen diese Städte einmal bedeutend gewesen sein, aber seit die Italiener sie verlassen haben, wurden aus den großen Häusern schnell dachlose Ruinen. Nur ausgebleichte Buchstaben an den Hauswänden deuten darauf hin, dass hier vor 30 oder 40 Jahren italienische Kolonialwarenhändler, Friseure und Hotelbesitzer wohnten. Die Einheimischen zogen nie in diese relativ solide gebauten Häuser um. Sie ziehen ihre engen, wackeligen Hütten mit Wellblechdächern vor. Wellblechdächer sind hier kein Statussymbol wie in Nepal, sondern ein Mittel, wertvolles Regenwasser aufzufangen. In einer derart kargen Gegend rechtfertigt das sogar diesen abscheulichen Anblick.

Obwohl wir auf einer der beiden einzigen Autostraßen Nordäthiopiens fuhren, begegneten wir keinem Privatwagen, sondern nur sechs Lkws. Zwischen Decamere und Senafe kam uns ein Konvoi aus sechs Bussen entgegen, eskortiert von zwei schmucken Militärfahrzeugen mit Soldaten mit Maschinengewehren. Hier ist das Zentrum des Landes der *shifta*. Privatfahrzeuge fahren hier selten ohne Militärschutz, es sei denn, sie fahren unter diplomatischer Fahne. Mir fiel auf, dass hier sogar Peter, die Nerven wie Drahtseile hat, ein wenig angespannt wirkte, trotz des großen, flatternden Union Jacks auf unserer Motorhaube. Sie versicherte mir, dass die Gefahr minimal sei, da *shifta* vorzugsweise Busse überfielen. Wenn die Eigentümer großer Transportunternehmen nicht regelmäßig Schutzgelder bezahlen, finden sie ihre Fahrzeuge eines Morgens zertrümmert in irgendwelchen Schluchten wieder.

Makale liegt westlich der Straße. Früher musste man erst daran vorbeifahren bis Ouiha und dann wieder zurück nach Norden bis Makale. Vor ein paar Jahren jedoch plante Leilt Aidas Mann, Seine Hoheit Leul Ras Mangasha Seyoum, der Generalgouverneur von Tigre, eine direkte, circa 15 Kilometer lange Jeepbahn zur Stadt und verrichtete auch die meiste Arbeit selbst mit Traktor und Planierraupe.

Als wir Haarnadelkurve für Haarnadelkurve langsam bergab fuhren, sah ich zum ersten Mal die Hauptstadt der Provinz Tigre – eine kleine Stadt, eingesäumt von Eukalyptusbäumen, am Rande einer weiten, sturmgepeitschten Ebene. Meinem Reiseführer nach ist Makale eine expandierende Stadt – vielleicht ist sie das für jene, die sie schon vor zehn Jahren kannten. Auf mich machte sie den Eindruck einer sauberen, feudalen Siedlung um den so genannten »Palast« (eine etwas irreführende Bezeichnung) von Kaiser Johannes IV. herum. Sie strahlt eine solche Ruhe und Gelassenheit aus, dass man weder die Unruhen der Vergangenheit noch den gegenwärtigen Fortschritt so recht spürt. Wir fuhren direkt zum neuen Touristenhotel, einer umgebauten, 80 Jahre alten Burg auf einem kleinen Hügel, geführt von Indern. Die Preise sind angemessen (ungefähr 25 Shilling für eine Übernachtung mit Frühstück). Obwohl ich generell nur ungern in Touristenhotels absteige, empfand ich den Teppichboden und das pinkfarben gekachelte Badezimmer als hinlänglichen Ausgleich für die launische Strom- und Wasserversorgung. Erst nachdem unzählige Bedienstete sich als Klempner betätigt hatten, konnten wir nach einer Stunde ein Bad nehmen, ehe wir uns zum Abendessen zum Palast aufmachten – ich in meiner Eskimojacke, die etwas weniger nach Abendgarderobe aussah als meine etwas zu große, in Kairo geschneiderte Hose.

Zurzeit hält sich Ras Mangasha in den Bergen auf, um dort eine weitere Straße zu bauen, und so empfing uns Leilt Aida alleine im Innenhof. Es kann einen schon in Verlegenheit bringen, wenn man plötzlich einer Prinzessin gegenübersteht, die tatsächlich wie eine aussieht; das ist ein Gefühl, als wäre ein Märchen wahr geworden – besonders vor einem Hintergrund mit mondblauem Himmel, in den hohe Türmchen schwarz hineinragen. Haile Selassies älteste Enkelin ist sehr elegant und sehr schön – olivfarbener Teint, ein dreieckiges, anmutiges Gesicht, große, wunderhübsche Augen – und feingliedrig. Die Ähnlichkeit mit ihrem Großvater ist auf den ersten Blick verblüffend; ihr feiner Sinn für Humor und ihr freundliches Wesen lassen diesen Eindruck jedoch schon bald verblassen. Schon jetzt ist klar, dass sie meine Verbündete sein wird – was meine Sicherheit angeht, aber nur bis zu einem gewissen Punkt. Sie ist zwar nicht dagegen, dass ich ohne Führer durch Tembien reisen will, besteht aber darauf, mir Briefe für die verschiedenen Gouverneure mitzugeben, damit sie mir helfen können, sollte ich in Schwierigkeiten geraten.

Der burgartige Palast von Johannes IV. wurde von einem Italiener namens Giuseppe Naretti erbaut. Seine praktische Solidität passt zu einem der kriegerischsten Kaiser Äthiopiens. Aber die vielen dunklen Empfangsräume sind für eine elfköpfige Familie mit unzähligen Bediensteten nicht gerade ideal, und daher hat man kürzlich am Südflügel einen unauffälligen zusätzlichen Trakt angebaut.

Während ich hier schreibe, tobt draußen ein teuflischer Sturm; er heult, röhrt, pfeift und zerrt an allem, was nicht niet- und nagelfest ist. Makale ist bekannt für diese argen Stürme, die meist spätnachmittags losbrechen und bis zur Morgendämmerung andauern.

27. Dezember

Heute Morgen erwähnte ich Leilt Aida gegenüber mein Vorhaben, ein Maultier zu kaufen – und der kaiserliche Zauber tat seine Wirkung; schon 20 Minuten später wurden mir auf dem Hof vor den Ställen sechs Maultiere von ihren hoffnungsfrohen Besitzern vorgeführt.

Die Wahl fiel mir nicht schwer; ein Maultier ragte unter allen anderen deutlich heraus. Es ist etwa drei Jahre alt, hat perfekte Beine, ein gutes Fell und scheint ziemlich gutmütig. Sanftmütig ließ es mich in sein Maul schauen, die Beine hochheben und folgte mir wie ein Lamm, als ich es am Zügel eine Runde durch den Hof führte. Sein Fell ist dunkelgrau mit einem schwarzen Vorderbein, einem weißen untertassengroßen Fleck am Widerrist, einem großen kastanienbraunen an der linken Flanke und ein paar weißen Streifen auf dem Bauch. Aber das Eindrucksvollste – und Überraschendste – ist sein sympathisches Wesen. Ich hätte nie geglaubt, dass man für ein Maultier so menschliche Gefühle entwickeln kann, und ich zahlte die verlangten 105 Dollar bereitwillig. Der Eigentümer war ein umgänglicher, leutseliger Mann, der gleich zu bedenken gab, dass sein Maultier bis zum heutigen Tag kein motorisiertes Fahrzeug gesehen habe und daher geneigt sein würde, auf Hauptstraßen den einen oder anderen Balletttanz aufzuführen.

Ich taufte meinen neuen Kameraden auf den Namen »Jock«, in Erinnerung an einen guten Freund, der für seine Zuverlässigkeit und die Bereitschaft, täglich Überstunden zu machen, bekannt ist – Qualitäten, die durch den gemeinsamen Namen hoffentlich auch in Jock II zu Tage treten würden. Außerdem hoffte ich, der betreffende Freund würde das Kompliment, dass ich einen Maulesel nach ihm benannt habe, ebenso zu schätzen wissen.

Jock im Stallhof zu tränken war nicht so ganz einfach. Er hatte noch nie zuvor aus einem Behälter getrunken, sondern nur Flusswasser, und scheute vor Wanne und Eimer zurück. Nachdem er letztendlich doch dem Beispiel eines anderen Maultiers gefolgt war, brachte ich ihn in den Stall und überließ ihn seinem Futter. Den Kauf von weiteren Reiseutensilien verschob ich auf morgen, da Leilt Aida uns Leuls Straßenbaustelle zeigen möchte und schon alles organisiert hat.

Das Zeitalter, in dem arrogante, energische Prinzen die tatsächlichen Herrscher in ihren Provinzen waren, ist vorbei, aber Spuren davon kann man in Ras Mangashas Karriere als Generalgouverneur von Tigre noch sehen. Seine Position ist etwas eigenartig. Offiziell ist er Staatsbeamter einer zentralistischen Bürokratie; faktisch bleibt er dennoch ein Erbprinz der Tigre – ein Volk, dem Bürokratie gar nichts, feudale Herrscher hingegen alles bedeuten. Dieser energische Urenkel Johannes' IV. legte bei der Organisation seines letzten Projekts eine relative, traditionell gewachsene Unabhängigkeit an den Tag. Anstatt seinen Entwurf beim zuständigen Ministerium in Addis einzureichen, machte er die Pläne für die Straße selbst (ohne Ingenieur zu sein), rief die Bauern auf, ihm zu helfen, zog sein Hemd aus (im wahrsten Sinne des Wortes) und ging an die Arbeit. Die Bauern halfen ihm ohne Bezahlung. Wenn aber ein unbekannter Beamter aus Addis käme und diese Art Kooperation erbäte, würden ihn dieselben Leute kühl abblitzen lassen. Sie arbeiten an diesem Projekt gerade 15 Tage, und 15 Kilometer Straße sind fertig.

Vermutlich zieht Ras Mangasha persönlich genauso viel Befriedigung aus dem Umstand, dass es ihm gelingt, die Bauern für kommunale Aufgaben zu gewinnen, wie seine Vorväter, wenn ihre Untertanen für sie in die Schlacht zogen.

Um elf verließen wir Makale in einem verbeulten Mercedes mit Chauffeur. Eineinviertel Stunden folgten wir der Hauptstraße nach Addis. Außer Maultier- und Kamelkarawanen, die auf dem Weg zur Danakilwüste waren, um ihre Salzvorräte aufzustocken, herrschte kein Verkehr. Als wir von der Hauptstraße auf die 15 Kilometer der neuen Piste abbogen und Haarnadelkurve für Haarnadelkurve hochfuhren, sahen wir fast auf dem Gipfel des höchsten Berges der Gebirgskette das kleine Lager, Ras Mangashas gegenwärtiges Zuhause. Die heutige Arbeitergruppe schuftete am Ende der Straße, und schon bald kam Leul einen Hang heruntergeschlittert, um uns zu begrüßen – stämmig, selbstbewusst, mit dunkelbrauner Haut, strahlenden, lebendigen Augen und von der Arbeit rauen Händen. Von der ruhigen Tiefe seiner Frau hat er so gut wie gar nichts. In der Unterhaltung wird sofort eine gewisse Naivität in der Art, wie er sich der komplexen Übergangssituation Äthiopiens nähert, spürbar. Aber man merkt, dass er seine Leute liebt, und sie ihn umgekehrt auch.

Wir ließen uns auf einem Felsblock nieder und sahen zu, während man uns *injara, wat, talla* und *tej* brachte, wie sich eine Planierraupe am Rande eines Abhangs ihren Weg bahnte und Tonnen von Gestein, das vorher von schlecht ausgerüsteten Bauern mit äußerster Anstrengung aufgelockert worden war, über den Rand des Abgrunds schob. Es war beeindruckend, wie diese gewaltigen Gesteins- und Erdbrocken den Abhang hinunter durch das Unterholz brachen und irgendwo in der unsichtbaren Tiefe des Tals zum Liegen kamen. Abgesehen von den Arbeitern kommen hier täglich Scharen von Männern, Frauen und Kindern von weit her, um zuzusehen. Sie glauben, dass hinter dieser Maschine, die Berge versetzt, ein mächtiger Zauber stecken muss, entdeckt von ihrem klugen, tüchtigen Prinzen. Hin und wieder sprang Ras Mangasha während unseres

Picknicks hoch und schrie neugierigen Zuschauern wütend etwas zu, die ausgerechnet dort, wo die tödlichen Felsen niedergehen konnten, stehen blieben, um zuzusehen. Wie Leilt Aida bemerkte, seien diese immer wiederkehrenden Dramen der Verdauung nicht gerade zuträglich; ganz zu schweigen von dem Umstand, dass auch die Planierraupe ständig in Gefahr zu sein scheint, den hinabstürzenden Felsen zu folgen.

Abgesehen von der Planierraupe, den Traktoren und dem Mercedes schien die Szenerie einem anderen Jahrhundert anzugehören. Während wir aßen, kamen mehrere Bauern vorbei und brachten Ras Mangasha Geschenke in Form von Brot. Sie kamen auf uns zu, verbeugten sich zweimal, hielten die in Blätter gewickelten Laibe mit ausgestreckten Händen vor sich, getrauten sich aber nicht, die Augen zu heben. Sobald ein Diener das Geschenk angenommen hatte, wagten ein paar Mutige näher zu kommen, zögerten einen Moment und berührten dann ehrerbietig die schmutzigen Stiefel des Prinzen mit ihren Fingerspitzen.

Erzbischof Mathew stellte fest, dass bis zum Amtsantritt Johannes' IV. »das tragende Element der Lebendigkeit und des Malerischen, das so typisch für das Leben bei Hof in Äthiopien war, den Vizekönigtümern Tigres völlig fehlte… Diese Vizekönige hatten keinerlei Sinn für das, was ein Herrscherhaus ausmacht. Bewaffneter Anführer folgte bewaffnetem Anführer… Es existierte nichts Ehrwürdiges, Heiliges in so einer Feudalgesellschaft«. Wie auch immer, seit der Machtübernahme von Äthiopiens einzigem tigreanischen Herrscher hat diese Provinz die starren, stilisierten Umgangsformen übernommen, die jahrhundertelang das Benehmen am Hof der Gondarines und der Shoans auszeichneten. Die unterschiedlichen Traditionen spiegeln sich in den Persönlichkeiten von Leilt Aida Desta und Leul Ras Mangasha Seyoum auf bemerkenswerte Weise wider. Natürlich ist keiner der beiden ein reinrassiger Abkömmling, da ihre Heirat nicht die erste eheliche Verbindung der rivalisierenden Königshäuser von Tigre und Shoa ist. Als Johannes IV. auf dem Schlachtfeld von Gallabat fiel, bestimmte er Ras Mangasha zu seinem Erben, einen unehelichen Sohn der Schwester seines Bruders (seinen legitimen Erben hatte man bereits vergiftet), und dieser Mann wurde des zukünftigen Kaisers Menelik einziger ernst zu nehmender Rivale. Doch bald hatte Menelik den tigreanischen Prinzen auf dem Schlachtfeld besiegt. Er zwang Ras Mangasha, sich von seiner Frau zu trennen und eine Nichte der Kaiserin Taitu zu heiraten. Mangashas Sohn, Seyoum, wurde in der Revolution im Jahre 1960 ermordet, und Leul war fortan das Oberhaupt der Familie.

Während ich den Bauern zusah, wie sie ihrem Prinzen huldigten, ging mir dieser historische Wirrwarr durch den Kopf, der zum Teil erklärt, warum Ras Mangasha keine königlichen Allüren pflegt. Seine Leutseligkeit ist geradezu die Umkehr des früheren Zustandes, obwohl das die tigreanischen Bauern eher verwirrt. Sie wissen nur sehr wenig über ihre eigene Geschichte und haben seit langem die förmlichen amharischen Sitten übernommen.

Als wir zum Palast zurückkamen, sah ich nach Jock, der in seinem neuen Quartier ein wenig verloren wirkte. Wir machten einen kleinen Spaziergang, und ich beschloss, nachdem meine beiden Füße sich mittlerweile einigermaßen gut erholt hatten, am 29. aufzubrechen.

Zum Abendessen bewirtete uns Leilt Aida mit einem am Stück gerösteten Schaf. Es war sehr romantisch und schmeckte hervorragend.

28. Dezember

Heute Morgen wachte ich um halb sieben auf und fand Christopher und Nicola an meinem Bett. Sie baten mich inständig, mich bis Aksum begleiten zu dürfen. Die beiden sind so ziemlich mit allen Wassern gewaschen – geboren und aufgewachsen in Südäthiopien –, also sagte ich zu, falls ihre Eltern es erlaubten. Der Traum endete schließlich damit, dass mich lediglich Christopher einen Tag lang begleiten durfte. Am Abend sollte ihn ein Chauffeur mit dem Wagen wieder zurückbringen.

Als die Bromleys nach Hause gegangen waren, schlenderten Christopher und ich zum Markt. Ich wollte mir einen ordentlichen Spazierstock zulegen. Der Marktplatz ist relativ groß. Scharen von Dorfbewohnern aus den umliegenden Bezirken – die meisten davon Frauen mit ihren Babys – saßen auf dem staubigen Boden hinter Bergen von Eiern, Getreide oder exotischen Kräutern. Alle Hochlandbewohner tragen nur Lumpen am Leib und starren vor Dreck – kein Wunder bei der Wasserknappheit.

Wir fanden heraus, dass *dulas* (schwere Stöcke) hier nicht verkauft werden, da die Leute es vorziehen, die Stöcke selbst zu schneiden und zu schnitzen. Also suchte ich in den arabischen kleinen Händlerbuden, die die engen Straßen säumen, nach etwas Vergleichbarem. Meinen Wunsch musste ich in Zeichensprache übermitteln. Ich erinnerte mich an die Vorliebe der Hochlandbewohner, einander eins mit dem Stock über den Schädel zu schlagen, und ahmte diese Bewegung nach – mit dem Ergebnis, dass ich in kürzester Zeit zur Hauptattraktion in Sachen Volksbelustigung wurde. Eine heitere Menschenschlange folgte mir die Straße hinunter, alle verstanden, was ich wollte, aber niemand konnte sich dazu durchringen, sich von seinem geliebten *dula* zu trennen. Endlich bot mir ein Araber seinen leichten Stock für 50 Cents an, und ich willigte glücklich ein – entgegen den Ratschlägen meiner tigreanischen Gefolgsmänner, die gar nichts von leichten Stöcken hielten.

Nach dem Mittagessen machten Jock und ich einen Spaziergang auf dem erfreulich bescheidenen »Gut«. Funktionsuntüchtige Landwirtschaftsmaschinen und leicht angeschlagene Steinlöwen stehen im Vorhof herum. In einer Pappschachtel auf der Veranda säugt eine Chihuahuahündin behaglich ihre winzigen Jungen, und Esel und Maultiere grasen friedlich unter dem imposanten Torbogen der Einfahrt, während das Banner des Prinzen bedeutsam über ihnen im Wind flattert. Jahrhundertelang lebten äthiopische Kaiser und Adlige wie Nomaden, hielten Hof in ihren stattlich ausgerüsteten Zeltlagern, mit denen sie durch das ganze Reich zogen, von Krisenherd zu Krisenherd. Hier wird einem so richtig bewusst, dass zwei Generationen »Sesshaftigkeit« die Prägung durch das Nomadenleben, das Gleichgültigkeit gegenüber Bequemlichkeit und Schönheit mit sich bringt, kaum beeinflussen konnten. Jener Ras Mangasha, der Johannes IV. auf den Thron folgte, quartierte seine Reitpferde in seinem Palast ein, als Zeichen der besonderen Wertschätzung – eine natürliche Angelegenheit für jemand, der in einer naturverbundenen Gesellschaft aufgewachsen ist, in der sich seit Urzeiten fast alles um gute Pferde und Reitkunst dreht. Viele äthiopische Kaiser und Häuptlinge waren intelligente Männer, aber sie verwendeten ihre Energien hauptsächlich darauf, Intrigen einzufädeln, zu jagen, feindliche Angriffe abzuwehren oder mit benachbarten Stammeshäuptlingen Krieg zu führen. Als der kaiserliche Hof sich schließlich in Gondar niederließ, stellten sich schon bald Degenerationserscheinungen ein.

Zum Tee ging ich ins Haus, und kurz darauf erschienen mehrere Diener mit von der Sonne ausgetrockneten, erschreckend komplizierten Ausrüstungsteilen für Maulesel. Leilt Aida fragte mich, was ich von den Sachen hielte, und ich bekannte eilig, dass ich Derartiges noch nie im Leben gesehen hätte und folglich weder Qualität noch Brauchbarkeit einschätzen könnte. Die Bediensteten des Hauses nahmen die Ausrüstung Jocks sehr ernst, und wir hörten sie schon bald heftig diskutieren über die Verlässlichkeit und die Vorteile verschiedener Zügel, Pferdegeschirre, Packsättel und Seile. Schließlich beschloss man, dass Gabne, ein Diener, mich zum Sattler auf dem Basar begleiten und mir beim Kauf von Zaumzeug und Zügel behilflich sein sollte.

Da heute einer von vielen äthiopischen Feiertagen ist, war der Laden des Sattlers geschlossen. Also führte mich Gabne durch schmale Gässchen mit soliden, kleinen Steinhäusern weiter zum Privathaus des Sattlers. (Verglichen mit den übrigen Hochlandbewohnern, sind die Tigre für ihre soliden Bauten bekannt.) Im Haus des Sattlers wurden im Innenhof gerade an die 40 Männer und Frauen mit *talla* und *dabo* (kräftiges Weizenbrot) bewirtet. Man brachte mich in einen kleinen Raum, in dem eine Unmenge Sattelzeug an den

Lehmwänden hing und Frauen auf einem offenen Feuer in der Mitte des erdigen Fußbodens Brot backten. Die allgemeine Reaktion auf diese unerhörte Zudringlichkeit einer *faranj* war interessant zu beobachten. Ich spürte eine Mischung aus Neugierde, Belustigung, Scheu und Misstrauen; trotz des hohen Status meiner Begleitung behandelte man mich ganz gewöhnlich – in Asien wäre so etwas in einer vergleichbaren Situation völlig unmöglich. Einen niedrigen äthiopischen Beamten hätte man um einiges feierlicher empfangen, und man konnte sehen, dass dem Diener des Prinzen viel mehr Bedeutung und Wichtigkeit zugemessen wurde als dessen ausländischer Freundin. Ich war froh, dass ich das noch erleben durfte, ehe ich zu meiner Trekking-Tour aufbrach. Es ist doch immer wieder hilfreich, wenn man von Anfang an weiß, wo man hingehört.

2.

Unter Begleitschutz durch Tembien

29. Dezember – Eine Bruchbude auf einem Gipfel

Heute Morgen hat sich eine wahrlich komische Versammlung im Hof des Palasts eingefunden: Ein geduldiges Maultier, eine ahnungslose *faranj*, eine besorgte und hilfsbereite, aber (in dieser Situation) ähnlich ahnungslose Prinzessin und fünf verwirrte Landarbeiter. (Die Männer sind alle Experten im Bepacken von Maultieren, aber keiner hatte je zuvor mit derart eigenwilligem Gepäck zu tun gehabt.) Der Packsattel ist ein einfacher, quadratischer, gut gepolsterter, weicher Sack. Wir begannen damit, meinen Rucksack, den Schlafsack, die Schachtel mit der Notration und die Wasserflasche daran festzubinden, obenauf Jocks Plastikeimer (erstanden in Asmara), dazu Leilt Aidas umfangreiche Beigabe an importierten Lebensmitteln.

Nach einem 40-minütigen Kampf schien alles sicher befestigt. Wir verabschiedeten uns, und alle winkten Christopher und mir fleißig nach, als wir hinter Jock und Gabre Maskal, dem Diener, der uns zur Straße nach Adua bringen sollte, den Hof verließen. Dann, am Straßenrand, ließ ein hupender Jeep vom Roten Kreuz Jock ein paar ängstliche Sprünge machen, und alles glitt langsam erst unter seinen Bauch und schließlich zu Boden.

Wir gingen also wieder auf den Hof zurück, und ich beschloss, aus meinem merkwürdig geformten Rucksack zwei gleich schwere Säcke zu machen. Man brachte mir zwei gleich große Stoffsäcke, und ich packte meine Bücher, Kleider, Arzneimittel, Kerzen, Zündhölzer, Kugelschreiber, Seifenschachtel, Zigaretten, Zahnpasta, Taschenlampenbatterien, Notizblöcke, Landkarten und Insektenbekämpfungsmittel ungeduldig um. Nach mehrmaligem Austesten und Ausbalancieren der Säcke – fest- und wieder losbinden mit Seilen und Lederriemen – schien alles ziemlich sicher befestigt. Jock ist zweifellos ein sehr geduldiges Tier; er stand ruhig da, ein Bild von gelangweilter Ergebenheit, während die Männer um ihn laut schreiend und gestikulierend herumtanzten und wie Matrosen im Sturm mit Seilen hantierten. Ihre Art zu packen ist unglaublich kompliziert, und ich bin einfach zu ungeschickt, diese Fertigkeit zu lernen – wir werden also auf hypothetische Passanten angewiesen sein, wenn wir draußen übernachten müssen.

Ein Großteil der Strecke von Makale nach Adua führt eine behelfsmäßig ausgebaute Straße entlang, einst von den Italienern angelegt, aber seit gut 25 Jahren vernachlässigt. Gabre Maskal, der Diener, war offenbar überhaupt nicht damit einverstanden, dass Leilt Aida ihre Erlaubnis dazu gab, eine *faranj* ohne Begleitschutz herumreisen zu lassen. Er fragte mehrere Bauern, die in unsere Richtung gingen, ob sie auf uns Acht geben würden. Aber alle bogen irgendwann von der Hauptstraße zu ihren Siedlungen ab, und schließlich konnten wir Gabre Maskal überreden, zurückzukehren.

Die nächsten sechs Kilometer führte uns unser Weg über eine hellbraune, steinige Ebene, im Osten und Westen von niedrigen Bergen begrenzt. Ich ging voraus, Jock am Zügel, und Christopher folgte mir. Für einen Zehnjährigen verfügte er über erstaunlich viel Ausdauer. Ich merkte schon bald, dass er niemals zugeben würde, müde zu werden, also schlug ich eine frühe Mittagspause vor, und wir hielten am Rand des Plateaus, wo ein einsamer, knorriger Baum dürftigen Schatten bot. Hier stießen wir auch auf die erste Siedlung – ein paar runde, strohgedeckte Hütten *(Tukuls)*, sehr einfach gebaut aus Holzpfosten und Lehm. Sofort sammelten sich um uns ein paar Einheimische, und ein junger Mann fragte, ob wir Italiener oder Amerikaner seien. Als er hörte, wir kämen aus Irland und Großbritannien, sahen er und seine Kameraden uns verblüfft an. Durch die Nähe von Makale sind die Leute hier bestimmt daran gewöhnt, hin und wieder *faranjs* zu sehen, aber unter ihrer förmlichen

Höflichkeit spürte ich eine Mischung aus Feindseligkeit, Argwohn und Verachtung.

Vom Rand des Plateaus aus nahmen wir eine Abkürzung einen steilen, schmalen Weg hinunter, der sich um einen mit grünem Gestrüpp bewachsenen Hügel wand. Dieser Weg war so eng und holprig, dass ich Jock dazu drängte, vorauszutraben und seinen eigenen Weg zu suchen. Mein Dahinstolpern machte alles für ihn nur noch schwieriger. An der Einmündung unserer Hauptmarschroute stand er sanft wie ein Lamm und wartete auf mich. Den ganzen Tag über benahm er sich wie der reinste Engel, abgesehen von einem kleinen Ausrutscher, als er sich am Ufer eines flachen Flusses plötzlich niederlegte und seitwärts im Sand rollen wollte. In dem Moment aber, als ich ihn am Halfter riss und erschrocken »Jock!«, rief, rappelte er sich hoch und tröstete sich mit einem ausgiebigen Schluck Wasser. Dieser Gehorsam stimmte mich besonders zuversichtlich, da ich ihm das Pferdegeschirr, das ihn offenbar sehr plagte, abgenommen hatte. In der nächsten Pause machte ich ein weiteres Experiment und ließ ihn frei grasen. Wie zur Belohnung für mein wachsendes Vertrauen, wich er keinen Schritt zurück, als ich ihn nach einer Weile wieder am Zügel nahm.

Den ganzen Nachmittag über begleiteten uns hin und wieder etliche Männer und Jungs, die mit ihren Maultier- oder Eselkarawanen zu ihren unsichtbaren Dörfern in den Hügeltälern zogen. Alle starrten uns erstaunt und amüsiert an – amüsiert wegen Jocks unkonventioneller Last. In einer derart urwüchsigen Umgebung, der es an allem Schrillen, Artifiziellem fehlt, wirkten meine Habseligkeiten schrecklich protzig – ein kanariengelber Nylonschlafsack, ein giftgrüner Plastikeimer und eine weißrote Wasserflasche aus Plastik. Kein Wunder, wenn uns die Einheimischen belächeln, wie sie in ihren nicht mehr ganz weißen *shammas* hinter ihren professionell ausbalancierten Ladungen aus Tierfellen und Salzblöcken herlaufen.

Verwirrend an den Hochlandbewohnern ist ihr Mangel an Spontaneität im Umgang mit *faranjs*. Natürlich kann man von ihrer

Scheu und Zurückhaltung nicht gleich auf Feindseligkeit schließen. Dennoch vermisse ich das freundliche, offene Interesse, das Fremden in Asien entgegengebracht wird.

Den ganzen Nachmittag über schlängelte sich unser Weg in Serpentinen durch niedrige Hügel – einige mit Büschen bewachsen, andere ganz kahl. Trotz der scheinbaren Kargheit dieser Gegend schienen die vielen Herden großhörniger Rinder und dickschwänziger Schafe in ausgezeichnetem Zustand.

Während die Sonne sich immer tiefer senkte, zeichneten blasse Farben die Hügelketten weich, bis uns schließlich das herrliche Schauspiel des Sonnenuntergangs überraschte. Ohne Wolken am Himmel gibt es normalerweise nichts Besonderes zu sehen, aber heute Abend mischten sich helle Pastelltöne verträumt ineinander über dem Dunkelblau hinter dem Abgrund, ein paar hundert Meter westlich.

Als wir von fern das Motorengeräusch des Jeeps vom Palast hörten, führte ich Jock ein paar Meter weiter und flüsterte ihm beruhigend ins Ohr. Aber als der Lärm immer näher kam, begann er zu zittern, und ich legte ihm sehr zu seinem Widerwillen das Pferdegeschirr wieder an, für den Fall, dass er durchzugehen drohte. Doch er fasste sich sehr schnell wieder und folgte mir ruhig zurück zur Straße, nachdem das Fahrzeug in der Nähe angehalten hatte.

Zu unserer Überraschung war es nicht der Jeep, sondern der Mercedes – und Leilt Aida saß mit einem Picknickkorb auf dem Beifahrersitz. Während Christopher und ich tassenweise heißen Tee hinunterstürzten, diskutierte sie mit dem Chauffeur darüber, wo ich heute Nacht schlafen sollte, was für sie offensichtlich ein Problem darstellte. Wir waren heute nur gute 20 Kilometer gelaufen, daher waren wir beide, Jock und ich, noch frisch genug, die letzten sechs Kilometer bis zum nächsten Dorf zu schaffen. Aber Leilt Aida verbot mir, weiterzugehen – angeblich, weil Hyänen Jock nach Einbruch der Dunkelheit angreifen könnten. Der wahre Grund lag vermutlich darin, dass sie fürchtete, *shifta* könnten uns überfallen. Dann schickte sie den Chauffeur einen steilen Abhang hinauf, der sich rechts von uns, direkt neben der Straße, erhob, um die Gegend auszukundschaften. Nirgends war auch nur die kleinste Spur von Pfad zu sehen, und mir wäre nie in den Sinn gekommen, in so einer gottverlassenen Gegend Unterschlupf zu suchen.

Mittlerweile war es dunkel. Wir saßen auf einer niedrigen Steinmauer, und Leilt Aida bat mich wiederholt, sie auf jeden Fall anzurufen, falls ich Hilfe bräuchte. Dabei fielen mir die Worte einer ihrer Ahnen ein, gerichtet an Beamte der britischen Handelsvertretung. Seine Majestät Sahela Selassie, der siebte König von Shoa, sagte 1841: »Meine Kinder, alle meine Gewehrschützen sollen euch begleiten; möge euch Sicherheit beschert sein. Was immer eure Herzen denken oder wünschen, lasst es mich wissen. Außer mir habt ihr keine Verwandten in dem fernen Land.« Im Unterschied dazu geleiteten mich keine Gewehrschützen, und Leilt Aida machte sich offensichtlich Vorwürfe, dass sie nicht auf Begleitung bestanden hatte.

15 Minuten später kam eine positive Antwort vom Gipfel des Hügels. Ich verabschiedete mich von Leilt Aida und Christopher und führte Jock den steilen Weg hinauf, wobei wir blind über Felsbrocken und äußerst stacheliges Gestrüpp stolperten. Von oben überwachte uns der Chauffeur und von unten Leilt Aida. Wenn er von oben auf Amharisch rief :»Mehr nach rechts« oder »Dort weiter links!«, schrie sie mir seine Kommandos auf Englisch zu. Am Gipfel angekommen, sah ich im Sternenlicht, dass wir uns auf einem ebenen, mit Gebüsch überwucherten Plateau befanden. Hier stellte mir der Fahrer einen offenbar tief beeindruckten Jungen als meinen Führer vor – sein Name war Marcos, wie ich später herausfand – und machte sich dann auf den Weg zurück. Laut rufend und winkend sagten wir uns nun endgültig Auf Wiedersehen.

Nach zehn Minuten, wir wurden einen schmalen Pfad entlanggeführt, sah ich den Wagen langsam Richtung Makale fahren, das als Bündel verschwommener Lichter in der Ferne auf gleicher Höhe sichtbar war. Auf der ganzen Strecke leuchtete kein einziges Licht, obwohl es auf diesen Hügeln eine Menge Siedlungen geben muss, und die dahinschwindenden Scheinwerfer des Mercedes erschienen mir von angenehm symbolischem Charakter.

Als wir das Lager erreichten, lag auch hier alles im Dunkeln, abgesehen von einem nur noch glimmenden Holzfeuer in der kleinsten der drei Steinhütten. Ich brauchte 15 Minuten, um Jock abzuladen. (An der Tatsache, dass meine Taschenlampe zuunterst in einem der Säcke lag und ich sie erst zu fassen bekam, nachdem ich eine Menge komplizierter Knoten entwirrt hatte, kann man das heutige Chaos beim Packen gut ablesen.) Marcos ist das Entladen von Maultieren bestimmt gewöhnt, aber er stand da wie gelähmt, als wären ihm *faranj*-eigene Maultiere nicht ganz geheuer. Er machte keine Anstalten, mir zu helfen, bis ich irgendwann alles in Einzelteile zerlegt hatte. Erst als ich in meinen Säcken nach Essen, der Taschenlampe, dem Insektenmittel und dem Notizbuch kramte, führte er Jock zu einem Schuppen und trug anschließend mein Gepäck in die kleinste Hütte. Sie war rund und solide gebaut, mit einem spitz zulaufenden Grasdach und 60 Zentimeter dicken Wänden. Ein Viertel der Bodenfläche nahm ein Lehmofen ein, gut einen halben Meter hoch, und ein weiteres Viertel zwei aus Weidensträuchern geflochtene, mit Lehm verfugte Getreidekörbe. Den Rest des Platzes füllte eine unebene Lehmcouch auf 50 Zentimeter Höhe, bedeckt mit einer steifen Kuhhaut. Marcos ließ mein Gepäck auf das Bett fallen und beugte sich nieder, um die verglühten Holzstücke wieder anzufachen. Als ein paar Äste zu glühen begannen, warf er mir von der Seite einen unsicheren Blick zu. Ich lächelte ihn aufmunternd an, ohne etwas zu sagen, da meine vorausgegangenen Kommunikationsversuche ihn scheinbar nur verschreckt hatten. Er war ein hübscher Junge mit breiten Brauen, einer geraden Nase, leicht hervortretenden Wangenknochen und schönen Augen. Hinter der Unsicherheit verbarg sich ein freundliches Wesen, und er erwiderte mein Lächeln scheu, ehe er mehr Äste in das Feuer legte und eine rostige Schüssel mit Wasser aufsetzte. Ich fragte mich, ob aus dem Wasser ein Getränk werden sollte; stattdessen begann Marcos, mir mit respektvoll gesenktem Kopf meine Schuhe und Strümpfe auszuziehen, als das Wasser heiß war. Die folgenden zehn Minuten massierte er meine Beine kräftig von den Knien bis zu den Zehen. Vor jedem neuerlichen Angriff goss er heißes Wasser darüber. Auch ohne Sonnenbrand – besonders an den Waden, die er so heftig bearbeitete – wäre diese Prozedur ähnlich qualvoll ausgefallen; aber danach fühlten sich meine Beine wohl und völlig entspannt.

Während ich mir meine Stiefel wieder überzog, hörte ich draußen Stimmen; dann sah ich durch den niedrigen Eingang vage ein paar Gestalten in *shammas*. Die Ankunft seiner Familie hatte eine interessante Wirkung auf Marcos. Er sprang hoch, in seinem Gesicht leuchtete freudige Erleichterung auf, und erst jetzt wurde mir klar, dass er sich die ganze Zeit ernsthaft vor mir gefürchtet hatte. Ich hoffe, dass diese offenbar von den Italienern stammende Angst vor Fremden nicht in ganz Tigre üblich ist, denn Angst kann sich auf verschiedenste Weise ausdrücken.

Nachdem Marcos seiner Familie sämtliche Neuigkeiten berichtet hatte, kamen drei Männer und zwei Frauen näher, um mich genauer zu betrachten. Die Frauen hielten sich halb hinter den Männern versteckt und verbargen die untere Gesichtshälfte hinter ihren *shammas*.

Befreit von der Anspannung meiner alleinigen Gesellschaft, strahlte Marcos mich mit Besitzerstolz an, als ob meine Gegenwart nur ihm zu verdanken wäre, und bediente sich selbstsicher hemmungslos meines Gepäcks, das er vorher fallen gelassen hatte, als könne es ihn beißen. Er hielt meinen Schlafsack und den Plastikeimer hoch, damit die anderen sie bewundern konnten, wurde aber sofort von seinem Vater streng zurechtgewiesen, unnötig die Sachen eines Gastes anzufassen. Mittlerweile waren die Männer hereingekommen, und wir saßen alle zusammengedrängt auf dem Bett, während sich die Frauen draußen lebhaft über mich unterhielten. Bald hatten sie beschlossen, ich müsste in das Haupthaus umziehen – ein rechteckiges, einstöckiges Gebäude mit hoher Decke, räumlich nicht unterteilt: Mehrere Baumstämme stützen die Balken des Lehmdachs, eine Menge Getreidekörbe nehmen die größte Fläche ein. Hier ist das Lehmbett, das man mir geopfert hat, ungefähr einen Meter hoch und fast einszwanzig breit. Die Jüngsten der Familie schlafen auf dem Boden um die Feuerstelle herum. Die Hühnerschlafstelle befindet sich auf einfachen Brettern genau über dem Bett.

Als Marcos mein Gepäck nahm, versuchte ich ihn zu stoppen, und alle bestanden darauf, dass ich es bei mir behalten sollte. Also stapelte er meine Habseligkeiten am Fußende des Bettes. Diese Angewohnheit spiegelt das Ausmaß des Misstrauens der Einheimischen wider. In vergleichbaren Umständen hätte ein Gastgeber mein Gepäck am bequemsten Platz untergebracht, nicht zwingend in der Nähe meiner Schlafstelle, und hätte mir versichert, dass alles gut aufbewahrt sei.

Nachdem sich alle vom ersten Schock erholt hatten, wollte sich jeder mit mir unterhalten. Marcos' Eltern sprechen ein wenig Italienisch, und ich auch; aber ein wenig Italienisch, mit starkem tigreanischen bzw. irischen Akzent gesprochen, ist keiner Unterhaltung wirklich förderlich, und wir gaben es bald auf.

Trotzdem schafft der gegenseitige Versuch, sich zu verständigen, stets eine wärmere Atmosphäre, und ich fühle mich nicht mehr so ausgeschlossen, obwohl ich die ganze Zeit geschrieben habe, während die anderen unaufhörlich miteinander plauderten. Nur hin und wieder sieht mich jemand an und lächelt freundlich über meine Stummheit, oder Marcos beugt sich über mich und zählt meine geschriebenen Seiten, oder seine Mutter drängt mich, doch näher ans Feuer zu rücken.

Es ist beinahe 13 Monate her, dass ich zuletzt in einer so einfachen Hütte übernachtet habe. Das war in Nepal, und es hat etwas Beruhigendes, sich auf einem anderen Kontinent in ähnlicher Umgebung wiederzufinden, die alten Gewohnheiten wieder aufzunehmen, bei offenem Feuer mit Rauch in den Augen zu schreiben, gluckende, schläfrige Hennen um mich und eine Unmenge herumschwirrendes Ungeziefer.

30. Dezember – Migua Selassie
Was das Ungeziefer angeht, so war letzte Nacht die reine Hölle. Mein Insektenbekämpfungspuder erwies sich als völlig untauglich. Immer wieder wachte ich aus meinem unruhigen Schlaf auf, um mich zu kratzen. Diese afrikanischen Teufel sind scheinbar noch tückischer als ihre asiatischen Verwandten; mein ganzer Körper ist mit entzündeten Beulen übersät.

Gegen halb sieben war ich schon wieder auf dem Weg, zwar ohne Schlaf und Frühstück, aber voller Lebensfreude – wer wäre das nicht inmitten einer ruhigen Berglandschaft mit kühler klarer Luft, einem umgänglichen Maultier an der Seite und zwölf bevorstehenden sonnigen Stunden. Den ganzen Tag über führte uns unser Weg hinauf und hinunter, rundherum und hinunter und wieder hinauf. Auf allen Seiten bildeten die Berge lange, weiche Linien am Horizont. In der Mittagshitze lichtete sich in den niedrigeren Lagen der Nebel ein wenig und gab den Blick frei auf roten Lehmboden und grüne Sträucher. Wir kamen an einem Feld vorüber, auf dem gerade *teff* geerntet wurde. Dieses Getreide hat wunderschön blassgoldene Ähren und Halme, und kilometerlang leuchtete das Land vor dem Dunkelblau des Horizonts und den blauen Pastelltönen der Berge in der Ferne. Nachdem mehrere Ochsen die Halme gedroschen haben, sortieren die Frauen die Körner aus und schaufeln sie auf große Weidenmatten.

Für zwei Stunden begleiteten wir heute Vormittag eine Eselskarawane auf ihrem Weg zu einem Marktplatz in einem Bergdorf. Die fünf Männer und auch die Jungen zeigten das übliche, ernste Erstaunen, als sie uns bemerkten, aber schon bald wurde mir klar, dass sie mich trotz ihrer ruhigen Verschlossenheit »in ihre Obhut nahmen« – offensichtlich mehr aus Pflichtgefühl als aus Freude. Wenn ich anhielt, um mir einen Strauch oder einen Vogel genauer anzusehen, hielten sie ebenfalls und warteten, bis ich wieder weiterging. Das war zwar sehr nett von ihnen, aber ich wäre lieber ungehindert meinem eigenen Tempo folgend dahingebummelt. Schon bald jedoch war ich aufrichtig dankbar für ihre Anwesenheit. Marcos hatte Jock nicht eben sorgfältig bepackt, und auf einem steilen Weg fiel das ganze Gepäck plötzlich herunter. Ohne mich eines Blickes zu würdigen, traten zwei meiner »Begleiter« sofort in Aktion und verpackten alles wieder recht professionell in wenigen Minuten. Wenn ich alleine gewesen wäre, hätte ich vermutlich stundenlang am Wegesrand gesessen und auf Hilfe gewartet.

Zudem habe ich heute gelernt, dass es weniger anstrengend ist, ein Packtier mit einer Karawane zu führen. Auch die nettesten Maultiere haben ihre persönlichen Eigenheiten. Jock zum Beispiel findet es unter seiner Würde, mehr als zwei Stundenkilometer – ohne Zügel – zu laufen und vier Kilometer in der Stunde, wenn man ihn führt. Diese Trödelpolitik ist für mich natürlich ziemlich anstrengend, da ich durchschnittlich gute fünf Kilometer in der Stunde zurücklege. Wenn wir aber mit lauter Eseln unterwegs sind, steht seine Ehre als Maultier auf dem Spiel; er übernimmt die Führung und schafft locker sechs Kilometer pro Stunde. Heute Morgen lief er manchmal soweit vorneweg, dass ich ihn nur noch an seinem schwankenden grünen Plastikeimer erkannte.

Um halb elf, nach einem steilen Anstieg, erreichten wir das Dorf Enda Mikael Tukul – eine lang gezogene Siedlung mit verstreut stehenden runden und rechteckigen Steinhütten. Charakteristisch für viele Städte und Dörfer im Hochland sind angelegte Wälder mit schnell wachsenden australischen Eukalyptusbäumen, einst von Menelik II. auf Rat der Franzosen nach Äthiopien importiert. Mittlerweile ist der Eukalyptusbaum der häufigste Baum im Norden, und sein Schatten ist trotz der Höhenlage besonders mittags sehr willkommen.

Als ich am Rand des Dorfes eine kleine Pause einlegte, gingen meine Begleiter typischerweise ohne ein Wort oder eine Geste des Abschieds zum Marktplatz weiter. Sie hatten ihre Pflicht getan und waren zweifellos erleichtert, die Verantwortung für diese ihnen so unverständliche *faranj* los zu sein.

Unter einem aromatisch duftenden Eukalyptusbaum verspeiste ich die Reste eines Früchtekuchens von Leilt Aida, während Jock selbstzufrieden auf fast nichts herumgraste. Wir sind bereits so gute Freunde, dass er nicht weit wegläuft, wenn ich ihn nicht angebunden habe, obwohl man mich in Makale eindringlich davor gewarnt hatte, ihn frei laufen zu lassen.

Außerhalb des Dorfs – in dem uns alle neugierig anstarrten, weder feindselig noch besonders freundlich – führte unser Weg einen unangenehmen Steilhang hinunter, und hier lernte ich den Trick, mir von Jock auf steilen, holprigen, rutschigen Hängen helfen zu lassen. Statt ihn vorauszuschicken, ging ich vorneweg. Ich hing mit einer Hand am Halfter, und mit der anderen stützte ich mich auf meinen *dula*. Wäre er nicht zuverlässig gewesen, so hätte diese Technik gefährlich werden können, aber er schien genau zu verstehen, was von ihm verlangt wurde.

Bald danach hörte ich ein ungewöhnliches Rauschen dicht über mir. Ich sah nach oben; ein riesiger Adler raste im Sturzflug auf eine Zibetkatze herunter, die das Rauschen ebenfalls gehört hatte und flink unter einen Felsen in Deckung ging. Der enttäuschte Adler schwang sich wieder in die Lüfte und glitt langsam über das Tal hinweg; wenn der erste Angriff nicht geklappt hat, gibt jeder Raubvogel erst einmal auf. Im nächsten Moment tauchte die Zibetkatze wieder aus ihrem Versteck auf und streifte weiter gemächlich durch die Sträucher.

Gegen zwei kamen wir in ein kleines Dorf inmitten wuchernder Wacholdersträucher auf einer Böschung über einem trüben Fluss. Büschel von dichtem grünen Gras wuchsen am Ufer. Nachdem Jock seinen Durst gestillt hatte, graste er gemächlich, während ich meine Wasserflasche auffüllte und zwei Reinigungstabletten dazugab. Theoretisch sollte man ein Lasttier erst am Ende eines Tagesmarsches tränken, aber ich finde es ziemlich unsinnig, ein durstiges Maultier davon abzuhalten, zu trinken, wenn es irgendwo Gelegenheit hat.

Etwa 30 Meter stromaufwärts standen Kühe unter einem uralten Feigenbaum bis an die Fesseln im Wasser. Nicht weit davon saßen ein halbes Dutzend Männer und sahen ihren Frauen beim Waschen zu. Zu meiner Überraschung kamen die Männer auf mich zu und stellten mir freundlich Fragen. Daraufhin ließen die Frauen Wäsche Wäsche sein und kamen ebenfalls herüber; alle saßen im Gras und lachten laut. Der Umstand, dass ich die Sprache der Tigre nicht beherrsche, ist immer wieder eine Quelle ungläubiger Heiterkeit. Aber in diesem Fall war mein Verhältnis zu Jock das Spaßige. Als wir am Fluss angekommen waren, hatte ich Jock am Hals gestreichelt und ihm ein paar beruhigende, süße Worte ins Ohr geflüstert. Für die Einheimischen war dieser Anblick wohl ähnlich komisch, wie wenn wir jemanden beobachten, der die Motorhaube seines Wagens streichelt.

Während sie sich über mein merkwürdiges Benehmen unterhielten, aßen die Männer *atar*, eine Art grüner Erbsen, die in trockener Erde gedeiht. Diese Erbsen werden meist getrocknet und eingelagert. Man gibt sie zum *wat*, und gemahlen kann man aus dem Mehl köstlichen Pudding oder Brote machen. Zwei Männer waren zu einem angrenzenden Feld gegangen und pflückten ein paar Schoten für mich. Auch mir waren die kleinen grünen, knapp einen halben Meter hohen Sträucher vorher bereits aufgefallen. Unter den farnähnlichen, dichten Blättern sind die Schoten kaum zu sehen. In jeder Schote wachsen zwei bis vier Erbsen. Sie schmecken wie unsere Erbsen, sind in der Form aber nicht so gleichmäßig.

Auf Grund dieser unerwartet erfreulichen Begegnung fühlte ich mich ein wenig behaglicher im Land der Tigre und machte mich fröhlich wieder auf den Weg. Meine Freunde staunten Bauklötze, wie ruhig Jock sich von mir wieder am Zügel führen ließ.

Zwei Stunden später kamen wir in ein größeres Dorf, das auf einem Hügel angelegt war. Die Jeepstraße führte geradewegs nach Westen und ein gut markierter Eselspfad nach Nordwesten, Richtung Abbi Addi und Adua. Ein Blick auf meine Landkarte enthüllte lediglich deren begrenzte Nutzungsmöglichkeit. Ich ging also auf drei Erntearbeiter zu, zeigte auf den Eselspfad und fragte: »Abbi Addi?« Alle drei starrten mich dumpf an, und als ich auf die Jeepstraße deutete und wiederholte: »Abbi Addi?«, blieb ihr Gesicht unverändert ausdruckslos. Ich überlegte kurz und kam zu folgendem Ergebnis: Da Adua im Norden lag und der Eselspfad in nordwestliche Richtung führte, ich aber nach Adua wollte, mussten wir die Jeepstraße verlassen – obwohl ich mir im Klaren darüber war, dass in einer solchen Gegend logische Entscheidungen fürchterliche Folgen haben können.

Die Männer sahen uns ruhig zu, wie wir von der Hauptstraße abbogen. Aber auch Leute aus der Siedlung hatten uns beobachtet, und schon bald überholten uns fünf atemlose junge Männer. Ihr Anführer, nach europäischer Mode gekleidet, griff sofort nach Jocks Halfter und sagte: »*Yellum! Yellum!*« (»Nein! Nein!«) und ließ einen Wortschwall auf *tigrinja* gespickt mit italienischen und englischen Satzteilen, auf uns niederprasseln. Wieder deutete ich nach vorne und fragte: »Abbi Addi? Adua?«, und er antwortete »Ja« auf Englisch, rasch gefolgt von einem »Nein«, begleitet von ausdrucksstarken Gesten, die mir trotz meiner Erfahrung mit der Zeichensprache nichts sagten. Klar wurde lediglich, dass er von der Richtung, die wir eingeschlagen hatten, gar nichts hielt. Ich vermutete, sein Einwand würde irgendeinen einleuchtenden Grund haben. Einen derart eindringlichen Rat Einheimischer zu ignorieren, wenn man nicht wusste, was dahintersteckte, erschien mir entschieden unklug, und ich machte kehrt.

Ayela entpuppte sich als der Sohn des Häuptlings. Während er Jock den Hang hinaufführte, fragte er: »Amerikanerin? Italienerin?« Als er hörte, dass ich aus Irland kam, nickte er freundlich und murmelte bedächtig: »Amerikanerin – Sie sind also Amerikanerin. Ich bin Äthiopier.« Ich finde es immer wieder höchst irritierend, wenn man mich für eine Amerikanerin hält; andererseits kann man von Äthiopiern nicht unbedingt erwarten, von Irland gehört zu haben, deshalb regte ich mich nicht weiter auf.

Das Haus des Häuptlings ist rund, aus Stein gebaut, mit einem Wellblechdach, weiß getüncht und zweistöckig, also ziemlich ungewöhnlich. Eine Außentreppe aus unebenen Felsblöcken führt zum Kornspeicher hinauf. Hier sitze ich auf einem sich allmählich in seine Bestandteile auflösenden Eisenstuhl und schreibe im Schein einer rußigen Öllampe, gebeugt über einen wackligen Holztisch. Auf ebener Erde befindet sich der Wohnraum. In unmittelbarer Nähe stehen noch drei kleinere Hütten; eine dient als Küche, in den beiden anderen leben die verheirateten Söhne. Der Häuptling, seine Frau und seine Schwägerin sind großartige alte Leute – wohlwollend und herzlich. Als ich sie kennen lernte, war ich froh, hier zwangsläufig eine Pause einzulegen. *Faranjs* sind offenbar rar in ihrem Leben, aber diese alten Leute strahlen so etwas wie würdevolle Selbstsicherheit aus, wohingegen die Jungen (außer Ayela, der in Adua aufgewachsen ist) noch schüchtern sind. Die Gesellschaften im Hochland waren von jeher streng hierarchisch gegliedert, und jeder Häuptling verfügt über beträchtliche Macht innerhalb seines Stammesgebiets.

Bei meiner Ankunft ordnete mein Gastgeber an, diesen Tisch und diesen Stuhl (Statussymbole von größter Bedeutung) in die Getreidekammer hochzubringen, die auch als Gästezimmer dient, und schon bald wurde ich mit frisch geröstetem Kaffee und gerösteten Gerstenkörnern bewirtet – eine recht schmackhafte Mischung. Massenweise kamen Kinder, um mich neugierig zu bestaunen. Sie wurden von Zeit zu Zeit immer wieder von Ayela verscheucht, um ein paar Augenblicke später wieder vor dem Hütteneingang zu hocken, ermutigt von meiner großzügigen Verteilung der restlichen Bonbons aus dem Palast.

Dann erhob sich die Frage, wo ich schlafen sollte. In Zeichensprache meinte mein Gastgeber: »Unten, bei der Familie.« In der gleichen Sprache erwiderte ich entschlossen: »Nein! Hier oben auf dem Boden.« (Bettwanzen sind zweifellos meine Achillesferse.) Alle waren entsetzt darüber, dass ich hier oben alleine schlafen wollte, und schließlich verkündete der Häuptling, seine Schwägerin solle »zu meinem Schutz« mit mir hier oben schlafen. Sofort befiel mich die düstere Vorahnung, sie könnte vor Ungeziefer strotzende Felle heraufschleppen, und ich erwiderte, auch auf die Gefahr hin, unhöflich zu erscheinen, noch einmal »Nein!« Schließlich akzeptierte man meine Hartnäckigkeit als merkwürdige Macke der *faranjs*. Eine halbe Stunde später sah ich zu meinem Entsetzen, wie ein eisernes Bett und eine Matratze aus der Hütte des Priesters über den Hang hierher geschleppt wurden. Schon allein beim Anblick der Matratze begann es mich überall zu jucken, und ich erklärte wütend, ich hätte selbst mein Bett dabei. Ayel sah mich kurz an, schrie den Männern draußen irgendetwas zu, die großmütige kleine Prozession machte kehrt und verschwand wieder.

Ich habe immer noch nicht herausgefunden, warum ich den Eselspfad nicht einschlagen sollte und umkehren musste, und ich denke noch nicht einmal darüber nach, ob wir morgen nach Nordwesten gehen sollen oder nicht. Zum Genuss einer solchen Reise gehört, jeden Tag so zu nehmen, wie er ist.

31. Dezember – Workhsegeh

Mein flüssiges Insektenbekämpfungsmittel erwies sich vergangene Nacht als sehr wirksam. Ich schlief tief und fest, bis jemand eine merkwürdige Nachricht in gebrochenem Englisch durch den Eingang heraufschrie und mich um fünf Uhr morgens weckte. Zuerst dachte ich, ich träumte, es klang alles so unglaubhaft – irgendetwas von zwei Polizisten, die auf Anweisung Leilt Aidas gekommen seien, um mich nach Abbi Addi zu bringen, da man gestern im Gebirge *shifta* gesichtet hätte. Ich krabbelte aus meinem Schlafsack, öffnete die Tür und sah im Mondlicht zwei Polizisten, begleitet vom Bürovorsteher des Gouverneurs von Abbi Addi. Der ältere der beiden Polizisten war der Sprachkundigste; er sagte hastig: »Beeilung! Schnell! Große Beeilung! Sehr schnell!« Ich hatte keine Ahnung, weswegen wir so in Eile sein sollten. Da diese Unglücklichen aber offenbar wegen mir die ganze Nacht auf den Beinen gewesen waren, fühlte ich mich verpflichtet, mich tatsächlich zu beeilen. Ich warf meine Sachen in diese verflixten Säcke, und nachdem Jock bepackt war, brachen wir halb bei Mondschein, halb im ersten Licht der Dämmerung Richtung Nordwesten auf.

Unseren Trupp führte ein hoch gewachsener, hübscher Polizeileutnant mit schussbereitem Gewehr an, dicht gefolgt von mir. Als Nächster kam der bewaffnete Bedienstete des Bürovorstehers. Er führte Jock, und hinter ihm gingen fünf Dorfbewohner; sie waren auf dem Weg zum Viehmarkt in Abbi Addi. Der Letzte war der korpulente Bürovorsteher auf seinem Maultier, das er höflich erst mir und dann dem jüngeren Polizisten angeboten hatte. Die Einheimischen nehmen die *shifta* sehr ernst und waren froh über die Polizeieskorte heute Morgen.

Ich finde es merkwürdig, dass die meisten Asiaten und offenbar die meisten äthiopischen Hochlandbewohner derart ängstlich auf solche potenzielle Gefahren reagieren; wenn sie in Europa lebten, würden sie vermutlich vor lauter Angst, gekidnappt zu werden, nach Einbruch der Dunkelheit keine Lkws mehr fahren.

Unser Marsch war außerordentlich enttäuschend; wäre ich allein gewesen, hätte ich mir für diese Strecke einen ganzen Tag Zeit gelassen, aber wir marschierten nonstop bis halb elf Uhr durch.

Ein paar Kilometer lang überquerten wir frisch abgeerntete, ebene Felder. Dann kam ein kleiner Abhang, und schließlich mussten wir einen steilen, bewaldeten Bergrücken hinauf, mit einem herrlichen tiefen Tal zu unserer Rechten und wild zerklüfteten Bergen in der Ferne. (Bewaldet heißt im Hochland nicht, dass dort große, grüne, schattige Bäume wachsen, sondern dichtes, dorniges Gestrüpp und niedrige Akazien.)

Auf dem Gipfel dieses Bergrückens standen wir am Rand eines 300 Meter abfallenden Steilhangs und überblickten kilometerweit von ehemaligen Vulkanausbrüchen gezeichnetes Land – rau, gewaltig und unwirklich – und überall prächtige Farben und unglaubliche Formen. Am Fuße des Abhangs fiel das Land noch einmal gute 300 Meter ab, und in der Ferne blinkten die Wellblechdächer Abbi Addis. Sogar die Hochlandbewohner, die hier inmitten dieses geologischen Dramas aufgewachsen sind, legten hier eine kurze Rast ein und lächelten mir gezwungen zu. Ihren Gesten nach zu schließen, fanden sie dieses Stück Erde verdammt scheußlich.

Ich hätte es nicht für möglich gehalten, dass Nichtbergsteiger so einen Abhang lebend bewältigen könnten, aber schon stürzten wir uns hinunter; Jock und das andere Maultier vorneweg, damit uns nicht losgetretene Felsbrocken zusätzlich gefährdeten. Ich dachte nur, wie viel gefährlicher das war als jeder *Shifta*-Überfall. Dunkelgrauer oder roter Staub verdeckte runde Steine und Kiesel, die sich bei jedem Schritt lösten. Noch nie war mein Gleichgewichtssinn – oder der Kampf darum, das Gleichgewicht zu behalten – so hart auf die Probe gestellt worden. Die Einheimischen, die diese Strecke gut kennen, sprangen in großen Sätzen hinunter wie Paviane. Aber die Polizisten waren merklich nervös, und der Bürovorsteher war schon bald ein nervliches Wrack. Dorniges Gestrüpp überwuchert den schmalen Weg, der verständlicherweise nicht sehr viel begangen wird. Ich war zu sehr damit beschäftigt, nicht auszurutschen – das wäre tödlich gewesen – und achtete weniger auf die Dornen. Entsprechend zerschunden sehen meine sonnenverbrannten Beine jetzt aus. Die Dornen hinterlassen in der unempfindlicheren Haut der Hochlandbewohner nur oberflächliche Kratzer.

Unten angekommen, warteten wir auf den Bürovorsteher und den jüngeren Polizisten; die beiden hielten Händchen wie ein Liebespaar, während sie in einer Staubwolke herunterschlitterten. Einen Augenblick vorher hatte die Sonne den Gipfel des Steilhangs erreicht, und ich blickte hinauf zu den zerklüfteten Zacken, die jetzt aussahen, als hätte man sie in Burgunder getaucht.

Die nächste halbe Stunde liefen wir über schwarzen Lavaboden, durchsetzt mit pudriger, weißer Asche und bläulichen Felsbrocken, die bei jedem Schritt ein klingendes Geräusch machten. Dann stießen wir auf eine steile Böschung – überwuchert von unerwartet üppigem Grün –, die in eine schattige Schlucht mit ausgetrocknetem Flussbett mündete. Hier zu laufen war einigermaßen anstrengend, da unter feinem Staub immer wieder lockere Steine versteckt lagen; trotzdem blieb ich hin und wieder stehen und sah hinauf zu den gezackten, rotgolden leuchtenden Gipfeln, die sich majestätisch vor einem tiefblauen Himmel erhoben.

Wir kamen an mehreren verschlammten Wasserstellen vorbei,

der Brutstelle der Moskitos. Was für eine Enttäuschung für die Maultiere; sie schnupperten immer wieder an den fauligen Wasserlöchern, waren aber zu klug, daraus zu trinken.

In den vergangenen paar Stunden waren wir von 2400 auf 1800 Meter Höhe abgestiegen. Als die Schlucht breiter wurde, machte mir die brennende Äquatorsonne ziemlich zu schaffen. Jedoch bogen wir schon bald in ein Seitental ab und kamen zu einer Höhle, in der frisches Quellwasser vom Felsen in einen tiefen Pool rann. Zweck dieses Umwegs war, die Tiere zu tränken und jedem die Gelegenheit zu geben, sich zu waschen.

Abbi Addi ist das Verwaltungszentrum von Tembien, trotzdem kann man es keine »Stadt« nennen. Läuft man durch die Straßen, muss man kleine Felsbrocken und Schluchten überwinden; alle Häuser sind einstöckige, einfache Hütten. Das Gebäude der Bezirksverwaltung hingegen hebt sich außergewöhnlich davon ab. Es ist vollständig aus Blech gebaut, sogar der Fußboden ist aus diesem Material; da immer wieder Blechteile fehlen, muss man hin und wieder über gut eineinhalb Meter tiefe Löcher, halb gefüllt mit Felsbrocken, springen.

Im Büro des Gouverneurs angekommen, begrüßte mich ein freundlicher Herr von etwa 40 Jahren in dunklem Anzug. Er saß hinter einem papierlosen Schreibtisch, auf dem ein antiquiertes Telefon stand. Er schien sehr unglücklich über meine Anwesenheit, und ich hätte ihm gerne den Kopf gestreichelt und gesagt, dass er sich keine Sorgen zu machen bräuchte – obwohl das auch nicht viel geholfen hätte, da er kein Wort Englisch sprach. Es gibt hier kein Postamt, aber eine von den Italienern stammende, ein wenig launische Telefonverbindung nach Adua und Makale. Ich deutete also auf den Apparat und sagte laut und deutlich: »Leilt Aida.«

Es dauerte eine Stunde, bis ich durchkam. Während ich wartete, standen die Polizisten im Hintergrund stramm, bis man sie wissen ließ, ihr Dienst sei beendet. Eifrig kamen sie auf mich zu und baten mich um ein Empfehlungsschreiben für ihren Vorgesetzten. Die Wahrscheinlichkeit, dass irgendein Äthiopier meine Handschrift entziffern kann – auch wenn er des Englischen mächtig wäre –, ist relativ gering, aber hier ist das Sammeln solcher Zettel fast schon zur fixen Idee geworden, was wiederum auf tiefes Misstrauen schließen lässt. Untergebene meinen ständig, sie müssten beweisen, dass sie ihre Pflicht getan haben, wohingegen wir das bei uns für selbstverständlich halten.

Nach einem kurzen Wortwechsel mit Leilt Aida über den Sinn bzw. Unsinn von Bodyguards ließ sie sich erweichen und redete dem verwirrten Gouverneur gut zu – obwohl er sich offensichtlich auch durch ihre Erlaubnis nicht besonders mit der Idee anfreunden konnte, eine allein reisende *faranj* in seinem Bezirk zu wissen.

Um mich auf den Zwölfkilometermarsch zur nächsten Siedlung gebührend vorzubereiten, ging ich anschließend in eine *talla-beit* und trank ein paar Gläser. Jock war bereits abgeladen und mit Stroh versorgt. Enttäuscht, so schnell wieder beladen zu werden – von einer Gruppe hiesiger Fachmänner –, sah er mich an, folgte mir aber ergeben, als ich bei glühender Mittagshitze aufbrach.

Zuerst versanken wir auf unserem Weg knöcheltief in Vulkanasche, und als der Pfad sich durch hitzereflektierende Felsen wand, dampfte ich vor Schweiß. Die Luft ist hier jedoch so trocken, dass die Kleider nie feucht bleiben, lediglich mein Haar, unter einem breitkrempigen Strohhut, wird schnell nass. Nach ein paar Kilometern sah ich unter einem wilden Feigenbaum eine Frau mit ihrem vor Dreck starrenden kleinen Kind sitzen, neben sich eine Tonschale mit *talla*. In der Annahme, dass es sich hierbei um die Hochlandversion einer Imbissbude handelte, ließ ich mich – zum Schreck des Kleinen – geschwächt neben ihr nieder und trank ein Viertel in einem Zug. Es war eine dickliche, grau-grüne Brühe voller Hülsen, undefinierbarer Stückchen und Bröckchen. Für mich war nur wichtig, dass es nass und von Blättern kühl gehalten war. Die Kürbisschalen, die man als Trinkgefäße benutzt, haben noch nie einen Tropfen Wasser gesehen. Man spült sie lediglich vor Gebrauch mit einem Schluck *talla* aus. Als ich mein zweites Viertel trank, kamen zwei alte Männer vorbei und starrten zuerst sehnsüchtig auf die

Talla-Schale und dann hoffnungsfroh auf mich. Ich spendierte jedem einen Drink, und damit war es aus mit der Einsamkeit für den Rest des Tages. Wir hätten den gleichen Weg, meinten sie und bestanden darauf, mich zu begleiten. Einer der Männer führte Jock. (Es ist völlig unüblich, dass eine *faranj* läuft und nicht reitet. Absolut unmöglich jedoch ist es, wenn sie ihr Maultier selbst führen muss.) Die ganze Zeit über begegneten wir einem einzigen Mann auf einem Maultier, begleitet von zwei Dienern, die neben ihm herrannten, einer mit einem Gewehr bewaffnet. Vermögende Hochlandbewohner, die sich ein Reittier leisten können, reisen nie ohne Begleitschutz, und ihre Bediensteten sind geborene Langstreckenläufer. Kein Wunder, dass ein Vertreter Äthiopiens zwei olympische Medaillen im Marathonlauf gewonnen hat; vermutlich war der 40-Kilometer-Lauf für ihn eine Art Frühstücksspaziergang.

Der Weg führte die ganze Zeit über eine verbrannte, goldbraune Ebene mit bläulichen Bergen in mittlerer Entfernung und eigenwillig geformten, roten Felshängen in der Nähe. Von den höchsten dieser Hänge wurden während des Kriegs die Italiener beschossen, und man sieht noch heute ausgebleichtes Menschengebein am Fuß der Hänge liegen.

Die Siedlung hier liegt auf einem Gipfel, umgeben von herrlichen Gebirgszügen. Als wir um halb fünf hier ankamen, schien es, als wäre meine Ankunft das erschütterndste Ereignis seit dem Einmarsch der Italiener. Ein zehnjähriger Junge, der in Abbi Addi zur Schule geht, wurde als Übersetzer gerufen. Er sprach nur wenig Englisch, konnte mir aber verständlich machen, dass bald der Häuptling kommen würde, um mich zu begrüßen. Diese Begegnung fand ungefähr 50 Meter vom Rand der Siedlung entfernt statt, und bis zur Ankunft des Häuptlings durfte ich auch nicht näher kommen. Keiner der vielen Männer, die gespannt um mich herumstanden, schien mir wohlgesinnt – verständlich, wenn man bedenkt, was die Leute in dieser Region während der Okkupation durchgemacht haben, und den meisten Bauern ist es nicht möglich, zwischen Italienern und anderen *faranjs* zu unterscheiden.

Johannes, mein junger Führer, bedeutete mir, dass ich Jock ruhig hier lassen konnte, und zeigte mir einen nahe gelegenen italienischen Soldatenfriedhof mit sauber aneinander gereihten Gräbern – die Grabsteine meist zerstört und die Inschriften unleserlich gemacht – am Ende einer Straße mit geometrisch ausgezirkelt aufgestellten Laternenträgern. In einem Land, in dem weder bauliche noch landschaftsarchitektonische Planung irgendeine Rolle spielt, sondern sich alles scheinbar irgendwie »ergibt«, wirkt diese kleine Ecke angestrengter Ordnung tatsächlich nur fremd – charakteristisch für die Italien-Äthiopien-Tragödie.

Bei unserer Rückkehr fanden wir Jock umringt von Workhsegehs gesamter männlicher Bevölkerung. Der Häuptling trat einen Schritt auf mich zu und begrüßte mich feierlich. Er schien sich in seiner Haut nicht sonderlich wohl zu fühlen, in seinen zerknitterten langen Hosen und einem geflickten Tweed-Jackett. Vermutlich hatte er sich mir zu Ehren so herausgeputzt. Schade, dass westliche Kleidung so zum Statussymbol geworden ist – die Hochlandbewohner sehen auch in ihren noch so zerlumpten *shammas* würdig aus, die in weiten, schwingenden Falten herunterfallen und ihre stolze, graziöse Haltung unterstreichen.

Johannes erklärte, ich sollte in der Hütte der Schwester des Häuptlings einquartiert werden, das würde jedoch noch eine Weile dauern, da man erst sauber machen müsse. Es gibt an die 40 Höfe hier; auf jedem stehen zwei oder drei *tukuls* mit Dornengestrüpp außen herum, zum Schutz gegen Hyänen und Leoparden. Diese Hütte hier dient nur als Schlaf- und Lagerraum. Eine Art »Bank« aus Lehm zieht sich durch das halbe Rund, gegenüber steht ein »Doppelbett« aus Lehm mit eingearbeitetem Kissenhügel. Die Kuhhäute und Ziegenfelle beherbergen sicher eine Menge Ungeziefer, und ich versprühe fanatisch Insektenbekämpfungsmittel und wünsche dieses lebende Inventar insgeheim den drei Kindern, die mit mir die Hütte teilen, an den Hals. Während ich im Schein einer kleinen Öllampe schreibe, wird neben mir in einem Lehmbottich *talla* zur Gärung angesetzt.

Die ältere Schwester des Häuptlings ist sehr nett, aber scheu. Sobald ich auf den Hof kam, wurde ich mit *talla* bewirtet, und kaum hatte ich meine Kürbisschale halb ausgetrunken, schenkte mir Johannes bis zum Rand wieder nach.

Mein Abendessen bestand aus zwei sehr kleinen rohen Eiern, die ich aus der Schale schlürfte, und einer rostigen Blechbüchse voll Milch. Dann setzte ich mich vor den Eingang, genoss das Farbenspiel des Sonnenuntergangs und sah die ersten Sterne am stahlblauen Himmel. Die Männer saßen alle im Schneidersitz im Hof, unterhielten sich und tranken *talla*, ihre *shammas* gegen die frische Abendluft fest um die Schultern gezogen. Ich dagegen fand es angenehm kühl. Die Frauen zerstießen Pfeffer in einem ausgehöhlten Baumstumpf oder bereiteten in der Haupthütte über einem offenen Holzfeuer *injara* zu. Angeboten hat mir niemand davon, vielleicht weil sie glauben, *faranjs* würden es sowieso nicht annehmen.

Meine Versuche, für Jock Gerste zu kaufen, schlugen allesamt fehl. Er ist an einem knorrigen Baum mit trockenen Blättern festgebunden und kaut traurig blasses *Teff*-Stroh – das so gut wie überhaupt keinen Nährwert hat, ihm aber vielleicht ein wenig über sein Hungergefühl hinweghilft. Der ganze Hof hier ist ziemlich erbärmlich; ein paar Disteln wachsen in verschiedenen Ecken, und ein kleines umzäuntes Stückchen Land mit Baumwollsträuchern ist der »Garten«. Aber die Leute sind sehr gut aussehend, wie die meisten Hochlandbewohner. Die Männer und Frauen haben Gesichter, die mit zunehmendem Alter noch ausdrucksstärker werden, und ihre Zähne scheinen nie zu faulen. Nur wenige Hochlandbewohner sind auffallend groß, obwohl der junge zweite Häuptling gut einsachtzig misst und verdammt attraktiv ist. Vermutlich haben er und einige seiner Altersgenossen italienisches Blut in ihren Adern. Ich meine das nicht wegen der hellen Hautfarbe (alle Hochlandbewohner haben auf Grund ihrer halbsemitischen Vorfahren relativ helle Haut), sondern wegen des unterschiedlichen Körperbaus. Die feinen Gliedmaßen der Männer und die ausgeprägten Becken der Frauen unterscheiden sich deutlich von jeder europäischen Rasse.

Vor zehn Minuten ist in der Nähe ein furchtbarer Streit ausgebrochen. Die Schmerzensschreie und wutentbrannten Beschimpfungen klangen ziemlich alarmierend, aber Johannes erklärte mir ruhig, dass sich dort nur ein paar Nachbarn, bewaffnet mit Maultierpeitschen, um angeblich gestohlene Kühe streiten würden. Im Augenblick ist alles wieder still, und die Jungs sind hereingekommen, um sich schlafen zu legen. Ich werde ihrem Beispiel folgen – hoffentlich!

1. Januar – Mai Cheneta

Das war ein recht ärgerlicher Neujahrstag. Als ich um halb sieben morgens losmarschieren wollte, brach das Unheil über mich herein. Entweder war Johannes unfähig zu erklären oder der Häuptling wollte nicht glauben, dass Leilt Aida mich alleine reisen lassen wollte. Also drängte man mir kurz entschlossen zwei junge Männer zur Begleitung auf. Die beiden wollten heute Abend wieder zu Hause sein, und so legten wir in sechs Stunden 25 Kilometer durch sehr unwegsames Gelände zurück. Gegen zwei waren wir am Ziel.

Unser Aufbruch verzögerte sich etwas, weil der Häuptling den beiden Jungs unbedingt eine Notiz mitgeben musste, die sie bei unserer Ankunft hier der Polizei geben sollten. Darauf bekamen die Jungs von den Polizisten eine schriftliche Bestätigung meiner sicheren Ankunft für den Häuptling, und ein Schreiben von mir, in dem ich versicherte, dass sie ihre Pflicht getan hatten. Der Stellenwert, den das geschriebene Wort hier einnimmt, mag verwundern in einem Land, in dem 99 Prozent der ländlichen Bevölkerung weder lesen noch schreiben können. Aber vielleicht haben solche Notizen gerade wegen des weit verbreiteten Analphabetismus so eine immense Bedeutung. In Workhsegeh konnte als einzige Person der zweite Häuptling schreiben. Nachdem ich Papier und Stift hervorgekramt hatte, diskutierten die Älteren aufgeregt darüber, was nun geschrieben werden sollte. Dann begann der junge Mann seinen qualvollen Kampf mit den Buchstaben. Alleine vom Zusehen war ich völlig am Ende – und als wir hier ankamen, wiederholte sich die ganze Prozedur mit leichten Abweichungen.

Ehe wir aufbrachen, schockierte ich alle zutiefst, weil ich für meine Unterkunft bezahlen wollte; voll Verachtung sah mich Johannes an und sagte: »Wir mögen hier kein Geld.«

Um halb elf legten wir eine kleine Pause ein, und die Jungs aßen dicke Scheiben *dabo* – dunkelbraun und knochentrocken –, das sie mit mir teilen wollten. Ich kann mir nicht vorstellen, wie sie alles ohne Wasser hinunterkriegen. Sie scheinen nie besonderen Durst zu haben, trotz der großen Hitze.

Den ganzen Tag ging es bergauf, bergab über unzählige ausgedörrte, grau-braune Hügel mit dornigem Gestrüpp. Eine Menge weißer Marmor blitzte zwischen grauen Felsen und rötlichem Lehm hervor – er glänzte im Sonnenlicht, und manchmal gab es so viele dieser weißen Tafeln, dass die Böschungen wie städtische Friedhöfe aussahen. Ein Dorf war weit und breit nicht zu sehen, obwohl wir an mehreren Kuh- und Ziegenherden vorbeikamen – beaufsichtigt, wie immer, von kleinen, nackten, beschnittenen Jungs. Bei großer Hitze tragen diese Kinder ihre *shammas* zusammengefaltet auf ihren rasierten Köpfen.

Unser anstrengendster Aufstieg fiel genau in die Stunde der ärgsten Mittagshitze – auf einem staubigen Weg einen steilen nackten Felshang hinauf. Und doch macht hier im Hochland eine starke, kühle Brise oft die schlimmste Hitze erträglicher. Der Aufstieg endete auf einem hohen Pass. Dort legte ich eine kurze Pause ein und trank aus meiner Wasserflasche, während ich noch einmal über die Hügel blickte, die wir seit dem frühen Morgen überquert hatten. Die Umrisse von Workhsegeh waren durch Hitze und Staub nur noch verschwommen zu sehen.

Meine ungeduldigen Bodyguards waren mit Jock bereits ein Stück vorausgegangen. Wie ich so hinter ihnen den Hang hinuntertrottete, ging mir durch den Kopf, dass das Maschinenzeitalter den Menschen im Westen viele Erfahrungen geraubt hat, die noch bis vor kurzem die menschliche Existenz bestimmt hatten. Zu viele von uns sind abgeschnitten von banalen sinnlichen Genüssen, wie Rast zu machen nach einem Gewaltmarsch, Linderung bei großer

Hitze oder Kälte zu erfahren, zu essen, wenn man völlig ausgehungert ist, oder zu trinken, wenn man fast am Verdursten ist und einem jeder Tropfen Wasser wie das göttlichste Geschenk vorkommt.

Auf meiner Landkarte ist Mai Cheneta als Stadt ausgewiesen, und ich glaube langsam, dass jedes Dorf mit einer Polizeistation und einer Grundschule als »Stadt« bezeichnet wird.

Meine Ankunft hier löste fast einen Volksauflauf aus. Hunderte kamen angerannt, um mich zu bestaunen; Kinder schubsten und traten einander, damit sie die *faranj* aus der Nähe sehen konnten. Schließlich lud mich ein moslemischer Schneider in sein kleines »Atelier« ein; er schickte nach Tee und befahl seinem Sohn, den Englisch sprechenden Lehrer herzuholen. Während ich den zuckersüßen schwarzen Tee hinunterwürgte, standen drei Männer am Eingang und verteidigten uns mit ihren *dulas* vor der anstürmenden Menschenmenge; so etwas hatte ich noch nie erlebt.

Bald kam auch der Lehrer – ein ruhiger, freundlicher junger Mann namens Haile Mariam. Er bot mir sofort sein Zimmer zum Übernachten an. Hier habe ich mich eingerichtet, attackiert von scheinbar insektizidunempfindlichem Ungeziefer; um meine Füße herum tummeln sich kleine Ratten. Die meisten Gebäude in Mai Cheneta stammen noch von den Italienern; so auch das Haus hier. Der Raum hat etwa 16 Quadratmeter und eine hohe Decke. Das Dach ist aus Wellblech und der erdige Boden zentimeterdick mit Staub bedeckt. Früher müssen die Wände einmal weiß gestrichen und die Fenster verglast gewesen sein. Das einzige Möbelstück im Raum ist ein Eisenbett mit Matratze. (Sämtliche Habseligkeiten des Lehrers hingen an den Wänden.) Man brachte noch einen wackligen Tisch und dazu einen Stuhl aus der Polizeistation, damit ich bequem schreiben konnte. Und soeben stellte mir Haile Mariam noch eine große Öllampe ins Zimmer.

Nachdem Jock gut versorgt worden war, drängten mich die drei Lehrer, ihre Schule am Gipfel eines Hügels über der Stadt zu besuchen. Das Bauwerk diente den Italienern einst als Verwaltungsgebäude und ist mittlerweile eine halbe Ruine. Sämtliche Türen und Fenster fehlen, das Dach ist an mehreren Stellen eingebrochen, und hunderte von Tauben nisten auf den Dachsparren – entsprechend sieht der Fußboden aus. Es gibt vier große Räume – abgesehen von kleinen Wandtafeln völlig unmöbliert. Die Schüler sitzen auf großen Steinen, die man vom Berghang geholt hat. Vor zwei Jahren, als die Schule öffnete, waren 30 Schüler eingeschrieben, heute sind es neunzig, trotz des Widerstands vieler Eltern und Geistlicher. Wie gewöhnlich in solchen Gemeinden, sind die meisten Eltern gegen die Schule; sie sähen ihre Kinder lieber beim Ziegenhüten als in der Schule. Die Kleriker dagegen ärgern sich über die Einflussnahme des Staates auf eine Domäne, die ursprünglich die ihre war.

Ich sah mir die grafische Darstellung des Sternensystems auf der Tafel an und fragte mich, wie die Eltern darauf reagieren würden, wenn ihre Kinder mit ihnen nach der Schule über Astronomie diskutieren wollten. Die Hochlandbewohner halten die Erde immer noch für eine Scheibe; einige stellen sie sich quadratisch vor, andere rund und wieder andere grenzenlos. Für sie ist die Drehung der Sonne um die Erde verantwortlich für Tag und Nacht. Der Mond ist ausschlaggebend für eine gute Ernte, nachdem die Sonne die Saat über die Erde hinaus hat wachsen lassen. Theoretisch wünscht man sich natürlich, dieser Unwissenheit ein Ende zu machen. Aber sind diese Kinder wirklich besser dran, wenn sie ihre Felder jahrelang im Voraus bestellen, weil ihre Vorstellung vom Kosmos völlig durcheinander geraten ist?

Zurückgekehrt, fand ich den Polizeichef, den Häuptling und ein Unikum, das sie »Scheriff« nennen, in einer Reihe auf dem Bett sitzen und darüber debattieren, was man mit mir am besten machen sollte. Eine Gruppe privilegierter Kinder, vermutlich die Sprösslinge der Tonangebenden, durfte dabeisitzen. Still und bewegungslos an die Wände gelehnt, hockten sie auf dem Fußboden und starrten mich wie hypnotisiert an. Hin und wieder mischten sich ein paar andere wichtige Persönlichkeiten des öffentlichen Lebens ins Gespräch.

Hätte ich es verstanden, mit den Wölfen zu heulen, so wäre ich mit zwei Begleitern für die morgige Tour einverstanden gewesen; aber diese Begleiter verderben mir gewöhnlich meinen Spaß am Reisen so gründlich, dass ich eigensinnig blieb und die Schlacht schließlich gewann. Man bat mich, ein Schreiben in dreifacher Ausfertigung aufzusetzen (je eine Kopie für den Polizeichef, den Häuptling und den »Scheriff«), in dem ich erklärte, dass man mir die Gefahren geschildert und Begleitung angeboten hatte, ich aber darauf bestand, alleine zu gehen. Hätte ich die Gefährlichkeit meiner Reise nur ansatzweise glauben können, wäre meine Reaktion wohl anders ausgefallen, aber ich halte das Risiko, von einem *shifta* mit dem Gewehr über den Haufen geschossen zu werden, für nicht größer als das, von einem Verrückten ermordet zu werden, wenn man per Anhalter durch Großbritannien fährt.

Im Zuge unserer Auseinandersetzung sagte Haile Mariam vorwurfsvoll: »Es widerspricht unserer Kultur, alleine zu reisen.« Vermutlich regt die Unkonventionalität meiner Unternehmung die Leute genauso auf wie die Möglichkeit, dass eine *faranj* ums Leben kommt und mit öffentlichen Ämtern betraute Personen dafür die Verantwortung tragen. Sie können nicht verstehen, warum jemand alleine reisen möchte, und weil sie es nicht verstehen, sind sie nicht damit einverstanden.

Während unseres Disputs brachten ein paar Einheimische eine Reihe rührender Geschenke – dutzendweise Eier, Quark in Kürbisschalen, flache Scheiben unterschiedlichen *dabos* und vier Hühner, aufgeregt gackernd in Vorahnung des Kochtopfes. (Der Lehrer wird ordentlich von meinem Besuch profitieren.) Währenddessen goss uns die Frau des Häuptlings Tee ein und reichte eine Tonschale mit feuchtem, geröstetem Mehl herum, ähnlich dem tibetanischen Tsampa. Wir nahmen jeder knapp eine Hand voll und kneteten daraus kleine Bällchen. Auch der Quark schmeckte köstlich, ein wenig rauchig vom Feuerholz. Aus einem der Hühner wurde *durro-wat*, mein Abendessen, das ich mit dem Lehrer teilte.

Wie viele halb gebildete junge Hochlandbewohner verachten

diese Lehrer ihre Kirche. Haile Mariam machte sich über die äthiopischen Fastenregeln lustig und meinte, die Leute würden sich lediglich aus abergläubischer Angst vor den Priestern daran halten. Vielleicht steckt darin ein Körnchen Wahrheit, aber Fasten ist so elementar für das äthiopische Christentum, dass für den durchschnittlichen Hochlandbewohner »die Fastenregeln einzuhalten« fast gleichbedeutend mit »ein Christ zu sein« ist. Das Fasten schwächt bekanntlich. Moslems und Galls überfielen daher die Hochlandbewohner während der Fastenzeit. Über Jahrhunderte hinweg hat die Kirche jedoch die Fastenregeln immer wieder verschärft. Heute wird von jedem Hochlandbewohner erwartet, 165 Tage im Jahr zu fasten, von Geistlichen und älteren Leuten sogar 250 Tage. Fasten bedeutet, bis mittags nichts zu essen und zu trinken – auch wenn jemand von Sonnenaufgang an hart arbeitet. Und auch nach der Mittagsstunde sind Milch, Eier, Fleisch, tierisches Fett und Geflügel verboten; also muss man von Hülsenfrüchten und Getreide leben. Kinder beginnen bereits im Alter von sieben Jahren zu fasten, und zwar die 16 Tage Felsata. Danach sollen Mittwoch und Freitag als Fastentage eingehalten werden, obwohl auf die Einhaltung nicht so genau geachtet wird, bis das Kind zehn oder elf ist. Von 15 an aber muss die zermürbende achtwöchige Fastenzeit durchgehalten werden.

Donald Levine schreibt, dass »die rationale Grundlage für diese ausgedehnte Fastenzeit in der bösen Natur der Menschheit liegt. Nur wenn der Mensch sich auf diese Weise schwächt, ist garantiert, dass er nicht aggressiv gegen andere wird.« Diese Begründung finde ich hochinteressant. Sie deutet darauf hin, dass das äthiopische Christentum von Anfang an nicht im Stande war, die christliche Botschaft unter ein Volk zu bringen, das anlagebedingt dem Evangelium der Güte feindlich gegenübersteht. Also musste ein wirksames Mittel gefunden werden, die Aggressivität der Hochlandbewohner unter Kontrolle zu bringen. Dieses Mittel hat mittlerweile im Vergleich zu vielen anderen Aspekten des Christentums proportional deutlich an Übergewicht gewonnen. Und nicht einmal im Zügeln der Aggressivität war die äthiopische Kirche sehr erfolgreich.

Es gilt immer noch als ehrenvoll, jemanden umzubringen, der einen auch nur geringfügig provoziert. Die Zeilen eines populären amharischen Gedichts sagen:

»Töte einen Menschen! Töte einen Menschen! Es ist gut, einen Menschen zu töten!

Jemand, der noch keinen umgebracht hat, läuft verschlafen durchs Leben.«

Haile Mariam und seine zwei Kollegen stammen aus Aksum, der religiösen Hauptstadt Äthiopiens. Alle drei warfen den Priestern vor, auf Kosten der Bauern in Saus und Braus zu leben – und zudem gäbe es viel zu viele von ihnen. Wie auch immer man zu der ersten abgedroschenen Beschuldigung stehen mag, der zweite Vorwurf trifft auf alle Fälle zu. In Asmara sagte man mir, in Äthiopien gäbe es rund 70 000 Geistliche der koptischen Kirche und nicht ganz 70 Ärzte.

Da fällt mir ein, heute Morgen begegneten wir einem vergleichsweise gut gekleideten Mann mit einem Gewehr. Er kramte ein kleines Fläschchen mit Penizillin hervor und bat mich in Zeichensprache, ihm die Arznei zu spritzen. Ich versuchte ihm zu erklären, dass ich, auch wenn ich eine Spritze hätte, sie niemandem geben würde, dessen medizinische Vorgeschichte ich nicht kenne. Aber Zeichensprache reicht für eine derart differenzierte Erklärung nicht aus, und mein potenzieller Patient zog gekränkt seines Wegs. Das amharische Wort für »Nadel« und daher für »Injektion« ist *murfee;* mein Name sorgt daher ständig für Heiterkeit.

Unterschiedlichste Augenkrankheiten sind hier leider sehr verbreitet. Zudem sind auch viele Männer auf einem Auge blind – vielleicht als Folge kämpferischer Auseinandersetzungen.

2. *Januar – Adua*

Um halb acht Uhr morgens brach ich auf und kam zehn Stunden später hier an. Gemächlich schlenderte ich fast 30 Kilometer dahin und traf unterwegs nur fünf Erwachsene und ein paar Hirtenjungen.

Den ganzen Tag lang schlängelte sich der Weg die Hänge niedriger Hügel hinauf. Kilometerlang begleitete uns ein schmaler Fluss. Das Wasser schnellte grün und klar zwischen Felsbrocken hindurch – viele ähnelten Henry Moores archaischen Skulpturen. Zweimal konnte ich der Versuchung, ein erfrischendes Bad zu nehmen, nicht widerstehen. Ich sagte mir: »Zum Teufel mit Bilharziose« und sprang mit meiner Seife hinein.

Gegen elf machten wir in einem Wäldchen mit hohen Bäumen eine kleine Pause, und hier sah ich meine ersten afrikanischen Affen – eine Gruppe Kapuzineraffen schwang sich durch die Äste über mir. Zudem entdeckte ich heute – mit einem Vogelbuch in der Hand – einen Bucoraz, auch Schlangenfresser genannt, ein pechschwarzer, etwa 50 Zentimeter großer Vogel; einen Tukan; mehrere Bengalini, das sind winzige rote und blaue Vögel; Papageien, so genannte Alexandriner mit rotem Hals und grünem Federkleid und eine kleine Unterart der Trappe. Die Vögel waren erstaunlich zutraulich. Als Jock und ich still dahintrabten, kamen wir oft ganz dicht an sie heran, ehe sie aufflogen oder auch nur ein paar Meter weiterhüpften.

Am Nachmittag kamen wir an einer Herde mit über 100 Kamelen vorüber. Alle kauten die Blätter der höchsten Äste kleiner dorniger Sträucher oder ebenso dorniger großer Büsche. Eines war völlig weiß – ein seltenes und wunderschönes Tier. Wahrscheinlich transportieren die Tiere Salz aus der Danakilwüste und erholen sich hier ein wenig vor dem Nachhauseweg. Kamele überleben im Hochland nicht sehr lange. Das musste die britische Armee feststellen, als sie 1941 über den Sudan in Äthiopien einfiel. Von 15 000 Kamelen erreichten ganze 50 im Mai Addis Abeba. Ein Soldat berichtete, man wäre auch gut ohne Kompass zurechtgekommen; man habe sich nur am Gestank der toten Kamele zu orientieren brauchen. Es gab die verschiedensten Begründungen, warum die Kamele das Hochland nicht vertrugen – die dünne Luft, die steilen Wege, das kalte und feuchte Klima während der Regenzeit, das weiche Gras in verschiedenen Gegenden und der Umstand, dass die meisten Kamele nie gelernt hatten, bestimmte Kräuter nicht zu fressen, die letztlich tödlich für sie waren. Diese »Unverträglichkeit« hat die Hochlandbewohner in der Vergangenheit vor Ägyptens Schicksal bewahrt, das wiederholt von benachbarten Nomaden mit ihren Kamelherden heimgesucht wurde.

Was für ein schöner Tag! Ich schlenderte allein durch *makeena*-freies Gelände, nur ein paar Hufspuren im Staub vor mir, umgeben von der heilsamen Ruhe der Wildnis und Vogelgesang. Die schönste Zeit beginnt gegen halb fünf nachmittags, wenn das Licht weicher wird und die Farben zu leuchten anfangen. Heute Nachmittag erhoben sich braune, rote und gelbe, mit weißem Marmor gesprenkelte Felswände über dunkelgrünen Sträuchern, und ringsherum traten mit abnehmendem Dunst die Umrisse der hohen Gebirgszüge deutlicher hervor.

Gegen halb sechs erreichten wir den Kamm eines Hügels, und knapp einen Kilometer entfernt lag Adua – ein kleines, weiß getünchtes Städtchen zu Füßen einer großartig zerklüfteten Gebirgslandschaft mit ein paar Bäumen zwischen den Häusern. Bereits am Stadtrand nahmen uns die Englisch sprechenden Schuljungen in Beschlag und führten uns in dieses Bordell, nur ungeschickt als Hotel getarnt. Vom Innenhof gehen rechts und links die Zimmer ab, auf der Stirnseite befinden sich Küche und Ställe und am »Fußende« eine kleine italienische Bar, aus der fürchterlicher Lärm bis nach draußen dringt. Gruppenweise stehen kichernde Mädchen im Hof herum und rauchen – in diesem Land sind Zigaretten das untrügliche Kennzeichen für Prostituierte –, und obwohl niemand offenkundig feindselig ist, spürt man, wie sich alle ein bisschen verächtlich über die *faranj* lustig machen. Stärker hätte der Kontrast zu meinem Empfang in Mai Cheneta gar nicht ausfallen können.

Als wir hier ankamen, befand sich ein ziemlich langweiliger junger Lehrer im Hof und verhandelte mit einem der Mädchen – von dem er sich sofort abwandte, um mir seine Englischkenntnisse zu demonstrieren. Ich bat ihn, mir zu helfen, Gerste für Jock zu kaufen, aber er fürchtete wohl, das könnte zu lange dauern, und kehrte nach einer ausweichenden Antwort wieder zu dem Mädchen zurück. Zum Glück waren die Schuljungs kooperativer. Während ich Jock ablud – beobachtet von grinsenden Bediensteten, die keinerlei Anstalten machten, mir zu helfen –, holten sie mit meinem Eimer das Getreide. Ihr Gewinn muss beachtlich gewesen sein, wenn ich mir das magere Wechselgeld, das sie mir von einer Fünfdollarnote zurückbrachten, ansehe. Trotzdem verlangten sie pro Kopf 50 Cent Trinkgeld. Adua ist mittlerweile halb verwestlicht, da es an der Asmara-Gondar-Autostraße liegt.

Als ich auspackte, tauchte ein weiterer Lehrer auf. Ich erklärte, dass ich dringend telefonieren müsse, und fragte ihn, ob er mir den Weg zur Post zeigen könne. Aus irgendwelchen seltsamen Gründen ist Aduas öffentliches Telefon in einer Drogerie untergebracht, zu der mich der junge Mann freundlicherweise durch abschüssige, stockdunkle Gassen begleitete. Ehe er entdeckte, dass ich Verbindung zur Regierung hatte, schwang mein Begleiter höchst revolutionäre Reden. Er bekam einen ordentlichen Schock, als ich mit dem Palast in Makale verbunden werden wollte. Während wir auf die Verbindung warteten, versuchte er, sich unbeholfen herauszureden. Schließlich bat er mich ganz offen, kein Wort von dem, was er gesagt hatte, verlauten zu lassen, da er sonst seinen Job los sei.

Die meisten Englisch sprechenden Einheimischen fragen mich sofort, warum meine Regierung mich nach Äthiopien geschickt und wie viel Geld ich täglich dafür zur Verfügung habe. Wenn ich ihnen sage, dass meine Regierung von meinem Aufenthalt hier gar nichts weiß und nicht im Traum daran denken würde, meine Auslagen zu tragen, sind sie völlig verwirrt. Der durchschnittliche Hochlandbewohner kann sich gar kein Land vorstellen, in dem Leute frei entscheiden, wohin sie wann reisen wollen, ohne Erlaubnis der Regierung. Darüber hinaus übersteigt es auch das Fassungsvermögen, dass jemand so reich sein könnte, alleine ins Ausland zu reisen.

Das kleine Zimmer hat frisch gestrichene weiße Wände, und die Baumwollvorhänge sind fleckenlos. Trotzdem kann der Schein trügen; das Ungeziefer ist ziemlich rührig, während ich schreibe. Strom gibt es von sechs Uhr abends bis halb elf nachts, aber es fehlt an Schaltern in den Räumen, und die Glühbirnen leuchten nur äußerst schwach. Eine sehenswerte Annehmlichkeit ist die primitive, stinkende Toilette nebenan. Das Toilettenproblem scheint in jedem Dorf des Landes akut – zu meinem Verdruss und meiner Verlegenheit. (Zwar lässt sich auch hier die Zeichensprache ziemlich effektiv einsetzen, führt aber doch meist zu einem gewissen Verlust an Würde.) Sich einfach irgendwo niederzuhocken, ist nicht üblich, dennoch kann ich nie ein als solches ausgezeichnetes öffentliches Örtchen finden und sehne mich manchmal zurück nach Nepal; dort geht man einfach wie ein Hund vor die Türe.

3. Januar – Aksum

Es gab Probleme mit Jock, als wir gegen vier Uhr nachmittags hier eintrafen. Ich lud ihn ab und entdeckte, dass er sich den unteren Teil seines Schwanzes aufgerieben hatte. Ich ging also los, veterinärmedizinische Hilfe zu suchen. Natürlich ohne Erfolg. In einem Land, in dem Lasttiere auch noch mit eiternden Wunden mitleidlos geritten werden, konnte ich nicht erwarten, dass sich jemand um mein kleines Problem kümmerte. Deshalb behandle ich meinen Patienten nun mit Yardley's Körperpuder, den man mir in Asmara für meine wunden Füße gegeben hatte. Die blassrosa Dose, verziert mit einem reizenden Blumenmuster, erregt im Hof des Hotels viel Aufsehen. Trotz der unfachmännischen Behandlung müsste die Wunde spätestens in ein paar Tagen verheilt sein, da sie ganz klein und noch frisch ist.

Der körperliche Zustand meines Kameraden war aber nicht das einzige Problem, das ich mit ihm hatte. Die Straße von Adua nach Aksum ist ziemlich verkehrsreich (natürlich relativ – ungefähr alle 20 Minuten kommt ein Auto vorbei), und die knapp 20 Kilometer waren für Jock nervenzerfetzend. Beim Versuch, sein Ausschlagen und Aufbäumen unter Kontrolle zu bekommen, dachte ich zweimal, ich hätte mir den Arm ausgekugelt. Meine Schultermuskeln schmerzen heute Abend höllisch. Jock kann man dafür nicht die

Schuld geben; aus irgendwelchen Gründen machen äthiopische Lkws besonders viel Lärm, vor allem, wenn sie bergauf fahren, und äthiopische Busse sind mit teuflischen Radiogeräten und ohrenbetäubenden Hupen ausgestattet, die nonstop heulen – wie soll da ein Maultier vom Lande die Selbstbeherrschung behalten.

Heute Morgen stand ich um halb sechs auf, um mir die beiden interessantesten Kirchen in Adua anzusehen. Äthiopische Kirchen werden nach der täglichen Messe abgeschlossen, und ich habe keine Lust, einen Mann zu suchen, der den Priester suchen muss, der wiederum den Schlüssel sucht – und ihn natürlich nur findet, wenn ihn die Hoffnung auf gute Bezahlung leitet.

Als wir um acht das Hotel verließen, waren hunderte von Kindern auf ihrem Weg zur Schule – Adua ist das Zentrum für höheres Schulwesen –, und eine Gruppe von 20 Jungs folgte uns dicht auf den Fersen. Sie schrien und lachten und versuchten Jock aus der Reserve zu locken. Doch Jock ignorierte sie schlicht. Anfangs winkte ich den Jungs und lachte ihnen zu, aber dann sah ich aus einem Augenwinkel, wie ein Junge meinen Strohhut vom Gepäck herunterschlug und ein anderer die Hand nach meinem Eimer ausstreckte, in dem ich meine Kamera, Taschenlampe und Landkarte aufbewahrte. Ich drehte mich um und versetzte dem erstbesten einen Schlag mit meinem *dula,* woraufhin alle davonrannten.

Nach ein paar Kilometern bestiegen wir einen steilen, aber nicht besonders hohen Pass. Oben angekommen, setzte ich mich auf einen Felsen unter einem Baum, aß eine Kleinigkeit und genoss den Blick auf Aduas bizarre Gebirgslandschaft. Dabei ging mir Aduas bedeutendste Schlacht durch den Kopf – der erste Sieg afrikanischer Kämpfer über eine europäische Armee.* Dann überquerten wir eine weite Ebene; auf den Feldern war die Gerste reif – die Halme kaum 30 Zentimeter hoch, die dazwischen wuchernden Disteln dagegen über einen Meter. (Die meisten Disteln, die ich bislang gesehen habe, sind viel kleiner, haben blau-grüne Fruchtknollen und große

* Anm. d. Übers.: Menelik II. siegte 1896 über das italienische Heer.

blassgelbe Blüten.) An Begleitung fehlte es mir heute nicht. Alle waren neugierig und die meisten auch freundlich. Auf halber Strecke etwa traf ich auf zwei Männer, die den gleichen Weg hatten, und einer bestand darauf, Jock für mich zu führen – bis ein Lkw andonnerte ... Von da an führte ich Jock wieder.

Aksum ist eine der Haupttouristenattraktionen Äthiopiens. Noch vor der Stadt wurde ich von zwei kleinen Jungs angesprochen, die sich als professionelle Parasiten entpuppten. Beide hielten mich für einen Mann und boten mir »eine gute schlechte Frau für die Nacht« an, wie sie sich schriftlich ausdrückten. Sie waren einigermaßen überrascht, als ich sie über mein Geschlecht aufklärte, versuchten mir aber nicht, wie ihre indischen Pendants, dann eben »einen guten schlechten Mann« anzubieten.

Das Hotel hier ist um einiges schäbiger als das gestrige Ritz, aber das Personal ist viel umgänglicher. Ich muss unbedingt mein Gepäck sortieren; morgen sehe ich mich nach Pappschachteln um, in denen ich alles säuberlich verstauen kann. Ein Maultier sicher zu beladen heißt, die Stricke richtig festzuzurren. Für mich bedeutet das tintenbeschmierte Kleider, Zahnpasta in Büchern, Insektizid in getrockneten Früchten, Tabletten in zerbrochenem Glas, bis zur Unkenntlichkeit zerdrückte Taschenlampenbatterien und zerfetzte Filme. Ganz zu schweigen davon, dass alles ständig verstaubt ist; diese Säcke sind, was den Staubschutz angeht, das denkbar schlechteste Material.

4. Januar

Yardley's Körperpuder wirkt erstaunlich gut, aber ich habe beschlossen, noch einen Tag zu bleiben, damit Jocks Wunde vollständig verheilen kann.

Einen ermüdenden Vormittag habe ich auf der Polizeistation verbracht, nachdem mich ein argwöhnischer Polizist nach dem Frühstück »aufgegriffen« hatte. Es war wie im Irrenhaus: Acht Polizisten diskutierten aufgeregt und lautstark über die Unmöglichkeit, dass überhaupt jemand das Semien-Gebirge überqueren könne, geschweige denn eine Frau alleine. Alle redeten gleichzeitig, und man versuchte sich durch entsprechende Lautstärke Gehör zu verschaffen. Nach zwei Stunden verlor ich endlich die Geduld, angesichts der Dummheit, eine Reise für unmöglich zu erklären, nur weil man sie selbst nicht unbedingt antreten möchte. Ich belästigte Leilt Aida nur ungern, aber sah schließlich keinen anderen Ausweg, als in Makale anzurufen und sie zu bitten, die Verrücktgewordenen zu beruhigen – was ihr nach einigen Schwierigkeiten auch gelang.

Aksums Tourismus steckt noch in seinen Kinderschuhen, und trotzdem stinkt es bereits überall nach Kommerz. Ständig wird man von kleinen Jungs oder zerlumpten Jugendlichen verfolgt, die sich als »die besten Führer, die billigsten Führer« durch Aksum anbieten. Ras Mangasha ordnete erst kürzlich die Abschaffung dieser Unsitte an – wodurch man die Schlepper leichter wieder los wird, da sie die Polizei fürchten.

Heute Abend unterhielt ich mich mit Birhana Meskel, dem offiziellen Tourist Guide; ein älterer, gebildeter Mann. Wir sprachen über die gesellschaftlichen und atmosphärischen Veränderungen in Aksum. Er versicherte mir, noch vor zehn Jahren hätten die Frauen hier knöchellange Röcke getragen. Aber jetzt kämen aus Adua und Asmara immer mehr Dirnen hierher, die nur wadenlange Röcke trügen, und die uralte Stadt würde ihre Atmosphäre von Frömmigkeit und Demut zunehmend verlieren. Ich hörte verständnisvoll zu, mir kam aber immer wieder der Gedanke, Aksum müsse seine Atmosphäre von Frömmigkeit und Demut schon sehr lange verloren haben, sonst wäre sie nicht nach den ersten Berührungen mit Touristen dahin.

Jetzt muss ich Jock noch einmal für die Nacht pudern. Seit heute Morgen genießt er die Gastfreundschaft eines netten Ehepaars, das dem Peace Corps angehört. Sie unterrichten beide und leben in einem Haus mit großem Garten.

5. Januar

Aksum ist die erste Stadt auf meiner Tour ohne Moschee; die einheimischen Moslems wollten eine bauen, aber der alttestamentarisch orientierte Priester meinte: »Wir dürfen in Mekka keine Kirche haben, also gibt es hier auch keine Moschee.«

Aksum zählt ungefähr 20 000 Einwohner (500 davon sind Geistliche). Die Stadt aber wirkt so dicht gedrängt, dass man die Einwohnerzahl kaum glauben kann. All diese Hochlandstädte sind unglaublich hässlich, aber Aksum hat einen gewissen traurigen, versteckten Glanz, deutlich wahrnehmbar, wenn man alleine in den Ruinen des ehemaligen Reiches herumstreift, das einst gleichbedeutend mit Babylon, Rom und Ägypten war. Besonders groß aber ist die Trauer, wenn eine stolze Vergangenheit nicht in Frieden ruhen darf, sondern von Schleppern und Ausflüglern zerstört und entehrt wird.

Frauen dürfen den Boden der alten Klosterkirche der heiligen Maria von Zion nicht betreten – Äthiopiens heiligste Kirche –, und ich ging zur Kirche von St. Taklahaymanot, in der viele Wandmalereien erst kürzlich renoviert wurden. Äthiopiens Kirchenmalereien sind sehr interessant, für mich allerdings sind diese naiven, stilisierten Bilder keine richtige Kunst, wenn man unter Kunst das Produkt kreativer Phantasie versteht. Die Feinheit mohammedanischer Miniaturbilder oder der Reichtum hinduistischer Schnitzereien berühren mich, aber diese Malereien interessieren mich trotz des christlichen Grundgedankens kaum. Man sagt, dass hier, wie in Tibet, die Entwicklung illustrativer Bildkunst von engstirnigen, konservativen Klerikern unterdrückt wurde – aber die schönsten äthiopischen Wandgemälde, die ich bisher gesehen habe, können mit keinem mittelmäßigen tibetischen Thanka mithalten.

Mittlerweile hat der Körperpuder auf der ganzen Linie gesiegt, und Jock ist voller Gras und Lebensfreude. Also werden wir morgen zum Semien-Gebirge aufbrechen. Seit ich in Aksum bin, winkt es mir ständig zu – dieser gewaltige Damm bläulicher Brocken am südlichen Horizont.

3.

Keine Chance zum Alleinsein

6. Januar – Aedat

Heute ist Heiligabend, und als wir Aksum gegen acht Uhr morgens verließen, tobte bereits der Feiertagsverkehr. Kilometerweit sah man Menschen zu Fuß oder auf Maultieren über die weite Ebene laufen, ihren Heimatdörfern entgegen. Schon nach einer halben Stunde waren wir in Gesellschaft einer heiteren Gruppe, die ebenfalls Richtung Süden marschierte. Im Einzelnen waren da ein Bezirksgouverneur auf einem Maultier, in Begleitung von zwei Männern mit Gewehren, ein junger Priester – ebenfalls auf einem Maultier –, in Begleitung eines Mannes mit Gewehr, der zwölfjährige Sohn des Bezirksgouverneurs, entschlossen dahinmarschierend, und ein zerlumpter mohammedanischer Händler, der acht mit Salzblöcken beladene Esel mit sich führte. Bald stieß Abebe zu uns, ein nach Luft ringender 18-jähriger Student; er hatte schon kilometerlang versucht, die Gruppe mit den bewaffneten Männern einzuholen. Auf ihre Art sind derart zufällige Begegnungen mitunter genauso angenehm, wie alleine zu reisen.

Ein paar Meilen südlich von Aksum bestiegen wir einen langen, felsigen Hang mit vereinzelten grünen, runden Büschen. Auf dem Gipfel angekommen, war ich froh, dass ich ein Stück vorausgegangen war und diesen Moment alleine genießen konnte. Unter mir – wie eine gewaltige Schüssel bis zum Rand voll mit Schönheit – lag ein breites, sonniges Tal mit goldgelb schimmerndem Gras. Aus der Talsenke erhob sich ein niedriger Hügel, gekrönt von einer Kirche unter Schatten spendenden Bäumen. Nur von ferne hörte man leise den Gesang vieler Priester – ein so süßer Klang in dieser Abgeschiedenheit, als gehörte er der Seele der Berge an und nicht den Ritualen irgendwelcher Menschen.

Während wir zu dem Tal abstiegen, erzählte mir Abebe, dass unsere Gruppe – außer dem moslemischen Händler – hier einen kleinen Umweg machen würde, um in der Kirche zu beten, die dem Schutzheiligen Emanuel geweiht war. Ich entdeckte mehrere weiß gekleidete Gestalten zwischen den Bäumen auf dem Hügelgipfel, und auf den Wiesen unterhalb hatten sich einige Gruppen würdig aussehender älterer Leute niedergelassen.

Innerhalb der überwucherten Umgrenzungsmauer standen überall Männer; die Frauen dagegen – ungefähr 50 oder 60 – hielten sich alle auf einer Seite des Haupteingangs auf, die Köpfe mit ihren hellen *shammas* verhüllt. Hier hörte ich zum ersten Mal dieses gespenstische, melodische Geheul, das Frauen bei solchen feierlichen Gelegenheiten anstimmen; der zittrige Klang, der nie länger als ein paar Sekunden anhält, hat eine unvergessliche Reinheit und Schärfe.

Die runde Kirche war typisch für ihre Art – ein altes Gebäude, einfach gebaut aus Steinen, Lehm und Holz und erst kürzlich neu mit Wellblech gedeckt. Niemand schlug mir vor, die Kirche zu besichtigen, und ich verstand das zu deuten. Kurz nach unserem Eintreffen tauchten am Eingang sieben Priester auf und führten etwa 20 *debtaras* (Diakone) in einer lautstarken Prozession dreimal um das Bauwerk herum. Der erste Priester hielt ein silbernes koptisches Kreuz hoch, und die anderen schwenkten kleine silberne Rasseln *(sistras)*, die angenehm klangen. Die *debtaras* gingen vor den Priestern nach hinten, wobei jeder kräftig eine knapp einen Meter hohe, längliche Trommel schlug; die Übrigen sangen laut und fröhlich und klatschten dabei rhythmisch in die Hände. Trotz der offensichtlichen Bedeutsamkeit dieser Feier war niemand besonders fein gekleidet. Der erste Priester trug einen faltigen, leicht zerschlissenen schwarzen Umhang und der Rest alltägliche Kleidung, bis auf die unsauberen Turbane, das untrügliche Erkennungszeichen aller geweihten Geistlichen.

Nach dem Besuch der Kirche lud mich der Bezirksgouverneur

mittels Abebe ein, mit ihm im Haus seiner Mutter zu Mittag zu essen. (Er hatte von mir in Aksum gehört und wusste, dass ich ein Schützling von Leilt Aida war.) Ich hatte Ato Gabre Mariam mittlerweile sehr lieb gewonnen – ein kräftiger, stämmiger kleiner Mann mit zeitweise ein wenig anmaßendem Benehmen, aber freundlichen Augen – und nahm die Einladung gern an. Ein steiler Anstieg von drei Kilometern brachte uns zu einer kleinen Siedlung, umgeben von wilden Feigenbäumen.

Man hatte Ato Gabre Mariam nicht erwartet, und seine alte Mutter weinte fast vor Freude, als sie ihn sah. Sofort geleitete man uns in eine kleine, leere Hütte aus frischen Ästen und Zweigen, verflochten mit alten Pfählen. Während die Männer sich umarmten und zur Begrüßung küssten, verstreuten aufgeregte Kinder Stroh auf dem Fußboden und legten Tierfelle darauf, damit wir bequemer sitzen konnten. Dann brachten die Frauen eine riesige Schale mit *talla,* einen flachen Korb mit gerösteten Graupen, und eine halbe Stunde später wurde schwarzer Kaffee in kleinen henkellosen Tassen (made in China!) serviert. Das Mittagessen war erst um halb drei fertig. Bis dahin waren wir alle mindestens bei unserer zweiten Schale *talla* und ziemlich in Festtagsstimmung. Dieses »Weihnachts*talla*« war ein wenig verfeinert und klarer als sonst; die Brühe sah fast aus wie das englische »Mild«.

Zum Mittagessen wurden immer neue Scheiben *injara* auf die Weidenkörbe – so groß wie ein durchschnittlicher Kaffeetisch – gelegt, die als Gemeinschaftsteller dienten. Schließlich wurde Bohnen-*wat* in die Mitte der *Injara*-Scheiben geschöpft. Nachdem ein kleiner Junge Wasser über unsere Hände gegossen hatte, begannen wir, *Injara*-Streifen herunterzureißen, sie zu falten und damit *wat* zu löffeln. Dieser *wat* war so stark gewürzt, dass mir schon nach wenigen Bissen die Tränen herunterliefen. Zum Glück gab es noch zwei köstliche Sorten Püree; eines weiß und ungewürzt, aus gemahlenen Erbsen gemacht, das andere braun, leicht gewürzt und aus gemahlenen Bohnen – beide geschlagen wie luftige Soufflés.

Die Förmlichkeiten des sozialen Lebens hier bringen viel Eleganz in die einfachen Behausungen. Als die jüngeren Verwandten des Bezirksgouverneurs ihn begrüßen kamen, berührten sie seine Füße mit ihren Lippen und ihrer Stirn, ehe er sie erhob und auf ihre rechte Wange küsste. Es ist klar, wer auf welcher Stufenleiter der Hierarchie steht, und die damit verbundenen Rituale haben fast religiöse Bedeutung. Diese Rituale sind nicht auf besondere Personen oder Situationen beschränkt, sie bestimmen auch den alltäglichen Umgang unter Gleichrangigen. Wenn ein Mann einem anderen eine Schale *talla* anbietet, hält er sie nicht einfach so hin, sondern reicht sie ihm mit beiden Händen und verbeugt sich dabei leicht. Und der Empfangende nimmt die Schale mit beiden Händen entgegen, erhebt sich dabei halb von seinem Sitz und neigt dabei seinen Kopf. Auf diese Weise wird jeder noch so belanglose menschliche Austausch zur kleinen Zeremonie. Heute fiel mir auf, dass ich bereits eine weniger offenkundige Sitte der Hochlandbewohner übernommen habe – nicht absichtlich, aus Höflichkeitsgründen etwa, sondern als unbewusste Antwort auf etwas, was bei uns längst verloren ist. Ich neige von Natur aus nicht zu Konventionen, dennoch sind diese alten Sitten und Bräuche für mich keine bloßen Gesten, sondern Symbol für die Gesundheit einer Gesellschaft. Vor dem Hintergrund unserer Holterdipoltergesellschaft wirken sie komisch oder langweilig. Sie hier zu erleben, macht offenbar, welchen Preis wir für hohe Leistung und Effektivität bezahlen. Es überrascht nicht, dass Hochlandbauern, werden sie zufällig Zeuge westlicher Verhaltensweisen, diese Westler für einen Haufen gefühlloser Barbaren halten.

Ungemütlich bald nach dem Mittagessen brachen wir wieder auf, um vor Anbruch der Dunkelheit das nächste Dorf zu erreichen. Ato Gabre Mariam hat mich eingeladen, dort bei ihm zu übernachten. Gleich nach dem Dorf durchstreiften wir ein Gebiet mit schwarzen Lavafelsen und dicken Steinbrocken; dahinter führte uns ein langer Abhang zur »Ebene der Dummköpfe« – so genannt, weil Reisende sich oft schon am Ziel wähnen, obschon dies noch kilometerweit vor ihnen liegt. Ich persönlich war gar nicht so begierig darauf, diese herrliche Tour bei strahlendem Sonnenschein und kühlem Wind aus dem Süden, umgeben von rauer Herrlichkeit, zu beenden.

Von diesem Plateau fiel unser Weg schließlich steil ab – so steil wie eine Leiter – in eine tiefe Schlucht, um sofort, ähnlich steil, wieder zum nächsten Plateau anzusteigen. Hier zeigte Abebe auf einen bewaldeten Hügel am Horizont und erklärte, dahinter läge unser Dorf, das Ziel der heutigen Reise. Der Hügel schien nicht mehr als einen Kilometer entfernt, aber das dazwischenliegende Gelände war so schwierig – mit zwei tiefen Schluchten –, dass wir dafür mehr als eine Stunde brauchten.

Aedat liegt auf dem Gipfel des höchsten Steilhangs, und wir erreichten es über den bewaldeten Hügel oberhalb einer scheinbar unergründlichen Schlucht. Ein farbenprächtiger Sonnenuntergang färbte den Himmel rosa, orange, bronze und gelb. Als das Glühen auf die ockerfarbenen, gelben und weißen bizarren Felsformationen überging, schien die ganze Welt eine triumphale Feuersbrunst der Schönheit. Dann entdeckten wir das kleine Dorf – gebaut aus blassroten Steinen –, und auch das glühte so wundersam, dass man einen Moment an der Echtheit des Gesehenen zweifelte.

Von dem hohen, schmalen Kamm hob sich die kobaltfarbene Wildheit des Semien-Gebirges schwarz-blau vor dem geröteten Horizont ab. Im Westen, etwas weiter entfernt, erhoben sich niedrigere Gebirgszüge in den blassgelben Himmel, und im Osten, hinter den lohfarbenen Schatten der Schlucht, lag eine zerrissene Weite von Schluchten und Klippen, begrenzt vom Makale-Plateau – einer langen, grauen Bleistiftlinie unter dem ersten Stern. Als ich Ato Gabre Mariam durch das Dorf folgte, in dem man ihn überschwänglich begrüßte, fühlte ich mich ganz trunken von Farbe und Weite.

Sein Hof liegt am südlichen äußersten Ende des Plateaus, aber Ato Gabre Mariam war schon vor der letzten Biegung zum Dorf abgestiegen; es wäre schändlich gewesen, wenn er geritten und sein Gast zu Fuß gelaufen wäre. Ich habe es mir in seiner runden Gästehütte mit Grasdach, gestützt von einem unverhältnismäßig dicken, unförmigen Baumstamm, gemütlich gemacht. Besonders gefallen mir die »Kleiderhaken« – im Lehm verankerte Kuhhörner.

Während ich schreibe – ich sitze dabei, entspannt nach einer ausgiebigen Fußmassage, auf dem Lehmbett –, hocken mein Gastgeber und acht weitere Männer auf Fellen um das Feuer herum, trinken und unterhalten sich. Einer der jüngeren Männer – Dawit, der Neffe von Ato Gabre Mariam – ist in Addis Abeba aufgewachsen. Sein Vater ist dort Beamter. Nachdem man Dawit in Addis Abeba zum Amtsarzt ausgebildet hat, muss er nun für drei Jahre die kleine Krankenstation hier leiten. Obwohl er in Addis zur Schule gegangen ist, ist sein Englisch lange nicht so gut wie das von Abebe, und unter den gegebenen Umständen erscheint mir sein Mangel an Intelligenz alarmierend. Zugegeben, Amtsärzte, die aufs Land gehen, werden nicht besonders sorgfältig ausgebildet, aber Dawits medizinisches Wissen ist im Grunde genommen so gut wie nicht existent. Wie auch immer, die hiesige kleine Krankenstation wird aller Voraussicht nach nicht unbedingt mit wichtigen Arzneimitteln ausgestattet werden, und vielleicht kann er zumindest Schwerkranke überreden, das Krankenhaus in Aksum aufzusuchen, obwohl nicht viele Schwerkranke diese Reise überleben würden.

Mein Besuch ist ein Weihnachtsgeschenk der Götter für Dawit, der erst seit einer Woche hier ist, jedoch bereits das Endstadium an Langeweile erreicht hat – eine Woche ohne Kino, ohne Bars, ohne Night-Clubs, ohne alles. Für ihn ist Aedat ein ultraprimitives Höllenloch, dem sein Vater glücklicherweise entfliehen konnte und zu dem er unseligerweise zurückkehren musste – auf Anordnung einer Regierung, der er gehorchen muss. Das Essen, die Behausungen und die Lebensweise der Einheimischen sind für ihn abstoßend, und er verachtet alle Dorfbewohner, seine Verwandten eingeschlossen. Ich zuckte innerlich zusammen, als er die ganze Gesellschaft hier als »Wilde« bezeichnete, die damit zufrieden seien, schmutzige Kleider zu tragen, auf schmutzigen Fußböden herumzusitzen und ins Feuer zu schnäuzen. Seine ganze Haltung enthüllt ein allzu bekanntes Muster – die Korruption eines nicht westlichen Geistes durch westliche Äußerlichkeiten. Die Menschen werfen ihre eigene Tradition schnell über Bord, ohne die geringste Chance, tatsächlich Anschluss an den Westen zu finden. Mir tun Leute wie Dawit Leid; verführt von einem Schatten, werden sie schließlich im kulturellen Niemandsland ihrem eigenen Schicksal überlassen.

Mein neu organisiertes Gepäck machte mir heute Probleme. Ordentlich gepackte Pappkartons mögen vielleicht für mich das Richtige sein, Jock hingegen waren die Sachen in Stoffsäcken, die sich seiner Körperform anpassen, wesentlich lieber. Seit mittags ist mir die ganze Ladung zweimal heruntergerutscht, und das beunruhigt mich ein wenig. Jocks Manieren in solchen Situationen sind tadellos – er bleibt sofort stehen und wartet, wieder beladen zu werden. Wenn mir dasselbe mit den Stoffsäcken passiert wäre, würde mir alle Gutwilligkeit sämtlicher Maultiere der Welt nicht helfen, sie wieder ordentlich zu verstauen.

Heute Abend entdeckte ich mehrere hässliche Schnitte und Kratzer an Armen und Beinen. Die hiesigen Pflanzen sind voller Dornen, Stacheln, Widerhaken und rasiermesserscharfer Blätter.

7. Januar

Ursprünglich wollte ich heute Abend am Rand der Takazze-Schlucht sein, aber die Völkerverständigung klappte gestern so gut, dass mich niemand am Weihnachtstag in Aedat hat aufbrechen sehen. Ich verbrachte einen recht ausgelassenen Tag: Wir tranken und feierten in den Häusern von Ato Gabre Mariam, Abebe, Dawit und Giorgis – dem hiesigen Lehrer; mit einem Frühstücksbankett bei einem reizenden, alten Pfarrer in der berühmten Kirche von Debra Ghennet fing es an.

Ato Gabre Mariam und ich machten uns um halb sieben morgens auf den Weg zur Messe, begleitet vom achtjährigen Sohn meines Gastgebers. Stolz ging er voraus mit Patronengürtel und Gewehr, woraus ich schloss, dass der »bewaffnete Beschützer« mehr Statussymbol als Sicherheitsmaßnahme ist. Der Weg führte durch einen dichten Wald mir völlig unbekannter Bäume bergauf, und wir überholten unterwegs mehrere Männer und Frauen; alle begrüßten Ato Gabre Mariam überschwänglich und fragten ihn über mich aus, wenn ihre Position ihnen das erlaubte.

Diese Kirche wurde zweimal teilweise zerstört – von Mohammed Gragn vor ungefähr 300 und den Italienern vor etwa 30 Jahren. Erhalten blieb lediglich eine einzige Wandmalerei, und das Gebäude sieht mehr wie eine unbenutzte Scheune als wie eine Kirche aus. Als wir eintrafen, hatte die Messe bereits begonnen, und ich stand vor dem südlichen Eingang (dem Frauentor). Von dort konnte ich zusehen, wie ein paar ältere Witwen die Kommunion empfingen. (Da die meisten Hochlandbewohner lieber nicht kirchlich heiraten, können sie das Abendmahl nicht zu Lebzeiten ihrer Gatten empfangen.) Die Zeremonie begann, als zwei weiß gewandete Priester mit bunten Seidenschirmen aus dem verborgenen Allerheiligsten kamen, zu dem nur Geistliche Zutritt haben, und sich vor den Frauen aufstellten. Dann erschien ein dritter Priester mit silbernem Kreuz, und als der Chor zu singen begann, schüttelten die Schirmpriester ihre *sistras* im Takt. Da erschien der erste Priester aus dem Allerheiligsten, in den Händen einen hölzernen Abendmahlskelch, in den kreuzförmige Brotstückchen getaucht wurden, ehe sie den Kommunikanten gereicht wurden.

Auf dem ganzen Hochland verstehen sich nur die Priester darauf, Wein zu machen, und sie weigern sich, den Laien das Geheimnis zu verraten. 1770 beobachtete James Bruce, wie Gläubigen zerdrückte Trauben auf einem Löffel gereicht wurden. Heute jedoch wird der heilige Wein meist aus Rosinen hergestellt. Merkwürdig, dass diese Form von Alkohol im Hochland nie populär geworden ist. Wein würde in vielen Regionen hier gut gedeihen und ist seit Urzeiten hier bekannt. Ich sah Darstellungen von Trauben und Weinblättern auf einem Altar am Fuß eines der Monolithen in Aksum. Vielleicht ist das Fehlen passender Behältnisse der Haken an der Geschichte, da Hochlandbauern Fässer, Flaschen, wasserdichte Tierhäute oder glasierte Töpfe nicht haben – und Wein nicht lange Wein bleiben würde in ihren unbearbeiteten Tongefäßen.

Als die Messe vorüber war, holte mich Ato Gabre Mariam in die Kirche. Der erste Priester erlaubte mir, meine Stiefel anzubehalten, und einer der *debtaras* reichte mir einen Gebetsstock – einen eineinhalb Meter großen Stock mit einem gebogenen Silbergriff, auf den man sich während der langen Messe bequem stützen kann. Dann gingen wir durch einen mit Stroh bestreuten Wandelgang zu einem dürftig mit Teppichen ausgelegten Vorraum des Allerheiligsten, hinter einem zerlumpten Vorhang, der während der Messe in bestimmten Momenten zur Seite gezogen wird, damit für die Geistlichen der Blick auf den Altar frei ist. Hier blieben wir eine Weile, weil der Chor – auf Bitten des Bezirksgouverneurs – ein besonderes Gebet für meine Reise durch das Semien-Gebirge sang. (Das erklärte mir Dawit hinterher, und ich war tief gerührt von Ato Gabre Mariams so nett ausgedrückter Sorge um mich, wie mich schon öfter in den vergangenen zwei Tagen seine unterschiedlichsten Gesten der Freundschaft sehr berührten. Ich hoffe nur, dass sein letzter Freundschaftsbeweis morgen kein bewaffneter Begleitschutz sein wird.) Dann führten vier Priester einen traditionellen religiösen Tanz auf. Sie standen einander paarweise gegenüber, gingen mit eleganten und dennoch kraftvollen Bewegungen aufeinander zu und wieder auseinander und schwenkten dabei ihre Gebetsstöcke wie Speere in der Luft. Die übrigen klatschten rhythmisch in die Hände, schlugen Trommeln, läuteten Glocken oder schwangen *sistras*. Als Nächstes zeigte man mir originale Ge'ez-Handschriften – geschrieben auf Pergament, in Holz gebunden und üppig illustriert –, die bis heute überlebt haben. Hinterher wurden sie wieder in eine schmutzige Kiste in einer Ecke des Wandelgangs geworfen. Offenbar verdient niemand hier die Ehre, auf diese wertvollen Bände aufzupassen. Es liegen Welten zwischen der Gleichgültigkeit diesen Handschriften gegenüber und der Achtung, die auch der kleinste tibetanische Mönch den buddhistischen heiligen Schriften entgegenbringt. Als wir die Kirche verließen, ging mir Dawits Terminus »Wilde!« durch den Kopf. Für Menschen, die ins Feuer schnäuzen, würde ich diese Bezeichnung nicht wählen, wohingegen sie auf

Leute, die jahrhundertealte kolorierte Handschriften derart schmähen, haarscharf passt.

Hinter der Kirche standen ein paar altersschwache Gebäude in knöcheltiefem trockenen Pferdedung, und es war unmöglich, die Priesterhäuser von den Ställen zu unterscheiden. Das kleine, schmutzige Zimmer des ersten Priesters liegt über einem Getreidespeicher. Eine gefährlich wackelige Steintreppe im Freien führt hinauf zu dem niedrigen Eingang. Als ich am Rand des Eisenbetts saß, bedeckte mein Gastgeber meine nackten Knie mit einem Stück Stoff – er machte das aber so charmant, dass dieses Zeichen der Missbilligung fast wie ein Kompliment ankam. Er ist ein alter Mann, gebeugt, mit weißem Bart, feinen Gesichtszügen und wachen, freundlichen, schelmischen Augen. Was immer einen äthiopischen Geistlichen ausmachen mag, hier wusste man, dass man vor einem wahren Mann Gottes stand.

Als Dawit eintraf, bewirtete man uns mit einem Viertel *talla*, und das um halb neun morgens. Das ist sogar für meine Verhältnisse ein bisschen früh. Eine halbe Stunde danach gab es Frühstück. Das dauerte zwei Stunden. Jeder aß erstaunliche Mengen *injara*, verschiedene Sorten gut gewürzten Fleisch-*wat*, zähe, in ranzigem *ghee* gebratene Steaks und Streifen köstlichen rohen Fleisches mit Berberie-Paste – eine Delikatesse der Hochlandbewohner und die Quelle der häufigen Bandwurmerkrankungen.

Weihnachten gehört nicht zu den höheren kirchlichen Feiertagen in Äthiopien; die Hauptfeste sind weltlich, und das wichtigste an weltlichen Feiern ist das Essen. Ich habe heute so viel rohes Fleisch gegessen, dass ich wahrscheinlich wie ein Steinbock über das Semien-Gebirge hüpfen könnte. Weitere Spezialitäten sind warmes ungesäuertes Vollkornbrot mit Honig und hart gekochten Eiern – eine hervorragende Mischung – und eine seltsame Frucht, so groß wie eine Steckrübe und mit zitronenähnlicher Schale (nur rauer und dicker); sie riecht auch beim Anschneiden wie eine Zitrone, obwohl das süße, schmackhafte Fruchtfleisch hart, weiß und saftig ist. Die Einheimischen essen sie mit Salz, ich ziehe sie pur vor, und den Kindern schmeckt die raue Schale scheinbar vorzüglich.

Ich habe selten ein so herrlich gelegenes Dorf wie dies hier gesehen – und nie ein ursprünglicheres. Glücklicherweise sind Wellblechdächer bis hierher noch nicht vorgedrungen, und die rechteckigen Steinhütten haben alle flache, grasbedeckte Lehmdächer. Abgesehen von der »Hauptstraße« gibt es keine Seitenstraßen oder Gässchen. Die Hütten stehen zufällig verstreut auf dem mit Felsbrocken übersäten Bergrücken. Sogar dort, wo mehrere Häuser nahe zusammenstehen, hat sich niemand die Mühe gemacht, den Boden dazwischen von Felsen und Steinen zu befreien. Viele Gebäude gleichen Ruinen, als hätte das ganze Dorf erst kürzlich ein Erdbeben nur knapp überstanden. Fällt ein Haus zusammen, so bauen die Eigentümer lieber ein neues, als das alte zu reparieren.

Nachmittags lud mich Dawit in sein kleines Zimmer ein. Als ich eine Zigarette anzündete, fragte er, ob er auch eine haben könne – obwohl er gestern, auf dem Hof seines Onkels, nicht geraucht hatte. Er erklärte mir, die Hochlandbewohner hätten derartige religiöse Vorurteile gegen Tabak, dass vier Jungs von ihren Eltern ermutigt wurden, ihn mit Steinen zu bewerfen, weil er es einen Tag nach seiner Ankunft hier gewagt hatte, sich eine Zigarette anzuzünden. Äthiopische Christen verabscheuen das Rauchen derart, dass niemand, der je geraucht hat, das Kreuz küssen darf – Johannes IV. betrachtete es als seine Pflicht, Rauchern die Lippen abschneiden zu lassen. Einige Hochlandbewohner glauben, dass Tabak die einzige Pflanze war, die bei der Kreuzigung Jesu nicht verdorrte, und andere glauben, dass die erste Tabakpflanze aus den Eingeweiden des Arius wucherte. Wahrscheinlich entspringt dieses Verbot der Feindschaft zu den Moslems, wie auch andere Verbote, z. B. Kamelfleisch zu essen oder Kaffee zu trinken – obwohl Kaffee heute Äthiopiens Exportartikel Nummer eins und ein beliebtes Getränk ist. Mit Sicherheit stammt das Tabakverbot nicht aus Ägypten; dort haben die koptischen Priester von jeher geraucht. Es gibt eine nette Geschichte von einem *abuna* im 19. Jahrhundert; er erklärte öffentlich, sämtliche Pfeifen in seinem Besitz auf den Köpfen der Priester zu zerschlagen, wenn man ihn abhalten wollte, den Bann des Tabaks wieder aufzuheben. Wie auch immer, *faranj*-Raucher werden mittlerweile toleriert – zu meinem Glück.

Als Dawit und ich unsere zweite Schale *talla* leer getrunken hatten, kam Giorgis und lud uns in sein Haus ein; dort wurden von seiner sechzehnjährigen Frau bereits Steaks gebraten – zum Vergnügen der bereits bis zum Platzen vollen *faranj*. Unterwegs hörten wir ein unheimliches Geräusch, ein lang gezogenes Geheul; Giorgis erklärte, das stamme von Frauen einer leidgeprüften Familie, um ihre Nachbarn über einen Todesfall auf dem Hof zu informieren.

Giorgis ist ein hoch gewachsener, muskulöser 22-Jähriger. Er trägt zerschlissene westliche Kleider unter seinem *shamma,* um damit seine Position als Lehrer und Gebürtiger des städtischen Makale herauszukehren. Sein Zuhause ist ein erst kürzlich erbautes Einzimmerhaus mit hoher Decke und zwei Türen, die viel Licht hereinlassen. Hier drängt sich einem der Eindruck von Armut noch eindringlicher auf als in jedem schummrigen *tukul*. Die Familie lebt seit sechs Monaten hier in Aedat, sie besitzt jedoch so wenig, dass der große, kahle Raum nicht wie ein Zuhause, sondern eher wie ein Übergangslager aussieht. Während Giorgis seine 18 Monate alte Tochter zärtlich streichelte, fiel mir auf, dass auch sie bereits entzündete Augen hat. Es ist schockierend, wie verdreckt die kleinen Kinder sämtlicher Hochlandbewohner herumlaufen, sogar hier, am Hof des relativ wohlhabenden Bezirksgouverneurs. Wenn sie alt genug sind, sich einigermaßen selbstständig zu bewegen, waschen sie sich hin und wieder ihr Gesicht, aber Mütter kümmern sich darum überhaupt nicht. Man erschrickt angesichts so vieler rotziger, fliegenbedeckter Nasen und Münder und verkrusteter, entzündeter, fliegenbedeckter Augen.

Eine staatliche Schule gibt es in Aedat nicht; Giorgis arbeitet an einer kirchlichen Schule und bringt seinen Kindern für ein monatliches Gehalt von sechs Pfund das Lesen und Schreiben bei. Ein Lehrer in seiner Position an einer staatlichen Schule verdient dagegen 22 Pfund.

Bis vor kurzem pflegten die Hochlandbewohner ihre Abneigung gegen das Lesen und Schreiben geradezu. Dr. Levine erläutert, dass der Akt des Schreibens schändlich sei; wie jede manuelle Tätigkeit, abgesehen von landwirtschaftlicher Arbeit und kämpferischen Auseinandersetzungen, war Schreiben etwas Degradierendes. Der Beruf des Schreibers war deshalb nicht höher geachtet als der des Töpfers und des Schmieds. Nur ein kleiner Prozentsatz der Geistlichen lernte Schreiben. Besonders fachkundig war jedoch keiner. Die produzierten Schriftstücke wurden entweder für zu heilig oder zu ruchlos gehalten, um sie Laien auszuhändigen. Geschriebenes gehörte trotz alledem ins Reich der Dokumente. Die Ehrfurcht vor heiligen Schriften verhinderte, dieses Medium zu anderen als frommen Zwecken einzusetzen. Privat wurden hauptsächlich die magischen Glaubensbekenntnisse der *debtaras* niedergeschrieben. Die Kunst der *debtaras* erfüllte sowohl schmähliche als auch gute Zwecke. Die Angst, dass diejenigen, die das Lesen und Schreiben beherrschten, auf überzeugungskräftige, verwirrende Sätze stoßen könnten, war Grund für die Beschränkung der Kunst auf eine kleine Gruppe »Eingeweihter«. Wie auch immer, seit der Befreiung müssen alle Klagen und Gerichtsverhandlungen schriftlich niedergelegt werden, und die Leidenschaft der Hochlandbewohner, sich in Rechtsstreitigkeiten zu verlieren, siegt zunehmend über ihre Abneigung gegen das geschriebene Wort.

Berücksichtigt man, dass der Kirche mindestens 15 Prozent des anbaufähigen Landes in Äthiopien gehören, versteht man Giorgis' verbitterte, antiklerikale Einstellung.

Auf dem Weg zurück zum Hof des Bezirksgouverneurs hörte ich auf einmal den Ruf eines Muezzins, und Dawit zeigte mir eine unscheinbare Hütte, die »Moschee« mit einem wackligen »Minarett« auf dem Giebeldach, und erklärte, in Aedat wohne eine kleine Gemeinde moslemischer Händler – Jabartis genannt.

Bald nachdem wir uns zu Ato Gabre Mariam und seinen Freunden zum Abend-*talla* gesellt hatten, kam ein junges, hübsches, sehr hellhäutiges Mädchen in Begleitung zweier bewaffneter Männer herein. Sie trug ein weißes, langes Kleid, darüber einen dicken *shamma*, beide kunstvoll bestickt mit bunten Fransen, und hatte eine Flasche mit dem Etikett »Haig« bei sich, die jedoch hervorragenden *tej* enthielt. Dawit erklärte, sie sei die 17-jährige Schwägerin eines Häuptlings im Dorf. Sie hatte von meiner Ankunft in Aedat gehört und die Erlaubnis ihres Mannes bekommen, über die Berge zu reiten, um ihre erste weiße Frau zu sehen – als Gastgeschenk brachte sie diese wertvolle Flasche *tej* mit. (In dieser Gegend sind Flaschen mindestens genauso kostbar wie ihr Inhalt.) Ihre unternehmungslustige Neugierde muss für Hochlandbewohnerinnen ziemlich ungewöhnlich sein. Als sie aber der *faranj* nun tatsächlich gegenüberstand, war das arme Mädchen so überwältigt, dass sie sich nur ruhig neben mich setzte und ihre Zehen anstarrte. Bis zum Abendessen hatte sie sich ein wenig gefangen (als *Tej*-Trinkerinnen hatten wir vorbildlich zusammengearbeitet), und ich fragte sie – durch Dawit – wie lange sie schon verheiratet sei und wie viele Kinder sie habe. Meine letzte Frage war sehr unglücklich; obwohl sie seit vier Jahren verheiratet ist, blieb ihre Ehe bis heute kinderlos. Als sie darüber sprach, überschattete ein trauriger, bedrückter Zug ihr junges Gesicht.

Abgesehen von der italienischen Besatzung ist diese Gegend noch nie mit der Außenwelt in Berührung gekommen, und ich vermute, dass die ältere Generation mit ihren Kriegserlebnissen die Isolation zu schätzen weiß. Heute zeigte mir Giorgis ein Netzwerk von miteinander verbundenen Höhlen in einem Steilhang in der Nähe und erklärte mir, dass sich dort, in den fast unerreichbaren Felsräumen, die vor vielen Jahrhunderten von Einsiedlern bewohnt waren, die meisten Dorfbewohner während der Besatzung versteckt gehalten haben.

8. Januar – Eine Hütte auf einem Hügel

Eigentlich wollte ich bei Tagesanbruch aufbrechen, aber Ato Gabre Mariam bestand darauf, dass ich so lange wartete, bis ein festliches Abschiedsfrühstück bereitet war. Da heute Sonntag ist und folglich alle Frauen zur Kirche gingen, wurde das Festessen erst gegen neun Uhr serviert. Natürlich ärgerte ich mich darüber, die besten Reisestunden des Tages so zu vergeuden, aber dieses letzte Angebot an Gastfreundschaft zurückzuweisen wäre eine arge Beleidigung gewesen. Und es war eine sehr appetitliche Geste der Gastfreundschaft – ein riesiges Blechtablett mit Bergen von Schafsleber, -herzen und -nieren und große Klumpen fettes Hammelfleisch auf einem Spieß über Holzfeuer gebraten. Mein Gastgeber und ich, wir beide machten uns über die Fleischberge her. Er zerlegte die verschiedenen Organe mit einem gefährlich aussehenden Messer – es hatte eine rasiermesserscharfe, nach hinten gebogene Klinge – und reichte mir die schmackhaftesten Stücke.

Nach einer Weile friedlichen Speisens erschien Dawit und verkündete zu meinem Entsetzen, dass er mich auf meinem Weg zur Takazze-Schlucht begleiten würde, da er schon lange seinen Großvater väterlicherseits besuchen wollte, den er noch nie gesehen hatte. Da sein Diener aber im Moment nicht auffindbar sei, müssten wir eben ein wenig warten. Irgendwann akzeptierte ich die Tatsache, dass dies »einer jener Tage« war. Mit dem Bauch voller Fleisch fiel mir das zu akzeptieren leichter – ich hatte nicht einmal Lust, ein paar Meter zu gehen. Der Gouverneur bestellte sofort ein frühes Mittagessen für die Reisenden und, falls ich in der Zwischenzeit Hunger bekommen sollte, eine kleine Kanne mit süßer, gekochter Milch. (Gewöhnlich nimmt man hier keinen Zucker, aber mein Gastgeber hatte welchen aus Aksum mitgebracht.)

Gegen halb eins mittags kamen wir schließlich los – Dawit auf einem geliehenen Maultier mit seinem bewaffneten Diener und zwei weiteren Jungs, die neben ihm herliefen, gefolgt von Jock und mir. Ein paar Kilometer ritt der Gouverneur – begleitet von fünf Dienern – mit uns, wie es Sitte ist, wenn ein Gast abreist.

Hinter Aedat ging unser Weg zwischen niedrigen Bergen eben dahin. Links und rechts grasten Kühe auf den saftigsten Weiden, die ich bislang in diesem Land gesehen habe. Dann kamen wir an den Rand einer tiefen, kraterähnlichen Senke, dicht mit grünen Büschen überwuchert, und auf einem Hügel in der Mitte stand eine Kirche, umgeben von Bäumen. Sie wird von allen Gläubigen sehr verehrt, da man sich erzählt, dass sie zur Zeit der Invasion Mohammed Gragns zeitweise wie durch ein Wunder unsichtbar gewesen sein soll und so der Zerstörung entging. (Die Kirche liegt so versteckt und ist so natürlich getarnt, dass ich sie alleine niemals entdeckt hätte.)

Hier saßen wir am Rande der Senke, während Dawits Diener ein interessantes »Ferngespräch« führte, als eine winzige Figur auf einem Hügel hoch über uns auftauchte und mehr über die *faranj* wissen wollte. Die Gestalt erwies sich als der Häuptling eines nahe gelegenen Dorfes. Als er hörte, dass ich ein Schützling von Leilt Aida sei (sie wird von den Tigre heiß geliebt), lud er uns sofort zum *talla* in sein Dorf, ein paar Kilometer weiter, ein. Dann begannen die Berge und Täler auf einmal von schrillen, fast unmenschlichen Schreien widerzuhallen, als seine Anordnungen für unseren Empfang von unsichtbaren Hirtenjungen wie bei einer Staffel bis in sein Dorf weitergeleitet wurden. Wenn sich Hochlandbewohner auf diese zwar sehr öffentliche, aber auch effektive Weise austauschen wollen, benutzen sie jene hohen, schrillen Töne und einen merkwürdigen Singsang, der sich kilometerlang durch die stille, dünne Luft der Berge trägt.

In der folgenden Stunde überquerten wir ein unfruchtbares, grau-braunes Plateau in Richtung einer gewaltigen *amba* aus blanken, roten Felsen über einer breiten Schlucht, mit Unkraut und Gestrüpp überwuchert. Am Rand der Schlucht begrüßten uns ein paar Dorfbewohner, und wir setzten uns auf riesige, weich gerundete Felsbrocken unter einem hohen, knorrigen Baum. Man reichte uns *dabo* und hölzerne Krüge, randvoll mit *talla,* das eine Frau auf ihrem Rücken in einem Tongefäß hierher geschleppt hatte. Die Männer waren sichtlich beunruhigt wegen meiner beabsichtigten Überquerung der Takazze-Schlucht. Sie behaupteten, dass dort zurzeit eine Menge *shifta* lagerten – in Erwartung des Weihnachtsverkehrs –, und versuchten, mich zum Umkehren zu überreden. Ich weiß, dass *shifta* in der Schlucht die Runde machen, aber ich bezweifle, dass sie genau auf diesem Weg auf der Lauer liegen, der kaum benutzt wird, auch nicht in der Weihnachtszeit. (Die Tiefe der Schlucht hier hat schon immer den Verkehr zwischen beiden Seiten eingeschränkt.) Als ich es standhaft ablehnte, wegen der *shifta* umzukehren, versuchten es die verzweifelten Dorfbewohner mit Schlangen, Leoparden, Malaria und extremer Hitze. Schließlich gaben sie auf, und ihre düster-traurigen Abschiedsworte hätten jeder Totenfeier Ehre gemacht.

»Steil« wird ein ziemlich oft gebrauchtes Adjektiv in diesem Tagebuch werden; aber das kann ich nicht ändern, da die Wege, wenn sie nicht zufällig ein Plateau überqueren, nur steil sind. Unser Abstieg nach der *Talla*-Pause war in der Tat ziemlich steil – ein rutschiger Kampf auf loser Erde zwischen riesigen Felsbrocken und dornigem Gebüsch … Als wir endlich unten angekommen waren, meinte Dawit keuchend, wenn er von vorneherein gewusst hätte, worauf er sich einlasse, hätte er seinen Großvater lieber nie zu Gesicht bekommen.

Nach weiteren drei Kilometern waren wir am heutigen Ziel, einem einsamen Hof auf einem weiten Hügel mit stacheligen Getreidestoppeln. In der taubengrauen Abenddämmerung war es bereits ein wenig kühl. Auf halbem Weg wird aus dem Hügel eine *amba*, und hinter den riesigen, gleichförmigen Blöcken liegt die Takazze-Schlucht.

Es gibt hier vier *tukuls*, und wir wurden in der größten untergebracht – eine stabil gebaute Steinhütte, ungefähr zwölf Meter Umfang, mit hohem, konischem Strohdach (durch keinerlei Pfosten gestützt) und zwei Lehmdoppelbetten. Eines davon ist in einen Alkoven in der dicken Mauer hineingebaut. Während ich inmitten des Gewühls von Dawits Verwandten schreibe, tropfen wir fast schon vor *talla*; draußen lodern drei Kochfeuerstellen in der schwarzen Nacht. Merkwürdigerweise hat man hier drin kein Feuer angemacht, und das einzige Licht – abgesehen von meiner Kerze – stammt von einer kleinen Öllampe, die hoch oben an der Wand hängt und sich in den vielen Gewehren darunter funkelnd widerspiegelt.

Heute Abend scheinen Adua und Aksum – ganz zu schweigen von Asmara, Kairo und London – zu einem anderen Planeten zu gehören.

9. *Januar – Ein Unterstand für Kühe an einem Hang*

Am vergangenen Abend tauchte der Begriff *shifta* immer wieder in der Unterhaltung meiner Begleiter auf, und ich spürte, wie sich eine Krise anbahnte. Schließlich sagte Dawits Großvater, ein energischer, autoritärer Mann, heute Morgen unverblümt, dass Dawit mich hierher zurückbringen müsse, wenn das letzte Dorf in Tigre mir keine Begleitung mitgeben könne. Aus unterschiedlichen Gründen (Faulheit und Sturheit) waren wir beide, Dawit und ich, gegen diesen Plan. Aber ich bin im Augenblick eine Welt entfernt von Visa, Passierscheinen irgendwelcher Regierungen und zugänglichen Prinzessinnen. Theoretisch kann ich reisen, wann und wohin ich will, praktisch jedoch bin ich zur Verantwortung der Einheimischen geworden und in einem Netz jahrhundertealter Traditionen gefangen. Also muss ich meinen Verlust an Freiheit im Augenblick wohl oder übel akzeptieren. Mich heute Morgen den Traditionen zu widersetzen, wäre völlig sinnlos gewesen, da ich Jock nicht beladen kann. Darüber hinaus wäre es höchst undankbar von mir gewesen, da diese Leute viele Unannehmlichkeiten für mich in Kauf nehmen. Instinktiv spürte ich, dass unter ihrer pflichtbewussten Sorge ein tiefes Misstrauen dieser beispiellosen *faranj* gegenüber verborgen lag. Vermutlich würde ich die Hochlandbewohner von einer ganz anderen Seite kennen lernen, sollte ich dieses Misstrauen durch unverständlichen Eigensinn schüren. Für mich ist so eine Situation neu. Ich bin noch nie unter Leuten gereist, die mir gehörig Angst einflößten, um mich von meinem momentanen Ziel abzubringen.

Die Luft heute Morgen war empfindlich kalt, als wir alle im Hof standen, während Dawit eine Nachricht von seinem Großvater für den Häuptling des nächsten Dorfes schrieb – das Papier hatte er von mir. Meiner Meinung nach hätte auch eine mündliche Nachricht gereicht, aber offenbar hielt mein Schutzherr das geschriebene Wort für der Situation angemessener.

Um sieben brachen wir auf, den Bauch voll heißer Milch und hartem *dabo*. Dawit, seine Diener, ein Mann aus dem Dorf und ich nahmen die direkte Route hinauf. Vier von Dawits bewaffneten Cousins führten Jock einen langen Umweg hoch. Nicht einmal Hochlandmaultiere werden mit diesen Steigungen fertig, für die »steil« ein eher unzureichendes Adjektiv ist.

Der höchste Punkt der *amba* war etwa eineinhalb Kilometer breit und drei Kilometer lang; niedriges Gestrüpp wucherte hier und da aus dem steinigen, staubbedeckten Boden, und im schräg stehenden Sonnenlicht entdeckten wir frische Leopardenspuren. Dennoch steht am südlichen Rand eine weitere »berühmte« Kirche – wie unerreichbar man berühmte Kirchen machen kann! –, die wie üblich abgeschlossen war. Sogar hier war das Dach aus Wellblech, aber nach den vergangenen zwei Wochen habe ich mich an diese Verunstaltung als integralen Bestandteil der Hochlandszenerie einigermaßen gewöhnt. Unter dem überstehenden Dach hingen hunderte kleiner Glöckchen, aus Wellblechresten zusammengeschustert. Bei jedem Windhauch sendeten sie zarte, kleine Melodien über das Plateau. Hier sah ich auch eine Steinglocke, wie sie Francisco Alvarez, der portugiesische Priester, 1520 in den Berichten über seinen sechsjährigen Aufenthalt auf dem Hochland beschrieben hat. Diese Granitglocke – 120 auf 50 Zentimeter – hing auf Hüfthöhe zwischen zwei knorrigen wilden Feigenbäumen, und als ich sie mit meinem *dula* anschlug, klang sie, wie Alvarez das sehr trefflich beschrieben hat, wie »zersprungene Glocken aus der Ferne«.

In der Nähe der Kirche ist aus der *amba* ein gigantischer Felskeil herausgebrochen und steht nun ganz alleine mit überraschend vielen grünen Pflanzen auf der bootsförmigen Kuppe. Solche Felskeile sind auf dem Hochland nicht ungewöhnlich. Folgt man der Legende, so ist dieser Abbruch jedoch durch ein Wunder geschehen. Vor Urzeiten beschuldigten böswillige Dorfbewohner einen heiligen Mönch, sich heimlich eine Geliebte zu halten. Er verkündete, er werde zur Heiligen Jungfrau Maria beten und seine Unschuld durch den Bruch der *amba* beweisen – und am nächsten Morgen war dieser gewaltige Keil abgebrochen. Es gibt ein paar Steinhütten zwischen der Kirche und der Böschung, aber niemand war zu sehen. So hoch hinauf gehen die meisten erst, wenn die Sonne die Luft einigermaßen erwärmt hat. Zwar überblickte ich jetzt die Takazze-Schlucht, aber sie war nicht zu sehen – immerhin lag sie knappe 1700 Meter unter mir, versteckt hinter wild zerklüfteten, bizarren Bergrücken, durch welche der Fluss sich eine Ewigkeit tiefer und tiefer eingegraben hat. Ehe wir abstiegen, zeigte Dawit mir eine andere *amba* auf gleicher Höhe hinter der Schlucht, beinahe überschattet vom Semien-Gebirge. Er meinte, dort würde ich heute übernachten, im ersten Dorf der Provinz Begemder. Aber er sollte nicht Recht behalten.

Das letzte tigreanische Dorf liegt auf einer natürlichen Terrasse, unmittelbar unterhalb der *amba*. Frauen und Kinder liefen erschrocken davon, sobald sie mich sahen, dafür sammelte sich eine Gruppe grimmiger Männer mit Gewehren um uns. Die nächsten 45 Minuten saß ich gemütlich auf einem Felsbrocken und genoss die Morgensonne, was ich von Dawits Streiterei mit den Einheimischen nicht unbedingt behaupten kann. Die Nachricht seines Großvaters machte auf die Männer überhaupt keinen Eindruck – obwohl sie schriftlich vorlag –, und er verschlimmerte die Lage offensichtlich noch, indem er den »Städter« gegenüber diesen unwissenden »Wilden« herauskehrte, die noch nie eine weiße Frau gesehen hatten. Dieses Verhalten erschien mir ebenso rücksichtslos wie undiplomatisch, da der schlanke Dawit knapp 1,60 Meter groß ist und jeder seiner muskulösen Gegner ihn ohne Mühe mit zwei Fingern hochheben und über der nächsten Böschung wieder fallen lassen hätte können – was ich in einem bestimmten Moment auch tatsächlich befürchtete. Sein Verhalten war auch mir zuwider, und vielleicht war das von Vorteil. Ich mischte mich ein und sagte, man könne niemandem wegen einer wildfremden *faranj* einen beschwerlichen Zweitagesmarsch zumuten, und die Einheimischen schienen zu merken, dass ich auf ihrer Seite war. Dann änderte Dawit seine Taktik, und ich hörte ihn von Leilt Aida und Ras Mangasha sprechen, gefolgt von Anspielungen auf den Kaiser und bedeutungsvollen Gesten in meine Richtung. Vermutlich hatte er mich zur persönlichen Freundin von Haile Selassie erklärt. Diese Litanei von kaiserlichen Namen hatte schon immer gewirkt, und als ich Jocks grünen Kübel heranschwanken sah, servierte man mir kuhwarme Milch und stellte widerwillig eine »Leibgarde« zusammen. Angesichts der mürrischen Gesichter fragte ich mich, was schlimmer wäre, von diesen Männern begleitet oder von den *shifta* überrascht zu werden.

Dawit war sein innerer Konflikt deutlich anzumerken: Einerseits war er froh, die Verantwortung los zu sein, andererseits bedauerte er, mit mir die letzte Verbindung zur westlichen Zivilisation zu verlieren. (Für mich war es eher ungewohnt, als Verbindungsglied zu irgendeiner Art von Zivilisation angesehen zu werden.) Wie auch immer, zwei Menschen unter uns waren vollkommen glücklich: die beiden Söhne (zwölf und zehn Jahre alt) eines moslemischen Händlers aus Aedat. Seit sechs Tagen campten die beiden Jungs mit drei Eselsladungen Salz am Dorfrand und hofften auf bewaffnete Gesellschaft, die sie durch die Schlucht begleiten würde.

Ich bekam Gewissensbisse, als ich die Anzahl meiner Begleiter sah – 14 Männer, davon acht bewaffnet –, aber Dawit meinte, das wäre die Mindestbesatzung für eine sichere Reise durch *Shifta*-Gebiet. Mit meinem bescheidenen Ein-Frau-Unternehmen war es zunächst völlig vorbei, und es schien niederträchtigerweise so viele Männer in die gefürchteten Tiefen der Takazze-Schlucht zu ziehen. Ich bin immerhin gegen Malaria geschützt, aber für Leute, die keinerlei Zugang zu solchen Medikamenten haben, kann sie im schlimmsten Fall den Tod bedeuten. Also bat ich Dawit, ehe wir losmarschierten, meinen Begleitern den Sinn von Malariatabletten zu erklären und wie man sie einnimmt; die Tabletten versprach ich ihnen für den Abend, wenn Jock entladen sein würde.

Um halb zehn brachen wir auf – in Begleitung des örtlichen Priesters – in Richtung Abhang. Für mich war weit und breit kein

Weg erkennbar. Ich dachte an die Tage, die ich ohne Begleitung unterwegs sein würde, und nahm mir vor, zu lernen, wie man solche Wege findet.

Am Ausgangspunkt auf noch ebener Fläche, die ungefähr 40 Meter breit und mit Felsbrocken und seltsamen, alten, knorrigen Bäumen wie Kletterpflanzen übersät war, legten die Männer eine Pause ein und begannen heftig zu streiten (vielleicht bildete ich mir das auch nur ein). Nachdem die kaiserliche Litanei allmählich verblasst war, wollten anscheinend einige einen Rückzieher machen, und zwei davon sahen mich ständig tückisch an. Einer war der Priester, ein älterer Mann mit hartem Zug um den Mund und listigen Augen, und ein jüngerer Mann, den ich, als wir das Dorf verließen, beobachtet hatte, wie er hoffnungsvoll Jocks Ladung befingerte. Inmitten der Stille der Berge hallten zornige Schreie wieder, wie eine Serie Explosionen, und schließlich begannen die beiden Parteien einander mit ihren *dulas* und Gewehrkolben zu drohen. Ich dachte, ich würde die Situation nur verschlimmern, wenn ich irgendein Zeichen von Ungeduld, Misstrauen oder Angst zeigte, also setzte ich mich ruhig auf einen Felsen, während die Tiere in der Nähe »grasten« – die langen Halme waren von der Sonne völlig verbrannt. Dann gesellten sich die beiden Jungs zu mir und sahen mich immer wieder ängstlich an. Trotz ihrer erwachsenen Aufgabe und der tapferen Haltung bislang rückten sie immer näher, je lauter das Geschrei wurde. Zum Glück vertraue ich irrationalerweise auf das Gute im Menschen. Ich kann Böses nie so richtig ernst nehmen, bis es ausbricht. In solchen Krisensituationen hält sich also meine Angst in Grenzen.

Dann war der Streit auf einmal aus unerklärlichen Gründen vorüber. Der Priester ritt in die Stadt zurück – wobei er ärgerlich mit seiner Fliegenklatsche aus Rosshaar um sich schlug –, und wir gingen schweigend in Richtung Schlucht.

Das war der steilste Hang, den ich je gegangen bin. Ich finde, dass die Hochländer gewöhnlich übertreiben, wenn es um die Beschwerlichkeit meiner Tour geht, aber hier haben sie einmal nicht übertrieben. Bei nur um ein Prozent abfallenderem Neigungswinkel wäre diese Schlucht an der Stelle für Menschen nicht passierbar. Am besten lässt sich unsere Art der Fortbewegung die nächsten zweieinhalb Stunden so beschreiben: Wir fielen langsam einen Berg hinunter. Sogar meine wendigen Begleiter rutschten hin und wieder aus, und streckenweise schlitterte ich auf meinem Hintern dahin, wobei ich die ganze Zeit gelbe Staubwolken schluckte, die Nase und Augen verklebten. Mein schweißgebadeter Körper war über und über verdreckt. Die oberen Hänge dieser Berge sind bewaldet, die unteren dagegen vollkommen nackt, mit tiefen Rinnen von den Sturzbächen, die sich in den Takazze-Fluss ergießen, der während der Regenzeit auf viereinhalb Meter ansteigt. Die letzten paar hundert Meter folgten wir einem Wasserfall und waren auf einmal inmitten der Schlucht, beinahe auf ebener Erde. Der Fluss war jedoch immer noch nicht zu sehen.

Die nächste halbe Stunde wand sich unser Weg durch niedrige Hügel, bedeckt mit hohem, goldgelbem Gras und vereinzelten Affenbrotbäumen. Diese wuchtigen Gewächse haben glatte, graue Stämme von zehn Metern Umfang – obwohl sie nicht höher als sechs Meter sind. Kurze, dicke, blattlose Zweige sprießen einzig aus ihren Kronen – sie sehen aus wie widerwärtige, prähistorische wilde Tiere. Nach meinen drei Wochen in 2400 Metern Höhe legte sich die dicke heiße Luft hier in der Schlucht wie ein unsichtbarer Körper auf mich, und ich nahm die vielen Vögel und Sträucher, die man im Hochland nicht antrifft, kaum wahr, während ich inmitten meines kleinen Walds von Gewehren dahinstolperte.

Ein kaum nennenswertes Drama ereignete sich an einer Stelle, an der unser Weg durch einen engen Spalt zwischen zwei Hügeln führte, wo wir den Fluss zum ersten Mal sahen. Der Anführer blieb abrupt stehen und schrie: »*Shifta!*«, während er sich hinunterbeugte und einen zerschlissenen *shamma* vom Wegrand aufhob. Der Umhang war voll getrocknetem Blut und von drei Gewehrschüssen durchlöchert. Der steinige Erdboden war ebenfalls blutbefleckt. In einer Gegend, in der Gewehre nichts Besonderes und viele

Männer ausgesprochen streitlustig sind, scheinen mir ein wenig Blut und ein paar Schusslöcher nicht unbedingt der Beweis dafür, dass *shifta* hier am Werk waren.

Zu der Jahreszeit ist der träge Takazze-Fluss nur eineinhalb Meter tief und 20 Meter breit; von Ufer zu Ufer jedoch, über die Sandbänke hinweg, läuft man 200 Meter. Auf der Südseite machten wir eine halbe Stunde Pause unter einem wuchtigen, wilden Feigenbaum, und die Männer wuschen sich – in zwei Schichten, damit uns der Feind nicht unvorbereitet antraf. Die unglückseligen Tiere hatten zwar genug zu trinken, aber gar nichts zu fressen inmitten der unmenschlich heißen Wildnis aus Felsbrocken. Während des Abstiegs waren ihre Ladungen mindestens zweimal nach vorne bis zum Hals abgerutscht, und vermutlich wünschten sie sich mittlerweile in irgendeine Art von Pferdehimmel.

Während ich recht unreligiös rauchte, die Beine im Wasser baumelnd, wurde mir deutlich, was für eine merkwürdig unruhige Atmosphäre in dieser stillen, bewegungslosen Schlucht herrscht. Sie ist weit und breit und voller Farben – der grüne Fluss, rotgoldenes Gras, silbriger Sand, blauer Himmel –, dennoch liegt so eine unbehagliche Stimmung in der Luft, dass mich die Abneigung der Einheimischen diesem Ort gegenüber nicht länger wundert.

Die zweite Hälfte des Marathons begann mit einem ermüdenden Dreikilometermarsch, ein trockenes, glühend heißes Flussbett hoch. Dann nahmen wir unseren Vierstundenaufstieg in Angriff – erbarmungslose Hänge mit versengtem Gras, rutschig wie Eis, führten zu Abhängen aus Tonschiefer; alle drei Schritte rutschte man mindestens zwei Schritte wieder zurück. Danach kam eine 300 Meter hohe Treppe aus schwarzem Lavafelsen; die Beinmuskulatur brannte höllisch, und bei jedem Atemzug schmerzte die Lunge. Aber es wurde zunehmend kühler, und die unvergleichliche Freude, höher und höher zu kommen, hielt mich bei der Stange.

Mittlerweile war das Eis zwischen mir und meiner Begleitung gebrochen. In der Schlucht waren sie schon merklich weniger unfreundlich – zeigten sich sogar besorgt angesichts meiner neuen

Sammlung von Wasserblasen an den Füßen –, und jetzt legten sie eine rührende Art von Hochachtung an den Tag. Die Erklärung dafür ist einfach: Wenn man so einen Anstieg in Angriff nimmt, muss man sein eigenes, natürliches Tempo finden – zu schnell oder zu langsam zu gehen ermüdet zusätzlich. Da mein Tempo naturgemäß etwas schneller als ihres war, stilisierten mich meine Begleiter zur Superfrau hoch. Für Hochlandbewohner sind physische Kraft, Geschicklichkeit und Ausdauer derart wichtige Eigenschaften, dass ich durch meinen unabsichtlichen Sieg von einer lästigen Plage zum geachteten Gast wurde.

Als wir schließlich auf einem Plateau ankamen, weinte ich beinahe vor Freude, weil unser Weg ein bis zwei Kilometer eben dahinlief, um einen Bergrücken herum, unterhalb einer knapp 100 Meter hohen Felswand. Der Steilhang fiel fast senkrecht ab, und ich beschloss, für heute sei es mit der Kletterei genug; dort hinauf würde nicht einmal ein Hochlandbewohner kommen. Also ging ich einfach weiter – die Müdigkeit war vergessen – und dachte durstig an *talla*. Dann war ich plötzlich wie vom Schlag gerührt, als ich meine Begleiter wie Fliegen die Steilwand hochklettern sah. Für einen Moment dachte ich darüber nach, den Jungs, die Jock und ihre Esel einen Umweg hinaufführten, zu folgen; da ich aber nicht einschätzen konnte, wie weit das war, entschied ich mich für die Abkürzung und zog mich nach und nach zur *amba* hoch, stolz auf mein neu entdecktes Talent als Felskletterer.

Mittlerweile waren meine Begleiter viel zu begeistert von ihrer anfänglich so widerwillig übernommenen Verantwortung. Vier Männer mit Gewehren folgten mir, als ich in gehobener Stimmung den Gipfel der luftigen Halbinsel stürmte. Von dort präsentierte sich mir das enorme Panorama Richtung Süden und Osten im Licht eines noch gewaltigeren Sonnenuntergangs. Hier wollte ich alleine sitzen und nur in die Gegend schauen, aber schon bald drängte man mich zur Siedlung weiter. Dennoch war mir genug Zeit geblieben, mit einem Gefühl aus Ehrfurcht und Triumph die entfernte Spur unseres Wegs von der mittlerweile wieder unsichtbaren Schlucht,

Berghang über Berghang, noch einmal nachzuvollziehen – ohne einen Meter Abstieg dazwischen, als formten die Berge eine gigantische Treppe zur *amba* hinauf.

Auf diesem Plateau liegen überall Steine herum, so groß wie Menschenköpfe, und mir fiel auf, dass erst vor kurzem *teff* hier geerntet worden war. Vielleicht räumt man die Steine in diesen Höhen nicht fort, weil große Steine die Gefahr der Erosion eindämmen. Archäologen finden hier oben bestimmt Interessantes; überall liegen auch kleinere Steine mit allen möglichen Zeichnungen, Formen und Farben. Als die letzten Lichtstrahlen über die ebene Fläche fielen, kamen wir uns vor, als bewegten wir uns in einer legendären Schatzkammer.

Die Jungs, Jock und die Esel stießen in der Nähe der Siedlung bei zwei dürftigen Büschen wieder zu uns. Ich hätte den Schutz dieser Büsche gut gebrauchen können, aber wieder folgte mir das besessen pflichtgetreue, bewaffnete Quartett Männer. Sie standen nur einen Meter entfernt, drehten mir diskret den Rücken zu und hielten ihre Gewehre schussbereit – eine offensichtlich ziemlich absurde Vorsichtsmaßnahme auf diesem einsamen Plateau.

Wie auch immer, den Sinn erkannte ich einen Augenblick später, als vier bewaffnete Männer aus der Siedlung auftauchten, auf uns zukamen und uns laut misstrauische Fragen zuriefen. Ohne Frage, »die Eingeborenen waren feindselig« – nicht gegen mich im Besonderen, sondern gegen uns alle. Unser Anführer zeigte eilig das Papier von Dawits Großvater vor, das er, in einen Stofffetzen gehüllt, in seiner Tasche trug, und gab vor, es laut zu lesen, obwohl er Analphabet ist. Aber er erreichte gar nichts, und mir wurde klar, dass hier auch ohne Sprachschwierigkeiten nichts zu machen war. (Obwohl Tigrinja und Amharisch beide aus dem Ge'ez kommen, sind sie so verschieden wie Italienisch und Spanisch.) Dann versuchten sich die tapferen, kleinen, moslemischen Händler als Übersetzer – sie sprachen beide Sprachen –, und der Erfolg war aus irgendwelchen unerfindlichen Gründen verheerend. Plötzlich hob ein Dorfbewohner einen spitzen Stein hoch, schwenkte ihn drohend in der Luft und schrie: »*Hid!*« – ein beleidigender Fluch, den man überall im Hochland versteht und gewöhnlich benutzt, wenn man einen Hund aus der Hütte jagen will. Unser Anführer stand ganz dicht neben mir, und ich sah, wie sich seine Hände verärgert um seinen Gewehrlauf spannten. Entweder aus Rücksicht auf meine Sicherheit oder aus untypischer Bedachtsamkeit hielt er sich zurück, machte kehrt und führte uns über das Plateau Richtung Süden.

Sofort rannten die beiden Jungs zu ihm und deuteten auf einen dunklen, massigen Gebirgszug, der sich am Rande der *amba* erhob. Ich wusste nicht, was sie vorhatten, aber später sickerte durch, dass wir aus Sicherheitsgründen eingeladen waren, sie in das Dorf zu begleiten, in dem sie ihr Salz abzuliefern hatten. Bei sternenklarem Himmel begannen wir den Hang hinaufzusteigen. Als ich meine Taschenlampe anmachte, rief die wundersame Leuchtkraft erfreutes Erstaunen hervor. Es war eigenartig; noch vor weniger als zwölf Stunden hatten diese Männer und ich einander nicht einen Zentimeter über den Weg getraut.

Sämtliche Familienangehörigen hier sind Tigre. Obwohl ich annahm, dass die Ankunft von 15 unerwarteten Gästen einige Umstände machen würde, empfing uns der Gastgeber ausnehmend freundlich. Vielleicht freute er sich auch so, wieder unter seinen Leuten zu sein. Auf dem Hof stehen fünf Steinhütten, so einfach gebaut, dass man achtlos daran vorübergehen würde, ohne den Gedanken, dort könnten Menschen wohnen. Die flachen Lehmdächer sind ungefähr mannshoch; von der Inneneinrichtung habe ich nichts gesehen, da Hochlandbewohner ihren Gästen vorzugsweise keinen Zutritt zu den Familienhäusern gestatten, wenn alternative Unterbringungsmöglichkeiten existieren. Also führte man uns zu diesem Viehunterstand. Die Innenwand ist Teil einer angrenzenden Hütte, und die Außenwand besteht aus Pfählen, verflochten mit Ästen und Zweigen; Dachgiebel gibt es nicht. Das Dach ist ebenfalls aus Holzpfählen, auf denen Futterstroh gespeichert liegt. Die Grundfläche misst etwa 20 auf zehn Meter, und man entzündete zwei offene Feuer auf dem Lehmfußboden, trotz der unmittelbaren Nähe von so viel Holz und Stroh. Dann kam das *talla*, und mir zu Ehren wurde das Familienerbstück hervorgeholt, ein großes, grünes, geschliffenes Trinkglas, dick beschichtet mit *Talla*-Resten der letzten Jahrzehnte. Unser Gastgeber ist ein lebendiger, liebenswerter, alter Mann, auf dem Gebiet der Zeichensprache ungewöhnlich begabt, und er bedeutete mir, dass er zu seiner Zeit viele Italiener um die Ecke gebracht habe, woher als Beutestück auch dieses Glas stamme. Zum Glück bin ich heute zu durstig, um mich von irgendeiner Art Schmutz abschrecken zu lassen.

Gegen neun wurden wir 15 und unser Gastgeber mit seinen zwei Söhnen mit ungeheuren Mengen *injara* und Hammelfleisch-*wat* bewirtet; und der *faranj* brachte man darüber hinaus eine Schüssel mit dicker Milch. Während wir speisten, stand ein großer, schlanker Junge bewegungslos in der Mitte des Raums, bekleidet mit einem knielangen Hemd und einer Fackel in der erhobenen Hand. Er sah sehr hübsch aus mit seinem ernsten, ausdrucksvollen Gesicht, das sich schimmernd gegen die schwarze Nacht abhob. Aber die Beleuchtung, die er lieferte, war ein wenig zu intensiv. Es ist immer besser, Mahlzeiten im Hochland bei Dämmerlicht einzunehmen, damit die Details nicht zum Tragen kommen. Es gibt hier keine Schöpfkellen. Also taucht man abgerissene Stücke *injara* in die Suppe, legt sie auf den Tisch zurück und schüttet eine Hand voll Hammelfleisch darauf; unsere Gastgeberin schnäuzte sich kräftig durch die Finger, ehe sie die zweite Runde *injara* für uns abbrach – was meine Beobachtung, dass alle Hochländer sich vor dem Essen die Hände waschen, widerlegt.

10. Januar – In einem anderen Viehunterstand

Heute war ein vollkommen verrückter Tag. Wir haben lediglich zwölf Kilometer zurückgelegt, und ich wusste nie, wer sich wann wieder den Kopf zerbrach, was mit der *faranj* geschehen sollte. Für einen Europäer ist es kaum nachvollziehbar, dass alle Handlungen von den Launen irgendwelcher Leute abhängen, mit denen man sich nicht einmal unterhalten kann.

Gestern Abend überreichten meine Begleiter unserem Gastgeber feierlich das Schreiben von Dawits Großvater. Dieser verknitterte Fetzen Papier hat mittlerweile ziemliche Bedeutung; sich ernsthaft damit auseinander zu setzen, das Geschriebene zu akzeptieren, heißt gleichzeitig, die Verantwortung für meine Sicherheit zu übernehmen. Gegen fünf Uhr morgens brachen die Tigre nach Hause auf, um der glühenden Mittagshitze in der Schlucht zu entgehen. (Hochlandbewohner verabscheuen tropische Hitze noch mehr als ich.) Ich hörte, wie sie sich für die Reise fertig machten, und wünschte, ich könnte ihnen irgendetwas Nützliches schenken. Da Geld in dieser Gegend nicht viel wert ist – die meisten Sachen werden eingetauscht –, verteilte ich gestern Abend Streichhölzer, Kämme, Spiegel und die versprochenen Malariatabletten, die augenblicklich gierig geschluckt wurden, trotz Dawits Vortrag, sie im Krankheitsfall und nicht prophylaktisch zu nehmen. Diese scheinbar nutzlosen Geschenke bereiteten den Männern viel Freude; sie starrten fasziniert auf ihre Spiegelbilder und hatten schon bald alle Kämme in ihrem verfilzten Haar zerbrochen.

Um 6.30 Uhr hörte ich die Familie aufstehen, krabbelte aus meinem Schlafsack, packte meine Sachen zusammen und bat meinen Gastgeber, Jock für mich zu beladen. Aber er schüttelte heftig den Kopf, seufzte schwer, lächelte mir beruhigend zu und bedeutete mir, mich auf den Packsattel zu setzen. Dann verließ er den Hof, um seinen morgendlichen »Pflichten« nachzugehen, an einem stillen Örtchen draußen am Hang.

Die nächsten zwei Stunden ging ich in der Nähe spazieren, genoss das Farbenspiel der Morgenstunden, saß im Viehunterstand und verbrüderte mich wortlos im Innersten mit den Kindern und Jugendlichen. Gestern Abend hatten sich die Jugendlichen nicht an mich herangewagt, aber heute Morgen bekämpften sie ihre Scheu und rückten dem fremden Wesen zunehmend näher. Schließlich hatte ein kleines Mädchen Mut gefasst. Um das Geschlecht dieser fremden Gestalt festzustellen, piekste sie ihr kurz in die Brust. Sie entdeckte Brüste unter meinem lockeren Hemd, rannte aufgeregt zu ihrer Mutter und schrie: »*Set nat! Set nat!*« (Es ist eine Frau!) Ihre Spielkameraden schienen das nicht zu glauben. Mutig folgten sie ihrem Beispiel und zupften mein Hemd hoch, was zu weiteren Ausrufen des Erstaunens führte, als sie meine weiße Haut sahen.

Um 8.30 Uhr frühstückten mein Gastgeber und ich zusammen, geräucherte, dicke Milch und frisches, weißes *injara,* das nicht so bitter schmeckt wie das dunkle, mit dem wir gestern unser *wat* verspeisten. Dann, eine Stunde später, entdeckte ich zu meiner Erleichterung, dass Jock beladen wurde. Um Viertel vor zehn führte ihn ein kleiner Junge vom Hof, und ich wurde von meinem Gastgeber und zwei Graubärten auf meinem Weg ins Semien-Gebirge begleitet. Ein kurzer, steiler Aufstieg brachte uns zu einem schmalen Grat – mit tiefen Abgründen links und rechts –, der uns zu einem ungewöhnlich geformten, viereckigen Berg direkt vor uns führte. Am Fuß dieses Hindernisses, kaum drei Kilometer vom Hof entfernt, hielten wir plötzlich. Alle setzten sich bei einer herrlich kühlen Brise unter einen Baum, und die beiden Graubärte begannen eine lange Diskussion. Währenddessen hatten sich neun weitere Männer, darunter ein weiterer Graubart mit Gewehr, aus allen möglichen Richtungen unter dem Baum eingefunden, und als alle versammelt waren, ging das besagte Papier von Hand zu Hand und wurde ausgiebig besprochen. Der einzige Haken an der Geschichte war, dass niemand lesen konnte. Dann tauchte ein großer, hübscher Mann aus den Tiefen der östlichen Schlucht auf. Sein aufgewecktes Wesen unterschied ihn von einem durchschnittlichen Bauern, und er konnte lesen. Langsam und ein wenig unsicher trug er der Versammlung den Text vor. Und wieder begann eine wortreiche, heftige Diskussion, nach der mein Gastgeber dem jungen Mann seinen Text diktierte – Papier und Stift stammten von der *faranj*. Die Versammlung sah ehrfurchtsvoll zu. (Mittlerweile sollte ich das wissen; es gibt nicht viel, was Hochlandbewohner so fasziniert wie das Schreiben.)

Das Ganze dauerte eineinhalb Stunden. Ich saß still dabei, philosophierte über die Ewigkeit der Berge, und Jock kaute im Gebüsch an seinem zweiten Frühstück. Wir befanden uns heute exakt in der gleichen Lage – keiner von uns wusste warum, aber trotzdem warteten wir geduldig darauf, dass uns irgendwer, irgendwohin eine unbestimmte Strecke lang begleitete.

Nach einer ergreifenden Abschiedsszene teilte sich mittags die Gesellschaft. Der bewaffnete Graubart ging Richtung Süden, Jock im Schlepptau. Ich folgte sanft wie ein Lamm, und die übrigen Graubärte bildeten die Nachhut. Unser Weg wand sich um die östliche Flanke des quadratischen Gebirgsblocks mit golden schimmerndem Gras und ging gut einen Kilometer eben dahin mit einer gewaltigen, 300 Meter hohen Felswand über und einem gähnenden Abgrund unter uns. Obwohl dieser Weg sehr häufig benutzt wird, hält niemand ihn in Stand. Zurzeit ist er nur gefährlich, aber bei Regen wahrscheinlich unpassierbar.

Eine der aufregendsten Seiten an diesem Hochland ist die Unvorhersehbarkeit der Natur; plötzlich verschwand unser Weg am Rand eines Tals, und es blieb uns überlassen, unsere eigene Bahn entlang eines steilen Abhangs aus grauer, lockerer Erde mit tückischen Felsbrocken zu finden, die sehr stabil aussahen, aber bei jedem Tritt nervenaufreibend rutschten. Dann folgten wir eine halbe Stunde lang einem ausgetrockneten Flussbett, stiegen ein kurzes Stück auf und entdeckten in der Nähe, inmitten einer dürren Wildnis, einen einsamen Hof. Trotz der Höhenlage war es extrem heiß in diesem geschlossenen Tal, und meine Begleiter schlafften zusehends ab. Als wir den Hof erreichten, ließen sie sich im Schatten eines Viehunterstands stöhnend nieder, als wären sie nur knapp einem Zusammenbruch entgangen. Laut riefen sie nach dem Hausherrn, der offenbar ein Freund von ihnen war. Dieser brachte sofort Kuhhäute als Sitzunterlage, trug seiner Frau auf, *talla* zu bringen, und entlud Jock – zu meinem Verdruss und Jocks Freude. Es war jetzt zwei Uhr nachmittags, und hier saßen wir die nächsten zweieinhalb Stunden fest. Um Viertel nach drei brachte man uns ziemlich sandiges *injara* und Bohnen-*wat*. Bis dahin hatte ich bereits so viel *talla* getrunken, dass ich halb eingeschlafen war. Unser junger Gastgeber sah Unheil verkündend abgemagert aus, hustete und spuckte ununterbrochen, und um mir eine besondere Ehre zu erweisen, füllte er meine Schale stets mit seiner eigenen nach, statt mir mit dem Krug nachzuschenken. Zum Glück wütete in meiner Kindheit die Tuberkulose unter den irischen Kühen, sodass ich ausreichend Abwehrkräfte habe. Unsere freundliche, hohlwangige Gastgeberin schien auch tuberkulös, so wie die hustenden jungen Mädchen, die ab und zu um die Ecke linsten und sofort kichernd wieder verschwanden, wenn sich unsere Blicke trafen. Das hier war der ärmste Hof, auf dem ich je zu Gast war. Alle sahen ernsthaft unterernährt aus.

Gegen halb fünf kehrten die Männer von ihrer Arbeit auf den Feldern zurück, und ein neuerliches Palaver begann; als offenbar alles ausdiskutiert war, lagen lange, kühlende Schatten über dem Tal. Dann wurde Jock beladen, die beiden wichtigen Schriftstücke wurden vier jungen Männern anvertraut – einer borgte sich das Gewehr unseres Gastgebers –, die Graubärte gaben mir ihren Segen, und ich brach erstaunt mit meinen neuen Begleitern auf.

Ein strammer 40-Minuten-Marsch über eine gepflügte Ebene und eine harte Klettertour von 20 Minuten brachte uns zu dieser Siedlung – und in Hörweite riesiger Köter, die uns knurrend willkommen hießen. Meine Begleiter signalisierten mir, mich auf einen Felsen zu setzen, während sie mit dem Häuptling des Dorfes verhandelten. Verschiedene Männer sahen mich hin und wieder mit ausdruckslosen Gesichtern an, und ein paar Kinder kamen erstaunlich nahe. Als ich aber aufstand, um mir meine Jacke zu holen, flohen sie entsetzt; die Kleinsten brachen sogar in Tränen aus. Vor 50 Jahren haben sich europäische Kinder so benommen, wenn ein Afrikaner in ihrem Dorf auftauchte.

Dort, wo ich saß – ein Stück den Weg hinauf am schmalen westlichen Talende –, schienen königsblaue Bergmassive auf drei Seiten fast zum Greifen nahe. Das lang gezogene, kantige Massiv Richtung Süden hinter der versteckten Schlucht von Ataba war der nördlichste Teil des Semien-Gebirges.

Sterne glänzten über den Gebirgszügen, als der Häuptling kam, mich willkommen zu heißen. Wie so viele seiner Rasse und seiner Generation sieht er blendend aus – das eisengraue Haar passt sehr gut zu dem mahagonifarbenen Gesicht, den feinen Nasenflügeln und tief liegenden Augen. Als er mich in seinen Viehunterstand plus Gästehütte geleitete, dachte ich über die Paradoxa des Hochlandlebens nach. Einerseits zeichnen außergewöhnliche Selbstsicherheit und Würde diese Bauern aus – von ganz besonderer Qualität, wie man sie nicht überall in europäischen Gesellschaftsordnungen findet. Sogar in einer so abgelegenen Region wie dieser, konfrontiert mit einer derart beunruhigenden Erscheinung wie mir, verlässt sie ihre angeborene Höflichkeit nur selten. Dennoch sind sie in vielerlei Hinsicht ungebildet, hinterhältig und bis zu einem gewissen Grad grausam, was viele Fremde dazu verleitet hat, ihre Höflichkeit als Täuschungsmanöver oder bestenfalls als bedeutungslose Floskeln zu interpretieren. Für mich jedoch sind beide Aspekte, wie widersprüchlich sie auch sein mögen, gleichermaßen unverfälscht.

Der Viehunterstand gleicht dem von gestern Abend, auch das Abendessen war das übliche – abgesehen davon, dass unser Gastgeber ein paar Stücke *injara* abbrach, ein Gebet sprach, in dem er an das letzte Abendmahl erinnerte, und die Brotstücke unter den Gästen aufteilte. Wie immer standen die Kinder still im Hintergrund und warteten, bis die Erwachsenen fertig waren. Manchmal gesellen sich Jungs zur Runde um das Feuer, auf dem das Essen zubereitet wird, aber sie dürfen nicht sprechen und müssen in Anwesenheit eines Gastes stehen. Wenn das Essen serviert wird, ziehen sie sich wieder zurück. Sobald die Erwachsenen gegessen haben, werden die Reste auf ein geflochtenes Tablett geschaufelt und nach hinten weitergereicht. Manchmal – als Zeichen der Zuneigung – stopft ein Erwachsener einem Lieblingskind eine Hand voll Essen in den Mund und erhält zum Dank eine tiefe Verbeugung.

Babys und Kleinkinder werden von der ganzen Familie verwöhnt und verhätschelt, aber von drei Jahren an wird ihnen Respekt vor ihren Eltern, unbedingter Gehorsam und Ruhe in Anwesenheit von Erwachsenen beigebracht. Kein Kind wird mehr als flüstern, wenn es zu einem nicht verwandten Erwachsenen spricht, und jeder Junge, der seine Hirtenpflichten vernachlässigt, muss mit einer ordentlichen Tracht Prügel rechnen. Trotzdem kommen mir die meisten Jungs hier sehr fröhlich und wagemutig vor, wie sie auf den sonnigen Hängen herumspringen, und ihre Schwestern wirken nicht weniger zufrieden, wenn sie mit ihren Müttern auf dem Hof arbeiten und Fertigkeiten lernen, die im Haus notwendig sind. Ohne Frage hemmt eine derart harte Disziplin das geistige und seelische Wachstum eines Volkes, und man kann darin Ursache und Wirkung des statischen Zustands der Hochlandkultur sehen; aber sie enthält auch das positive Moment der Beständigkeit, und ich kenne eine Reihe von Kindern im goldenen Westen, für die es äußerst heilsam wäre, wenn sich jemand fände, ihre Persönlichkeitsentwicklung zu unterdrücken.

Heute Nacht muss ich mir meinen Schlafplatz mit mehr Umsicht aussuchen; vergangene Nacht war Jock so dicht mit einem Strick an mich gebunden, dass er in den frühen Morgenstunden auf mein Schienbein trat – eine ziemlich schmerzhafte Angelegenheit. Im Augenblick diskutiert man wieder über die Schriftstücke, aber ich bin fest entschlossen, morgen aufzubrechen. Heute genoss ich das seltsame Gefühl, für keinen meiner Schritte selbst verantwortlich zu sein, aber ich möchte diese Erfahrung nicht unbedingt wiederholen. Bis jetzt kann ich meinen Aufbruch noch nicht exakt planen; Jock muss erst beladen werden, ehe ich rebelliere. Dann muss ich mir eine Fluchtmöglichkeit ausdenken, die sowohl der Struktur der beteiligten Persönlichkeiten entspricht als auch den gegebenen Umständen.

4.
Auf dem Dach Äthiopiens

11. Januar – Ein Lager auf einem Hang

Meine Flucht heute Morgen war leichter als gedacht, und ich fühlte mich geradezu erlöst. Bei Tagesanbruch kehrten meine gestrigen Begleiter zu ihrem Hof zurück, und aus irgendwelchen Gründen schien mein Gastgeber seine Beschützerpflicht nicht besonders ernst zu nehmen. Um sieben Uhr war Jock bereits bepackt, und die Schriftstücke wurden einem mürrischen, unbewaffneten, schwächlichen Jungen übergeben, der ängstlich dreinsah, angesichts der Tatsache, mit einer *faranj* in die Wildnis aufzubrechen. Als mir klar wurde, dass er mein einziger Begleiter sein würde, fühlte ich mich so gut wie frei.

Etwas außerhalb des Hofs nahm ich meinem Begleiter entschlossen das Halfter aus der Hand und legte bergauf ein ordentliches Tempo vor, das ich auf der drei Kilometer langen Ebene noch beschleunigte. Als die Sonne immer glühender brannte, sprintete ich fast einen weiteren, etwas steileren Hügel hoch. Auf dem Gipfel legte ich eine kleine Pause ein, atemlos und vor Schweiß triefend, und betrachtete sadistisch mein Opfer in der Ferne, das mir verzweifelt signalisierte, zu warten. Als ich die steile Böschung aus Tonschiefer flink hinunterrutschte, sah Jock mich vorwurfsvoll an, als wollte er mich fragen, ob ich von allen guten Geistern verlassen sei. Die trittsicheren Hochlandbewohner können mich auf solchen Hängen jedoch immer irgendwann einholen, und es dauerte nicht lang, bis meine Begleitung mit den Schriftstücken vor meiner Nase herumfuchtelte und auf einen Hof auf einem abschüssigen Hang weiter nördlich zeigte, ungefähr eine halbe Stunde entfernt. Aber die nächsten drei Stunden begegneten wir niemandem, und der Kleine war gründlich demoralisiert. Ich deutete nach vorne und sagte mehrmals mit drohender Stimme: »*Bicha!*« (Allein!) Um die Dinge für ihn zu erleichtern, nachdem er seinen Irrtum eingestehen musste, griff ich nun selbst zu Papier und Stift und setzte mit lockerer Hand ein Schreiben auf, in dem ich ihn von allen Pflichten befreite. Er nahm es entgegen, ich verabschiedete mich und lief in vollem Tempo zum nächsten Bergrücken. Einmal sah ich mich nach ihm um und entdeckte den armen Kerl unter einer Akazie sitzend. Er wirkte völlig durcheinander. Hoffentlich bekommt er zu Hause keine Prügel.

Ich war überglücklich, endlich wieder allein zu sein – allein in einer Gegend, die um einiges wilder und abgelegener aussah als das, was ich bisher gesehen hatte. Die nächsten zwei Stunden schlenderten wir die niedrigen, grauen Hügel hinauf und hinunter, parallel zur Ataba-Schlucht mit ihrem gurgelnden, seichten Fluss – das klare Wasser sauber und grün unterhalb einer südlichen Wand aus rissigem, rotem Felsen. Diese Gegend ist so ausgedörrt, dass wir bis ein Uhr auf keine Hütte und nur wenige Anzeichen von Landwirtschaft stießen.

Dann tauchte vor uns ein kleines Dorf auf, und drei knurrende Hunde kamen die steile Böschung heruntergehechelt. Ich schrie: »*Hid!*«, und warf in gewohnter Manier Steine nach ihnen. Der Lärm rief ein paar vorsichtige, neugierige Männer zum Rand der Siedlung. Hätte man uns nicht beobachtet, wären wir an dem Dorf vorbeigegangen. Mir wäre es lieber gewesen, den Einheimischen bis zur Abenddämmerung aus dem Weg zu gehen. Doch jetzt beschloss ich, nach Futter für Jock zu fragen. Als wir den ersten Hof erreichten, flohen die Frauen ins Haus, und die Männer gingen wohlweislich auf Distanz, ehe sie mich auf Amharisch ausfragten. Ich erwiderte: »*Amharinya yellum*«, deutete auf meine Zunge und schüttelte den Kopf. Dann zeigte ich auf Jock und fragte hoffnungsvoll: »*Buccolo injara?*« (Futter?) Sofort ließ die Anspannung nach; entweder war meine Bitte so beruhigend normal, oder es war bereits offenkundig, dass von mir keine Bedrohung ausging, egal wie unerklärlich mein Erscheinen auch sein mochte. Zwei Männer traten hervor, führten Jock auf den Hof und winkten mir, ihnen zu folgen. Während mein Gepäck abgeladen und Jock mit Stroh »gefüttert« wurde, spähten die Frauen aus ihren Hütten hervor und fragten, ob ich *set* oder *saw* sei. Ich antwortete: »*Set*«, aber alle sahen mich ungläubig an. Ein Mann bestimmte daraufhin mein Geschlecht auf die bekannte Weise. Als er meine Weiblichkeit bestätigt hatte, waren die Frauen sichtlich beruhigt und luden mich in ihre Hütte ein.

Ich saß in dem kleinen Raum in der Nähe des Eingangs auf einem Lehmbett, während sich aus der ganzen Siedlung immer mehr Menschen versammelten, um mich zu sehen. *Talla* bot man mir nicht an – ein Zeichen extremer Armut –, aber zwei Frauen machten sich sofort daran, ein Mahl für mich zu bereiten. Vorher zeigten sie auf geheimnisvolle Dinger, die von der Decke hingen, und wollten wissen, ob ich damit einverstanden sei. Ich war so hungrig, dass ich mit allem Essbaren einverstanden gewesen wäre, nickte begeistert und sagte: »*Thuru! Thuru!*« (Gut!) Die Dinger erwiesen sich als getrocknete Fleischstücke – eine kostbare Delikatesse. Als sie aufgeschnitten und mit Salz und Zimt gekocht waren, servierte man den köstlichen Eintopf auf einem Rund nicht mehr ganz frischen *injaras*.

Währenddessen fragten mich die Männer nach meiner Reiseroute – eine Frage, die ich immer beantworten kann; ich zähle lediglich eine Reihe von Namen auf. Andere untersuchten meinen Körper, als gehöre er einem Zirkusclown. Man hob meine Füße hoch, begutachtete meine Stiefel genau, befühlte meine Haare und zupfte am goldenen Flaum meiner braun gebrannten Arme, als wollte man sich vergewissern, dass er wirklich aus der Haut wächst. Jemand knöpfte mein Hemd auf, woraufhin alle meine weiße Haut bewunderten; dann tätschelte man respektvoll meine gut ausgebildeten Waden. Die Männer sahen mich an, lachten, tätschelten noch einmal meine Waden und sagten: »Addis Abeba – *thuru*!«, was ich so verstand, dass sie meine Muskulatur der bevorstehenden Reise für gewachsen hielten.

Dieser Zwischenfall bestärkte meine Theorie, dass man sich in abgelegenen Gegenden am besten den Einheimischen völlig anvertraut. Innerhalb einer Viertelstunde war ich in dem Dorf akzeptiert. Zwar betrachtete man mich wohl als ziemlich verwirrende Erscheinung, aber dennoch behandelten sie mich wie ihresgleichen. Dieser Kontakt wäre so nicht zu Stande gekommen, wenn ich in Begleitung bewaffneter Männer mit gewichtigen Schriftstücken gekommen wäre. In diesem Land, wie in jedem anderen auch, ist Vertrauen die beste Währung im Tausch gegen Freundlichkeit.

In gewissen Situationen jedoch muss sich Vertrauen mit Klugheit paaren. Während ich aß, hatten die Männer ihre Aufmerksamkeit meinem Gepäck zugewandt, das um nichts weniger interessant war als mein Körper. Jedes einzelne Ding, das nicht in den Säcken verpackt war, wurde eifrig untersucht, und ich merkte, dass man mich um einige Sachen arg beneidete. So viele herrliche Sachen zu besitzen zeugte von unaussprechlichem Reichtum, und schon bald begannen die Männer um einen Kamm (sie hatten meinen gesehen), die schwere Hartgummitaschenlampe (sie hielten sie für eine Waffe), das Vogelbuch (die Farbfotos darin begeisterten alle), den Plastikeimer, die Wasserflasche, Jocks kaum benutztes Zaumzeug und meine Landkarte zu betteln. Die Bettelei war nicht unangenehm. Sie kamen mir eher wie Kinder vor, die sich sehnsuchtsvoll den Mond herbeiwünschen; ihre Intelligenz reichte nicht aus, ihnen klarzumachen, dass die meisten dieser Gegenstände für mich äußerst wichtig waren – und zumindest zurzeit unersetzlich, auch wenn ich Millionärin gewesen wäre.

Ich wollte meine Geschenkschachtel aus dem Sack holen und ein paar Kämme und Spiegel unter der Familie, die mich bewirtete, verteilen; aber plötzlich fiel mir ein, dass ich diese Menschen damit übel in Versuchung bringen würde – was auch gefährlich für mich werden konnte –, wenn sie sahen, wie viele begehrenswerte Artikel in meinen Säcken verstaut waren. Also gab ich ihnen nichts. In Zukunft muss ich eine Tagesration Geschenke in Jocks Eimer aufbewahren.

Drei Stunden marschierten wir die Talsenke entlang. Wir begegneten niemandem, wobei gelegentliche Getreidefelder darauf hindeuteten, dass die niedrigeren Hänge des nördlichen Gebirgszugs bewohnt waren. Meine Landkarte gibt mir im Moment mehr Rätsel auf, als sie löst. Überall gepunktete rote Linien, die Wege bezeichnen – einer davon soll angeblich parallel zur Ataba-Schlucht das Tal hinaufführen –, aber sie sind für das nackte europäische Auge nicht sichtbar. Allerdings macht es auch nichts, weil man sowieso zwischen den gigantischen Höhenzügen Richtung Westen laufen muss und das Gelände nicht sehr anspruchsvoll ist. Den ganzen Tag lang führte nicht eine Abzweigung aus den festungsgleichen Gebirgswänden hinaus, aber irgendwo muss es eine geben.

Kurz nach fünf Uhr geleitete uns ein kurzer Pfad zum Fluss hinunter. Vom gegenüberliegenden Ufer aus führen Hügel wie »Treppen« zum Semien-Gebirge hinauf. Nachdem wir den Ataba überquert hatten (er ist hier relativ schmal), verlor sich der Pfad wieder, aber es war nicht allzu schwierig, einen Weg durch die bewaldeten Hänge hinauf zu finden, und wir stiegen die nächsten 45 Minuten allmählich – weil diagonal – höher, bis auf 2500 Meter. Hier gab es keinerlei Zeichen von Landwirtschaft oder Viehzucht. Ich beschloss, hier oben auf dieser natürlichen Terrasse zu bleiben und Jock vor Einbruch der Dunkelheit abzupacken. (Wie ich ihn morgen wieder belade, hebe ich mir für morgen auf.) Wahrscheinlich gibt es irgendwo in der Nähe ein Dorf – soviel ich gesehen habe, ist der nächste Hügel frisch gepflügt –, aber es wäre Irrsinn, diesen bewaldeten, unwegsamen Abhang bei Taschenlampenlicht zu gehen.

Der arme Jock muss sich um sich selbst kümmern. Ich höre, wie er in der Nähe kaut, also macht er offensichtlich das Beste aus dem harten, verdörrten Gras. Seine Besitzerin hat mit schlechtem Gewissen ein ausgezeichnetes Abendessen genossen – knapp 200 Gramm Büchsenkäse mit einem halben Pfund Backpflaumen, verzehrt unter sternenklarem Himmel. Der Himmel wölbt sich hier wie das exotisch geschmückte Zelt eines Kaisers über den quadratischen *ambas*, gekrümmten Hängen, gezackten Spitzen und zerklüfteten Höhenzügen, die heute die Grenzen meiner Welt bilden. Auf gleicher Ebene, auf der gegenüberliegenden Seite des Tals, kann ich ein paar Feuerstellen erkennen – fröhliche rote Punkte in der Dunkelheit –, und hin und wieder höre ich in der Ferne Hunde heulen. Ich hoffe zumindest, dass es Hunde sind und keine Hyänen; ohne Frage ist das hier das Land der Hyänen, was mich ein wenig beunruhigt. Ein Feuer könnte dagegen menschliche Plünderer anlocken, also binde ich Jock mit einem kurzen Strick in der Nähe an – eine Vorsichtsmaßnahme, die sein Grasen empfindlich einschränkt. Zum Glück können hypothetische Hyänen mir meine Freude an dieser wunderschönen Nacht nicht nehmen, umgeben von der majestätischen Stille der Berge, in der die Luft sich wie kühler Samt anfühlt und Zikaden mir vom Tal ihr Ständchen bringen.

12. Januar – Ein Hirtenlager im Ataba-Tal

Gestern Nacht schlief ich tief und fest – keine Probleme mit Hyänen, auch nicht in meinen Träumen. Ich erwachte, als »der Morgen den Stein warf, der die Sterne fliegen lässt«. Es war zehn vor sechs, und ein paar Minuten lag der Osten in silbriger Blässe. Dann überzog auf einmal ein schwaches Rosa den Horizont, verlieh den Bergen und dem Tal eine neue, weiche Schönheit und verwandelte sich in sattes Rotgold, das alle Pracht sämtlicher Morgendämmerungen für einen Moment in sich zu vereinen schien. Unter einem solchen Himmel zu liegen, umgeben von solchen Gipfeln, bringt einem fast schmerzlich die Widersprüchlichkeit unserer menschlichen Natur nahe. Wir gehören auf so intime, freudvolle und zugleich tragische Weise dieser physischen Welt an und müssen sie, den eigenen Gesetzen folgend, so bald wieder verlassen. Dennoch weiß man in solchen Momenten auch – voller Demut und mit Sicherheit –, dass der menschliche Geist unsterblich ist. Die Zeit kann nicht zerstören, was eine Morgendämmerung in den Bergen in uns auslöst.

Während ich Käse und Pflaumen zum Frühstück verspeiste, dachte ich über das Packproblem nach und kam schließlich auf die Idee, Jock behelfsmäßig wie mit einem Rückentragekorb zu bepacken. Mein Scharfsinn und meine Geschicklichkeit steigerten mein Selbstbewusstsein erheblich, wenn auch nur für kurze Zeit. Wenn Not die Mutter von Erfindungen sein sollte, so erwies sie sich in meinem Fall als schlechte Mutter; nach genau 35 Minuten brach meine glorreiche Erfindung auseinander. Zum Glück waren wir nur 20 Minuten vom nächsten Dorf entfernt. Ich band Jock an einem Strauch fest und ging Hilfe holen – mit Erfolg, nach einer langen, geduldraubenden Sitzung mit zwei Männern, deren geistige Trägheit noch zusätzlich durch Erstaunen und Misstrauen in Mitleidenschaft gezogen wurde.

Jock leidet heute unter Schüttelfrost. Gestern Abend schwitzte er ziemlich, als wir anhielten. Obwohl ich ihn ordentlich trocken rieb, ist klar, dass er Nächte auf den Bergen nicht so gut verträgt wie ich. Er ist seit heute Morgen in schlechter Verfassung – musste ständig niesen, sah erbärmlich drein, wenn es bergauf ging, und weigerte sich zu fressen. Also rissen wir uns heute kein Bein aus und legten nur 20 Kilometer zurück.

Nur drei Kilometer von unserem Lager entfernt, veränderte sich die Landschaft schlagartig. Plötzlich weitete sich das Tal, die dunkle Erde wurde extensiv genutzt, und viele Hänge waren mit frischen, grünen Sträuchern bewachsen, durch die dutzende von Vögeln munter zwitschernd flatterten. Am Vormittag zählte ich sechs Dörfer, und die Leute waren unerwartet freundlich – mehrere Männer überredeten mich, ihre frischen Eier und von den Kürbisschalen mit Milch oder Quark zu probieren. Das kostete natürlich Zeit; ich setzte mich auf einen Stein, genoss die Erfrischungen und erzählte, woher ich kam und wohin ich wollte.

Die hiesigen Hunde dagegen waren weit weniger freundlich.

Diese riesigen Köter scheinen die gefährlichsten Tiere Äthiopiens zu sein. Zweimal jagten sie mir heute ordentlich Angst ein. Das erste Mal folgten uns zwei von ihnen etwa einen Kilometer lang, geifernd und gefährlich knurrend. Gegen Steine schienen sie völlig unempfindlich. Sie zogen sich erst zurück, als ich einen der beiden mit meinem *dula* fast bewusstlos geschlagen hatte, als er nach meinem Arm schnappte. Dann, eine Stunde später, umringte uns ein Rudel von fünf kläffenden Biestern. Jock reagierte blitzschnell. Als drei hinter uns gefährlich nahe kamen, schlug er aus, drehte sich um und zielte mit einem zweiten Hieb auf die beiden anderen. Das war das erste Mal, dass ich ihn habe ausschlagen sehen, und die Tritte taten ihre Wirkung. Sofort gingen die fünf auf sicheren Abstand – für alle Beteiligten.

Einen Weg zu finden gestaltete sich heute wesentlich anstrengender als gestern. Die bewohnten Vorberge waren kreuz und quer mit schmalen Pfaden überzogen, und es war unmöglich festzustellen, welcher letztendlich nach Süden führte. Von ein Uhr an – wir hatten bereits alle Dörfer hinter uns gelassen – überquerten wir dort, wo das Gelände am wegsamsten schien, pfadlose, ausgedörrte Hügel. Heute Morgen versuchte ich den ungefähren Punkt zu finden, von dem aus man am besten ins Semien-Gebirge einsteigt, aber alle zeigten nur auf das kolossale Massiv, das über uns thronte, und wiederholten »Semien! Semien!«, begleitet von der Pantomime eines bis zum Zusammenbruch Erschöpften. Das war weder besonders informativ noch beruhigend. Gegen drei kam das Ende des Tals in Sicht, eine weitere gigantische Wand, die den westlichen Horizont verdunkelte. Ich beschloss, zum Flussbett abzusteigen, da mir der Ataba mein sicherster Führer in die Höhen zu sein schien.

Eine halbe Stunde später befanden wir uns neben einem tiefen Becken mit kaltem, grünem, eisklarem Wasser; Jock labte sich weidlich daran, während ich meinen schmutzigen Körper schrubbte. Dann schlenderten wir einen schmalen Pfad oberhalb des Flussbetts entlang, wobei wir uns hin und wieder durch dichtes, duftendes Gebüsch kämpfen mussten. Hier stießen wir auf Kuhfladen und Ziegenmist, obwohl weit und breit kein Dorf zu sehen war. Aber gegen sechs, ich suchte nach einem geeigneten Lagerplatz, stieg vor uns Rauch auf – und fünf Minuten später sahen wir das Schäferlager. Drei junge Männer und drei Jungs richteten sich dort auf ihre Nachtwache ein.

Nachdem ich allen genug Zeit gelassen hatte, sich von meiner

Harmlosigkeit zu überzeugen, lud ich mich selbst ein, die Nacht bei den Schäfern zu verbringen, erleichtert, Ladearbeiter für Jock gefunden zu haben. Nach kurzem Zögern hießen mich die Männer willkommen und deuteten auf einen Stein am Feuer. Dann folgte das übliche Abtasten und Ausforschen – das hier länger dauerte als sonst, da die Schäfer, mitten in der Wildnis mit einem unbekannten Wesen konfrontiert, nicht auf den Rückhalt ihrer Dorfgemeinde zurückgreifen konnten.

Während ich Jock ablud und trocken rieb, trieben sie die Herde zusammen – 20 Ziegen, 18 Kühe, vier Esel und 26 Zicklein. Die Zicklein machten die meisten Schwierigkeiten; sie mussten gefangen – ganz gegen ihren Willen – und an den Vorderbeinen, geschnürt zu vieren, mit Lederriemen zusammengebunden werden. Die übrigen Tiere, bei denen nicht die Gefahr besteht, dass sie nachts umherstreifen, wurden einfach in dem freien Raum zwischen der Feuerstelle und der Felswand oberhalb des Flusses zusammengetrieben. Nachdem die Kühe gemolken waren – die Flüssigkeit wurde mit Kürbisschalen aufgefangen –, teilten die Hirten die Milch mit mir und boten mir *dabo* und geröstete Gerste an. Da der Vorrat nicht gerade üppig war, ergötzte ich mich an einer Makrele aus der Büchse und Rosinen.

Zurzeit bin ich über das Tagesgeschehen in der Welt nicht sonderlich gut informiert, aber ich weiß, dass ein Raumschiff im Umlauf ist. Ich sah es um Viertel nach sieben über den nördlichen Gebirgszügen aufsteigen und zehn Minuten später hinter den südlichen Bergen wieder verschwinden. Auch die Schäfer sahen das Raumfahrzeug, als es langsam den Himmel überquerte; es wirkte wie ein kleiner, goldener Stern, abgesehen von seiner unheimlichen, zielstrebigen Bewegung. Sie sahen mich misstrauisch an. Vielleicht nahmen sie an, es könnte eine unselige Verbindung bestehen zwischen dem Auftauchen der *faranj* und dem Durcheinander am Firmament. Ich hatte mich gefragt, als die Raumfähre so dahinglitt, ob sie bemannt sei. Und auch ich fühlte mich beunruhigt, angesichts des Unheil verkündenden Gegensatzes zwischen dem Leben eines Astronauten und dem eines Schäfers, das heute noch so ist wie damals, »als Schäfer auf dem Feld weilten und Wache hielten bei ihrer Herde des Nachts. Da kam der Engel des Herrn über sie, und die Herrlichkeit Gottes leuchtete über ihnen...«.

13. Januar – Ein Dorf im Semien-Gebirge

Vergangene Nacht störten Armeen kleiner, schwarzer Ameisen nachhaltig meinen Schlaf. Sie hatten scheinbar Geschmack gefunden an meinem Insektenpuder. Darüber hinaus lag ich auf einem abschüssigen Hang, meine Füße gegen einen Fels gestützt. Jedes Mal, wenn ich einschlief und mich im Halbschlaf vor den Ameisen in Sicherheit bringen wollte, wachte ich abrupt auf und fand mich in Richtung Feuer abrutschen.

Irgendwann beschloss ich, das Beste daraus zu machen und wach zu bleiben. Die Schäfer hielten paarweise Wache; ein Mann und ein Junge saßen am Feuer und sangen ein endloses, monotones Duett. Den Namen nach zu urteilen, die in dem Lied vorkamen, muss es sich um eine Sage der tapfersten Krieger des Hochlands gehandelt haben. Die Sänger legten so viel Gefühl in ihre Stimmen, dass ich glaubte herauszuhören, welches die Worte des siegreichen Kaisers, des besiegten Häuptlings oder des intriganten Verräters waren. Es war wundervoll, den Klang dieser stolzen Reden aus der Dunkelheit des Tals widerhallen zu hören. Für Hochlandbewohner gehört Geschichte nicht der Vergangenheit an, gerinnt nicht zu ordentlichen Zahlenreihen und zugeordneten Schauplätzen; sie lebt in ihnen als inspirierende Erinnerung an mutige oder geschickte Personen, die vielleicht vor 100 oder 1000 Jahren gelebt haben – soviel sie wissen.

Während ich dalag und lauschte, zog dichter Rauch an mir vorüber, eine grau-blaue Wolke, gespickt mit rötlich glühenden Funken. Diese Bewegung substanzloser Lieblichkeit bildete den Hintergrund eines bewegungslosen Durcheinanders aus hohen Gräsern – zwischen mir und dem Feuer. Stundenlang betrachtete ich gedankenverloren dieses komplizierte, äußerst fein gesponnene Muster. Ich war dankbar, dass ich diese Einfachheit und diesen Frieden erleben durfte. All das wird vielleicht schon bald vom Zeitalter der Astronauten überrannt und niedergewalzt.

Jock schien sich gut erholt zu haben. Er hatte die ganze Nacht über gegrast, und seine wiedergewonnene Leistungsfähigkeit zeigte, wie gut ihm das getan hatte. Um Viertel nach sechs verließen wir die Schäfer, die mir bei meiner Suche nach dem rechten Weg alles andere als behilflich waren. Egal, in welche Richtung ich zeigte und fragte: »Semien?«, jedes Mal nickten sie und antworteten: »*Mado*« (dort). Also beschloss ich, dem Ataba zu folgen. Als wir aber das Talende erreichten, war das gar nicht so einfach. An der Stelle, an der die drei Bergmassive zusammenliefen, herrschte plötzlich ein Durcheinander aus mehreren gurgelnden Flüssen, steilen Abhängen und uralten Wäldern mit riesigen Bäumen voller Kletterpflanzen. Aber irgendwo inmitten der Wildnis musste ein Weg nach oben führen. Nach verschiedenen Versuchen im Kreis entdeckte ich auf einmal einen schmalen Tunnel am Waldrand, am Ufer eines Flusses. Und tatsächlich – das war's. Von dort führte ein Weg durch einen Spalt in der Felswand hinauf Richtung Süden.

Zuerst mussten wir jedoch durch den kühlen, düsteren Wald; viele angefaulte Stämme hingen abgeknickt in der Luft, gefällt vom Netzwerk der parasitären Kletterpflanzen, die die toten Giganten in merkwürdigen Winkeln mehr schlecht als recht aufrecht hielten. Dann war der Pfad von grünen und goldgelben Sträuchern überwuchert, durch die man hin und wieder einen Blick auf den smaragdgrünen Fluss tief unten erhaschte. Ein unerwarteter Abhang brachte uns auf Flussebene hinunter. Nachdem wir die östliche Wand der Schlucht erreicht hatten, kletterten wir wieder steil bergauf; der Pfad bestand aus lockerer Erde und war schwieriger zu gehen als die Westwand, die im Wesentlichen aus Felsen bestand.

Gegen neun erreichten die ersten Sonnenstrahlen die Schlucht, aber die Luft wurde trotzdem zunehmend kälter – was Jock und mich nicht am Schwitzen hinderte. Eine halbe Stunde später gelangten wir endlich auf ebenes Gelände, und 50 Meter von uns entfernt droschen drei Männer Gerste. Sie schienen wie hypnotisiert von unserem Erscheinen. Jedoch als ich Jock abgeladen hatte und mich auf einen Strohhaufen niederplumpsen ließ, erholten sie sich schnell und teilten ihr *talla* mit mir.

Eine holprige Bergschulter formte diese vorspringende Kante (etwa fünf auf drei Kilometer), auf der ein paar Höfe inmitten stoppeliger Felder lagen; zerklüftete, graue Felsspitzen ragten aus den grünen Wäldern. Jetzt war ich wirklich im Semien-Gebirge auf 3100 Metern Höhe. Die kommende Stunde machte ich hier Pause, wiederbelebt von scheuen, aber freundlichen Einheimischen, die mich mit *talla* abfüllten, während ich mich an den Höhen und Tiefen um mich herum berauschte.

Als Jock wieder beladen war, ließ ich die Seile noch einmal strammer ziehen – eine bedauerliche, aber notwendige Vorsichtsmaßnahme. Gestern war das Gepäck ein wenig verrutscht, und auf der einsamen Höhe wollte ich Ähnliches nicht riskieren.

Von diesem Felsvorsprung kletterte der Weg eine halbe Stunde steil bergauf und lief in einer kühlen, grünen Welt hoch gewachsener, duftender Sträucher aus. Dann wand er sich um Bergrücken über einem schier nicht enden wollenden, gähnenden Abgrund und stieg bald darauf wieder steil an, zum 3500 Meter hohen Gipfel eines Bergrückens aus schwarzer Erde. Hier wuchsen nur ein paar Büschel Heidekraut zwischen den runden Felsen, und es war so kühl, dass ich nicht mehr schwitzte.

Eine kurze Strecke ödes Heideland brachte uns auf einen Schlag in eine neue Welt; auf beiden Seiten des Wegs schwangen sich imposante Hänge 200 bis 300 Meter hinauf und hinunter. Sie waren so dicht mit goldgelben Büschen bewachsen, dass einem selbst die Luft golden vorkam. Von hier aus ging es allmählich bergauf, Haarnadelkurve für Haarnadelkurve; im Osten, Süden und Westen ragten zerklüftete Gipfel in den knallblauen Himmel. Während wir immer tiefer ins Gebirge vordrangen, wurde mir klar, dass unser Weg uns über einen dieser Gipfel führen musste, so unglaubhaft das auch erscheinen mochte, aber es gab keinen anderen Ausweg aus diesem kolossalen Amphitheater.

Neugierig betrachtete ich mir Gipfel für Gipfel und fragte mich, welchen das Schicksal für uns bestimmt hatte, als mein Blick von einem bewegten Durcheinander in dem langen Gras über der nächsten Kurve gefangen genommen wurde. Zuerst dachte ich an eine Herde verschreckter Ziegen – obwohl das eher unwahrscheinlich schien –, aber eine Sekunde später zerrissen unheimliche Schreie und wildes Gekreische die Stille. Wir waren mittlerweile auf gleicher Höhe. Ich hielt an und traute meinen Augen nicht; vor uns tummelte sich eine Herde missgebildeter Löwen. Es dauerte eine Minute, bis mir mein Glück bewusst wurde. Es war eine Herde von ungefähr 200 Gelada-Pavianen, eine der seltensten Tierarten; man findet sie nur in Äthiopien, und dort nur in den höchsten Bergen. Meine Phantasie, es handle sich um deformierte Löwen, war verständlich, da die stattlichen Gelada-Männchen eine dichte, löwenartige Mähne haben – ein bis zur Taille reichender Kragen aus dunklem Fell –, und um die Illusion perfekt zu machen, ist ihr Schwanz hübsch buschig.

Unsere Gegenwart rief hysterischen, heiseren Protest hervor. Die Geladas schwärmten über den ganzen Hang aus – hinauf, hinunter und auf den Weg –, und einige waren kaum zehn Meter entfernt. So konnte ich den herzgroßen, blutroten Fleck auf ihren Brüsten und ihre gewaltigen Fangzähne bei jedem Schrei gut sehen. Unter den gegebenen Umständen hätte mir auch ein weniger guter Blick auf diese Fangzähne genügt. Bekanntlich sind alle Paviane Feiglinge, aber offenbar sehen Jock und ich ungewöhnlich harmlos aus, denn diese Truppe machte nicht die leisesten Anstalten, den Weg zu räumen. Dann fiel mir plötzlich eine grausige Geschichte ein, vermutlich von einer alten Frau erfunden; man hätte Menschengebein im Jagdrevier der Geladas gefunden. Jetzt wurde ich aktiv, und ein paar Steine bahnten uns schlagartig den Weg, obwohl keines der Männchen weit weg rannte. Ihr grässliches Wutgeschrei, als wir langsam durch die Herde gingen, machte mich fast taub. Zum Glück hatte Jock die ganze Zeit über seine übliche stoische Ruhe beibehalten; er wirkte beinahe erleichtert, dass er ein paar Minuten still stehen durfte.

Auf dem nächsten Abhang legte ich eine Pause ein und beobachtete die Possen der Geladas. Ihre menschlichen Gesten faszinieren wie bei allen anderen Affen. In ihrem sozialen Verhalten scheinen sie eher aggressiv und leicht reizbar; ein Großteil ihrer Energie verliert sich im Gezänk – Männchen mit Männchen und Weibchen mit Weibchen. Aber das unterscheidet sie nicht sonderlich von ihren entwicklungsgeschichtlich weiter fortgeschrittenen Artverwandten. Unser Eindringen in ihr Gebiet hätte allerdings wohl auch jedem anderen nervlich zugesetzt.

Wenig später befanden wir uns in den westlichen Bergen, wo unser Kampf begann. Grüner Wald bedeckte die schattigen Abhänge, eiskalte Flüsse bildeten Miniaturwasserfälle, und wo immer ich anhielt, meinem pochenden Herzen eine Ruhepause zu gönnen, begann ich vor Kälte zu zittern. Von hier aus konnte man den Gipfel nicht sehen – durch das Dickicht der Bäume auch nicht weit voraus –, und der arme Jock musste mit kräftigen Zurufen, für die ich kaum genug Luft hatte, und gelegentlichen Schlägen auf sein Hinterteil weitergetrieben werden. Vor lauter Gewissensbissen stiegen mir fast die Tränen in die Augen. Wieder war der Pfad verschwunden, und manchmal wussten wir nicht, in welche Richtung wir laufen sollten. Mir war jedoch zumindest klar, dass wir generell nach oben mussten, wohingegen Jock es weitaus vernünftiger fand, querzulaufen.

Mit zunehmend dünnerer Luft wurde jeder Schritt zur Qual. Jocks Sprünge von Felsen zu Felsen hätten jeden Hindernisläufer in den Schatten gestellt. Oft musste er mühsam große, spiegelglatte Steinplatten hochsteigen, die gefährlich abschüssig lagen, über tiefe, enge Wasserrinnen springen oder sein Gleichgewicht in der Schräge halten, wobei der Boden unter jedem Tritt seiner Hufe nachzugeben drohte. Aber seltsamerweise ging er voraus, mittlerweile freiwillig, als ob er ahnte, dass ich zu schwach geworden war, ihn anzubrüllen oder zu schlagen, und dass wir uns in einer ernsten Lage befanden, in der er mich nicht hängen lassen durfte. Er war großartig, obwohl mich die Sorge um ihn mehr beschäftigte als meine schmerzenden

Muskeln und Lungenflügel. Für mein unerfahrenes Auge sah es so aus, als könnte er sich jeden Augenblick ein Bein brechen, was weitaus schlimmer gewesen wäre als umgekehrt. Im äußersten Notfall konnte er mich mit einem gebrochenen Bein tragen, aber ich ihn beim besten Willen nicht. Ich fing gerade an, mich zu fragen, wer von uns beiden zuerst zusammenbrechen würde, als wir plötzlich aus dem Wald in freies Gelände kamen. Von einer vorspringenden Kante, bewachsen mit gelblichem Gras, sah ich 60 Meter über mir den Gipfel. Ich wollte vorausgehen, aber Jock war offensichtlich ebenso ambitioniert. Heroisch nahm er all seine Kräfte zusammen und war als Erster oben, keuchend mit hängendem Kopf. Der arme Kerl! Als ich mich zu ihm hinaufschleppte, wünschte ich, ich könnte ihn von meinem Gepäck befreien.

Als ich jedoch sah, welchen Sieg wir errungen hatten, vergaß ich alles Übrige. Wir befanden uns jetzt auf 4200 Metern Höhe, und direkt unterhalb des nördlichen Rands dieses Plateaus lag eine wilde, düstere Szenerie geologischer Anarchie. Man konnte sich unschwer vorstellen, dass der Schöpfer bei der Erschaffung des Universums hier etwas Grundlegendes vergessen hatte – nichts wuchs oder bewegte sich inmitten der bizarren Öde dieser zerklüfteten Berge. Im Nordosten entdeckte ich unter mir die zahllosen, seltsam zerfressenen, ausgewaschenen Gipfel, die vom Ataba-Tal aus so hoch ausgesehen hatten, und dahinter erkannte ich die Berge von Adua und Aksum. In drei Richtungen konnte ich durch kristallklare Luft hunderte von Kilometern weit sehen – weiter und weiter zu fernen, fernen Horizonten, wo Wüsten und das Meer »wie ein umgebender Schutzwall sind …«. Kein Wunder, dass ich mich wie ein Mini-Hilary fühlte, mit ganz Nordäthiopien zu meinen Füßen.

Ich saß auf einem verbrannt-goldenen, weichen Rasenstück und verdrückte ein Pfund getrockneter Aprikosen. Zwischen den grauen Felsbrocken wucherten Büsche mit margeritenartigen Blüten, und eine Menge riesiger Lobelien erweckte den trügerischen Eindruck, als sei man von Zwergpalmen umringt. Ihre langen, glänzenden, blassgrünen Blätter strahlten im Sonnenlicht, als ob Funken silbrigen Lichts den ganzen Gipfel überziehen würden, und durch die märchenhafte Stille schwang die entfernte, zarte Melodie des Winds in diesen Blättern. Das Gefühl der Makellosigkeit auf Grund der Stille an solchen Plätzen ist überwältigend; in seiner Reinheit und Gewaltigkeit unterscheidet es sich vollkommen von der Ruhe der abgeschiedensten bewohnten Gebiete. Die Stille dieses Nachmittags schien unzerstörbar wie die Felsen um uns herum.

Mein mit so viel Stolz eroberter Gipfel ist tatsächlich der äußerste Rand des gewaltigen Semien-Plateaus, das sich allmählich südwärts hin zur Hügelkette über Gondar neigt. Jetzt konnten wir ohne Anstrengung einen fast unmerklich abfallenden Hang hinunterlaufen. Neue Gebirgskämme erhoben sich im Osten, aber vor uns und im Westen erstreckte sich unendlich weit goldener Rasen. Vereinzelte Lobelien, bis zu zwei Meter hoch, unterstrichen die Flachheit des Geländes, dessen einzige Grenze der unendliche Bogen des wolkenlosen Horizonts war. In der Einfachheit der Farben und Formen war diese Landschaft wie eine Befreiung; hier konnte man tatsächlich »die Welt vergessen«, da nichts mehr Bedeutung hatte außer Raum, Licht und Stille.

Eine halbe Stunde später durchstreiften wir holpriges Heideland; von den Zweigen der Heidekrautsträucher hingen dünne, bemooste, fadenartige Fasern. Viele dieser Büsche waren tot, und der Gedanke an den Selbsterhaltungstrieb rief mir die Welt wieder in Erinnerung und die weniger romantischen Aspekte des Umstands, dass ich mich um vier Uhr nachmittags auf einem unbewohnten Plateau in 4000 Metern Höhe befand. Ich suchte Feuerholz zusammen, befestigte ein Bündel an Jocks Gepäck und schnürte mit einem restlichen Seil mein eigenes Bündel zusammen. Diese ermüdende Vorsichtsmaßnahme erwies sich jedoch als ziemlich überflüssig, da die nächsten acht Kilometer mit Heide-, Wacholdersträuchern und Lobelien dünn bewachsen waren.

Zwanzig vor sechs sah es aus, als wären wir zu einer Nacht im Freien verdammt. Aber dann entdeckte ich im Gras Ziegenmist, und einen Moment später fiel mir auf, dass die oberen Hänge eines

Tals im Westen frisch gepflügt waren. Ein strammer Fünfminutenmarsch brachte uns an den Rand dieser tiefen, runden Senke unterhalb der steilen, rauchblauen Gebirgswand. Reife Gerste schimmerte im Tal und bildete in der Abendsonne einen leuchtenden See aus goldenem Licht. Weiter unten lagen drei kleine Dörfer, jedes im Schatten schützender Eukalyptusbäume. Auf einigen Feldern hatte bereits die Ernte begonnen. Ich stand ruhig da, schwelgte in Erleichterung und hörte aus der Ferne das Peitschenknallen und Singen der Drescher, die ihre Ochsen, knietief in Gerste stampfend, im Kreis weitertrieben.

Der steile Abstieg auf losem Lehmboden war für mich relativ schwierig. Jock hingegen schien die Abwechslung zu gefallen. Für ihn ist weicher, trockener Rasen eher mühsam. Zu meinem Schrecken glitten diese Hufe, die ihn so sicher die albtraumhaften Steilhänge hinaufgebracht hatten, auf dem Plateau oft verräterisch aus.

Als wir uns dem größten Dorf näherten, schrien drei kleine Jungs aufgeregt: »*Faranj! Faranj!*« Demnach waren Fremde hier nicht unbekannt. Trotzdem schienen die Männer, die sich sofort um uns herum versammelten, misstrauisch – vielleicht weil ich ohne Begleitung und aus der »falschen« Richtung gekommen war. (*faranj*-Trecker mieten sonst in Debarak Mulis und steigen von Westen in das Semien-Gebirge ein.) Da ich eine zehnstündige, anstrengende Tour hinter mir hatte, fühlte ich mich zu müde und ausgehungert, um mich um irgendjemandes Reaktionen zu kümmern. Eilig lud ich Jock ab, wobei mir keiner der Männer half, setzte mich inmitten der Getreidestoppeln auf meinen Sack und signalisierte mein Bedürfnis nach einem Lager für die Nacht. Aber das verschlimmerte die allgemeine Unruhe nur noch, da *faranjs* normalerweise Zelte bei sich haben. Ohne mich einzubeziehen, begannen die Männer hitzig miteinander zu diskutieren.

Zehn Minuten später kam ein junger Mann mit Gewehr über der Schulter und grimmigem Gesichtsausdruck über die Felder. Unter seinem *shamma* trug er westliche Kleidung, und er verlangte sofort meine Aufenthaltserlaubnis, indem er wie mit einem Stempel mit seiner rechten Faust auf die Innenseite der linken Hand schlug. Da er aber nicht lesen konnte, sagte ihm mein äthiopisches Visum nichts. Was er wollte, war ein »Schriftstück«, ausgestellt von einem Bezirksgouverneur. Es folgten ein paar unerfreuliche Minuten; er schrie mich zornig an und schlug dabei fortwährend verächtlich auf meinen Ausweis. Ich spürte, dass er bei den anderen Männern nicht besonders beliebt war, und einige von ihnen begannen, sich für mich einzusetzen. Soviel ich verstand, ging es darum, dass ich eine schutzlose Frau sei, und einer lud mich auf seinen Hof ein. Ermutigt von so viel Unterstützung nahm ich meinen verschmähten Pass wieder an mich und wies darauf hin, dass das Visum von Ras Mangasha stammte – dieser kleine Trick befriedigte sogar den Passkontrolleur, obwohl Ras Mangashas Machtbefugnis theoretisch über die Takazze-Schlucht nicht hinausgeht.

Sobald die Hochländer ihr anfängliches Misstrauen überwunden haben, sind sie durchweg freundlich; es dauerte nicht lange, und man wies mir in dieser kleinen Hütte einen Ehrenplatz direkt am Feuer zu. Mein Höhenmesser zeigt 3750 Meter über dem Meeresspiegel an. Wenige Minuten nach Sonnenuntergang wurde es empfindlich kalt; momentan sind meine Hände so steifgefroren, dass ich kaum den Stift halten kann. Merkwürdig, in Tigre, mit vergleichbaren klimatischen Verhältnissen, sind die meisten Dörfer aus soliden Steinhäusern gebaut, und auf dieser Höhe findet man nur erbärmliche Bruchbuden. Gewöhnlich werden Holzpfähle mit Klumpen aus Lehm oder Dung verputzt, aber hier kann ich überall die Sterne frostig durchblitzen sehen, und hin und wieder fährt ein eisiger Wind durch die Ritzen, lässt meine Kerze tropfen und bläst uns den Rauch ins Gesicht. Solche Hütten sind in Schwarzafrika üblich, nach den beispielhaften Konstruktionen in Tigre, ganz in der Nähe, verwundert mich jedoch diese Bauart in den Semiens. Vielleicht spielt dabei eine Rolle, dass das aksumitische Reich – aus der Zeit stammt die Bautechnik in den Semiens – nahezu identisch mit den Regionen war, in denen heute Tigrinja gesprochen wird und deren südliche Grenze die Takazze-Schlucht bildet. Trotzdem liegt die Blütezeit des aksumitischen Reichs geraume Zeit zurück, und die Unfähigkeit der Amharen, von ihren tigreanischen Verwandten zu lernen, weist auf ihre geistige Unflexibilität hin.

Zum Abendessen – nachdem mein Gastgeber andächtig das Tischgebet gesprochen hatte – gab es knuspriges, heißes Gerstebrot mit *injara* und Gemüse-*wat*; dieses Brot enthielt so viele Fremdkörper, dass ich mir fast einen Zahn ausgebissen hätte. Der Hausherr wollte ursprünglich ein Huhn für mich schlachten. Da ich ein derart großzügiges Angebot nicht annehmen konnte, schenkte er mir stattdessen vier kleine Eier.

Mir sind ein paar besondere Gepflogenheiten in diesem Haus aufgefallen; so wurde zum Beispiel zum Händewaschen eine Holzschüssel mit Wasser herumgereicht – eine offensichtlich überflüssige Einrichtung in einer Gegend mit so vielen Quellen. Darüber hinaus leert man seine *Talla*-Schale erst, ehe sie wieder nachgefüllt wird, und bei jedem Nachfüllen wird kurz ein brennender Zweig über die Schale gehalten, damit der Gast die Qualität seines Getränks sehen kann. Und hier, wie auch anderswo, schüttet der »Mundschenk« ein wenig *talla* aus der Schale des Gastes in seine hohle Hand und trinkt davon, um zu dokumentieren, dass das Getränk nicht vergiftet ist. Eine sehr bequeme Art, seine Rivalen loszuwerden, die der Mentalität der Hochländer entspricht.

Dies hier ist eine der verdrecktesten Hütten, in denen ich je zu Gast war – was viel heißen will. Trotzdem scheint der Dreck nicht besonders zu stören, wie zum Beispiel in europäischen Slums. Man findet kein verdorbenes Essen, keine schmutzigen Kleider, Papierfetzen, leere Büchsen oder ungewaschenes Geschirr – nur Dung, Asche, Blätter, Stroh und Hühnermist auf einem nie gekehrten Fußboden, abgerundet durch die Ausdünstung der Menschen, die nicht strenger riechen als ich gegenwärtig.

Mir gefällt diese neolithische Welt, in der Geld nichts bedeutet und alle Gegenstände des täglichen Gebrauchs aus Lehm, Holz, Stein, Tierhäuten oder Horn gemacht sind. In einer Hinsicht jedoch war mir das Leben hier heute Abend eine Spur zu neolithisch. In dieser Hütte mit einem Durchmesser von fünfeinhalb Metern leben acht Erwachsene und drei Kinder, und wie die zwölf Bewohner, so muss auch ich mich zum Schlafen wie ein Igel zusammenrollen. In derart beengten Raumverhältnissen nimmt mein Gepäck fast unanständig viel Raum ein. Als ich vorschlug, es draußen zu deponieren, waren alle völlig fassungslos. In einer so kleinen Hütte können nur deshalb so viele Menschen leben, weil sie abgesehen von ihrem Land, dessen Produkten und dem lebenden Inventar nichts besitzen. Sämtliche Gegenstände gehören allen – zum Aufbewahren und Mahlen von Getreide, Kochen und Essen. Trotz der beißenden Kälte gibt es kein warmes Bettzeug, und die Menschen leiden unter dem Frost. Vielleicht schlafen sie auch aus dem Grund so dicht zusammengedrängt. Ich hatte ein schlechtes Gewissen, weil ich so nah am Feuer sitzen musste, obwohl ich alles an Kleidung angezogen hatte, was ich besaß. Nach dem Abendessen machte ich also den Platz frei und kuschelte mich in meinen Schlafsack – was immer wieder erstaunte Heiterkeit hervorruft.

Diese Familie ist äußerst reizend – großzügig, rücksichtsvoll, freundlich und fröhlich. In nur wenigen Stunden haben sie mir das Gefühl vermittelt, eine von ihnen zu sein, und trotz der Sprachschwierigkeiten lachten wir viel über die jeweiligen Scherze. Ich habe gelernt, dass der schnellste Weg, mit den Hochländern gut auszukommen, über ihren Humor läuft.

Vor zwei Stunden rollten sich alle in ihren abgerissenen *shammas* unter den steifen Kuhhäuten zusammen, aber meine Aussichten auf Schlaf bei dieser Temperatur sind so gering, dass ich lieber weiterschreibe, in der Hoffnung, die totale Erschöpfung möge irgendwann über die Kälte siegen – die unseligerweise die Bettwanzen überhaupt nicht zu beeindrucken scheint. Neben der einfachen Brettertür befindet sich ein aus Seilen und Holz gefertigtes Bett. So eine Konstruktion habe ich noch nie gesehen. Sie sieht aus wie eine starre Hängematte, wobei nichts an die Handwerkskunst der Indianer erinnert. Als auf meinem Weg vor die Hütte der Lichtstrahl meiner Taschenlampe darauf fiel, tummelten sich Unmengen von Bettwanzen auf dem Holz. Kein Wunder, dass sich die Schläfer unruhig und jämmerlich stöhnend in ihrem verhexten, verwanzten Schlummer hin und her werfen.

Ich denke, ich werde ein Kapitel oder zwei aus »Pain and Providence« lesen ...

14. Januar – Ein Zelt im Semien-Gebirge

Nach ein paar Stunden fröstelnden Halbschlafs war das schrille Krähen eines Gockels in der Nähe fast eine Erleichterung. Den anderen ging es vermutlich ähnlich; meine Gastgeberin war im Dunkeln aufgestanden und blies die glühenden, mittlerweile mit Asche bedeckten Holzstücke kräftig an. Als das erste Licht durch die Wand fiel, standen auch die anderen auf und drängten sich um das lodernde Feuer, so fest in ihre *shammas* gewickelt, dass nur ihre Augen zu sehen und ihre Stimmen ganz gedämpft waren. Viele arme Hochlandbewohner essen nicht vor Mittag. Da scheinbar niemand an Frühstück dachte, öffnete ich eine Dose Tunfisch und verspeiste ihn mit meinem blässlichen Plastiklöffel, aufmerksam von der ganzen Familie beobachtet, die die leere Dose entgegennahm, als sei sie ein goldener Kelch. Keiner war damit einverstanden, dass ich so früh aufbrechen wollte. Sie schüttelten ihre Köpfe, rieben sich die Hände und sagten immer wieder: »*Birr! Birr!*« (Kalt! Kalt!) Ich schätzte, ich würde weit weniger frieren, wenn ich mich bewegte, und ging um sieben los.

Keiner der Männer war Fachmann im Packen gewesen, und das beunruhigte mich, als wir einen beinhart gefrorenen Abhang hinunterliefen. Mein Gastgeber, nach dem Weg nach Derasghie befragt, hatte nur vage in Richtung einer steilen Wand im Südwesten gezeigt, und ich hatte keine Ahnung, wie bewohnt oder unbewohnt die Gegend sein würde.

Unser Weg zog sich zuerst am Rand einer Schlucht hin, die versteckt am Talrand liegt, und verlor sich am Fuß eines steilen, erst kürzlich gepflügten Hangs. Also gingen wir stracks nach oben, und sogar während dieses anstrengenden Aufstiegs beutelte mich die frostige Kälte. Oben angekommen, legten wir eine kurze Pause ein. Ich ließ meinen Blick über das Tal schweifen, und dabei fiel mir auf, wie wenig Höfe es hier in Relation zu den bebauten Feldern und Nutztieren gibt. Gestern Abend sahen wir große Kuh- und Schafherden und eine Menge Pferde auf den Stoppelfeldern grasen – die Gerste wird hier nur bis zum halben Halm geschnitten. Wie einfach ihre Hütten auch immer sein mögen, wirklich arm können die Einheimischen hier nicht sein. Die dickschwänzigen Schafe und die kleinen Pferde waren die Ersten ihrer Art, die ich bisher im Hochland gesehen habe. Schafe können in fast allen Regionen überleben, aber hier oben sind sie am zahlreichsten vertreten. Pferde hingegen sind nirgendwo so beliebt wie Maultiere, deren Trittsicherheit sie als Reit- und Lasttiere weitaus kostbarer macht.

Von diesem Kamm bot sich ein verwirrender Blick auf scheinbar unzusammenhängende Bergketten und Hügel in Richtung Südwesten. Direkt unter uns gähnte eine jäh abstürzende, abenteuerliche Schlucht, auf drei Seiten überschattet von senkrechten Höhenzügen aus schwarzem Felsgestein. Auf den dunkel bewaldeten, niedrigeren Abhängen konnte ich nicht die Spur eines Pfads entdecken. Ohne Weg jedoch war dieses schwierige Massiv nicht zu überqueren. Ich ließ Jock zurück und machte mich auf die Suche. Schließlich weckte eine Reihe Hufspuren von Maultieren, die nach Südwesten führten, Hoffnung in mir. Wenn wir den Spuren folgten, würden wir vielleicht den Weg finden, der ja irgendwo sein musste. Aber ich bin kein Indianer. Da sich die Spuren auf dem harten, windgefegten Boden nur zwischen den Felsbrocken erhalten hatten, wo sich im Schutz der Steine Staub ansammeln konnte, kamen wir nur zögernd voran, erklommen eine Flanke der südlichen Berge, ehe wir Richtung Norden eine steile Senke mit spärlichem, vertrocknetem Gras hinunterstiegen. Dann erreichten wir die Baumgrenze, und zehn Minuten später gelangten wir auf einen breiten, felsigen Weg, vermutlich die hiesige M 1.

Eine Stunde lang gingen wir Richtung Westen und stiegen durch einen stillen, halbdunklen Wald aus riesigen Heidekrautsträuchern auf. Die Stimmung war gespenstisch. Fast alle Pflanzen schienen tot, überzogen von einem feinen Gespinst aus bemoosten Fäden. Direkt über uns hingen zu hunderten einen Meter lange Eiszapfen von den ewig überschatteten Klippen, wie eine Waffenkammer voller Glasdolche. Je felsiger und steiler der Weg wurde, desto kälter fühlte sich die Luft an.

Ich erwarte gar nicht mehr, dass ein Weg aufhört anzusteigen, ehe er auf dem Gipfel angekommen ist, aber auch das kommt vor. Und tatsächlich holte unser Weg auf einer ebenen Strecke tief Luft, ehe er sich abermals steil emporschwang. Eine neuerliche Gefahr für Jock stellten die dicken, schwarzen Eisplatten zwischen den Steinen dar. Aber diese unbesiegbare Kreatur schaffte es irgendwie – dank seines kräftigen Herzens.

Der letzte Aufstieg brachte auch mich an meine Grenzen. Unzureichender Schlaf in zwei aufeinander folgenden Nächten und spärliche Mahlzeiten – im Vergleich zur verbrauchten Energie – haben meine Widerstandskräfte so geschwächt, dass ich mich auf dem 4400 Meter hohen Gipfel mehr tot als aufgewärmt fühlte. Für ein paar Minuten teilte ich Jocks Desinteresse am Panorama und saß einfach neben ihm, den Kopf auf meinen Knien. Als ich mich genügend erholt hatte, um zu rauchen, begann ich die Aussicht zu genießen. Sie war zwar um einiges eingeschränkter als gestern, aber auf ihre Weise nicht weniger dramatisch. Das war tatsächlich das Herz des Semien-Gebirges – eine gezackte, dunkle, kalte, raue Welt aus Felsen –, und es »gewonnen« zu haben, war Belohnung genug für jedwede Anstrengung.

Hier verschwand der Weg inmitten von Lavaplatten, und als er wieder auftauchte, auf einem lang gezogenen Grashang, hatte er sich verwirrend in zwölf schmale Pfade zerteilt, die in alle Himmelsrichtungen wiesen. Zu unserer Rechten lag ein niedriger, mit Gras bewachsener Hügel, und zur Linken schwang sich das Plateau zu einer rauen Felswand hinauf, dem Gipfel des Buahit (4512 Meter), Äthiopiens zweithöchstem Berg. An der Stelle hatte ich nicht die geringste Ahnung, ob der Weg nach Derasghie in Richtung Süden oder Osten lag, aber ich zog es vor, talabwärts zu laufen, nach Süden.

Es war jetzt halb zwölf Uhr mittags, und die Sonne wärmte ein wenig, obwohl eine ständige Brise kalt über Äthiopiens Dach blies. Jocks Gepäck hatte sich im Zuge des Abstiegs gelockert. Meine verzweifelten Versuche, die Säcke glatt und die Schnüre fester zu ziehen, waren nicht besonders erfolgreich. Aber diese Sorge waren wir los – vorübergehend –, als zwei Männer mit vier Eseln am Horizont auftauchten. Es dauerte ein paar Minuten, bis diese Ritter ihren Augen trauten, aber dann retteten sie die Jungfrau in Not, obwohl ihre Hilfsbereitschaft deutlich besser entwickelt war als ihre Fähigkeit, Jocks Gepäck solide zu befestigen.

Ehe wir uns verabschiedeten, zeigte ich nach Süden und fragte: »Derasghie?«, woraufhin einer der beiden meinen Arm nahm, heftig nickte, in südliche Richtung deutete und rief: »Derasghie! Derasghie! *Thuru! Thuru!*« Aber der andere packte nun den Ersten am Arm, wies damit in östliche Richtung und sagte: »*Yellum! Yellum! Buzzy! Buzzy!*« (Nein! Nein! Dort! Dort!) Aus all dem schloss ich scharfsinnig, dass beide Wege nach Derasghie führten und die Meinung darüber, welcher der bessere für eine allein reisende Frau mit Maultier sei, offenbar ziemlich auseinander ging. Da ich mich nicht im Stande sah, die jeweiligen Vorzüge auszudiskutieren, entschloss ich mich für den bequemeren Weg talabwärts.

15 Minuten später erschrak ich, als ein Äthiopier von einem entfernten Flussufer mir irgendetwas auf Englisch zurief. Noch mehr erschrak ich, als ich einen Moment später einen großen, jungen Weißen den Fluss überqueren sah und er mich mit starkem walisischen Akzent begrüßte. Ich starrte ihn an, als wäre er ein Gespenst – und tatsächlich sah der arme Junge fast so aus, da er die ganze Nacht auf den Hängen des Buahit herumgeirrt war. Als kurz darauf ein hohlwangiger Engländer zu uns stieß, erzählte mir Afeworq, der Führer und Übersetzer der beiden Jungs, dass ich zufällig Zeugin des letzten Akts eines entsetzlichen Dramas geworden war, das zum Glück gut ausgegangen war. Gestern hatten Ian und Richard ihr Lager am

Ran Dashan verlassen, um das Buahit-Gebiet auszukundschaften. Im Laufe des Nachmittags hatten sie sich irgendwie getrennt und gründlich verlaufen. Also waren beide die ganze Nacht umhergeirrt, ohne Licht, Essen oder entsprechend warme Kleidung. Frühmorgens war Afeworq im Lager aufgebrochen, um nach den beiden zu suchen, und kurz bevor ich auftauchte, hatten sich die drei wieder gefunden.

Ian, der Waliser, erklärte, im Lager seien noch zwei weitere Engländer; alle vier seien Lehrer in Addis und zurzeit auf einer zehntägigen Tour durch das Semien-Gebirge unterwegs. Er fügte hinzu, dass er hoffte, morgen den Ras Dashan (4620 Meter), Äthiopiens höchsten Berg, zu besteigen. In dem Moment müssen meine Augen blitzartig fanatisch aufgeleuchtet haben, denn er fragte mich, ob ich mitkommen wolle. Unvermeidlich antwortete ich: »Ja, gerne!«, und vergaß angesichts des »höchsten Bergs« Derasghie und mein Schlafbedürfnis.

Für die nächsten 13 Kilometer brauchten wir fünf Stunden. Richard litt unter der Höhenluft, und schwankend stolperten wir den langen Hang zum Gipfel des Buahit hinauf. Vom Gipfel aus überblickten wir im Norden eine ungeheure Schlucht, halb voll mit gigantischen Felsbrocken – jedoch beschäftigten mich schon bald die praktischen Aspekte der Landschaft. Wir standen hier am Rand einer knapp 100 Meter hohen Klippe, die ich mit einem Maultier allein niemals bewältigt hätte. Zum Glück kannte Afeworq einen Zickzackpfad, den er Jock hinunterführte.

Am Fuß des Hangs löste sich das ganze Gepäck mit einem Ruck, gelockert von Jocks eleganten Sprüngen. Afeworq versuchte sein Bestes, aber er ist ein Junge aus Gondar und versteht vom Packen genauso viel wie ich. Großzügig erbot er sich, einen Sack auf seinem Kopf zu tragen, und ich schwang mir den anderen über die Schulter. So beladen, kämpften wir uns die steilen Schrägen aus lockerer Erde hinunter. Hin und wieder rutschte ich aus; es gelang mir nicht, das Gleichgewicht unter dem hin und her schwingenden Sack zu halten. Richard stand kurz vor dem Zusammenbruch und schien unsere Misere gar nicht zu bemerken. Ian litt sichtbar darunter, dass er seinen Gentlemanpflichten nicht nachkommen konnte, und das war auch nicht zu ändern, da er sich in seinem Zustand keinesfalls der Last der weißen Frau annehmen konnte.

Es muss ein komischer Anblick gewesen sein, als wir auf das Lager zustolperten, wo uns Alan und Mike mit heißer Suppe und Ryvita empfingen.

Das ist eine Hochleistungsexpedition, ausgerüstet mit einem riesigen Zelt, einem Primuskocher, Kochgeräten, Steingut, Besteck, schachtelweise *Faranj*-Essen, einem Maultier plus Maultiertreiber und drei Packpferden. Das Lager liegt auf 3700 Metern Höhe in einer weiten, grasbewachsenen Mulde mit einem Fluss in der Nähe und einem kleinen Dorf in der Nachbarschaft, aus dem immer wieder Leute kommen und frische Eier gegen leere Blechdosen eintauschen.

Jetzt aber ab ins Bett. Schlaf ist die beste Vorbereitung auf den Ras Dashen.

15. Januar – Das gleiche Zelt im Semien-Gebirge

Langer Schlaf in einem warmen Zelt ist die beste Medizin. Um sieben heute Morgen sahen alle zehn Jahre jünger aus. Eine halbe Stunde später brachen wir auf. Zurück blieben Alan, Afeworq und die Lasttiere.

Wir stiegen zum Flussbett ab und folgten gut einen Kilometer dem Wasserlauf, ehe wir die nächsten zwei Stunden durch Stoppelfelder und gepflügte Erde aufstiegen. Die Jungs ritten abwechselnd auf ihrem Maultier. Diese Gegend scheint dicht bevölkert; wir kamen an mehreren Gruppen mürrisch dreinblickender Männer vorbei.

Um halb elf brachte uns ein kurzer, steiler Aufstieg zu einem breiten Pass, von dem aus der Ras Dashen zu sehen war, ein relativ unauffälliger Berg – lediglich ein lang gezogener Bergrücken aus blankem Fels mit einem etwas erhöhten Gipfelpunkt, der sich aus dem übrigen Massiv kaum heraushebt. Ohne Führer könnte man ihn vom Rest der übrigen Gebirgszüge, die sich majestätisch in den blauen Himmel recken, nicht unterscheiden.

Richards Höhenkrankheit verschlimmerte sich zusehends und er beschloss widerwillig, zum Lager zurückzukehren. Auch Mike sah krank aus, aber er schleppte sich tapfer weiter – Schleife um Schleife über sonnige Hänge, bewachsen mit goldgelbem Gras und einen halben Meter hohen Lobelien. (Je höher die Lage, desto niedriger die Lobelien.) Zwischen den ebenen Strecken liegen ein paar Muskeln und Lungen stark fordernde Aufstiege, und gegen Mittag quälte mich arger Durst; die Jungs schienen gegen Dehydration in dieser Höhe immun. Dummerweise hatte ich meine Wasserflasche im Lager zurückgelassen, weil ich nicht daran gedacht hatte, dass sämtliche Quellen hier oben gefroren sein würden. (Es war wunderschön anzusehen – glänzende Eiszungen hingen in der Nähe jedes Gipfels aus den Mäulern dunkler Höhlen.)

Gegen eins führte uns ein erschöpfender Anstieg auf das Ras-Dashen-Plateau. Hier zieht sich der Weg auf der westlichen Flanke des Gipfelzugs entlang und schwingt sich in einer weichen Kurve Richtung Süden, parallel zur Gipfelkette, über eine weite, öde Ebene mit Vulkanfelsen.

Eine halbe Stunde später wurde das Maultier an einem Stein festgebunden, und man führte uns vom Weg ab hinauf zum Gipfelpunkt. Die Steigung war minimal, in dieser Höhe war jedoch die Kletterei über Felsbrocken und riesige Bergschultern anstrengend genug, und wir brauchten 20 Minuten für die letzten 800 Meter. Schließlich brachte uns ein letzter steiler Aufstieg von 15 Metern Höhenunterschied zum höchsten Punkt Äthiopiens. Fünf Minuten nach Ian und dem Maultiertreiber erklomm ich den Gipfel; ich fühlte mich wie eine Fliege, die man mit DDT besprüht hatte.

Unser Gefühl des Triumphs wurde durch Mikes Verschwinden leicht beeinträchtigt. Ich hatte angenommen, er sei direkt hinter mir, aber er war einfach verschwunden, und unsere Rufe und Pfiffe blieben unbeantwortet. Wir kamen zu dem Schluss, dass er irgendwo eine Pause eingelegt hatte und über kurz oder lang hier auftauchen musste. Also ließen wir uns nieder, verspeisten *dabo*, Datteln, Nüsse und Rosinen, zu unseren Füßen das gewaltige Naturwunder.

20 Minuten später, wir hatten uns überlegt, dass Mike auch ins Lager zurückgekehrt sein könnte, entdeckte ihn Ian in der Ferne. Seltsamerweise ging er in entgegengesetzte Richtung, also von uns fort. Niemand in normalem Zustand konnte sich auf dieser Ebene verlaufen, mit Ras Dashen als Orientierungspunkt. Als wir rasch vom Gipfel herunterkletterten, hatte sich Mikes Gang in ein schwankendes Torkeln verwandelt. Ian ging zu ihm und der Maultiertreiber zu seinem Tier, mit dem er anschließend in scharfem Galopp Richtung »Patient« ritt. Ich setzte meinen Weg auf dem Pass in südwestlicher Richtung fort, unfähig, den Anflug einer egoistischen Freude zu unterdrücken, einige Minuten allein mit Ras Dashen zu sein. Eine halbe Stunde später erschien Mike am Horizont. Er sah aus wie ein eingeborener Häuptling mit seinen zwei neben ihm hertrottenden Begleitern.

Als wir an Höhe verloren, erholte sich Mike rasch und erzählte uns, er habe auf seiner Wanderung über die Ebene »Dinge gesehen« und aus verschiedenen Richtungen Stimmen gehört. Ich wusste nicht, dass diese klassischen Symptome der Höhenkrankheit sich schon auf dieser vergleichsweise niedrigen Höhe über Normalnull entwickeln können.

Wir kamen kurz nach Einbruch der Dunkelheit hierher zurück und fielen über den üppigen Eintopf her, den Alan für uns vorbereitet hatte. Dann saßen wir ums Feuer und unterhielten uns. Man weiß den gelegentlichen Kontakt mit seiner eigenen Zivilisation zu schätzen, und er wird noch einen weiteren Tag andauern, weil wir den gleichen Weg haben – meine Route nach Derasghie bringt auch die Jungs nach Debarak.

16. Januar – Das gleiche Zelt an einem anderen Standort in den Semiens

Camping macht das Leben sehr kompliziert. Wenn ich um 6.30 Uhr aufstehe, kann ich eine halbe Stunde später aufbrechen. Trotzdem wir heute Morgen alle um 6.30 Uhr aufgestanden sind, war es bereits 9.45 Uhr, bis die Jungs das Frühstück zubereitet, ihre Ausrüstung verstaut, ihr Zelt abgebaut, sich im Fluss gewaschen und das Bepacken ihrer Maultiere überwacht hatten. Ich dachte immer, man unternimmt eine Trekking-Tour durch die Semiens zum Teil auch deshalb, um derartigen Komplikationen zu entfliehen, und finde es höchst eigenartig, sie vorsätzlich mitzuführen. Andererseits kommt den Jungs meine Art zu reisen mehr als eigenartig vor. Es ist also ohne Frage Geschmacksache, wie der Löwe einst zur Antilope sagte.

Wir kletterten drei Stunden und überquerten den Buahit etwas tiefer als auf unserer Route vor zwei Tagen. Dieser Weg ist so etwas wie eine »Hauptstraße«, und unsere Reisegefährten warnten uns vor den *shifta* auf dem Weg nach Derasghie; sie schlugen vor, stattdessen mit ihnen nach Debarak zu gehen.

Vom Pass stiegen wir die nächsten elf Kilometer allmählich ab, über federnde Wiesen mit gelegentlichen Felsbrocken dazwischen und niedrige Hügel mit verkümmerten Sträuchern – und überall ragten Lobelien starr in den Himmel.

Ehe wir diesen Standplatz fanden, auf einem stoppeligen Feld in der Nähe eines Dorfes, liefen wir über ebene, braune, gepflügte Felder, die sich in alle Richtungen zum Horizont erstreckten. Über 3600 Meter gedeiht nur noch Gerste, und die Einheimischen bringen ihre überschüssige Ernte zum Markt nach Debarak und Derasghie, um sie gegen *teff*, Roggen und Weizen einzutauschen. Die Hirtenjungen im Semien-Gebirge tragen braune und weiße Schaffellumhänge und runde, hohe Schaffell- oder Wollmützen, die erste modische Abwechslung, die ich im Hochland gesehen habe.

Brennmaterial ist hier rar. Bei unserer Ankunft tauschten wir leere Blechdosen ein gegen Lobelienstämme, die schlecht brennen, und getrockneten Mist, auf dem alles nur langsam kocht. Der Standort ist ohne jeden natürlichen Schutz, und bei Einbruch der Dunkelheit verwandelte sich der eisige Wind in einen gewaltigen Sturm. Zum Glück steht in der Nähe ein runder Viehunterstand aus Stein, und die freundlichen Einheimischen haben uns erlaubt, auch unsere Tiere dort unterzustellen.

Von hier aus überblickt man ein tiefes Tal, hinter dem sich ein anderer Bergkamm – ein Zwillingskamm – erhebt und weich hinabschwingt. Afeworq erklärte mir, dass mein Weg nach Derasghie ein paar Kilometer entlang der Flanke dieses Kamms nach Westen führt, ehe er nach Südosten schwenkt.

Während des Abendessens diskutierten wir hitzig die unterschiedlichen Arten des Reisens. Die beiden Jungs meinten, sie könnten nicht verstehen, wie jemand freiwillig ein *Tukul*-Leben führen könne, und ich sagte, dass ich nicht verstehen kann, wie jemand in ständiger Isolation von den Einheimischen durch ein Land reisen kann. Man hat keinerlei Möglichkeiten, Einheimische kennen zu lernen, wenn man in einer eigenen kleinen Welt aus tragbaren Zelten mit moderner Ausrüstung unterwegs ist, sich nur untereinander in der eigenen Sprache unterhält, die »Eingeborenen« sach- und fachkundig aus der Ferne beobachtet und sie sich vom Leib hält, sollten sie zu nahe kommen.

Es bleibt ihnen überlassen, die *faranj* aus der Ferne zu betrachten. In einer Gruppe zu reisen war eine interessante Erfahrung, aber ich möchte sie nicht erweitern oder wiederholen, obwohl ich den Jungs für ihre großzügige Gastfreundschaft sehr dankbar bin.

5.

Timkat und der Verkehr

17. Januar – Derasghie

Die beißende, eisige Kälte hielt uns heute Morgen bis halb acht in unseren Schlafsäcken, und es war halb neun, als Jock und ich aus dem Lager aufbrachen, geführt von einem Einheimischen, der ebenfalls nach Derasghie wollte. Afeworq hat diesen schweigsamen kleinen Mann aufgegabelt, dessen weiße Haut seltsam mit seinen negroiden Zügen korrespondiert.

Bemerkenswerterweise war unter den heutigen 35 Kilometern kein einziger steiler Aufstieg, lediglich ein steiler Abhang vom Lagerplatz zum Fluss hinunter. Danach führte unser Weg quer über den gepflügten Bergrücken, vorbei an riesigen, fast fünf Meter hohen Disteln mit gewaltigen Fruchtknollen, die wie Christbaumkugeln an den oberen Stielen hingen. Dazwischen kamen wir über brachliegendes Land mit Thymian- und Heidekrautsträuchern zwischen Felsbrocken und den so genannten Semien-Sträuchern, deren kleine grüne Blättchen beim Vorüberstreifen in Jocks Eimer landeten. Vom Gipfel des Kamms aus liefen wir stundenlang ein holpriges, leicht schräg geneigtes Plateau hinunter, auf dem hin und wieder auffällig gekrümmte Pinien wuchsen. Hier sah ich zwei prächtige Lanner-Falken mit rot-braunen Köpfen, dunkelgrünen Schwanzfedern und schwarzen Flügeln ganz aus der Nähe. Sie hatten sich auf Gesteinsblöcken niedergelassen, und keiner von beiden bewegte sich, bis wir fast vor ihnen standen. Außerdem habe ich in den Semiens noch dickschnablige Raben – diese Art stammt aus Äthiopien – und einen Lämmergeier mit einer Flügelspannweite von ungefähr 2,70 Meter gesehen. Sie kommen hier relativ häufig vor.

Auf einer Höhe von 3000 Metern wurden die Pflanzen wieder farbenprächtiger; viele Sträucher mit knallgelben Blüten und riesige purpurfarbene Kakteen säumten unseren Weg. Auf den letzten acht Kilometern waren in der Ferne ein paar Dörfer zu sehen, und wir kamen an einer Kirche vorbei, wo mein Reisebegleiter anhielt, um die Umfassungsmauer zu küssen – ein traditionelles Ritual. Auf dem eingehegten Grundstück standen eine Menge Bäume – Wacholder, größer als die Kirche, wilde Feigen- und Olivenbäume. Der Brauch, Bäume nur auf Kirchengrundstücken zu hegen und zu pflegen, ist wahrscheinlich ein Relikt aus vorchristlicher Zeit, denn Bäume sind vielen anderen ethnischen Gruppen Äthiopiens heilig – wie früher im heidnischen Irland.

Fremde sind scheinbar recht beliebt hier. Alle, die wir trafen, waren ausnehmend freundlich. Der normale Gruß besteht aus einer ernsten Verbeugung; sollte der *shamma* dabei den Kopf eines Mannes bedecken, wird er ihn während der Verbeugung ein wenig sinken lassen. Aber hier reichten sich die Männer auch die Hände und lächelten freundlich. Drei Maultierreiter stiegen sogar respektvoll von ihren Tieren, um mich geziemend zu grüßen. Heute sah ich auch zum ersten Mal eine Hochländerin auf einem Maultier. Sie saß rittlings auf dem Tier, trug enge, knöchellange Samthosen unter ihrem Hemd und hielt einen weißen Schirm in der Hand. Sie selbst grüßte mich nicht, befahl das aber einem Diener, woraufhin sich der junge Mann mit dem Gesicht zum Boden vor der schmutzigen *faranj* niederwarf, meine ausgetretenen Stiefel mit seinen Fingerspitzen berührte und sie anschließend küsste. Schirme sind hier gebräuchlicher als Gewehre und vermutlich auch Statussymbole, da zu dieser Jahreszeit weder Regen noch Hitze den Gebrauch rechtfertigen.

Noch vor einem Monat hätte ich über meine Landkarte gelacht, auf der Derasghie als »Stadt« ausgewiesen ist, aber mittlerweile kommt es auch mir so vor. Inmitten einer Reihe von *tukuls* und rechteckigen Lehmhütten stehen zwei moslemische Verkaufsbuden, in denen man chinesische Taschenlampen plus Batterien, indische Baumwolle, polnische Seife, tschechische Taschenkämme, Kerosin und Salz kaufen kann. Es gibt auch eine Grundschule, ein Gouverneursbüro, eine Krankenstation und ein Polizeirevier. Alle Institutionen sind in extrem einfachen Gebäuden untergebracht.

Kinder begrüßten mich scharenweise mit: »*Faranj! Faranj! Faranj!*« – ein Empfang, der das Auge des Gesetzes auf mich lenkte, und innerhalb weniger Minuten brachte man mich zum Gouverneursbüro. Als wir dort eintrafen, wollte der »große Mann« gerade nach Debarak aufbrechen, aber er verschob seine Abreise, um mit diesem delikaten Problem fertig zu werden, für das es anscheinend keine konventionelle Lösung gab. Sofort wurde aus der Krankenstation ein 20-jähriger Medizinalassistent als Übersetzer hergeholt; unseligerweise spricht Asmare nur sehr schlecht Englisch, und sein amharischer Stolz verleitete ihn dazu, mehrere Dinge durcheinander zu bringen, da er ständig vorgab, mehr zu verstehen, als tatsächlich der Fall war.

Der Gouverneur verlangte meine nicht vorhandene Reiseerlaubnis. Als ich ihm stattdessen mein Visum zeigte, prüfte er es misstrauisch, klagte, dass er die Unterschrift nicht lesen könne, und fragte mich, wer hier unterschrieben habe. »Der äthiopische Konsul in London«, antwortete ich, aber ich musste leider zugeben, seinen Namen nicht zu kennen. Meine Ignoranz diesem elementaren Umstand gegenüber schien seine schlimmsten Vorahnungen zu bestätigen. Dennoch war er keineswegs unfreundlich, und ich merkte, dass er mit diesem Auftritt seine Machtbefugnis dokumentieren wollte, um damit sowohl seine Untergebenen als auch mich entsprechend zu beeindrucken. Aber wir waren in eine Sackgasse geraten. Nachdem er deutlich zum Ausdruck gebracht hatte, wie sehr er meine »Papiere« missbilligte und auch meiner unglaubhaften Geschichte, von Tigre durch das Semien-Gebirge hierher zu Fuß gelaufen zu sein, skeptisch gegenüberstand, konnte er nun kaum gelindere Seiten aufziehen, ohne sein Gesicht zu verlieren. Ich beschloss daher, dass der Moment gekommen sei, schamlos zu behaupten, Leilt Aida sei eine gute Freundin von mir – und schlagartig änderte sich die Stimmung, und man brachte *talla*.

Unausweichlich wollte der Gouverneur mir Begleiter mitgeben, aber es gelang mir, ihn davon zu überzeugen, dass eine Tour nach Debarak nur ein Spaziergang sei, verglichen mit der Überquerung der Semiens. Da Jock und ich dringend Erholung brauchten, fragte ich, ob wir für drei Nächte irgendwo eine Unterkunft finden könnten – wodurch ich die Chance habe, mir die Timkat-Feier am 19. anzusehen –, und der Gouverneur trug sofort Asmare auf, mir das Gästezimmer neben seinem Büro zu zeigen.

Dieses Gästezimmer ist wetterfester als die durchschnittlichen Hütten, da die Innenwände dick mit Kuhmist verputzt sind. Die Erbauer fühlten scheinbar den schwachen Drang, sich westlich zu zeigen, denn zwei Löcher wurden einfach ausgespart und dienen als Fenster, obwohl sie nur sehr wenig Licht hereinlassen, da die Dachpfosten weit vorspringen und so weit herunterreichen, dass sie eine Veranda bilden. (Diese durchaus übliche Vorrichtung kann für Unachtsame besonders im Dunkeln sehr gefährlich werden, da die spitzen Pfosten direkt auf Augenhöhe enden.) Möbel gibt es keine, die Blechtür schließt nicht, und bei meiner Ankunft war der Lehmboden dünn mit Stroh bestreut. Vor seiner Abreise ordnete der Gouverneur noch einen »Teppich« aus frisch geschnittenen Eukalyptuszweigen an.

18. Januar

Vergangene Nacht habe ich sehr gut geschlafen. Wir sind zwar immer noch im Semien-Gebirge auf 3100 Metern Höhe, aber die beißende Kälte hat spürbar nachgelassen.

Um halb acht führte mich Asmare zur Derasghie Mariam, der bedeutendsten hiesigen Kirche. Natürlich ist sie berühmt – mittlerweile weiß ich, dass für die Einheimischen alle Pfarrkirchen im Hochland berühmt sind –, und Asmare klärte mich stolz auf, dass in dem Altarraum einst Kaiser Theodor gekrönt wurde. Die Wandmalereien sind die schönsten, die ich bisher gesehen habe, aber die Umstände ließen ein stilles Genießen nicht zu. Schützende Tücher aus Baumwolle hingen bodenlang von der Decke, und diese Tücher musste man zur Seite heben, was leichter gesagt als getan war. Asmare benutzte dazu einen langen Stock, wobei Priester und *debtaras* im Hintergrund lauerten und uns streng beobachteten. Auch das Licht war schlecht, obwohl *debtaras* verschiedene, sechs Meter hohe Türen geöffnet hatten; trotz alledem bin ich froh, dass ich die fröhlichen oder blutrünstigen Heiligen sehen durfte. Angesichts der Malereien wurde mir deutlich, dass Derasghie in einer bestimmten Zeit Künstler hervorgebracht oder auch angezogen hat, deren Fantasiereichtum und Sinn für Humor durch geistliche Konventionen nicht unterdrückt werden konnte.

Die Geistlichen hier sind nicht besonders freundlich. Vor dem Tor der Umfassungsmauer warteten eine Reihe Blinder und Krüppel geduldig auf Almosen. Drei Priester wollten mich zunächst gar nicht in die Kirche lassen (obwohl ich passend gekleidet war), und sie ließen sich erst erweichen, als Asmare den Zaubernamen Leilt Aida fallen ließ. Beim Hinausgehen gab ich dem ersten Priester einen Dollar. Er sah den Schein verächtlich an und verlangte energisch fünf Dollar. Also griff ich mir den Dollar wieder und gab ihn stattdessen den Bettlern. Später am Vormittag lud mich ein moslemischer Händler in seinen Verkaufsstand auf ein Glas Tee ein. Während ich diesen raren Luxus genoss, bat mich ein anderer Moslem höflich, ihm für zwei Pence eine Zigarette zu verkaufen. Es war äußerst schwierig, ihn zu überreden, sie als Geschenk zu nehmen, und unweigerlich ging mir im Vergleich dazu die Haltung der Priester durch den Kopf.

Man bekommt hier ein aufregend-anregendes Gefühl für Raum, da Derasghie auf einem derart ausgedehnten Plateau liegt, dass die Berge nur in der Ferne im Osten und Westen zu sehen sind – und dort ragen die Gipfel gerade so über den Rand der Hochebene.

Am Nachmittag spazierte ich über die Felder in der Nähe, beharrlich verfolgt von einer Schar Kinder. Überall wurde Gerste geerntet, und mir fiel auf, dass auch wilder Hafer eingebracht und anschließend von der Gerste getrennt wurde, um beides in verschiedenen Behältern aufzubewahren. (Hafer wird im Hochland gewöhnlich nicht angebaut, trotz der vielen Tiere. In den meisten Gegenden wird wilder Hafer, noch ehe er reif ist, wie Unkraut vom Getreide getrennt – oder, wenn der Bauer keine Zeit hatte, »Unkraut« zu jäten, wird er nach der Ernte aussortiert und weggeworfen. In dieser Gegend jedoch mixt man gelegentlich Hafer mit Gerste und macht daraus *talla* oder *injara*. Allein wird wilder Hafer jedoch nicht verarbeitet.) Heute Abend bei Sonnenuntergang begann das Timkat-Fest. Timkat erinnert an die Taufe Christi – das Wort Timkat bedeutet Taufe – und ist eines der drei wichtigsten äthiopischen kirchlichen Feste. (Die beiden anderen sind Ostern und Maskal, das im September gefeiert wird und an die Entdeckung des echten heiligen Kreuzes durch die Kaiserin Helena erinnert.) Zu Timkat werden die Kinder syphilitischer Mütter getauft. Wenn die Priester das Wasser eines Beckens gesegnet haben, baden die Ehrfürchtigen in dem geheiligten Nass. Die Feierlichkeiten beginnen am Abend des Festes, wenn der Tabot, eine sinnbildliche Verkörperung der Bundeslade, zu einem Zelt getragen wird – vorzugsweise in der Nähe eines Flusses –, in dem am nächsten Morgen die heilige Messe stattfindet. (Die Verehrung der Bundeslade ist eines der wichtigsten emotionalen Verbindungsglieder zwischen dem äthiopischen Christentum und dem Judentum. Eine alte mündliche Überlieferung besagt, dass Kaiser Menelik I. – Sohn von König Salomon und der Königin von Saba –, als er von Israel in das Land seiner Mutter zurückkehrte, auf Befehl seines Vaters vom erstgeborenen Sohn des Hohepriesters des Tempels in Jerusalem begleitet wurde. Dann beschloss der Sohn des Hohepriesters, die Bundeslade mit den Gesetzestafeln, die Moses auf dem Berg Sinai erhalten hatte, zu stehlen und nach Äthiopien zu bringen, wo sie noch heute in Aksum aufbewahrt werden. Der Beweggrund des jungen Mannes, die Bundeslade zu stehlen, ist bis heute ungeklärt. Möglicherweise sollen wir annehmen, dass er eine Vision von Äthiopiens zukünftigem Ruhm als christliches Land hatte und daher die heilige Erde des Hochlands für den geeigneten Aufbewahrungsort der Bundeslade hielt. Bei allen Festakten wird ein Tabot, der die Bundeslade verkörpert und auf dem Altar jeder äthiopischen Kirche zu finden ist, verehrt.)

Vielleicht wegen meiner Meinungsverschiedenheit mit den Geistlichen in Derasghie Mariam führte mich Asmare heute Abend in eine kleinere Kirche nahe der Stadt. Unterwegs wurden wir von Männern, Frauen und Kindern begleitet; fast alle Kinder trugen neue Kleidung und alle Erwachsenen saubere *shammas*. Bald nach unserer Ankunft an der Umfassungsmauer kam eine Prozession in Begleitung eines Bewaffneten aus der Kirche, angeführt von einem ältlichen Priester in zerschlissenem, buntem Seidengewand. Auf seinem Kopf trug er den Tabot, versteckt unter einem schmutzigen, mit Gold bestickten Umhang. Neben ihm ging ein weiterer Priester und hielt über den Tabot einen vielfarbigen, mit silbrigem Flitter besetzten Seidenschirm. Dicht dahinter liefen zwei weitere Priester, ebenfalls in farbenfrohen, zerschlissenen Seidengewändern. Vervollständigt wurde die Prozession von zwei weltlich gekleideten *debtaras* mit Trommeln. Als sich der Prozessionszug ungeordnet einen steilen Hang hinunterarbeitete, folgten ihm scharenweise singende Männer, schrill heulende Frauen und schweigende Kinder, die sich mehr für die *faranj* interessierten als für das Allerheiligste.

Der Singsang der Männer war anfangs rhythmisch sehr langsam, steigerte sich jedoch zunehmend. Dann teilte sich die Menge in drei Gruppen, die jeweils einen Kreis wilder Tänzer bildeten. Die Tänzer sprangen hie und da hoch in die Luft und schwangen dabei ihre *dulas* wie Speere. Gelegentliches Händeklatschen und Geschrei begleitete die Sprünge, und alle schienen sich ausnahmslos zu amüsieren. Die heulenden Frauen hielten sich in der Nähe des Tabot, und als die Prozession am Zelt angelangt war, schwiegen alle für einen Moment. Sämtliche *dulas* landeten polternd auf der Erde, der erste Priester betete, die Männer beugten sich mit geschlossenen Augen und gesenktem Kopf nach vorne und antworteten psalmodierend in den Gebetspausen des Priesters.

Nachdem der Tabot wieder verschwunden war, legte man einen schmalen Streifen geflochtener Matten für die hiesigen V.I.P.s aus, und ein *debtara* lud mich ein, Platz zu nehmen. Dann kam ein Priester aus dem Zelt. Er trug einen Korb mit heißem, gesegnetem *dabo* bei sich, gab das erste Stück der *faranj* und verteilte den Rest unter den Leuten, die alle ihre Stücke ehrfürchtig küssten, ehe sie sie verspeisten.

Mittlerweile war es kühl geworden, und als wir uns auf den Weg nach Hause machten, ragten die Bäume im Kirchhof schwarz-blau in den orangefarbenen westlichen Himmel. Die ferne Gebirgskette im Osten zeichnete sich gegen den Horizont malvenfarben-bläulich ab, und um uns herum ließ das letzte Licht des Sonnenuntergangs die abgeschnittenen Gerstenhalme rotgolden schimmern.

19. Januar

Den heutigen Vormittag verbrachte ich auf dem Schauplatz der gestrigen Feier und beobachtete, wie die Gläubigen bei Sonnenaufgang mit gesegnetem Wasser besprenkelt wurden. Dann erschien Asmare, um mich zu einem länglichen, flachen Feld – etwa drei Kilometer von Derasghie Mariam –, dem Hauptplatz der heutigen Feierlichkeiten, zu begleiten. Als wir dort ankamen, strömten scharenweise weiß gekleidete Menschen zum Tabot-Zelt. Über das weite Grasland galoppierten martialisch brüllende Reiter und kleine Jungs ohne Sattel, die sich bei rasendem Tempo erstaunlich geschickt anstellten. Die Frauen wirkten heute besonders munter, da Timkat sie von allen häuslichen Pflichten befreit. Viele junge Mädchen warfen den Reitern glühende Blicke zu, und schon jetzt ist abzusehen, dass sie und ihre Männer gegen einen vorübergehenden Partnertausch nichts einzuwenden haben.

Timkat bietet den unverheirateten jungen Mädchen eine Gelegenheit, ihre besten Kleider auszuführen und ihre Haare besonders frisiert zu tragen, und die jungen Männer nutzen diese Gelegenheit, inmitten von so viel verführerischer Jungfräulichkeit eventuell eine attraktive Partnerin zu finden. Ist die Wahl getroffen, wird der junge Mann seinen Vater bitten, mit dem Vater des Mädchens zu verhandeln, obwohl er nie sicher sein kann, dass sein Vater mitspielt oder die Verhandlungen zufrieden stellend ausfallen. Heirat ohne Einwilligung der Eltern ist so gut wie unvorstellbar. Eine Heirat ohne

Zustimmung der Eltern würde den schwer wiegenden Fluch der Enterbung nach sich ziehen, da durch eine Heirat in erster Linie Familien miteinander verbunden werden sollen und erst in zweiter Linie Individuen. Wenn ein junges Paar absolut nicht zueinander passt, wird über diskrete Untreue großzügig hinweggesehen, und auch eine Scheidung ist relativ unkompliziert. Dennoch wird ein unverheiratetes Mädchen ständig von Anstandsdamen begleitet, und in einigen Familien darf sie bestimmte häusliche Aufgaben nicht übernehmen, aus Furcht, ihr Hymen könnte versehentlich zerreißen. Wenn andererseits ein Junge mit 18 oder 19 immer noch keine sexuellen Erfahrungen gemacht hat, wird er von seinen Altersgenossen verspottet und *silb* (Kastrierter) genannt. Sexuell vernachlässigte junge Ehefrauen haben also eine große Auswahl an Liebhabern.

Um elf kam ein kleiner Junge in einer schneeweißen Tunika aus dem Zelt und läutete eine große Bronzeglocke, gefolgt von dem unausweichlichen bewaffneten Begleiter. Dann erschien ein hübscher junger Priester, bekleidet mit schwarzer und scharlachroter Seide, in den Händen eine goldene Krone mit einem silbernen Kreuz. Dicht hinter ihm folgte der Tabot, verborgen unter einem roten Samttuch auf dem Kopf eines älteren Priesters in goldener, karmesin- und purpurroter Robe, der im Schatten eines silbrig schimmernden, blau, gelb, rot und grün leuchtenden Seidenschirms dahinschritt, den ein junger Priester trug. Als Nächstes kamen ein zweiter gekrönter Priester, zwei *debtaras* mit riesigen Gold- und Silbertrommeln und ein alter Priester, der ein leeres silbernes Weihrauchfass schwang und ein großes, schlicht gearbeitetes Gold- und Silberkreuz hocherhoben trug. 17 Priester aus anderen Kirchen mit Gebetsstöcken und *sistras*, gehüllt in schwere schwarze, weiße oder marineblaue Wollumhänge, vervollständigten die Prozession.

Der Aufmarsch der Weltlichen fiel weniger geordnet aus. Die jungen Männer schienen heute in »Kriegstanzstimmung«, und viele hüpfende, laut schreiende Gruppen begleiteten die Prozession, liefen voraus oder folgten ihr. Johlende Reiter ritten im Handgalopp auf und ab, Männer mittleren Alters gingen neben den Geistlichen her und sangen mit tiefer Stimme unablässig »Haaahooo, haaahooo«, die Frauen blieben in der Nähe des Tabots, und kleine Jungs ritten ihre Ponys wie kleine Teufel – sie galoppierten zum Rand des Plateaus, wendeten geschickt, und zurück ging's im gleichen rasenden Tempo; dabei schwenkten sie stolz ihre Miniatur-*dulas* wie Speere in der Luft.

Auf halbem Weg zur Kirche stoppte die Prozession neben einem kleinen Zelt. Der Tabot-Träger verschwand und gönnte sich eine Schale *talla*. Dann sprach ein anderer Priester ein langes Gebet, und die Geistlichen um ihn herum sangen fröhlich dazu, einige tanzten langsam und sehr graziös mit ihren Partnern – ihre Gebetsstöcke und *sistras* legten sie beiseite – und klatschten rhythmisch dazu. Die Frauen stimmten mit ihrem schrillen Geheul ein, und die jungen Männer hüpften ausgelassen herum.

Während dieser Pause veranstalteten die Reiter ein Rennen; ein aufregendes Spektakel, wie sie ihre geschmeidigen schnellen Pferde über den weichen Grasboden hetzten. (Obwohl Maultiere weitaus beliebter sind, haben Hochländer in Schlachten stets Pferde benutzt, weil sie schneller laufen. Viele berühmte äthiopische Kämpfer waren unter dem Namen ihres Pferdes bekannt und nicht unter dem eigenen, da das Fußvolk den Namen des Pferdes ihres Anführers gewöhnlich als Schlachtruf annahm.) Ein Wettkampf im »Speerwerfen« mit langen, spitzen Stangen war ebenfalls Teil des Spiels, und man konnte sehen, dass diese Kampfart immer noch lebendig ist, sogar unter der jüngeren Generation, die mit Gewehren groß geworden ist.

Ich saß auf einem Felsen und beobachtete tanzende Geistliche, ausgelassen herumhüpfende Weltliche und galoppierende Speerwerfer und lauschte Trommeln, Glöckchen, *sistras*, Gesängen, stampfenden Hufen und Geheul und fühlte mich nicht zum ersten Mal dem äthiopischen Christentum fremd. Für mich ist daran irgendetwas Unaufrichtiges, und ich habe schon ein schlechtes Gewissen, dass ich mich mit den Sitten und Gebräuchen der äthiopischen Kirche nicht besonders gut auskenne und mir daher eigentlich kein richtiges Urteil erlauben kann. Dennoch verfüge ich auch über Erfahrungen mit mir fremden Religionen wie Buddhismus, Hinduismus und Islam, ohne dieses Gefühl von etwas Totem, Ungeborenem oder Verkümmertem bisher gehabt zu haben. Ich weiß nicht genau, welcher Begriff hier passt. Mein Gefühl hat nichts mit Äußerlichkeiten zu tun – die werden von oberflächlichen Bräuchen und dem Temperament des jeweiligen Volkes bestimmt –, sondern eher mit der Atmosphäre, die religiöse Feiern kreieren. Hier fehlt mir die Innerlichkeit, der spirituelle Aspekt. Ich habe den Eindruck, als wären religiöse Feiern lediglich ein willkommener Anlass, farbenfroh herausgeputzt aufzutreten, ausgiebig zu singen und zu tanzen, einen Tag nicht zu arbeiten, im Überfluss zu essen und zu trinken und sich sexuell auszutoben. Das alles ist für sich genommen nicht schlecht und könnte auch ernsthafte religiöse Gefühle ausdrücken, aber in diesem Fall scheinen mir die ursprüngliche Freude und die rituellen Gesten der Hingabe weit entfernt von tiefer Andacht.

Die Mittagssonne brannte sehr heiß, als wir den mit Felsbrocken überzogenen Hügel zur Kirche hinaufmarschierten. Kaum dort oben angekommen, sprangen und schrien die unermüdlichen Jungs wieder heiter herum; ein merkwürdiger Kontrast zu den langsam, bedächtig tanzenden Priestern. Eine halbe Stunde später wurde der Tabot einmal um die Kirche herumgetragen, ehe der Priester das Allerheiligste in den Altarraum zurückbrachte. Die weltlichen Tänzer jedoch feierten davon unberührt weiter; sie schlossen sich zu einer Kette zusammen und duckten sich, als würden sie zum Sprung ansetzen, hockten sich einen Augenblick nieder – gestützt von ihren *dulas* – , um gleich darauf wieder hochzuschnellen, sich paarweise zusammenzufinden und wieder zu lösen, während sie immer lautere und wildere Schreie ausstießen. Schweiß glänzte auf ihren angespannten Gesichtern, und ihre Augen leuchteten ekstatisch – möglicherweise drückte sich so ihr religiöser Eifer aus.

Ein Verwandter Asmares lud mich zum Mittagessen ein. Seine geräumige Hütte war voll mit Gästen. Als wir ankamen, schickte die

Mutter meines Gastgebers eine Enkelin zu ihrem eigenen *tukul*, um zu Ehren der *faranj araki* zu holen, und bald erschien das Mädchen mit sechs sauberen Likörgläsern und einer Karaffe mit farblosem Alkohol. Araki schmeckt fast genauso wie nepalesischer *rakshi* und tibetanischer *arak* (dieses arabische Wort ist weit herumgekommen!), aber er hat noch eine besondere eigene Note; ein Hauch von geräuchertem Anis dringt durch. Darüber hinaus zeichnet sich *araki* auch durch seine besondere Wirkungskraft aus. Auf dem Weg zurück zu meinem Gästezimmer erschienen mir die Felder erheblich holpriger und schwankender als zuvor.

Um neun Uhr abends war ganz Derasghie beim Feiern. In den meisten Compounds, den abgegrenzten Familienhöfen, wurden neben riesigen Freudenfeuern, um die Tänzer mit monotonem Gesang herumwirbelten, kräftig die Trommeln geschlagen. Aus allen Hütten drang Gesang und Gelächter; dort saßen Frauen, Kinder und ältere Männer um kleinere Feuer herum, tranken und schwatzten. Gruppen junger Männer, begleitet von Trommlern, zogen singend und prahlend von Hof zu Hof – im Gefolge kichernde junge Mädchen, deren »sittliche Reinheit« vermutlich fraglich ist. Während ich hier schreibe, wird das Freudengetaumel immer lauter, aber es ist ein fröhlicher Lärm und wird mich nicht wach halten.

20. Januar – Ein Compound auf einem Plateau

Gewöhnlich stehen Hochlandbewohner im Morgengrauen auf, aber heute konnte ich vor halb neun niemanden finden, der mir beim Bepacken von Jock half. Ein kleiner Junge begleitete uns zum Stadtrand und zeigte mir den Weg nach Dabat, der nach knapp zwei Kilometern inmitten eines riesigen Feldes mit Vulkangestein einfach aufhörte. Also gingen wir den ganzen Tag nach Nordwesten, statt wie geplant nach Westen.

Nachdem wir mehrere niedrige, grau-braune Hügel überquert hatten, erreichten wir ausgedehnte Grasflächen. Kleine Jungs hüteten dort Schafe und Kühe. Und hier entdeckte ich wieder einen Weg. In der optimistischen Annahme, das sei der richtige, bat ich die

Jungs, mich ein Stück zu führen, aber als sie meine Stimme hörten, suchten sie hinter den Büschen eines nahe gelegenen Wäldchens Schutz und linsten erschrocken durch die Blätter ihres Verstecks.

Zehn Minuten später kamen wir an den Rand eines Tals, dessen Boden so weit entfernt aussah, als betrachtete man ihn vom Flugzeug aus. Der Abstieg über einen jäh abfallenden Hang aus lockerem Lehmboden mit runden Steinen, auf denen man immer wieder gefährlich abrutschte, dauerte zweieinhalb Stunden. Achtmal fiel ich hin, schnitt mich dabei dreimal und musste zweimal auf meinem Hintern weiterrutschen – mit dünnen Shorts eine schmerzvolle Prozedur. Jock hatte sich mittlerweile seinen eigenen Weg gesucht, obwohl auch er gelegentlich strauchelte. Hin und wieder blieb er stehen und graste, bis ich ihn eingeholt hatte. Zum Glück gab es auch ein paar schmale, vorspringende Kanten, auf denen es 30 oder 40 Meter flach dahinging. Dort machte ich immer wieder eine kurze Pause, um meinen Nerven das gewohnte Nikotin zu verabreichen und die spektakuläre Aussicht zu genießen. Hier oben gab es die herrlichsten Sträucher und Wildblumen. Der Berg ist dicht bewachsen, und obwohl wir bereits Herbst haben, leuchten noch die herrlichsten Blüten blau, gelb, weiß und pink.

Nachdem wir fast auf Talebene angekommen waren, tauchten ein paar Höfe auf, und unser Weg splitterte sich in ein Kreuz und Quer schmaler Pfade auf. Durch den Abstieg hatte sich Jocks Gepäck gelockert. Ich beschloss also widerwillig, Hilfe zu holen, als wir zu einem Hof kamen. (Ehemänner und ihre Frauen können sich nur tagsüber ungestört in ihren *tukuls* aufhalten; unerwartete Besucher können in solchen Situationen sehr lästig sein.) Aus taktvoller Entfernung rief ich nach jemandem, und ein junger Mann erschien. Er schien alles andere als erfreut, aber befestigte Jocks Stricke neu, und schon bald waren wir wieder auf unserem unentschiedenen Weg – auf meine Nachfragen konnte ich dem jungen Herrn nur ein vages, unvermeidliches »*Mado*« entlocken.

Dieses Gebiet ist ziemlich verwirrend. Was zunächst wie eine Talebene ausgesehen hatte, entpuppte sich als gigantische, vorspringende Kante, unter der das tatsächliche, schmale Tal ungefähr 200 Meter unter uns verborgen lag. Der Abstieg zum Fluss vollzog sich stufenweise, aber ich war unschlüssig, ob wir an dieser Stelle hinuntersteigen sollten, da auf der gewaltigen Nordsüdkette am gegenüberliegenden Ufer kein Weg hochführte. Unser verschwindend schmaler Pfad führte in diese Richtung, und wir hätten logischerweise dorthin laufen müssen, aber ein erschreckendes Durcheinander von gewaltigen Gebirgsketten und (vermutlich) tiefen Schluchten lag in dieser Richtung. Ich beschloss daher, den Weg mit den geringsten Widerständen, nämlich nach Norden, einzuschlagen.

Nach knapp zwei Kilometern wuchs unser Pfad zu einem breiten, ebenen Weg an, der sich zwei Stunden lang über eine Reihe vorspringender Kanten mit goldgelb schimmerndem Gras dahinschlängelte. Wir begegneten ein paar Frauen mit wuchtigen Bündeln Feuerholz, die mich scheu, aber freundlich grüßten.

Als der Weg plötzlich zum Fluss abfiel, sah ich vier unerwartet grüne Felder am Ufer leuchten, wie ausgelagerte Landstückchen Irlands. Ich wusste nicht, was dort angebaut wurde, aber mir fiel auf, wie sehr ich frisches Grün vermisst hatte. Während Jock Wasser trank, stand ich überwältigt da und starrte auf das weiche, frische Grün, als würde ich meinen visuellen Durst löschen.

Auf der gegenüberliegenden Seite zog sich unser Weg inmitten gepflügter Felder dahin, aber ich hielt mich weiterhin Richtung Norden und steuerte auf eine Senke in der Felswand zu, in der Hoffnung, von dort weiter aufsteigen zu können. Und die Hoffnung bestätigte sich.

Von der Schönheit dieses Aufstiegs (von 2340 auf 3200 Meter Höhe) fühlte ich mich wie berauscht. Vier völlig unbewohnte Berge lagen vor uns, mit kurzen ebenen Stücken über die Gipfel hinweg. Abwärts jedoch ging es nie. Während wir durch dunkelgrüne Wälder, über rotgolden schimmerndes, mit Felsbrocken übersätes Grasland oder raue, schwarze Hänge hinaufstiegen, eröffnete jede Wegbiegung neue, unermessliche Höhen und Tiefen. Um halb sieben befanden wir uns auf 3200 Metern Höhe. Das tiefe Tal zu unserer Rechten war dämmrig und erschallte vom Gekreisch der Paviane. Von hier sah ich den Weg sich einen weiteren Hang hinaufwinden, ungefähr 200 Meter vor uns, und der letzte Aufstieg brachte uns auf ein weites Plateau mit einer Siedlung.

Die Sonne war bereits untergegangen, und zwei kleine, pinkfarbene Wölkchen schwebten am südwestlichen Horizont. Ich hätte sie gerne umarmt, wären sie nur ein wenig näher gewesen; ein wolkenloser Himmel ist theoretisch immer die Krönung, aber nach fünf Wochen gelebter Vollkommenheit spürt eine wahre Irin, dass irgendetwas fehlt.

Offenbar wird hier immer noch Timkat gefeiert. Als wir uns der Siedlung in der kühlen, grau-blauen Dämmerung näherten, hörte ich Stimmen wie bei einem Zechgelage. Dann entdeckte ich scharenweise Männer und Jugendliche. Sie saßen am Hang, tranken *talla* und sahen zehn Männern zu, die zur Musik eines *azmari* (fahrender Sänger) tanzten. Unser Erscheinen verblüffte alle, aber man hieß mich herzlich willkommen und reichte mir sofort zwei Schalen *talla* gleichzeitig. Nach dem anstrengenden Aufstieg leerte ich sie fast ebenso gleichzeitig. Dann fütterte mich eine lachende Frau mit köstlichem, mir unbekanntem Brot – oblatendünn, knusprig gebacken und leicht gewürzt. Als ich mich auf einen Felsbrocken setzte und diese Delikatesse verspeiste, stellte sich der *azmari* vor mich hin, spielte auf seiner *mazenka* (eine Art Geige mit nur einer Saite) und sang dazu aus dem Stegreif mir zu Ehren ein Lied. (Ich verstand *shifta* und erkannte die Worte für »Maultier«, »hohe Berge«, »Frau«, »kalt« und »allein« und bedauerte, dass ich nicht alles verstehen konnte.) Mittlerweile ist ein goldener Halbmond aufgegangen, und er scheint leuchtender als bei uns zu Hause der volle Mond. Mir schien, als könnte eine Tagestour kein glücklicheres Ende haben, als im Mondschein mit freundlichen Menschen auf einem Berghang zu sitzen und ein Ständchen gesungen zu bekommen.

Dennoch könnte eine Tagestour ein weitaus bequemeres Ende haben. Diese kleine, rauchige Hütte ist vollkommen unverputzt, und ich friere bis ins Mark. Die kolossalen hiesigen Flöhe scheinen ungewöhnlich resistent gegen mein Insektenschutzmittel. Mein Bett für die Nacht besteht aus einem Haufen großer Steine, der tagsüber als Sitzbank am Feuer dient und nicht einmal den Vorzug ausreichender Länge hat. Auf dem Fußboden kann ich auch nicht liegen, da sich dort die Kinder wie Sardinen quetschen. (Die Erwachsenen schlafen auf Holzbrettern, die im Hängemattenstil an hölzernen Pfosten befestigt und mit Stroh bestreut sind – wahrscheinlich weil Stroh wärmer oder billiger ist als Tierfelle.) Der einzige Trost ist eine abgemagerte, zutrauliche, rötliche Katze, die in mir eine verwandte Seele wittert und mir um die Beine streicht, während ich schreibe. Hochlandbewohner behandeln ihre wenigen Hauskatzen weitaus besser als ihre vielen Hunde – obwohl das nicht viel besagt. Die Ursache liegt möglicherweise in folgender Überlegung: Je grausamer sie ihre Hunde behandeln, umso bereitwilliger werden diese sie gegen mögliche Feinde verteidigen.

Und jetzt ab ins Bett – mit Magenverstimmung, denn der heutige Gemüse-*wat* war quälend würzig.

21. Januar – Debarak

In Debarak anstatt in Dabat gelandet zu sein heißt, dass wir 30 Kilometer weiter nördlich von Gondar als beabsichtigt auf die Autostraße Asmara–Gondar gestoßen sind. Aber wenn man in diesem Land auf Alleinereisen besteht, darf man sich nicht beschweren, wenn man sich verirrt.

Sogar mein relativ unempfindlicher Körper streikt bei einem Haufen Steinen als Liegestatt. Ich habe verheerend geschlafen und war froh, früh aufzubrechen, damit mein Kreislauf wieder in Schwung kam. Heute ging es den ganzen Tag durchwegs glatt und einfach dahin. 25 Kilometer hob und senkte sich unser Weg auf hintereinander liegenden, gelb-grünen oder grau-braunen Bergrücken, wie unbewegliche Wellen eines mächtigen Ozeans. Nach ein paar Stunden Marsch durch so ein Gelände geht einem das beständige weiche Auf und Ab in Fleisch und Blut über, und man fühlt sich wie ein Teil der Landschaft.

Auf dem Gipfel eines Hangs sah ich meine erste Beerdigung im Hochland. Zwei Männer trugen einen in seinen *shamma* gewickelten Leichnam auf einer einfachen Bahre. In kurzer Entfernung folgte ein halbes Dutzend »Klageweiber«. Tränen rollten über ihre Wangen, aber als sie Jock und mich entdeckten, hörte ihr Heulen und Wehklagen auf. Zehn Minuten lang standen sie aufgeregt grübelnd beieinander, während der Tote unbetrauert seines Wegs zog.

Die letzten sechs, sieben Kilometer kam mir der Weg nach 14 Tagen Abgeschiedenheit geradezu übervölkert vor. Es war nicht zu übersehen, dass die Kultur der Massenproduktion in Reichweite war. Männer waren mit Khakibuschhemden und blauen Baumwollshorts bekleidet anstatt mit gewebten Tunikas und langen Hosen; ein paar Jugendliche trugen Wellington-Stiefel in der Hand, die sie kurz vor der Stadt überstreiften, und die Esel waren mit Kerosinkanistern oder Jutesäcken beladen, statt mit Säcken aus Tierfellen. Es schien unumgänglich, dass mir kleine Jungs am Stadtrand mit ausgestreckten Händen nachrannten und um »Cents« bettelten.

Auf den ersten Blick ist Debarak eine schöne Stadt. Vom Gipfel eines entfernten Hügels verbergen sich die Wellblechdächer unter einem dichten Wald aus Eukalyptus. Dieser Reichtum an Bäumen inmitten der kahlen Ebene tut gut. Real ist diese Stadt jedoch ein grässliches Kind des Maschinenzeitalters – eine Barackenstadt, dafür bestimmt, die Nerven Reisender zu beruhigen, bevor sie den nordwestlichen Abstieg über die Semiens antreten oder nachdem sie den südwestlichen Aufstieg hinter sich gebracht haben. Auf meiner Landkarte ist der Ort nicht verzeichnet, obwohl er höchstwahrscheinlich von den Italienern während der Besatzungszeit gegründet wurde – und man wünscht sich, dass die Landkarte in diesem Fall Recht hätte. Debarak wurde erst kürzlich zur Hauptstadt der Semiens (einem der sechs Bezirke der Provinz Begemder und Semien). Es gibt einen Gouverneur, eine Polizeistation, ein Telefon, eine Zapfsäule, eine Krankenstation, verschiedene Bars und ebenso viele Bordelle, eine höhere Schule und einen Lehrer des amerikanischen Peace Corps. Einige Häuser abseits der Straße sind quadratische, zweigeschossige Holzbauten – wie zu groß geratene Blockhütten –, die unter den hohen Eukalyptusbäumen idyllisch aussehen; der Piccadilly dieser Hauptstadt jedoch ist ein großer Marktplatz, ausgestattet mit mechanischen Waagen und umgeben von *talla-beits* und mehr oder weniger schäbigen Verkaufsbuden, in denen es Stoffe, Salz, Kerosin, Pferdegeschirr, Seile, Kessel, Pfannen, Gläser, Kaffeetassen, Taschenlampen, Batterien, geschmacklose Nylonschals und ein paar rostige Büchsen mit importierten Früchten zu kaufen gibt, die aussehen, als hätten die Italiener sie zurückgelassen.

Jock hat offenbar seine Dieseltaufe schon vergessen. Als wir auf die Hauptstraße kamen und einem fahrenden Lkw begegneten, schlug er prompt mit den Hinterläufen aus, woraufhin das Gepäck herunterglitt und praktischerweise auf den Stufen eines Hotels landete. »Hotel« ist natürlich ein sehr schmeichelhafter Begriff. Dieses heruntergekommene Übernachtungsheim aus der Zeit der Italiener ist offensichtlich ein Bordell, in dem man Dirnen dabei zusehen kann, wie sie Fernfahrer schon in der Bar teilweise ausziehen. Ich bin in einem benachbarten Zimmer untergebracht, inmitten eines Dreckhaufens. Die ursprünglich blauen Wände sind scheußlich beschmiert, die Fußbodenkacheln mit Essensresten und Kerzenwachs, mit Zigarettenkippen und Streichhölzern übersät. Die zerbrochenen Fensterscheiben hat man provisorisch mit Pappkartons ausgebessert und über die Matratzen der drei Eisenbetten widerliche Betttücher gespannt. Ich werde auf dem Fußboden schlafen.

Bettwanzen sind mitunter ein zwangsläufiges Risiko; wenn man hingegen auf diesen ekelhaften Dingern schläft, nimmt man ein solches Risiko von vorneherein billigend in Kauf.

Vermutlich leide ich heute Abend unter dem so genannten »Kulturschock«. Diese Straße zieht sich wie ein entzündeter Kratzer den kräftigen, rauen, gesunden Körper des Hochlands entlang. Wenn man in eine dieser Städte kommt, sieht man auf den ersten Blick, wie krank sie sind. Die Berührung mit unserer Welt scheint das Beste am Charakter des Hochlands zu unterdrücken und das Schlechteste zur Blüte zu bringen. Hier tritt offen zu Tage, dass die Einheimischen von einem rechtschaffenen, achtbaren Kleinbauerntum bereits degeneriert sind zu gemeinen, gerissenen Primitivlingen. Geht man in Debarak spazieren – oder sitzt in einer Bar und beobachtet Hochländer in schmutzigen Jeans und T-Shirts beim Chiantitrinken und Zigarettenrauchen –, sieht man einen wesentlich primitiveren Aspekt der Hochlandkultur als in jedem noch so abgelegenen Dorf.

Seit meiner Überquerung der Semiens sind meine Lippen so rissig, dass beim kleinsten Lächeln sofort Blut hervorsickert und mein Kinn hinuntertropft – ein ziemlich störendes Leiden, wenn man darauf angewiesen ist, sich hauptsächlich durch Lächeln oder Stirnrunzeln mitzuteilen.

Seit wir hier gegen zwei Uhr eintrafen, ist der Himmel erfrischend düster mit langsam dahinziehenden, eisgrauen Wolken überzogen.

22. Januar – Ciarveta

Die heutigen 37 Kilometer waren unerwartet angenehm. Den größten Teil der Strecke lief unser Weg parallel zur Autostraße, und Jock machte jedes Mal eine kleine Krise durch, wenn sich ein Fahrzeug näherte; allerdings sind 16 Fahrzeuge in elf Stunden ein tolerables Verkehrsaufkommen, sogar in meinen Augen.

Den ganzen Tag über ging es für hiesige Verhältnisse durch »welliges« Gelände. Zu Hause würden wir die gleiche Landschaft hügelig nennen. In allen Richtungen, bis hin zu den blauen Gebirgsketten am Horizont, harmonierten bezaubernde Muster mit ruhigen Farbtönen. Seite an Seite lagen schräg geneigt ausgedehnte Felder mit reifer Gerste, grünem Weizen, brauner, frisch gepflügter Erde, gelb-grünem *atar* und blassgoldenem *teff*, und auf ebenem, goldbraunem Weideland grasten Herden kräftiger Pferde, braune und weiße, dickschwänzige Schafe, buntscheckige Ziegen und magere Kühe. Die vielen kleinen Dörfer mit ihren Strohdächern wirkten geradezu idyllisch unter den sie säumenden Eukalyptusbäumen, und überall war Leben; Hirtenjungs trällerten vor sich hin, Frauen schwatzten, gebeugt unter dem Gewicht der Tongefäße mit Wasser, und Erntearbeiter sangen beim Dreschen.

Den ganzen Morgen blies ein frischer Wind, und gegen Mittag zogen von Süden erneut Wolken auf; sie fügten sich herrlich in das Bild der Landschaft; ihre Schatten zogen langsam über die ausgedehnte Weite und veränderten dabei sanft die Farben, die umso intensiver leuchteten, als die Sonne wieder darauf fiel.

Ciarveta ist ein erst kürzlich erbautes Dorf auf einem kahlen Bergrücken eines 2700 Meter hohen Grats, und obwohl es an der Hauptstraße liegt, war unser Auftauchen eine kleine Sensation. Für die Einheimischen sind *faranjs* eigenartige Wesen, die in Landrovern, anderen Autos oder – eher selten – in Bussen vorüberbrausen.

Man hieß mich herzlich willkommen in dieser quadratischen Bretterbude mit zwei Räumen. Durch das »Kaminloch« zwischen dem Wellblechdach und den Lehmwänden pfeift der kalte Wind herein. Es gibt ein Eisenbett mit zwei schmutzigen Decken, aber die Familie schläft größtenteils auf Tierfellen auf dem Boden. Zum Abendessen machte meine Gastgeberin der *faranj* zu Ehren aus sechs winzigen Eiern Rühreier – eine verführerische Erweiterung der Speisekarte. Die Art der Zubereitung war hingegen weniger verführerisch. Sie schlug die Eier in eine schmutzige Emailleschüssel, verquirlte sie sorgfältig mit ihren verdreckten Fingern und goss die Masse anschließend in eine vermutlich ebenso verdreckte Pfanne mit ranziger Butter und Salz. Das Ergebnis aber war köstlich. Da ich dummerweise meinen Löffel verloren habe, musste ich entdecken, dass es gar nicht leicht ist, fettige Rühreier mit den Fingern zu essen.

Die Frauen in dieser Gegend sind kunstreicher tätowiert als anderswo, hauptsächlich am Nacken. Ein langer Nacken gilt unter den Hochländern als Schönheitsmerkmal, und kunstvoll gezeichnete Tätowierungen sollen vornehmlich die Länge betonen.

Auch Jock weilt unter den Anwesenden, da alle behaupteten, er würde gestohlen, falls man ihn draußen lässt. Diese Möglichkeit wurde sonst nirgendwo in Betracht gezogen. Das lässt darauf schließen, dass eventueller Maultierdiebstahl zu den fragwürdigen Vorzügen einer Autostraße gehört.

23. Januar – Ein Compound auf einem Hang

Die heutigen 43 Kilometer führten durch friedliches, sanftes Gelände. Erst gegen drei Uhr nachmittags fanden wir uns abrupt inmitten wilder Berglandschaft wieder, und die Straße wand sich in Kurven hohe, bewaldete Hänge hinauf. Steile, mit dichtem Gebüsch bewachsene Klippen thronten über uns, und unter uns gähnten tiefe, weite Täler.

Kurz nach Mittag hörte ich lautes Stimmengewirr auf einem Hang über uns. Offenbar wurde dort inmitten einer riesigen Eukalyptusplantage ein Markt abgehalten, und ich beschloss, einen *Talla*-Umweg zu machen. Wir kämpften uns den Hang hinauf, vorbei an Viehherden, und arbeiteten uns durch einen Platz mit dicht gedrängten Verkaufsständen unter Wellblechdächern vor, wobei unser Auftritt für einiges Aufsehen sorgte, da Jock den am Boden aufgehäuften Waren nicht immer aus dem Weg gehen konnte.

Aufgetankt bummelte ich über den »Marktplatz«. Jock hatte ich einem kleinen Jungen überlassen, der sich kurzzeitig als mein persönlicher Diener zur Verfügung stellte. Diese Wochenmärkte sind die Eckpfeiler des Hochlandhandels. Leute kommen regelmäßig sogar aus 30 Kilometern Entfernung, um ihre handgearbeiteten Sachen gegen die importierten Waren moslemischer Händler einzutauschen. (Hochländer verachten den Handel als Beschäftigung. Für sie gibt es nur zwei ehrwürdige Möglichkeiten, sein Leben zu bestreiten – als Bauer oder Soldat. Deshalb konkurrieren sie nicht mit den moslemischen Händlern, von denen die meisten jemenitische Araber sind.) Die ländlichen Märkte sind mittlerweile auch für große städtische Kaufleute interessant geworden. Hier decken sie ihre Vorräte an Getreide, Fellen und Wolle, die sie von einzelnen Bauern in irgendwelchen Dörfern wirtschaftlich nie derart günstig bekämen. Das ist ein Grund, warum es so schwierig ist, Futter für Jock aufzutreiben. Hochlandbewohner sind es nicht gewohnt, Geschäfte außerhalb des Marktes abzuwickeln, und Veränderungen brauchen eben ihre Zeit.

Zum Markt zu gehen, gehört zu den Hauptattraktionen im Leben eines Hochländers. Die meisten Hochländer laufen unermüdlich vom Morgengrauen bis zum Einbruch der Dämmerung. Diese langen, gemütlichen Tagesreisen sind keine Mühsal, sondern eine willkommene Abwechslung von der täglichen Arbeit auf dem Hof oder dem Feld. Darüber hinaus trifft man bei der Gelegenheit Verwandte und Freunde wieder und kann Neuigkeiten austauschen.

Als wir den Markt verließen, brachen auch die meisten anderen auf, und man sah Züge von Maultieren in alle Richtungen davonschwanken, gefolgt von ganzen Familien bis zum Kleinsten auf Mutters Rücken. Auch andere waren auf einem Kamm in der Nähe unterwegs – Frauen in einfachen, sackartigen Gewändern trugen gewaltige, hoch aufgetürmte Ladungen auf ihren Köpfen, Männer liefen hinter ihren Packtieren her, ihre *dulas* geschultert, und ein reicher Mann saß stolz auf dem üppig verzierten Sattel seines Maultiers – und zeichneten sich silhouettenartig vor dem graublauen Horizont ab.

Zwei Stunden später ließ ein Riss in einer Wand zu unserer Rechten erkennen, auf welcher Höhe wir immer noch waren; weit unter uns lagen die von Wind und Wetter gezeichneten Gipfel einer bläulichen Gebirgskette, die sich weit in den westlichen Himmel hinzog.

Dann ging es leicht bergauf über einen Pass, ehe der endgültig letzte Abstieg von den Semiens begann. Bei Sonnenuntergang waren wir auf 2500 Metern angekommen und umrundeten ein steiles Massiv, das rechts über uns thronte und zu unserer Linken steil abfiel. Im Südwesten war die Serpentinenstraße zu sehen, die sich durch eine schmale Schlucht Richtung Gondar – nur 25 Kilometer entfernt – schlängelte. Aber es gab weit und breit kein Dorf, und ich stieß nur auf diesen kleinen Compound, als ich den Hang nach einem geeigneten Lagerplatz für die Nacht absuchte. (Wenn keine Eukalyptusbäume bei den Hütten wachsen, fallen sie einem nicht ins Auge.)

Es ist ziemlich ungewöhnlich, einen einsamen Compound wie diesen inmitten einer derart rauen Gegend zu finden, und die Leute sind wirklich arm – eine seltene Erscheinung im Hochland. An Tieten besitzen sie lediglich einen abgemagerten Esel und zwei wilde Köter, und sie haben kein Getreide, also auch kein *talla* oder *injara*. Anfangs fragte ich mich, ob sie halb Ausgestoßene eines heidnischen Stammes waren, aber dann fiel mir auf, dass sie alle ein *matab* trugen – ein Halsband, das nur Mitglieder der äthiopischen, orthodoxen Kirche tragen. Ein junges Pärchen lebt in einer Hütte, und ihr vor Hunger dumpfer Gesichtsausdruck erinnerte mich an indische Bauern in Bihar. Sie haben drei Kinder, die vermutlich nicht mehr lange leben werden.

Als ich den Compound erreichte, füllte die Frau gerade ihren Wasserkrug. Ich kam durch die Büsche, und sie floh schreiend vor mir, obwohl 100 Meter weiter auf der Straße jeden Tag *faranjs* vorbeikommen.

In der kleineren Hütte bewirteten mich drei alte Männer, die mich für einen Mann hielten. Eine kleine Pfanne mit gekochten grünen Bohnen kam zum Vorschein, und die Gastgeber bestanden darauf, ihr Mahl mit mir zu teilen. Armut tut der Gastfreundschaft der Bauern kaum einen Abbruch. Ich war so ausgehungert, dass mir die duftenden Bohnen wie eine Speise der Götter vorkamen. Aber ein schlechtes Gewissen macht aus uns allen Märtyrer, und ich hielt mich nach einer Hand voll Bohnen zurück – obwohl die Graubärte mich wiederholt drängten: »*Tegabazu!*« (Langen Sie zu!) und »*Mokar!*« (Versuchen Sie!). Unseligerweise sind meine Notvorräte alle aufgegessen und mir knurrt der Magen beim Schreiben.

Die Nachtluft ist hier fast warm, und ich werde draußen, ohne Ungeziefer unter einem Himmel mit mondhellen Wolken, schlafen.

24. Januar – Hotel Fasil, Gondar

Nach meiner ersten ungezieferfreien Nacht seit Derasghie wachte ich ziemlich früh auf. Rundherum war es noch dunkel, und über mir blitzten Sterne durch die Wolkenfetzen, aber im Osten, über den Bergen, glühte ein langer, schmaler Streifen orangefarben wie Kupfer im Feuerschein. Der Moment des Erwachens nach einer Nacht im Freien hat immer etwas besonders Friedliches und Freies.

Die Morgenluft war kühl, und ich sah mir die Morgendämmerung von meinem Schlafsack aus an. Mein verzweifelter Hunger trieb mich dazu, diesen fürchterlichen äthiopischen Brandy zum Frühstück zu trinken. Um halb sieben waren wir auf den Beinen, und eine halbe Stunde später sah ich eine Gruppe Männer und Jungs, die ihre beladenen Esel von der Straße einem steilen, felsigen Weg zutrieben. Sie waren offensichtlich auf dem Weg zum Markt nach Gondar, also folgte ich ihnen. Diese Abkürzung verkürzte die 24 Kilometer auf der Straße um fünf. Abgesehen vom ersten Abhang war der Weg problemlos. Nach viereinhalb Stunden über Weiden, Stoppelfelder und gepflügte Felder erreichten wir wieder die Straße, gingen um eine Bergschulter herum, und unter uns lag Gondar, verborgen unter Bäumen.

Dann passierte etwas Merkwürdiges. Den ganzen Morgen über war ich unsagbar müde gewesen vor lauter Hunger, und jede leichte Steigung kam mir wie ein steiler Hang vor, aber mir war die Anstrengung nicht bewusst geworden. Dennoch verließen mich genau hier sämtliche Kräfte, und ich musste mich zehn Minuten an den Straßenrand setzen, um meine ganze Energie für die letzte Biegung zu sammeln. Inwieweit der Brandy auf nüchternen Magen begünstigender Faktor für diesen »Zusammenbruch« war, bleibt strittig, aber die psychische Determinante dieses Vorfalls ist erstaunlich. Wären es bis Gondar noch weitere 15 Kilometer gewesen, wäre ich vielleicht erst in 15 Kilometern zusammengeklappt.

Ursprünglich wollte ich zuerst zur Post, aber im Augenblick zählen sogar Briefe weniger als Essen. Stolpernd schwankte ich in das noble Hotel Fasil und setzte mich in dem Bar-Restaurant auf einen blauen Eisenstuhl an einen blauen Eisentisch und bat den aufgescheuchten Büfettier, mir etwas – irgendetwas – Essbares zu bringen. Innerhalb einer halben Stunde hatte ich dann einen Berg Nudeln mit *wat*, fünf große Brötchen, knapp 300 Gramm australischen Büchsenkäse und dazu sechs Tassen stark gezuckerten schwarzen Tee gierig hinuntergeschlungen.

Als ich mich von diesem Festbankett erhob, sah ich eine fürchterlich abstoßende Person hinter der Theke. Es ist ein eigenartiges Gefühl, wenn man sein eigenes Spiegelbild sieht, ohne sich im ersten Moment zu erkennen. Als ich mich schließlich wiedererkannte, wunderte ich mich nicht mehr, dass die junge Frau gestern Abend schreiend davongelaufen war. Wenn ich so eine Erscheinung bei Einbruch der Dunkelheit durch die Büsche auf mich zukommen sähe, würde ich auch fliehen, schnell und weit. Die Kombination aus Dreck, sonnenverbrannter Haut, staubgeröteten Augen, von Schweiß mattem Haar, dick geschwollenen Lippen, blutverkrustetem Kinn und eingefallenen Wangen hatte tatsächlich etwas Erschreckendes. Natürlich wusste ich, dass ich abgenommen hatte, aber mir war nicht klar geworden, wie ausgezehrt mein Körper tatsächlich war. Sofort buchte ich ein Zimmer für eine Woche, um vor der nächsten Tour ein wenig an Gewicht zuzulegen.

Nachdem Jock im Stall untergebracht war, ging ich auf mein Zimmer, geführt von zwei Bediensteten, die feierlich meine staubigen Säcke trugen, und die nächsten zwei Stunden verbrachte ich im Bad. Zwar hatte ich keine sauberen Kleider anzuziehen, aber alleine durch die simple Tatsache, sauber gewaschen zu sein, kam ich mir entschieden schick vor, als ich wieder in die Halle hinunterging.

Die Neuigkeit unserer Ankunft hatte sich wie ein Lauffeuer verbreitet, und in der Bar warteten schon eine Menge Leute auf mich – und man kann sich meine Verlegenheit vorstellen, als ich hörte, dass Leilt Aida seit ein paar Tagen jeden Abend den Polizeichef angerufen hatte, um zu erfahren, ob wir schon in Gondar eingetroffen seien. Ein Mitglied meines »Empfangskomitees« war der Direktor der Gondar Bank, der Jock freundlicherweise seinen Garten während unseres Aufenthalts anbot. Zudem versprach er, eine tägliche Ration Getreide zu organisieren.

Als ich zur Post ging, um in Makale anzurufen, händigte man mir die verspätete Weihnachtspost aus. Also verbrachte ich den Rest des Tages damit, Briefe zu beantworten.

6.
Gondar

25. *Januar – Hotel Fasil, Gondar*
Dieses solide, von den Italienern gebaute Hotel ist ziemlich preiswert. Jetzt gehört es einem reichen Gondarer und ist Treffpunkt nett gekleideter Studenten und Beamter, die hier Würfel, Karten und Billard spielen oder sich bei einer Flasche Bier unterhalten. Keiner der freundlichen, etwas begriffsstutzigen Angestellten spricht englisch, aber alle bemühen sich – allerdings ziemlich erfolglos –, behilflich zu sein. Mein Zimmer hat die Größe eines mittleren *tukul,* fließendes kaltes – und manchmal warmes – Wasser, ein großes Fenster mit weiter Aussicht, ein für meinen Geschmack zu weiches Bett mit sauberem Bettzeug, eine Nachttischlampe, Tisch, Stuhl, Kommode und Schrank. Bis zur Ankunft meines beklagenswerten Gepäcks, aus dem sich sofort eine Invasion von Flöhen auf der Suche nach neuen Weidegründen über Fußboden und Bett ausbreitete, war es absolut makellos.

Nach einem ausgedehnten Frühstück mit Kaffee, Brötchen und israelischer Marmelade brach ich zu einer ersten Erkundung Gondars auf. Die Italiener hatten beabsichtigt, die Stadt zur Hauptstadt ihres afrikanischen Reiches zu machen, und noch heute erinnern zahlreiche große, gesichtslose Gebäude an die Ambitionen Mussolinis. Post, Bank, Armee- und Polizeihauptquartiere, Regierungsgebäude, Provinzialgericht, riesige Privatvillen, Geschäfte, Krankenhaus und Kino sind die süßen Früchte der Besatzungszeit, ohne die sich Gondar lediglich durch die Ruinen seines königlichen Palastes von Debarak unterscheiden würde. Selbst heute noch besteht der größte – wenn auch nicht der augenfälligste – Teil der Stadt aus dem üblichen Sammelsurium kleiner Hütten entlang staubiger, steiniger Gassen.

In den letzten Jahren hat die Zahl der Kraftfahrzeuge in Gondar erheblich zugenommen, obgleich noch immer Pferdedroschken als Taxis fungieren. Strom gibt es die ganze Nacht hindurch, ebenso wie in Asmara und Addis. Im Übrigen gilt äthiopische Zeit, d. h., zwölf Uhr Mitternacht hier entspricht sechs Uhr morgens bei uns – ein logisches System, da der neue Tag mit der Dämmerung beginnt und nicht, wenn man ins Bett geht. Ich habe meine Uhr vor Wochen umgestellt, denn Kopfrechnen war nie meine Stärke, und in manchen Gegenden fragt jeder Vorübergehende nach der Zeit. (Es ist ein Spiel, das man nur mit den *faranjis* spielt; kein Hochländer kümmert sich darum, ob es drei oder vier Uhr ist. Er richtet sich bei seiner Tageseinteilung nach dem Sonnenstand.)

Das Restaurant im Hotel Fasil serviert nur Teigwaren und *wat*, und so ging ich mittags zum Tourist Hotel, um meine »Kamel-Strategie« fortzusetzen und in Vorbereitung auf meine nächsten Unternehmungen ein paar Pfunde zuzulegen. Der kürzlich von der äthiopischen Touristenorganisation herausgegebene Reiseführer hatte mich darüber informiert, dass »das Hotel Itegue Menen in Gondar über ein recht gutes Restaurant verfügt sowie über Tennisplätze und einen Swimmingpool, wenngleich Letzterer für gewöhnlich kein Wasser enthält. Die Preise sind ziemlich hoch.« Ich hielt jedoch zehn Shilling für ein viergängiges italienisches Mittagessen inklusive jeder Menge grünen Salats, Tomaten, frischer Butter (hergestellt in der Nähe von Asmara) und eines keineswegs reisemüden Port Salut für angemessen. (Wo immer übrigens westliche Siedler den Wunsch nach grünem oder Wurzelgemüse und Früchten verspüren, können diese im Hochland erfolgreich angebaut werden. Die Eingeborenen aber halten alle diese Nahrungsmittel für minderwertig und bauen sie nie für den eigenen Gebrauch an. Dennoch ist ihre Ernährung in mancher Hinsicht gesünder als unsere. Sie ist vor allem reich an Kalzium – wie unschwer an ihren Zähnen zu erkennen ist –, und allein *teff* kompensiert zahlreiche Mängel. Dieses einzigartige Getreide enthält außerordentlich viel Eisen, was erklärt, warum die Hochländer nicht die üblichen Symptome für einen Wurmbefall aufweisen: Ihr Verdauungstrakt enthält genug überschüssiges Eisen, um die Parasiten ohne größere Beeinträchtigung der eigenen Gesundheit zu ernähren.)

Das Itegue Menen ist ein großes, komfortables, hübsch eingerichtetes, von Italienern gut geführtes Hotel. Und trotzdem wirkt es irgendwie Mitleid erregend. Die Äthiopier beklagen häufig das Fehlen bequemer Unterkünfte für Touristen, aber heute Mittag hielten sich in dem riesigen Speisesaal lediglich vier weitere Gäste auf: Amerikaner, die von Addis herübergeflogen waren und mir ein kostenloses Unterhaltungsprogramm lieferten. Für sie ist das Itegue Menen eine derart primitive Absteige, dass sie den Salat mit schrillen Schreckensschreien zurückwiesen und eine der Frauen vor dem Essen Sodawasser verlangte, um ihre Gabeln und Löffel darin abzuwaschen.

Nach dem Essen kehrte ich in mein Zimmer zurück – wobei ich mir auf dem Weg dorthin ein paar Bücher auslieh und kurz nach Jock sah. Anschließend habe ich mich eingehendst in die Geschichte Gondars eingelesen.

26. Januar

Heute Morgen habe ich mir die königlichen Palastanlagen von Gondar angesehen, die 200 Jahre lang das Zentrum des äthiopischen Kaiserhofes waren.

1632 wurde Kaiser Susenyos gezwungen abzudanken, nachdem er sich seine Untertanen zu Feinden gemacht hatte, weil er den portugiesischen Jesuiten gestattet hatte, ihn zu bekehren, und sie autorisiert hatte, das gesamte Reich zu missionieren. Er hatte ursprünglich in Gorgora eine Hauptstadt gegründet, nachdem sein Heer von eindringenden Galla-Stämmen nach Norden abgedrängt worden war. Aber Gorgora liegt am malariaverseuchten Nordufer des Tana-Sees, und so verlegte Susenyos' Sohn Fasilidas die »Stadt« zwischen die Ausläufer des Semien-Plateaus, gab ihr den Namen Gondar, verbot jedem Fremden, in ihr zu leben, und baute für sich einen quadratischen, zwei Stockwerke hohen, vom portugiesischen Stil beeinflussten Palast mit je einem runden Turm an den vier Ecken.

Fasilidas starb vor genau 300 Jahren. Ihm folgte sein Sohn, Yohannes I. (der Gerechte), der in meinem regierungsgesponserten Reiseführer als »tief religiös« beschrieben wird: »Er ließ allen Katholiken die Wahl, ihrem Glauben abzuschwören oder vertrieben zu werden, um in den Wüsten des Sudan umherzuziehen.« Unter seiner Herrschaft wurden auch die Moslems aus Gondar verbannt, und der Glaube der Bevölkerung an die Heiligkeit des Kaisers, der durch Susenyos' Übertritt gelitten hatte, wurde völlig wiederhergestellt.

Auf Yohannes folgte 1682 sein 20-jähriger Sohn Iyasu I., genannt der Große. Iyasu war ein gebildeter Schriftgelehrter, der beste Reiter seiner Zeit, ein Liebhaber des Zeremoniells, ein Sammler von Juwelen, ein Kämpfer für die Rechte der exilierten Prinzen in Amba Wahni und ein Reformer des korrupten Steuersystems. Darüber hinaus distanzierte er sich von der offiziellen Fremdenfeindlichkeit, unternahm zwei vergebliche Versuche, diplomatische Beziehungen zum französischen Hof herzustellen, und trat mit Entschiedenheit für die Autorität der Krone über die Kirche ein.

Aber schließlich wurde Iyasu seiner eigenen Familie zu groß. Äthiopien war im späten 17., frühen 18. Jahrhundert noch nicht bereit für einen Herrscher, der in seinem Palast saß, die heiligen Schriften studierte, mit Juwelen herumspielte, die Verwaltung reformierte und eine Abneigung gegen das Blutvergießen zeigte. Seit dem Untergang des alten Aksum war Gondar die erste Stadt des Reiches. Als Iyasu die Macht übernahm, war sie bereits gefährlich unter den Einfluss der Kirche geraten und hatte den Bezug zu den Realitäten des Lebens im Hochland verloren, das damals genauso hart war, wie es immer gewesen war. Der Adel nutzte Iyasus friedvolle 25-jährige Regierungszeit, um schlagkräftige Heere aufzustellen und ehrgeizige Pläne zu entwickeln. Schließlich schloss sich ein Sohn des Kaisers, Takla Haimamot, der Verschwörung zur Absetzung seines Vaters an, den man zwang, als Mönch in ein Kloster auf einer Insel im Tana-See zu gehen. Einige Monate später wurde er jedoch ermordet, aus Angst, er könne versuchen, den Thron zurückzuerobern.

Es folgten 15 Jahre Anarchie: Takla Haimamot I. wurde nach zweijähriger Regierungszeit ermordet. Nachfolger war sein 50-jähriger Onkel Theophilos, ein Bruder Iyasus I., der lange genug lebte, um die Fürsten umzubringen, die an der Ermordung seines Bruders und seines Neffen beteiligt gewesen waren. Dazu gehörte auch Iyasus Witwe, Königin Malakotawit, die zusammen mit einem ihrer Brüder gehängt wurde. Ihre Körper wurden anschließend zerhackt und vor den Palasttoren den Hyänen zum Fraß vorgeworfen. Drei Jahre später starb Theophilos – völlig unspektakulär an Fieber. Den Thron riss einer der Provinzfürsten mit Namen Yostos an sich, dessen Mutter eine Tochter Yohannes' I. gewesen war und der angeblich nach sechsjähriger Regierungszeit 1717 vergiftet wurde. Yostos' Nachfolger war ein 20- jähriger Sohn lyasus I., Dawitt III., der wahrscheinlich 1719 ebenfalls vergiftet wurde, obgleich er sich zuvor beim Volk dadurch beliebt gemacht hatte, dass er die Steinigung von drei Kapuziner-Missionaren befahl, die irgendwie nach Gondar eingedrungen waren. Dawitt III. war ein fanatischer Anhänger der eustachischen Sekte der äthiopischen Christen, die glaubte, dass der Geist Gottes, der bei der Taufe auf Christus herabgekommen war, die Vereinigung von dessen menschlicher und göttlicher Natur bewirkt habe. Diese Auffassung wurde von den Mönchen von Debra Libanos, Äthiopiens heiligstem Kloster, heftig bekämpft, die demgegenüber behaupteten, die Gnade des Heiligen Geistes sei der menschlichen Natur Christi erst im Augenblick ihrer Vereinigung mit dessen göttlicher Natur zuteil geworden, wodurch die Würde des Menschen wiederhergestellt wurde, die durch Adams Sündenfall verloren gegangen sei. Man sollte kaum meinen, dass eine so spitzfindige Debatte die niedrigen – oder überhaupt irgendwelche – menschlichen Emotionen erregen könnte. Aber kurz vor seiner Vergiftung nahm der junge Kaiser an der impertinenten Widerrede der Mönche Anstoß und schickte ein Kontingent seiner grausamen Galla-Truppen aus, um sie sämtlich massakrieren zu lassen. Kontroversen dieser Art beleben noch heute die theologische Szene Äthiopiens, obgleich sie keinen Massenmord mehr auslösen.

Der nächste Kaiser, 'Asma Giorgis, war ebenfalls ein Sohn des zeugungskräftigen Iyasu I. (Man brauchte übrigens kein legitimer Sohn zu sein, um die Thronfolge anzutreten; anerkannte königliche Abstammung genügte. Weder Erstgeburt noch Legitimität hatten irgendetwas zu bedeuten. Vielmehr genossen sämtliche Söhne eines Herrschers die Privilegien ihrer Abstammung.) 'Asma Giorgis ist als »Bakaffa« (der Unerbittliche) in die Geschichte eingegangen. Während seiner zehnjährigen Regierungszeit hat er den Adel rücksichtslos unterdrückt und im Zaum gehalten, indem er alle wichtigen Regierungsposten und Ämter mit Männern besetzte, denen er vertrauen konnte, weil sie von ihm abhängig waren. (Der gegenwärtige Kaiser verfolgt eine nicht ganz unähnliche Politik aus eben den gleichen Gründen.) All seine Strenge verhinderte jedoch nicht, dass er zu einem der beliebtesten Helden in den Erzählungen der Hochländer wurde: Sein Name tauchte häufig in den Liedern der Schafhirten auf, bei denen ich kampierte, und es gibt zahlreiche Geschichten, die von seinem Mut und seiner Schlauheit berichten. Er hatte die Angewohnheit, verkleidet umherzureisen – um die Meinung des Volkes zu erfahren und seine so erlangten Kenntnisse gegen die Adligen zu verwenden. Auf einer dieser Reisen wurde er in einem Dorf der Galla krank. Die hübsche Tochter des örtlichen Häuptlings pflegte ihn gesund. Ihr Name war »Ruhm der Anmut«. Sie wurde die berühmte Kaiserin Mentuab.

Anders als die meisten äthiopischen Kaiser blieb Bakaffa seiner Frau treu und versäumte es dadurch, für eine weit gestreute Auswahl von Erben zu sorgen. Er starb 1729 und hinterließ einen minderjährigen Sohn, den Kaiser Iyasu II., und Mentuab als Regentin. Es folgte die letzte Phase des Zerfalls. Mentuabs Nepotismus brachte die Adeligen gegen sie auf, und sie war zu schwach, die zahlreichen Aufstände und Verschwörungen unter Kontrolle zu bekommen. Iyasu II. erhielt als Erwachsener den Spottnamen »der

Kleine« – im Gegensatz zu seinem Großvater »dem Großen«. Das Volk verachtete ihn wegen seiner teuren künstlerischen Neigungen. Schließlich ließ er sich zu einer Kampagne gegen Sennar aufhetzen, wobei fast die gesamte kaiserliche Armee niedergemacht wurde.

In der Zwischenzeit war Ras Mikael Sehul von Tigre zum stärksten Mann in Äthiopien aufgestiegen. Er herrschte über das gesamte Gebiet nördlich der Takazze und kontrollierte durch seinen Einfluss auf den Moslem Naib sogar den Hafen von Massawah. Durch Zolleinnahmen wurde er ungeheuer reich. Vor allem aber kontrollierte er den Waffenimport und sorgte dafür, dass seine eigene Armee besser ausgerüstet war als jede andere. Als Iyasu II. 1753 starb, war Ras Mikael bereit loszuschlagen.

Mentuab hatte Iyasu mit einer Galla-Prinzessin mit dem entwaffnenden Namen Wobit verheiratet. Und nun gebrauchte Wobit ihre Ellbogen, schob die alte Kaiserinwitwe beiseite und übernahm selbst die Herrschaft im Namen ihres kleinen Sohnes Joas. Schon bald war der Hof faktisch in der Hand von Galla-Häuptlingen, und die Galla, die ihre Häuptlinge nach Gondar begleitet hatten, lagerten zu tausenden vor der Stadt. Das Chaos brach aus, und als Joas volljährig wurde, hatte die offene Auflehnung der Hochländer gegen die Galla ein solches Ausmaß angenommen, dass der verzweifelte junge Kaiser gezwungen war, Ras Mikael um Hilfe zu bitten. Der 70-jährige Fürst besetzte sofort Gondar, vertrieb die Galla, ohne sie jedoch völlig zu vernichten, heiratete Mentuabs Tochter aus zweiter Ehe, ermordete Joas, setzte einen weiteren (70-jährigen) Sohn Iyasus des Großen auf den Thron, fand ihn dann aber doch zu schwach, vergiftete ihn, inthronisierte stattdessen seinen Sohn Takla Haimamot II. und ließ so viele zerstückelte Leichen von Verrätern in den Straßen verteilen, dass die durch die eiweißreiche Nahrung mutig gewordenen Hyänen zu einer Gefahr für die Öffentlichkeit wurden. (*Worin* der Verrat bestand, ist schwer auszumachen, aber Ras Mikael wusste es bestimmt.)

Takla Haimamot II. wurde 1779 ermordet. Auf ihn folgte sein Bruder Takla Giorgis, der 1784 gewaltsam ins Exil nach Ambasal vertrieben wurde. Um 1800 gab es angeblich sechs lebende Marionettenkaiser, und der Königspalast in Gondar begann bereits im Einklang mit der kaiserlichen Macht zu zerfallen. Bis zur Mitte des 19. Jahrhunderts blutete das Hochland, während die sich bekämpfenden Adligen bemüht waren, sich selbst näher und näher an den Thron heranzumanövrieren. Diese Gentlemen wurden von den Herrschern von Tigre, Shoa, Amhara und Gojam dominiert; aber nachdem die beiden Letzteren gleichzeitig im Kampf gefallen waren, gelang einem Außenseiter in diesem Gerangel der Durchbruch – und Kassa, der Ex-*shifta*, wurde als Theodore II. zum Kaiser gekrönt. (Sein Vater, ein unbedeutender Häuptling, war angeblich von königlichem Geblüt. Dies ist keineswegs unglaubwürdig, denn damals muss ein erheblicher Prozentsatz der Bevölkerung derart privilegiert gewesen sein.)

Theodore verlegte die Hauptstadt nach Magdala, wo er bald nach seiner Niederlage gegen Lord Napier Selbstmord verübte. Daran erinnernd, dass Theodore im modernen Äthiopien als Held gilt, merkt mein Reiseführer zart fühlend an, »dass er den Niedergang Gondars durch mehrere Strafaktionen gegen die Stadt beschleunigt habe, wobei die Gebäude des Palastes zerstört worden seien«. Tatsächlich bestand zu jener Zeit überhaupt kein Anlass für eine Bestrafung Gondars, aber Theodore brauchte Geld – und hatte die Stadt sowieso nie gemocht. Deshalb führte er am 2. Dezember 1866 seine Truppen in die Ex-Hauptstadt, plünderte sämtliche Kirchen, vertrieb 10 000 Menschen aus ihren Häusern und zündete die Stadt an. Vier von 24 Kirchen sowie der etwas solider gebaute Palast entgingen indessen dem Feuersturm. Der Palast wurde dann allerdings 1888 von den Derwischen, von den Italienern während der Okkupation und schließlich von den britischen Bombern während der Befreiung noch weiter beschädigt. So ist es eigentlich überraschend, dass die königliche Palastanlage noch immer Gondars bemerkenswertester Gebäudekomplex ist.

Ich brauchte eine halbe Stunde, um außen um die hohen, mit Zinnen bewehrten Palastmauern herumzugehen, vorbei an den zwölf

Zeremonialtoren, die so beziehungsreiche Namen tragen wie: »Tor der Richter«, »Tor der Beisetzungsfeierlichkeiten«, »Tor der Spinnen«, »Tor der Tauben«, »Tor der Häuptlinge«, »Tor der Geheimkammer«, »Tor der Schatzkammer des Hauses Maria«. Dann ging ich hinein – nachdem ich bei einem netten jungen Mann, der aber keinen Versuch machte, mich zu »führen«, eine Eintrittskarte erstanden hatte – und wurde in den nächsten zwei Stunden weder von *faranjis* noch Einheimischen gestört.

Die meisten Gondarer Kaiser haben innerhalb der Umfassungsmauern ausgiebig gebaut, und während man durch das hohe, verbrannte Gras von einer stillen Ruine zur nächsten wandert, wird einem die Diskrepanz zwischen dem schönen Schein und der Realität bewusst, die jene zwei Jahrhunderte durchzog. Hier gab es eine Bücherei und eine Kanzlei, ein »Haus der Lieder« und einen »Pavillon der Vergnügungen«. Festsäle und Paläste waren mit Seidenstoffen, Teppichen, Elfenbein, Mosaiken, Porzellan, venezianischem Glas und chinesischem Geschirr geschmückt. Aber dies alles war so weit von der Realität des Hochlands entfernt, wie es Addis Abeba heute ist. Überall außerhalb Gondars lebten schnell reitende, ständig in Kämpfe verwickelte Adlige in Zelten aus Fellen, nährten sich von rohen, noch warmen Fleischbrocken, tranken Met aus Hornbechern und ließen sich von der neuartigen Kultiviertheit ihrer festen Hauptstadt nicht im Geringsten beeindrucken. Jetzt liegen diese trotz aller Befestigungen zerbrechlichen Verkörperungen königlicher Träume verwüstet und ausgeplündert da – von der Geschichte für belanglos erklärt.

Heute Abend haben mich der Bankdirektor und der Provinzchef des Fernmeldeamts in ein *tej-beit* außerhalb des Stadtzentrums ausgeführt. Auf unserem Weg kamen wir an dem von einem öffentlichen Galgen beherrschten Marktplatz vorbei. Er wird noch immer regelmäßig benutzt, und meine Begleiter machten mich stolz auf ihn aufmerksam, als Zeichen dafür, wie wirksam Gesetz und Ordnung im modernen Äthiopien gehandhabt werden.

27. Januar
Heute habe ich eine Landsmännin getroffen, Nancy O'Brien, die das Maternity Department in dem von der WHO unterhaltenen Public Health College in Gondar leitet. Wir aßen zusammen zu Mittag, und ich verbrachte den Nachmittag in ihrer Klinik. Später besuchte ich das Krankenhaus, das seine Patienten zwar nicht kostenlos behandelt und auch nicht adäquat ausgerüstet ist, aber weit weniger schmutzig und allem Anschein nach leistungsfähiger ist als vergleichbare Einrichtungen in Indien. Mütter dürfen bei ihren kranken Kindern bleiben, da sie sie andernfalls nicht herbringen würden.

Anders als die meisten bäuerlichen Gemeinden haben die Hochländer keine traditionelle Dorfhebamme. Stattdessen übernimmt es eine Freundin, das Baby zu holen – eine Art nachbarschaftlicher Freundschaftsdienst. Und selbst in Gondar, wo medizinische Hilfe so nah ist, wird man sie bei einer schwierigen Geburt – falls überhaupt – erst dann in Anspruch nehmen, wenn seit dem Einsetzen der Wehen dreimal die Sonne untergegangen ist.

In Asmara und auch hier ist mir sowohl von westlichen Mitarbeitern des medizinischen Dienstes als auch von gebildeten Äthiopiern erzählt worden, dass im Hochland bei fast 100 Prozent der Bauernmädchen im Alter von acht oder neun Jahren die Klitoris herausgeschnitten wird. Die Operation wird von einer älteren »Expertin« vorgenommen, die dabei irgendein grobes Werkzeug benutzt. Erstaunlicherweise kommt es jedoch selten zu Komplikationen. Die Hochländer sind überzeugt, dass die Beschneidung dazu beiträgt, dass ihre Frauen ihnen treu bleiben, obgleich ein UN-Seminar über dieses Thema, das im Dezember 1960 in Addis Abeba veranstaltet wurde, deutlich aussprach, dass die Operation die sexuelle Lust der Frau nicht beeinträchtige, aber starke Schmerzen beim Geschlechtsverkehr hervorrufen könne. Die westlich erzogenen Äthiopier, mit denen ich dieses Thema diskutiert habe, waren sich einig, dass die Frauen des Hochlandes sehr viel weniger »entgegenkommend« seien als Europäerinnen und Amerikanerinnen. Wie es einer von ihnen ausdrückte – äthiopische Männer kennen den Unterschied zwar nicht, aber in Wahrheit »schneiden sie sich ins eigene Fleisch«. Eine Bemerkung, die mich reizte, ihnen das Gegenteil zu beweisen, aber da es mir besser schien, das Gespräch auf wissenschaftlicher Basis weiterzuführen, widerstand ich der Versuchung.

Ausländische Entwicklungshelfer hoffen, in Äthiopien schließlich ein Netz von ländlichen Gesundheitszentren zu schaffen, die von jungen Äthiopiern geführt werden. Sie sollen nicht nur leichtere Krankheiten behandeln, sondern auch einfache Unterweisungen in Bezug auf die Isolierung ansteckender Krankheitsfälle sowie die Vorteile sanitärer Einrichtungen und persönlicher Hygiene vornehmen. Ich selbst würde mir komisch vorkommen, wenn ich auf der Basis der von mir besuchten Gesundheitszentren ein Urteil über den bereits erreichten Fortschritt abgeben würde. Aber bedauerlicherweise hat mir keiner der Studenten des Public Health College, mit denen ich mich in den letzten drei Tagen unterhalten habe, irgendeine Veranlassung zu der Annahme gegeben, dass Dawit oder Asmara eine Ausnahme seien. Abgesehen von der Schwierigkeit, intelligente junge Leute anzuwerben, wird das Projekt vor allem durch den Widerstand der Hochländer gegenüber jeder Veränderung und den Einfluss der *debtaras* behindert, deren Einkommen sich vermindern würde, wenn nach westlichen Methoden ausgebildete ärztliche Berater das Vertrauen der Bevölkerung erringen würden.

28. Januar

Heute Abend war ich im Haus des Bankdirektors eingeladen, eines 36-jährigen Eingeborenen aus Manz, der acht gut aussehende, lebhafte Kinder im Alter zwischen elf und zwei Jahren hat – obgleich seine Frau wie eine junge Braut aussieht. In Persien, Pakistan oder Indien würde ein Mann in seiner Position nach westlicher Art leben, hier aber ist der Einfluss des Westens so neu, dass die meisten Haushalte noch traditionell geführt werden. Sein im italienischen Stil gebautes Haus ist – sparsam – mit europäischen Couches und Stühlen eingerichtet, und zunächst erschien es mir etwas unnatürlich, dass sich eine Hochlandfamilie in einem großen, strahlend hell erleuchteten Raum versammelte. Bald jedoch stellte ich fest, dass die Atmosphäre »echt« und unser Abendessen ein *Tukul*-Mahl mit allen Raffinessen war einschließlich des besten *tej*, den ich je getrunken habe. Vor und nach dem Essen brachte ein Diener einen Krug mit warmem Wasser, ein kleines Becken, Seife und ein makellos sauberes Handtuch zum Händewaschen; und das wunderschöne *Injara*- Gestell aus farbigem Weidengeflecht hatte einen kegelförmigen Deckel, der mit Lederriemen befestigt war. Nachdem mein Gastgeber den Segen gesprochen hatte, wurden verschiedene *wat* – Fleisch, Huhn und Gemüse – auf dem *injara* verteilt, und wir alle rückten näher heran und langten kräftig zu. Der zweite Gang bestand aus großen Stücken am Knochen belassener, gegrillter Steaks, die man in die Hand nahm und abbiss. Als dritter Gang wurden jedem große, viereckige Stücke rohen Beefsteaks serviert – zusammen mit einem jener rasiermesserscharfen Fleischmesser, dem einzigen »Besteck«, das in einem Hochland-Haushalt benutzt wird. Um das rohe Rindfleisch zu »tranchieren«, nimmt der Fachmann das eine Ende des Fleischstücks zwischen die Zähne und schneidet sich mit einer raschen Aufwärtsbewegung des Messers einen Mund voll ab, wobei die Nase nur um ein paar Zentimeter verfehlt wird. Ich habe nie versucht, diese Kunst zu erlernen.

Im Verlauf unserer Unterhaltung fiel mir wiederum das den Italienern entgegengebrachte Wohlwollen auf, das bei den gebildeten Äthiopiern allgemein verbreitet zu sein scheint. Es beruht zum Teil auf Dankbarkeit. Wie mein Gastgeber meinte: »Wir hätten ein Jahrhundert gebraucht, um die Straßen und Häuser zu bauen sowie die Fernmeldeeinrichtungen zu schaffen, die uns die Italiener in fünf Jahren hingestellt haben.« Ich finde es wohltuend, dass die Menschen kaum jemals die eigennützigen Motive der Italiener für diese »Geschenke« an Äthiopien erwähnen. Nachdem sie ihre Eroberer losgeworden waren, verlegten sich die Hochländer auf liebenswerte Art darauf, die Okkupation als reinen Segen anzusehen. Die von den Italienern begangenen Gräueltaten, die die liberalen Europäer so entsetzten, waren für viele Hochländer nichts als normales Kriegsgeschehen. Es mag sogar sein, dass die Grausamkeit der Besatzungsmacht die Italiener weniger fremdartig erscheinen ließ als andere *faranjs*. Die Englisch sprechenden Äthiopier reden von den Italienern oft wie von adoptierten Vettern, während sie die Amerikaner aus den üblichen Gründen verspotten und die Engländer zwar wegen ihrer Zuverlässigkeit loben, ihnen aber ihre Zurückhaltung übel nehmen. Natürlich hat hier bisher niemand etwas von den Iren gehört. Aber inzwischen bin ich zu einer flüssig Auskunft erteilenden Dozentin für Geschichte, Geografie, Religion, Sprache, Landwirtschaft und die Regierung Irlands geworden.

29. *Januar*

Heute habe ich den Sabbat mit dem Besuch mehrerer Kirchen gefeiert, beginnend mit Debre Berhan Selassie, die östlich von Gondar liegt und Theodores Vernichtungsschlag entgangen ist. Diese kleine, rechteckige Kirche wurde von Iyasu dem Großen gebaut. Theodore beraubte sie aller ihrer tragbaren Schätze, aber die Fresken sind erhalten geblieben – und sind noch schöner als die von Derasghie Mariam.

Die meisten von der Straße aus zu erreichenden Kirchen sind jetzt stolze Besitzer abstoßender italienischer Öldrucke, neben denen sich die unbeholfenste Eingeborenenmalerei wie ein Giotto ausnimmt. Diese Scheußlichkeiten zeigen üblicherweise die Heilige Jungfrau. Sie werden sehr verehrt und sind zu ihrem Schutz in schmutzige Stoffbahnen gehüllt.

Auf jedem Kirchplatz wurde ich sofort von bettelnden Knaben-Diakonen umringt. Normalerweise halte ich mir Bettler vom Leib, denn die Mehrzahl der Hochlandkinder hat es nicht nötig, sich derart zu erniedrigen. Aber hier »gab ich Cents«, denn von diesen Jungen erwartet man, dass sie sich selbst versorgen, solange sie von zu Hause fort sind, und zwar teils durch Betteln und teils durch die Herstellung von Sonnenschirmen, die bei den Hochlandfrauen sehr beliebt sind. Die meisten von ihnen sprachen ein wenig Englisch.

Auf meine Frage, ob sie Priester werden wollten, antwortete nur einer mit »Ja«; die anderen hofften, die staatliche Schule besuchen zu können, und offensichtlich wird niemand Priester, der eine weltliche Schulausbildung erhalten hat – nicht weil ihn dies disqualifiziert, sondern weil die staatlichen Schulen so aufklärerisch wirken, dass ein Ex-Schüler für die Laufbahn eines Priesters verdorben ist.

Es ist interessant, dass in Gondar noch immer so viele Jungen zunächst in kirchliche Schulen gehen, bevor sie eine staatliche Schule besuchen. In den Jahrhunderten, in denen Gondar die Hauptstadt des Reiches war, hat der dort ansässige Hof mit seiner zahlreichen klerikalen Begleitung zumindest etwas Positives erreicht, indem er ein Bildungszentrum schuf, wie es das Hochland zuvor nicht gekannt hatte. Dies sicherte den Gondarern einen besonderen Platz in der kulturellen Hierarchie – und den Ruf, arrogant und feige zu sein sowie außerordentlich würdevoll aufzutreten. Darüber hinaus wurden sie für ihren geschliffenen und subtilen Gebrauch der komplexen amharischen Sprache berühmt und für die Tatsache, dass ein einmalig hoher Prozentsatz ihrer Kinder es lernte, die Psalmen Davids zu lesen – was bedeutete, dass sie die Grundkurse der kirchlichen Schulen erfolgreich abschlossen. Damals wurden so viele junge Künstler von Gondars Schulen für religiöse Malerei angezogen, dass ein großer Bereich des Marktes nur für den Verkauf von Pergament und Farbstoffen reserviert war. Auch wenn Gondars damaliger Glanz heute erloschen ist, ein wenig ist doch davon geblieben.

30. Januar

In der vergangenen Woche habe ich mich stundenlang mit den Repräsentanten der neuen äthiopischen Mittelschicht unterhalten, die dieses Hotel als ihren Haupttreffpunkt benutzen. Viele sind für die von ihnen bekleideten Positionen sehr jung, denn nur wenige Äthiopier, die älter als 35 Jahre sind, haben eine moderne Ausbildung genossen. Einige wurden im Ausland ausgebildet, aber die Mehrzahl sind einheimische Absolventen der Addis Colleges, die nun ihr Exil in Gondar beklagen. Einzeln sind sie sympathisch, aber als Typ wenig beeindruckend. Wenn man sie so an der Bar sitzen sieht in ihren eleganten Anzügen und spitzen Schuhen, Espresso bestellend und Zigaretten der Marke »Craven A« herumreichend, ist der Gedanke etwas verwirrend, dass ein Besuch bei ihren Familien in der Regel die Rückkehr in einen *tukul* in einem Bergdorf bedeutet – wo man genauso gut das Jahr 1067 wie 1967 schreiben könnte.

Die Mehrheit der Studenten scheint emotional unausgeglichen zu sein und gibt zu, ständig unter Schuldgefühlen zu leiden. Häufig werden sie verspottet, abgelehnt – und sogar geschlagen –, wenn sie nach Hause zurückkehren und *Faranj*-Kleidung tragen, eine Zigarette rauchen, um ihre Emanzipation zu betonen, und empörende, sündhafte *Faranj*-Ideen verkünden. Voller Enthusiasmus – aber völlig unsensibel – erzählen ihnen ihre *Faranj*-Lehrer, dass es ihre Pflicht sei, ihren Familien das Evangelium persönlicher Freiheit, wissenschaftlicher Anbaumethoden, Hygiene und kommunaler Entwicklung zu predigen.

Die Art des daraus für den Einzelnen entstehenden Konflikts hängt davon ab, in welchem Maß er von seinen westlichen Lehrern beeinflusst worden ist. Einige junge Männer haben mir erzählt, dass sie sich unehrlich vorkamen, wenn sie ihre Familien besuchten, weil die Angst sie dazu treibt, eine Loyalität gegenüber der Tradition zu heucheln, die sie längst nicht mehr empfinden. Wenn sie danach in die Stadt zurückkehren, verachten sie sich selbst, weil sie ihre modernen Ansichten verleugnet haben, und zugleich empfinden sie Trauer darüber, dass sie nicht länger »nach Hause gehören«. Andere haben gesagt, sie fühlten sich in ihren Ferien regelrecht erleichtert, wieder in eine geordnete, begreifbare Umgebung zurückzukehren, obgleich sie die materiellen Entbehrungen ärgerten. Diese fühlen sich doppelt schuldig, wenn sie wieder mit den *faranjs* zusammen sind, weil sie sie verraten haben und weil sie sich auf der anderen Seite jeden Tag bewusst sind, dass sie ihr Erbe verleugnen.

Es gibt zahlreiche erschütternde Permutationen und Kombinationen dieser elementaren Gefühle; noch nirgends habe ich gesehen, dass der Kampf zwischen dem Alten und dem Neuen so viele junge Leute seelisch so sehr verkrüppelt hat – und wofür? Zugegeben, dieser gebildeten Minorität wurde der Schlüssel zur kulturellen Schatzkiste Europas ausgehändigt, doch nur wenige werden jemals in der Lage sein, farbige Kiesel von Diamanten zu unterscheiden. Weiterhin zugegeben, dass sich diese Hochländer jetzt regelmäßig waschen, viele sich Uhren, Transistorradios und Fernseher kaufen können – manche sogar Autos – und alle nun Bier statt *talla* trinken können. Auf diese Art werden sie zivilisiert. Und wenn ihre Zahl weiter angestiegen ist, wird ihr Einfluss auch die Landbevölkerung aus ihrem Dornröschenschlaf aufrütteln, damit sie sich der wilden Hetzjagd anschließt – den Bach hinunter, wie wir alle. Atomwaffen kommen mir nicht schrecklicher vor als der Eifer, mit dem wir auch alle anderen in unsere eigene materialistische Gosse hetzen.

Unglücklicherweise ist es nicht schwer, junge Hochländer in diese Richtung zu jagen. Ihr brennender Wunsch nach Bildungsmöglichkeiten – vorzugsweise im Ausland – signalisiert selten die Sehnsucht nach Wissen. In der Regel bedeutet er, dass eine Ausbildung als der einzig mögliche Weg angesehen wird, die eigene materielle und soziale Stellung zu verbessern. Ihre erste Frage an mich ist stets: »Mit welchem Grad hast du deine Ausbildung abgeschlossen?« – und sie sind bass erstaunt, wenn sie hören, dass ich mit 14 Jahren die Schule verlassen habe. Wie ist es dann möglich, dass ich mir eine solche Reise leisten kann? Dann erkundigen sie sich nach meinem Beruf, und wenn sie hören, dass ich Bücher schreibe, wird das Ganze absurd – denn wie kann jemand ohne akademischen Grad ein Buch schreiben? Viele vermuten, ich sei die – bis zur Unkenntlichkeit verkleidete – Tochter eines Adligen oder eines äußerst gelehrten *debtara*.

Die meisten dieser jungen Männer sind äußerst patriotisch und überempfindlich gegenüber jeglicher Kritik an ihrem Land. Aber allzu oft beruht ihr Patriotismus auf Illusionen – wie z. B., Äthiopien sei die Führungsmacht des modernen Afrika, der fortschrittlichste afrikanische Staat oder das einzige wahrhaft christliche Land der Welt. Dieses Traumbild von der Größe des Reiches stellt sie zufrieden, und sie scheinen nicht gewillt, auch nur einen kleinen Teil ihrer Energie zur Verbesserung der äthiopischen Landwirtschaft oder des Gesundheitswesens einzusetzen. (In jedem Fall wird die Landwirtschaft von der Regierung vernachlässigt, die es vorzieht »mitzuhalten« und die Industrie fördert – ein grundsätzlicher Fehler, der in Irland nicht unbekannt ist.)

Heute Nachmittag habe ich einen Einkaufsbummel gemacht, was in Gondar durchaus möglich ist, wo die arabischen Geschäfte an der Piazza alle möglichen Waren anbieten, von deutschen Laternen und japanischen Tennisschuhen bis zu Harz und Kaurimuscheln. Mein Notvorrat an Konservendosen, getrockneten Früchten, Streichhölzern, Kerzen, Insektenpulver, Kugelschreibern und Schreibblocks – hergestellt in England – ist wieder aufgefüllt. Vom Apotheker habe ich eine große leere Pillenschachtel für mein Münzgeld erstanden, da man mir sagte, dass in den vor mir liegenden Gebieten kein Papiergeld akzeptiert werde.

Einer meiner Gondarer Wohltäter, Colonel Aziz – stellvertretender Kommandant des Provinzpolizeihauptquartiers – hat sich riesige Mühe gegeben, einen alten italienischen Packsattel aufzutreiben, der mir – theoretisch – das Auf- und Abladen erleichtern wird. Das schwere Ding macht einen entsetzlich komplizierten Eindruck; aber wenigstens ist das Monstrum von Europäern ersonnen, und wenn ich meine gesamte Intelligenz aufbiete, komme ich möglicherweise am Ende damit zurecht.

7.

Mein »Leidensweg« um den Tana-See

31. Januar – Ein Hof im Flachland

Unser Aufbruch von Gondar verzögerte sich durch Jocks neuen Sattel. Langsam sortierte ich das Gewirr von Schnüren, Schnallen und Ketten und brachte alles in die richtige Reihenfolge, aber das Aufladen ging über meine Kräfte. Eine Gruppe von Männern beobachtete meine Bemühungen, und schließlich schickte ich einen von ihnen zum Polizeihauptquartier, um Hilfe zu holen. Eine Stunde später kam ein älterer Sergeant die Straße heruntergeschlendert. Einst hatten ihm die Italiener beigebracht, wie man ihre Maultiere belud, aber sein Wissen war inzwischen etwas eingerostet, und es dauerte eine weitere Stunde, bevor wir losziehen konnten. Trotzdem war diese letzte Stunde nicht verloren, denn nun habe auch ich diese Technik begriffen.

Hinter Gondar führte unser Weg acht Meilen zwischen sanften Hügeln hindurch, auf denen man gelegentlich Burgruinen zwischen Eukalyptusbäumen entdecken konnte. Danach kamen wir wieder auf die Autostraße, passierten ein hässliches Dorf und erreichten eine Kreuzung in der Nähe des Gondarer Flugplatzes. Ein Wegweiser war nicht vorhanden, aber nach meiner Karte zu urteilen, führt die Nebenstraße nach Gorgora.

Zum ersten Mal, seit ich Massawah verlassen hatte, wanderte ich durch eine völlig undramatische Landschaft, die genauso gut in Europa hätte liegen können: im Westen heimatlich anmutende, bewaldete Bergketten, im Osten und Norden niedrige Hügel und, verborgen hinter einem Hitzeschleier, ein mächtiges Felsmassiv. Im Süden verlor sich unsere Straße zwischen Feldern mit *atar, teff,*

Gerste, Weizen, Hirse und Mais. Man sah zahlreiche kleine Dörfer und hunderte magerer Rinder, die unter der Aufsicht kleiner, blaue Baumwollhosen tragender Jungen weideten –, denn wir befanden uns noch in einer »zivilisierten« Gegend. Pferde oder Maultiere gab es dagegen nicht, für sie ist das Gebiet um den Tana-See erfahrungsgemäß ungesund. Aber ich sah zwei große, kräftige sudanesische Esel, die zwischen den Rindern grasten. Um die einheimische Zucht der kleinen Esel und Maultiere zu verbessern, kaufen die Hochländer manchmal Zuchttiere aus Sennar, die ausschließlich als Deckhengste gehalten werden. Sie kosten fünf- bis sechsmal so viel wie der beste einheimische Esel, und ihre Eigentümer verlangen hohe Deckgebühren, die in Geld oder Korn entrichtet werden können.

Viele Männer, denen wir begegneten, trugen Gewehre, und mehrere zeigten ihr tiefes Missfallen über eine allein um den Tana-See wandernde *faranj*. Kurz vor Sonnenuntergang schloss sich uns ein magerer junger Mann an, der einen mit *atar* beladenen Esel vor sich her trieb. Die *faranj* mit dem *buccolo* faszinierte ihn, und so lud er mich zu einem *talla* in sein Dorf ein – und stellte bald fest, dass er für die Nacht einen Gast hatte. Er und seine Familie schienen entzückt, wenn auch ein wenig verblüfft, als ich mich in ihrem Hof niederließ. Und inzwischen bin ich – trotz der nahen Ausländerkolonie in Gondar – von dutzenden neugieriger Männer, Frauen und Kinder umgeben.

Die Bauern in dieser fruchtbaren Gegend sollten eigentlich wohlhabend sein, aber ich habe noch nirgends so viel Armut und Krankheit gesehen wie hier. Die meisten Kinder sind dickbäuchig, mit ansteckender Krätze bedeckt und leiden entweder unter Bindehautentzündung oder Trachomen, und viele Erwachsene haben einen tuberkuloseartigen Husten oder zittern wie im Malariafieber. Sechs Leute haben mir ihre eiternden Wunden gezeigt, weil jeder glaubt, *faranjs* führten einen unbegrenzten Vorrat an Medikamenten mit sich.

Als ich mein Insektizidspray auspackte, bat mich eine Mutter, ihre halb blinde Tochter damit einzusprühen, und wollte mir in ihrer Verzweiflung nicht glauben, dass dies kein Medikament sei. Als ich ihr den Rücken kehrte, sprühte sie es dem Kind in die Augen. Seine Schmerzensschreie müssen bis Khartoum zu hören gewesen sein.

Zweifellos resultiert dieser schlechte Gesundheitszustand zu einem großen Teil aus der vergleichsweise niedrigen Lage des Dorfes und der Nähe des Tana-Sees. Zum ersten Mal, seit ich Tembien verlassen habe, empfand auch ich heute die Mittagssonne als ein wenig zu heiß. Aber wenigstens kann man hier im Freien schlafen, und so werde ich jetzt meinen Schlafsack auf seidigem *Teff*-Stroh unter den Sternen ausbreiten. Ich sehe, dass einige Familienmitglieder ebenfalls beabsichtigen, draußen zu schlafen, eingerollt in ihre *shammas*.

1. Februar – Gorgora

Als ich heute Morgen aufwachte, blieb ich noch einen Augenblick still liegen, seltsam irritiert von dem Gedanken, dass ich am Abend am Ufer des Tana-Sees sein würde. In der Schule hat mich Geografie tödlich gelangweilt, aber ich hatte eine Liste von Orten, die ich allein wegen ihrer Namen unbedingt aufsuchen wollte – und der Tana-See kam gleich hinter Roncevalles und dem Karakorum.

Eine Stunde nach Verlassen des Dorfes bogen wir von der Autostraße in einen Viehpfad ein, der durch Ackerland, reife Kornfelder und meilenweit durch langes, gelbes, hartes Gras genau nach Süden führte. Manchmal lagen kleine Felder mit rotem Pfeffer wie Blutstropfen inmitten der mit üblichen Früchten bebauten Äcker, und ich entdeckte ein paar neue Vögel sowie eine Vielfalt mir unbekannter Bäume. Häufig wurde der Pfad verwirrend breit oder verschwand völlig, aber der Tana-See bedeckt ein Areal von 2000 Quadratmeilen, sodass wir ihn kaum verfehlen konnten. Dann, um 4.15 Uhr, sahen wir in der Ferne eine blaue Fläche durchschimmern, grenzenlos wie das Meer – und eine Stunde später labte sich Jock am Wasser des Sees.

Hier waren wir völlig allein. Ein unendlicher Friede umgab diese ruhende Wasserfläche, die unter einem blassen Abendhimmel farblos dalag. Ausgedehnte Grasflächen und Stoppelfelder fielen sanft zum flachen, morastigen Ufer hin ab. In der Nähe stieg eine kleine heilige, bewaldete Insel aus der Stille empor, und weit entfernt sah man im dunstverhangenen Osten schwache, hohe Schatten – die geisterhaften Umrisse der Berge. Die ganze Schönheit dieses Ortes war zart und heiter. Nichts hätte meinen Kindheitsvisionen von einem abgelegenen düsteren See inmitten eines geheimnisvollen Dschungelgewirrs im Herzen Abessiniens weniger entsprechen können.

Mein sich der Bilharziosegefahr bewusster Reiseführer sagt: »Vorsicht: Es ist gefährlich, im Tana-See zu baden. Besucher sollten ihn nur bewundern, aber vermeiden, in ihm zu schwimmen, zu waten, sein Wasser zu trinken oder hineinzufallen.« Aber es lag auf der Hand, dass ich auf unserem Weg nach Bahar Dar früher oder später ohnehin zumindest in ihm waten musste. Und so – während Jock gierig das feuchte Gras abrupfte – zog ich mich aus, kämpfte mich durch den Schlamm und schwamm voller Vergnügen im tiefen, lauwarmen Wasser. Ein Schwarm erschrockener ägyptischer Gänse flog schreiend von einem Schilfbett auf, und ich ließ mich auf dem Rücken treiben, um die zauberhafte Schönheit ihres Fluges gegen den Himmel zu verfolgen. In der Ferne konnte ich die Bucht von Gorgora erkennen, hinter der sich raue bewaldete Kliffs auftürmten. Das westliche Ufer aber blieb unsichtbar. Als ich mich umwandte, sah ich in einiger Entfernung zwei Männer mit einem Esel. Glücklicherweise wanderten sie nicht in unsere Richtung, sodass keine Zeugen vorhanden waren, als gleich darauf eine etwas betagte Venus den Fluten entstieg.

Während ich am Ufer entlangwanderte, zählte ich sechs extravagant gefärbte Arten von Wasservögeln, fand aber nur eine davon in meinem Bestimmungsbuch – den Goliath-Heron, der fast fünf Fuß groß ist. Ein Kranichpaar war so in seinen komplizierten Paarungstanz vertieft, dass ich die beiden hätte fangen können, wenn ich gewollt hätte. Weniger angenehm waren die Wolken von Moskitos und anderen lästigen Fliegen, die sich aus dem sauer riechenden Morast erhoben, als wir hindurchplatschten.

Am Rand von Gorgora stürmten die Schuljungen herbei, um die

faranj zu begrüßen und uns in diese Herberge zu führen. Sie gehört einem stattlichen, freundlichen jungen Paar. Hinter der Bar geht es über einen engen Hof zu den Schlafräumen – umgewandelten, von den Italienern gebauten Ställen. Im Augenblick sitze ich in der Bar, deren Fußboden aus festgestampfter Erde besteht, und schreibe an einem groben Tisch im Schein einer Petroleumlampe in mein Tagebuch. Da sich die Eigentümer als stolze Städter fühlen, verkaufen sie nur Flaschenbier, sodass ich nach einem Kessel mit *talla* schicken ließ. In der Ecke plärrt ein brandneues Transistorradio vor sich hin, und alle paar Minuten dreht mein Gastgeber an den Knöpfen, wobei er sich jedes Mal mit einem Seitenblick auf mich versichert, ob seine technische Geschicklichkeit auch gewürdigt wird. Vor fünf Minuten kam seine Frau aus der Küche und setzte sich in eine Ecke, um mit den Gästen zu plaudern, während sie ihr Baby mit einer schmutzigen Plastikflasche füttert. Sie ist eine mollige, lebenssprühende, gesunde junge Frau, die wahrscheinlich leicht Drillinge nähren könnte, aber seit kurzem sind die – von arabischen Händlern eingeführten – Säuglingsflaschen zum Statussymbol geworden. Da sie selten ausgewaschen und schon gar nicht sterilisiert werden, kommt ihre Benutzung einer Art Kindesmord gleich, und die WHO-Arbeiter versuchen inzwischen die Kaufleute von Gondar zu überzeugen, sie nicht mehr zu verkaufen.

Meine Pläne rufen hier einige Bestürzung hervor. Zwei Englisch sprechende Lehrer, die mir geholfen haben, den *Talla*-Kessel zu lehren, sind der festen Meinung, dass es unmöglich sei, das Westufer des Sees zu erreichen – es sei denn auf der Straße von Gondar nach Delghie. Aber in diesem Land – wie auch in Indien – werden Schwierigkeiten häufig zur Unmöglichkeit hochstilisiert.

2. und 3. Februar – Dengel

Gestern habe ich entdeckt, dass es an den Ufern des Tana-Sees nicht ganz so friedlich zugeht, wie es den Anschein hatte, und die Umstände der letzten Nacht haben mich daran gehindert, meine Tagebucheintragungen fortzusetzen.

Dieses Land vermittelt einem häufig die »Orlando«-ähnliche Illusion, gleichzeitig in verschiedenen Jahrhunderten zu leben. Eine Stunde hinter Gorgora schien die »Welt der Autostraßen« 1000 Jahre entfernt zu liegen. Nördlich der Stadt fand ich einen Pfad, der über steile Berge nach Westen führte, vorbei an vereinzelten Feldern inmitten ausgedehnter, mit hohen, duftenden Büschen bewachsener Hänge, wo die Siedlungen von aggressiven Kötern bewacht wurden, deren Eigentümer keinen Versuch unternahmen, sie von uns fern zu halten. Dann endete jegliche Zivilisation, der Pfad löste sich auf, und ich fing an, mich leicht wie ein »unerschrockener Reisender« zu fühlen, während wir uns durch einen dunklen, dichten Wald kämpften, wo permanent Dornenbüsche an meinem Hemd zerrten und lange Kratzer auf meinen nackten Armen hinterließen. Jock hatte ebenfalls seine Schwierigkeiten, denn wiederholt verhakten sich kräftige, biegsame Äste in seiner an beiden Seiten überstehenden Ladung, sodass ich ihn mehrmals befreien musste. Einmal wurde er förmlich zwischen zwei Bäumen eingekeilt, und ich musste ihm einen der Säcke abnehmen. Ohne unseren neuen Packsattel wäre das Nordufer des Tana-Sees mit Sicherheit »unmöglich« zu bewältigen gewesen.

Bis zum Mittag marschierten wir steil bergauf und bergab, kamen aber kaum in der gewünschten Richtung voran. Diese Gegend entsprach schon eher dem »Dschungelgewirr« meiner Kinderträume, und ich kam bald zu dem Schluss, dass Traumdschungel den realen Gegebenheiten doch vorzuziehen sind. Als wir dann schließlich wieder sonniges Grasland erreichten, wurde jeder Versuch, nach Westen weiterzugehen, von tiefen, engen Wasserrinnen vereitelt. So wandte ich mich dem See zu, in der Hoffnung, einen Weg am Ufer entlang zu finden, aber trügerisches Sumpfgelände zwang uns bald wieder in Richtung Norden zu gehen – ein Wink der Vorsehung, denn zehn Minuten später stießen wir auf einen schwach erkennbaren, westwärts führenden Pfad. Eifrig folgte ich ihm über ebenes Grasland zwischen hoch aufragenden wilden Feigenbäumen hindurch. Er führte uns direkt zu einem unerwarteten Stück kultivierten Ackerbodens, wo eine Familie gerade *teff* erntete. Ihr Heim muss weit entfernt gewesen sein, denn eine der Frauen kochte neben einer Strohhütte *injara*, während die Männer ein Ochsengespann um den Dreschplatz trieben. Bei unserem Erscheinen hörten alle auf zu arbeiten und umringten uns voller Verblüffung – die sich bald in freundliche Anteilnahme verwandelte, als sie meine tiefen Kratzer bemerkten, die inzwischen durch Reihen von Fliegen markiert wurden. Unter einem Baum lagen mehrere *Talla*-Krüge, und ich bekam so viel zu trinken, wie ich wollte, und wurde mit geröstetem *atar* gefüttert, während die Frauen mich zur Umkehr nach Gorgora zu überreden versuchten und die Männer untereinander über den Weg nach Dengel diskutierten.

Schließlich machten sie mir klar, wir müssten noch eine Strecke nach Norden gehen und dann nach Westen abbiegen. Und so folgten wir einem schattigen Tal und suchten uns unseren Weg durch hohes gelb-braunes Gras und blühende Büsche entlang der zu beiden Seiten aufsteigenden bewaldeten, goldgetönten Berghänge. Hier unten wurde die glühende Stille lediglich von einem unaufhörlichen klagenden Vogelruf unterbrochen, und die einzig wahrnehmbare Bewegung war ein gelegentliches Aufblitzen bunter Federn in den Büschen. Eine eigenartige, besänftigende Melancholie hing über diesem leuchtenden Tal: Es schien ein geheimer, ganz besonderer Ort zu sein, verloren zwischen Bergen und See.

Eine Stunde später stießen wir auf eine verschwommene Ostwestspur, die auf ein schmales, mit dornigen Büschen bestandenes Plateau führte und sich dann im Nichts verlor. Der See lag jetzt hinter einem langen, bewaldeten Gebirgskamm. Da sich die Westseite des Plateaus bei näherer Erkundung als unpassierbar erwies, blieb uns nichts anderes übrig, als uns wieder nach Süden zu wenden und in die Schlucht zwischen Plateau und Gebirgskamm abzusteigen. Schließlich fand ich einen Pfad, auf dem es im Schatten knorriger Bäume abwärts ging und der uns – nach weiteren Schwierigkeiten mit der Traglast – auf den Boden der Schlucht brachte, die infolge der steil aufragenden, bewaldeten Felsen in ein vorzeitiges Dämmerlicht getaucht war. Riesige graue Brocken ragten schroff aus dem Dschungelgras heraus, und von Zeit zu Zeit krümmten sich uralte Bäume neben dem Pfad. Aber bald kamen wir wieder in die Sonne, und ich sah, dass das ebene Land nach Westen zu teilweise kultiviert war.

Zehn Minuten später tauchten links neben dem Pfad sieben oder acht *tukuls* in der großen Umzäunung am Fuß der Felsen auf. Während wir auf sie zugingen, dachte ich sehnsüchtig an *talla*. Dann kam eine Gruppe Männer, die unser Kommen beobachtet hatte, an den Rand der Einfriedung und lud mich ein, auf einen Drink hereinzukommen. Ihr Wortführer war ein Priester – ein kleiner, schlanker Mann von vielleicht 35 Jahren mit bemerkenswert regelmäßigen, semitischen Gesichtszügen, einer hohen Stimme, intelligenten Augen und dem grausamsten Mund, den ich je gesehen habe. Sein Gesicht entnervte mich derart, dass ich die hartnäckig wiederholten Einladungen ablehnte und meine Schritte an der Umzäunung vorbei beschleunigte, wobei ich nicht recht wusste, ob ich ein freundliches oder abweisendes Gesicht machen sollte. Ein paar Augenblicke lang konnte ich hinter uns noch ihre erregt diskutierenden Stimmen hören. Dann umrundeten wir eine Felsnase und waren außerhalb der Sicht- und Hörweite der *tukuls*.

In den nächsten 20 Minuten beschäftigten mich topographische Überlegungen (s. Zeichnung): Vor uns erstreckte sich hinter einer weiten Dschungelgrasfläche und einem Hain aus wilden Feigenbäumen der Tana-See, und es sah so aus, als könne man leicht an seinem Ufer entlang bis zur Nordseite eines hohen Gebirgskammes wandern, der sich eine halbe Meile entfernt zu unserer Rechten aus der Ebene erhob. Aber als wir den See erreichten, stellten sich uns zwei Hindernisse in den Weg – ein schlammiger, dicht mit Schilf bewachsener Ausläufer des Sees und eine schmale Wasserrinne, die den anscheinend begehbaren Teil des Ufers auf eine flache, felsige Insel reduzierte.

Inzwischen war es vier Uhr geworden. Ich war müde und hungrig und nahe daran, mir einzugestehen, dass es wirklich unmöglich

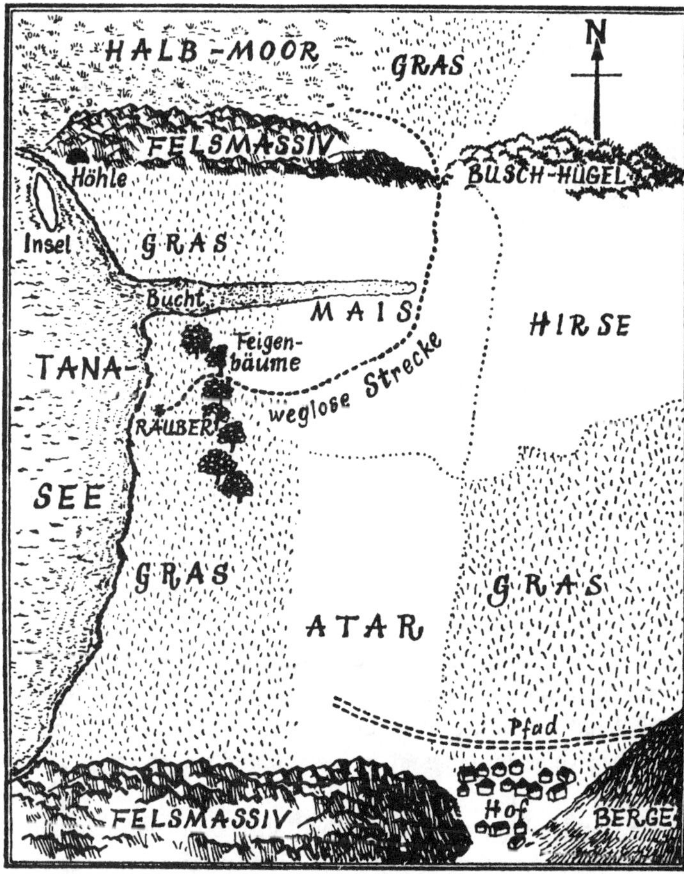

war, am Nordufer des Tana-See weiterzukommen. Da das Ufer drei Fuß über der Wasserfläche des Sees lag, gab ich Jock aus seinem Eimer zu trinken, bevor ich mich hinsetzte, um getrocknete Aprikosen zu essen und darüber nachzudenken, wie wir aus dieser Sackgasse herauskamen.

Kurz darauf hörte ich Stimmen, und als ich mich umschaute, sah ich vier Männer durch das lange Gras auf mich zukommen. Es überraschte mich nicht besonders, an ihrer Spitze den Priester wiederzuerkennen, der lässig seinen Fliegenwedel aus weißem Pferdehaar herumwirbelte und ehrfürchtig sein koptisches Kreuz trug. Seine Gefährten trugen schwere *dulas*. Der eine war ein älterer Mann mit einem schmalen, sonnengebräunten Gesicht, unruhigen Augen und der Angewohnheit, sich ständig nervös die Lippen zu lecken. Die anderen beiden waren junge Männer von 18 oder 19 Jahren: Der eine war untersetzt und hatte für einen Hochländer ungewöhnlich derbe Gesichtszüge, der andere war schlank, machte einen unangenehmen Eindruck und hatte offensichtlich Angst.

Das Quartett setzte sich neben mich, und die nächsten zehn Minuten unterhielten wir uns so höflich, wie es die Sprachbarriere erlaubte. Ich reichte meine getrockneten Aprikosen herum, aber sie wurden nicht gewürdigt. Der untersetzte junge Mann probierte vorsichtig eine und spuckte sie mit einer Grimasse wieder aus. Die anderen befühlten und berochen die ihren, bevor sie sie mir höflich zurückgaben. Unterdessen verfolgte ich die Unterhaltung zwischen dem Priester und dem älteren Mann. Die Wörter für Maultier, Geld, Medizin und Kleidung kamen beunruhigend oft vor. Dann erklärte der Priester, ich müsse die Nacht in ihrem Compound verbringen. Gespannt beobachtete er meine Reaktion. Ich lächelte, verbeugte mich dankbar und lehnte die Einladung ab – was vielleicht töricht war, aber ich verlor langsam die Nerven und wollte nur weit wegkommen.

Ich stand auf, um zu Jock zu gehen, aber sofort umringten mich die vier. Die Laien hielten ihre *dulas* ziemlich unmissverständlich gepackt. Jetzt lächelte niemand mehr. Ich fühlte, wie mir das Blut aus dem Gesicht wich. Während der Priester schrill auf seine Gefährten einredete, funkelten seine Augen vor Habgier. Plötzlich zeigte er mit seinem Kreuz auf mich – und dann in Richtung des Sees. Sofort brach eine Diskussion los, wobei der untersetzte junge Mann den Priester unterstützte und der schlanke sich auf die Seite des älteren Mannes schlug. Ich zündete mir eine Zigarette an.

Während dieser wenigen und zugleich unendlich langen Minuten waren meine Reaktionen sehr zwiespältig; auf der einen Seite panikartiges Entsetzen und auf der anderen Seite ein seltsam fatalistisches Gefühl: dass Spieler nicht nur gewinnen können – wenn es denn sein sollte, dann war's dies eben gewesen...

Die ganze Diskussion nahm nicht mehr Zeit in Anspruch als eine nervös gerauchte Zigarette, aber noch bevor sie endete, erlebte ich etwas Seltsames – so ungewöhnlich, dass es schwer zu beschreiben ist, und zugleich so real, dass ich es ehrlicherweise nicht verschweigen kann: Während der Priester wütend mit seinem Fliegenwedel vor dem Gesicht des älteren Mannes herumfuchtelte und bevor noch abzusehen war, wer sich durchsetzen würde, war ich mir plötzlich absolut sicher, dass mir nichts geschehen würde – so sicher, als sei ein Polizeiaufgebot zu meiner Rettung erschienen. Urplötzlich wusste ich mich von irgendeiner mysteriösen Macht beschützt – für einen Menschen ohne feste religiöse Überzeugung fast ein ebenso großer Schock wie dieses gesamte unerfreuliche Ereignis.

Kurz darauf war die Diskussion beendet. Der ältere Mann rannte zu Jock, nahm ihn am Halfter und wandte sich dem Lager zu. Der Priester ergriff meinen Arm – er lächelte wieder, wenngleich man ihm seine Wut noch ansah – und deutete auf Jock, während die beiden jungen Männer dicht hinter uns standen. Aber nun wurde auch ich wütend. Ich entwand mich dem Griff des Priesters, rannte hinter Jock her, fasste nach seinem Halfter und schwang drohend meine *dula*. In diesem Augenblick hatte ich allenfalls Angst, bei einem Gerangel verletzt zu werden, was etwas völlig anderes ist als Todesangst und mich nicht daran hinderte, wenigstens zu versuchen, meinen Besitz zu verteidigen. Mein lächerliches *Dula*-Schwingen wurde jedoch schlicht ignoriert. Innerhalb von Sekunden hatten uns die vier wieder eingekeilt. Die Jungen haben mich an den Armen gepackt, und die beiden Männer nahmen Jock die Ladung ab.

Sie raubten meinen Schlafsack, die Taschenlampe, die Reservekugelschreiber, Streichhölzer, Kamera, Insektizide, Medikamente (einschließlich einer Schachtel Tampax, was mich selbst in dieser Situation amüsierte), zwei Bücher (*Ethiopian Birds* und W. E. Carr,

Poetry of the Middle Ages), Jocks Zaumzeug und 120 äthiopische Dollar – etwa 18 Pfund Sterling. Meine in den alten Packsattel eingewickelten Huskys blieben unentdeckt. Auch meine Zigaretten und mein *Faranj*-Proviant interessierten sie nicht, obgleich diese Dinge in Gondar sicher einen Verkaufswert hatten. Ihr verblüffendster Verzicht aber betraf meine Uhr (die ich am Handgelenk trage, obgleich mir in Makale geraten worden war, sie in die Tasche zu stecken, um keine Diebe in Versuchung zu führen) und Jock, der noch einmal 100 Dollar wert war. Möglicherweise waren sie der Auffassung, dass er in einem Gebiet, wo Maultiere selten sind, eine unkluge und verräterische Erwerbung sein würde, solange sein Eigentümer am Leben war.

Als uns das Quartett verließ, wurden mir plötzlich die Knie weich, und als ich begann, Jock wieder zu beladen, zitterten meine Hände derart, dass ich kaum die Riemen festzurren konnte. Aber dies war weder die Zeit noch der Ort, mich gehen zu lassen – bis Sonnenuntergang wollte ich diesen Priester weit hinter mir wissen.

Mein topografisches Problem war noch immer nicht gelöst, aber inzwischen hatte ich es aufgegeben, mir über den direktesten Weg den Kopf zu zerbrechen, und wandte mich nach Norden. Wir stiegen einen hohen Berg hinauf, wobei wir uns durch blattlose, graue Büsche hindurchzwängten. Vom Gipfel aus erblickte ich eine Ebene, die von hohem Dschungelgras bedeckt schien. Sie erstreckte sich unendlich weit nach Norden, wurde aber im Westen von einem langen, niedrigen Gebirgskamm begrenzt, der nicht mehr als drei Meilen entfernt schien. Auf diesem Kamm zeichneten sich Baumgruppen gegen den Himmel ab und versprachen Dörfer und – vermutlich – Sicherheit.

20 Minuten später machte ich die Entdeckung, dass die »Grasfläche« ein besonders höllisches Halbmoor war. Abgesehen von dem schwarzen Morast, in dem wir gelegentlich bis zu den Knien versanken, war die Vegetation teuflisch: Das dichte, harte Gras stand schulterhoch, das steife, eng stehende Schilf maß sieben bis neun Fuß, und ein weiteres, wie abgestorben wirkendes, fünf Fuß hohes Dor-

nengewächs machte mir mit seinen kräftigen, elastischen Zweigen so sehr zu schaffen, dass ich bald das Gefühl hatte, es wolle mir bewusst einen Strich durch meine Rechnung machen. Inmitten dieses Horrors konnte ich nicht einmal mehr den Gebirgskamm sehen – nur Schilfspitzen, soweit das Auge reichte, und darüber einen sich verdunkelnden Himmel. Es war auch nicht möglich, einen geraden Kurs einzuhalten, denn wir mussten da gehen, wo der Boden weniger morastig und die Vegetation weniger hinderlich war. Aber welche Richtung auch immer ich einschlug, ich wurde ständig von jener albtraumartigen Dornenpflanze aufgespießt und zusätzlich nun auch noch von einer Distelart, die hinzukam, um meine Moral völlig zu untergraben. Während es immer dunkler wurde, verfluchte ich mich, dass ich nicht umgekehrt war. Dieses Inferno bedeutete eine reale Gefahr, die vermeidbar gewesen wäre, wohingegen Mörder nur eine rein potenzielle Gefahr darstellen.

Um sieben Uhr war es dunkel. Mir fiel ein, dass es hier Pythons geben sollte, und ich war entsprechend deprimiert: Dies versprach mein Schicksalstag für die Begegnung mit einem Python zu werden. Dann wurde die Vegetation vor uns durchlässiger – gewöhnlich das Zeichen für ein Sumpfloch. Vorsichtig versuchte ich mit meiner *dula* den Boden vor mir abzutasten. Aber da war kein Boden – weder Morast noch sonst was –, und so machte ich einen Schritt nach links ins Schilf. Unglücklicherweise war dort aber auch kein Boden, und ich fiel in ein sechs oder sieben Fuß tiefes Loch. Es enthielt klebrigen, schwarzen Morast – zu dünn, um darauf zu stehen, und zu dick, um darin zu schwimmen – und an den schlüpfrigen, senkrechten Seitenwänden war nicht hinaufzukommen. Ohne Jocks intelligente Reaktion würde ich jetzt nicht über diese Begebenheit berichten können. Instinktiv hatte ich das Halfter in der Hand behalten, und Jock blieb unerschütterlich am Rand des Loches wie festgerammt stehen – statt durchzugehen, wie es manches weniger gute Maultier getan hätte, wenn sein Besitzer plötzlich in der Erde verschwindet. So fühlte ich nur eine vorübergehende Panik, denn mir war schnell klar, dass alles gut gehen würde, wenn nur das Halfter hielt. Glücklicherweise sind Maultiere zäh, und der unvergleichliche Jock zeigte keinen Unmut, als ich mich wieder auf trockenen Boden hochzog – obgleich wenigstens mein halbes Körpergewicht auf seinen Ohren und Kieferknochen gelastet haben muss.

Aber nun langte es mir endgültig, und ich begann ungeschickt, Jock abzusatteln. Eine vorsichtige Erkundung unserer unmittelbaren Umgebung im Licht der Sterne ergab eine verwirrende Anzahl tiefer, schmaler, mit Morast oder Wasser angefüllter Kanäle. Hätte ich inmitten dieses trockenen Pflanzendickichts ein Feuer angezündet, um die wilden Tiere abzuhalten, so hätten wir schnell vor der Wahl stehen können, geröstet zu werden oder zu ertrinken.

Während ich trübsinnig auf einem Platz saß, den ich teilweise von der schlimmsten Vegetation befreit hatte, aß ich pausenlos vor mich hin, um mich ein wenig aufzumuntern. Abgesehen davon, dass es ratsam war, Jock im Auge zu behalten, fror ich viel zu sehr, um ohne Schlafsack schlafen zu können, denn seit Sonnenuntergang wehte ein kalter Wind vom See herüber. In dieser Situation lag in dem routinemäßigen abendlichen Aufziehen meiner Uhr eine gewisse Ungereimtheit.

Um 2.15 Uhr ging ein abnehmender Mond auf, aber da hatte meine Pechsträhne schon so lange gedauert, dass auch die Schönheit des Mondlichts kein Trost war. Das vom Wind geschüttelte Schilf erweckte plötzlich den Eindruck, als würde es von heranschleichenden Hyänen und Leoparden auseinander gebogen, und dieser neue, sanfte Glanz schien die leblose Stille des Moores noch zu verstärken. Jock hatte schließlich aufgehört, das kurze Gras abzuweiden, das neben den anderen Pflanzen wuchs. Man hörte keine Zikaden oder Vögel, kein entferntes Hundegebell – nur das Rauschen des Schilfes. Um die Zeit totzuschlagen, begann ich den getrockneten Morast von meinem Körper abzukratzen, hörte aber damit auf, als ich merkte, dass er mich wärmte.

Dreieinhalb Stunden später erlöste uns die Dämmerung. Erst jetzt sah ich, dass wir in der Dunkelheit eine natürliche Brücke festen Bodens überquert hatten und gleichsam auf einer Insel gefangen waren. Wir gingen in unserer Spur zurück, und der Kampf begann von neuem. Aber nach neuneinhalb Stunden angespannten Stillsitzens war die Möglichkeit, sich wieder bewegen zu können, eine solche Erleichterung, dass weder Schlamm noch Dornen länger eine Rolle spielten.

Eine Stunde später nahm die Vegetation ab, und bald stießen wir am Fuß des Gebirgskamms auf Ackerland. Ein breiter Pfad führte hinunter in Richtung auf den See, und als wir ihm folgten, kam uns ein junger Mann entgegen, der ein paar Rinder vor sich hertrieb. Er warf nur einen Blick auf mich, stieß einen schrillen Schrei aus und ergriff die Flucht. Zweifellos werde ich zukünftig als Mythos fortleben – als Dämon der Dämmerung vom Tana-See.

Ich brauchte 50 Minuten, um den klebrigen, schwarzen Morast aus meinen Kleidern, Haaren und von meinem Körper zu waschen, wobei unzählige Kratzer frisch zu bluten begannen, als ich die Schmutzkruste von ihnen entfernte. Als wir den Gebirgskamm hinaufgeklettert waren, fand ich eine deutliche, nach Westen führende Spur, der wir vier Stunden lang durch hügeliges Farmland folgten, während der See zu unserer Linken von unten heraufleuchtete. Wir passierten zahlreiche Dörfer, aber die Einwohner machten einen unfreundlichen Eindruck. Ein kleiner, etwa 50-jähriger Mann – in einem zerrissenen Buschhemd und Baumwollshorts – schätzte die Situation offensichtlich falsch ein, als er die einsame *faranj* erblickte.

Er versperrte mir den Weg, schnappte sich meine *dula* und versuchte, mir flink die Taschen auszuräumen – das alles vor den Augen dreier erwartungsvoll herüberschielender junger Männer, die unter einem Baum saßen. In bewohnten Gegenden kann man es sich jedoch leisten, aggressiv zu sein, und an diesem Morgen war meine Stimmung nicht sehr rosig: Ich boxte ihm aufs Auge, entrang ihm meine *dula* und hieb sie ihm hart auf den Schädel. Während er davontaumelte, machte ich meiner Wut gleich noch weiter Luft, indem ich einen Stein nach den jungen Männern warf und »*Hid!*« brüllte.

Um die Mittagszeit war ich an Körper und Geist restlos erschöpft. Vor uns tauchten nun Eukalyptusbäume auf, und bald darauf waren wir in Delghie, einem Marktflecken mit vielen Blechdächern am Westufer des Sees. In einem *talla-beit* machte ich zwei Stunden Pause und genehmigte mir eine ausgedehnte Mahlzeit aus *injara* und *wat* sowie einen halben Liter *talla*. Als wir danach in der blendenden Nachmittagshitze weiterwanderten, fühlte ich mich leicht betrunken und herrlich erholt.

Die nächsten drei Meilen führte unser Weg dicht am See entlang. Auf den saftigen Uferweiden grasten riesige Herden glänzender Rinder, und eine Zeit lang schlossen wir uns einer mürrischen Familie an, die vom Markt nach Hause ging. Dann wandte sich der Weg landeinwärts und wurde bald zu einem nur schwach erkennbaren Pfad, der drei Stunden lang im Zickzack über eine Reihe von steilen, dünn bewaldeten Hügeln führte, wo ich nur zwei entfernte Niederlassungen und ein paar schmale Felder sah.

Bei Sonnenuntergang hatten wir 22 Meilen zurückgelegt, und obgleich der See den ganzen Nachmittag über unsichtbar blieb, habe ich ihn jetzt wieder in seiner ganzen Schönheit vor mir, denn die Häuser hier liegen auf einer Klippe hoch über dem Wasser. Die Einheimischen haben mich freundlich empfangen, aber die Armut und der schlechte Gesundheitszustand dieser Familie sind äußerst deprimierend. Meine magere Gastgeberin mit ihren eingesunkenen Augen hat vor kurzem einen Malariaanfall gehabt, ihr hagerer Ehemann hustet unaufhörlich, und ihre fünf dickbäuchigen Kinder leiden an Trachomen und Geschwüren. Ein junger Mann, der in einer Ecke bei der Tür liegt, hat ein fürchterlich verletztes Auge, in das er häufig Tropfen aus einem Fläschchen mit Penicillin träufelt, das die Aufschrift trägt »Nur für intramuskuläre Injektionen«. Am schlimmsten aber ist der Zustand des jüngsten Kindes, eines Mädchens von etwa zwei Jahren; seine Füße und Waden sind mit eiternden Brandwunden bedeckt, und das arme kleine Ding hört gar nicht mehr auf zu weinen. Als ich der Mutter sagte, sie müsse ihre Tochter *sofort* ins Krankenhaus nach Gondar bringen, hatte ich das Gefühl, dass keiner ihre Heilung einen so weiten Weg für wert hielt.

Die Wände dieses kleinen *tukul* sind dünn, und die Nachtluft ist bereits kalt; so fürchte ich, dass ich trotz meiner Erschöpfung nur wenig Schlaf finden werde.

4. Februar – Kunzela

Inzwischen fühle ich mich wie eine schiffbrüchige 90-Jährige. Ich war sehr optimistisch, als ich meinte, »ich würde wohl nur wenig Schlaf finden«. Ich habe die zweite Nacht hintereinander *nicht* geschlafen – ein persönlicher Rekord, den ich lieber nicht aufgestellt hätte. Möglicherweise hat mir gerade wegen meiner Erschöpfung die Kälte noch mehr zu schaffen gemacht als letzte Nacht, und in dieser überfüllten Hütte konnte ich nicht einmal einen Finger bewegen. Flöhe juckten und bissen mich unaufhörlich, und Wanzen kletterten überall auf mir herum und bewirkten jenen eigentümlichen, fieberhaften Reizzustand, den man sich nicht vorstellen kann, wenn man ihn nicht selbst erlebt hat. Das unglückliche, verbrannte Kind wimmerte die ganze Nacht vor sich hin, mein Gastgeber hörte nicht auf zu husten, der verletzte junge Mann stöhnte unaufhörlich, und die Dorfhunde bellten ununterbrochen. Ratten rannten über uns alle hinweg, und die beiden »drinnen lebenden« Esel traten mich dreimal. Um Mitternacht kroch ich hinaus ins Sternenlicht – zitternd und gebrochen an Geist und Körper. Ich fand einen kleinen Strohhaufen und kroch darunter, aber er war zu klein, um mich zu wärmen – und im Übrigen hatte ich die Wanzen in meiner Kleidung mitgebracht.

Während ich kettenrauchend draußen saß, ging der Mond über dem Tana-See auf und verlor sich in einer dünnen Wolkenschicht, die hell über dem Wasser schwebte wie ein Streifen zerrissenen Satins. Wenn man über einen so unnatürlich langen Zeitraum keinen Schlaf bekommt, verliert man auf seltsame Weise das Zeitgefühl. Logischerweise müsste man doch das Gefühl haben, *länger* gelebt zu haben. Stattdessen wurde mir gegen Morgen bewusst, dass ich die letzten 48 Stunden nur als einen einzigen langen Tag empfand, nachdem ich es zweimal versäumt hatte, die normale Grenze zwischen Bewusstsein und Schlaf zu überschreiten.

Es ist nicht verwunderlich, dass wir heute kaum 16 Meilen zurücklegten. Während der Morgenstunden wand sich unser Pfad durch ausgedehnte Dschungelgrasflächen, die wie helles Kupfer glänzten. Die niedrigen Hügelketten zu beiden Seiten waren mit leuchtend grünen Büschen bewachsen, und gelegentlich schimmerte die Bläue des Tana-Sees zwischen den Hügeln hindurch.

Mittags erreichten wir ein Dorf, wo der Markt von Besuchern nur so wimmelte – obgleich wir den ganzen Vormittag durch unbewohntes Gebiet gewandert waren. Als ich in einem *talla-beit* die Geschichte von meinem Überfall erzählte, erweckte diese schlechte Behandlung einer *faranj* bei jedermann Entrüstung, Mitgefühl und Großzügigkeit. Der Amtsarzt lud mich zum Abendessen ein, und obgleich er der kümmerlich bezahlte Vater von neun Kindern ist, wollte er mir fünf Dollar und eine Wolldecke schenken. Seine hellhäutige Frau hat ein liebes, ovales Gesicht und große, strahlende Augen; sie ist genauso alt wie ich, sieht aber zehn Jahre jünger aus. Zunächst war sie mir gegenüber ziemlich gehemmt, aber bald entspannte sie sich, ging zu der eisernen Bettstelle und schlug sorgsam ein enormes Bündel sauberer Betttücher auseinander – um mir Nummer neun vorzuführen, Alter: drei Wochen.

Ich hätte gerne die Einladung meines Gastgebers zu bleiben angenommen, aber jetzt habe ich es eilig, nach Bahar Dar zu kommen, um zu telefonieren, denn vielleicht besteht ja die Möglichkeit, dass die Gondarer Polizei in der Lage ist, meinen unersetzlichen Hochgebirgs-Schlafsack wieder aufzutreiben, den ich einer japanischen Himalaja-Expedition in Nepal abgekauft habe.

Als ich diese nette Familie verließ, machte ich die Feststellung, dass *talla* im Fall extremer Müdigkeit eine ungeahnte Wirkung hat. Hinter dem Dorf fand ich mich schwankend und über das holperige Ackerland stolpernd wieder, ohne einen Blick für die Landschaft. Mir war übel, ich war betrunken und fühlte mich scheußlich, während ich mich mit einer Hand an Jocks Halfter klammerte und mit der anderen schwer auf meine *dula* stützte. Unvermeidlich verliefen wir uns, was sich dann aber als Segen erwies. Diese kleine Stadt ist einer der Haupthäfen am Tana-See. Von hier aus werden Getreide und Kaffee auf kleinen Dampfern und riesigen, schwerfälligen Schilfflößen nach Gorgora und Bahar Dar verschifft. So bietet der Ort einige besondere Annehmlichkeiten einschließlich einer Dose Insektizid, die mich fast zu Freudentränen rührte, als ich sie neben meinem Bett stehen sah.

Der Hafenkapitän hatte unsere Ankunft beobachtet und bot uns sofort seine Gastfreundschaft an; dann erschien noch ein liebenswürdiger junger Lehrer, und zu dritt wanderten wir aus der Stadt heraus bis zu dieser, neben einem Warenhaus liegenden Wellblechbaracke am Ende der Hafenmole. Hier stellte mein Gastgeber für mich ein Feldbett auf und bat mich um eine Eintragung in sein »Gästebuch«. In dem dünnen Schulheft stand erst ein Name – Chris Barry, Churchtown, Dublin, Ireland. Mein Landsmann hatte die Nacht vom 7. Februar 1966 in dieser Hütte verbracht, auf seiner Dampferreise von Gorgora nach Bahar Dar. Niemand kann bestreiten, dass wir Iren in der Welt herumkommen.

5. Februar – Zeghie

Nachdem ich elf Stunden tief und fest geschlafen hatte, erklärten mir meine Gastgeber und der Lehrer, dass ich eine Eskorte benötigte, um sicher über den Kleinen Nil zu kommen. Nur wenige Leute gehen von Kunzela zu Fuß nach Zeghie, da man mit dem Dampfer sehr viel schneller hinkommt. Aber es gibt so etwas wie einen Pfad, der von den Einheimischen benutzt wird, und eine Fähre, die ein Stamm heidnischer Fährleute betreibt. Der Lehrer warnte mich jedoch, dass diese Fährleute bekanntermaßen etwas schwierig seien, und die Wahrscheinlichkeit, dass sie mein Gepäck stehlen würden, sei ebenso groß wie die, dass sie mich übersetzen würden. So begrüßte ich meine Eskorte voller Begeisterung, denn mein Bedarf an schwierigen Seeuferbewohnern ist hinlänglich gedeckt.

Um 8.15 Uhr brachen wir auf. Jock wurde von Fikre Selassie geführt, einem drahtigen kleinen, etwa 40-jährigen Mann, der permanent mit einem leicht verwirrten Gesichtsausdruck umherlief, sehr höflich war, aber unglaublich schwer von Begriff. Da er vor Sonnenuntergang wieder in Kunzela sein wollte, marschierten wir fünfeinhalb Stunden ohne Pause.

Der Weg führte ins Inland: zunächst über eine unbewohnte Ebene mit acht Fuß hohen Disteln und fingerhutähnlichen Blumen und danach durch eine hügelige, stark bewaldete Gegend, in der es viele kleine Affen gab. Da wir ein sehr flottes Tempo vorlegten, machte mir die Mittagshitze heute wieder mehr zu schaffen. Außerdem haben sich sechs meiner Sumpfkratzer schmerzhaft entzündet und eitern – drei an jedem Bein –, sodass ich nicht traurig war, als wir an einer großen Niederlassung vorbeikamen und das Ziel unseres Marathonlaufes erreicht hatten.

Der Tana-See liegt ganz in der Nähe, wenngleich man ihn nicht sieht; der Kleine Nil ist hier gut 240 Fuß breit und fließt tief und langsam zwischen dem satten, überhängenden Grün seiner flachen Ufer dahin. Zu beiden Seiten erstrecken sich bis zum Horizont ebene Weideflächen. Unmittelbar oberhalb der Fährstation teilt sich der Fluss vor einer bewaldeten kleinen Insel. Gelegentlich hat das Hochland etwas irritierend Unafrikanisches.Als ich diesen dunklen Strom betrachtete, der behäbig zwischen seinen dichten grünen Rändern dahinfließt, hatte ich einen Augenblick lang das Gefühl, am Blackwater River in der Nähe meines Hauses zu stehen. Ein paar Exzentriker glauben jedoch, dieser Fluss sei die Quelle des Blauen Nils.

Das Benehmen der Leute erinnerte allerdings nicht an zu Hause. An der Anlegestelle der Fähre bestehen die Ufer aus grobem Kies. Als wir näher kamen, hörte ich wütendes Geschrei. Dann wurden wir Zeuge, wie einer der drei großen, knochigen, schwarzhäutigen Fährleute einem Passagier kräftig ins Gesicht schlug und ihn beschimpfte, weil er den verlangten Fahrpreis nicht zahlen wollte. (Später fand ich heraus, dass er bereits zehn Cent für den Transport von ein paar Salzblöcken bezahlt hatte, der Fährmann aber weitere zehn Cent verlangte, weil auch ein Esel hinter dem Floß herübergeschleppt worden war.) Der Fahrgast war ein zarter junger Mann, der seinem Gegner kaum bis zur Schulter reichte. Aber nun griff seine Ehefrau mutig in das Geschehen ein, indem sie mit einem Stein warf, der aber unglücklicherweise statt des Fährmanns ihren eigenen Mann traf. Dann mischte sich auch noch ein zweiter Fährmann ein – der dritte befand sich auf dem gegenüberliegenden Ufer –, und an diesem Punkt gab der junge Mann klein bei und rückte die zusätzlichen zehn Cent heraus. Diese Fährleute nutzen ohne Zweifel die Unfähigkeit der Hochländer aus, einen eigenen Fährverkehr einzurichten. Nach ortsüblichem Standard sind bereits acht Cent ein unverschämt hoher Preis für eine einfache Überfahrt.

Betrachtet man diese Flöße aber aus der Nähe, dann wundert man sich nicht länger, dass ihre Handhabung offensichtlich ein geheimes Stammeswissen voraussetzt: Es sind schlichte Schilfbündel in Form riesiger Rugbybälle, nicht länger als acht Fuß und in der Mitte nur zwei Fuß höher als die Wasseroberfläche. Sie werden von einem Mann mit einem dünnen, ungefähr 20 Fuß langen Stab gestakt, und die Passagiere sitzen rittlings darauf und lassen die Beine ins Wasser baumeln. Als Nichtschwimmer würde ich einen tiefen Fluss nicht um alles Salz der Danakil auf einem dieser Dinger überqueren.

Während ich Jock absattelte, reihten sich hinter uns drei neugierige Männer und zwei beladene Esel ein. Irgendwer fragte, woher Jock käme, und als ich erwiderte »Makale«, löste dies eine erregte Diskussion aus, und alle garantierten mir, dass ein Maultier aus Tigre nie einen Fluss durchschwimmen würde. Hochländer lieben es, über eine Situation so lange wie möglich zu debattieren, bevor sie irgendetwas unternehmen; und wenn es ihnen gelingt, eine möglichst dramatische Untergangsstimmung zu erzeugen – umso besser. Aber jetzt wollte ich nur meinen verschwitzten, von Wanzen zerbissenen Körper in den Fluss tauchen, und so schob ich das Problem Jock auf, zog mein Hemd aus und sprang ins Wasser. (Es ist sehr praktisch, unter Menschen zu sein, die eine halb nackte Frau nicht schockiert.)

Für den Transport des Gepäcks und des Sattelzeugs waren zwei Fahrten erforderlich, bei denen ich aufmerksam neben dem lächerlichen Floß hin und her schwamm, ziemlich überzeugt, dass meine wertvollen Besitztümer irgendwann herunterfallen würden. Das Wasser war kühl, trübe, wahrscheinlich gesundheitsgefährdend, aber herrlich erfrischend. Ich versuchte, bis auf das Flussbett hinabzutauchen, schaffte es aber nicht. Das Wasser muss etwa zwölf Fuß tief gewesen sein.

Dann musste das Problem Jock in Angriff genommen werden – es stimmt tatsächlich, dass Maultiere aus Tigre tiefe Flüsse nicht mögen. Zweifellos hatte Jock noch nie Bekanntschaft mit einem Fluss gemacht und empfand daher einen solchen Ekel vor dem Kleinen Nil, dass er zum ersten Mal in unserer Partnerschaft störrisch wurde. Als schließlich alle meine Anstrengungen gescheitert waren, ihn ins Wasser zu bringen, wandte ich mich ab, weil ich nicht zusehen konnte, wie er nun von Fikre Selassie, dem Fährmann und den Eseltreibern brutal verprügelt wurde. Für seine geduldige, lebensrettende Loyalität mir gegenüber war dies ein armseliger Dank.

Die Beförderung der einheimischen Esel erfolgte in der Weise, dass ein Mann das Tier halbwegs ins Wasser hebt, wo ein zweiter bereits auf dem Floß wartet, es bei den Ohren packt und mit hinüberzieht. Und so schlugen die Eseltreiber vor, zuerst ihre Tiere hinüberzubringen, damit Jock die Angst verliere und sich hinterherlocken lasse. Aber auch dieser Plan schlug fehl. Und am Schluss wurde der arme Teufel so gequält, dass er aus lauter Verzweiflung ins Wasser sprang – und ich auf den Rat der Männer hinterhereilte, sein Halfter nahm und neben ihm herschwamm. Als er ausbrach, verhalfen mir meine Anstrengungen, ihn vom Ufer wegzubekommen, lediglich zu der Erkenntnis, dass ein Maultier schneller schwimmt als ich. Das passierte zweimal. Beim dritten Mal wickelte ich mir sein Halfter blitzschnell um die Schulter und hielt mich so dicht neben ihm, dass ich nicht in Gefahr kam, getreten zu werden. Jetzt bedeutete eine abermalige Rückkehr ans Ufer, dass er mich mitziehen musste, und so kam er wohl zu dem Schluss, dass die

Überquerung des Flusses das kleinere Übel sei, und folgte mir ergeben – was sogar den mürrischen Fährmann zu einem »Hurra« veranlasste. Auf halbem Weg sah ich, dass die panische Angst aus seinen Augen verschwunden war, und als wir das gegenüberliegende Ufer hinaufkletterten, wirkte er leicht überrascht. Wahrscheinlich hatte er soeben gelernt, dass das Schwimmen in kaltem Wasser an einem heißen Tag sehr erfrischend sein kann.

Um halb vier Uhr folgten wir einem gut sichtbaren Pfad durch abgegrastes Weideland. In der Ferne tummelten sich einige Herden. Etwa eine halbe Meile entfernt zu unserer Linken lag der See, verborgen hinter einem hohen gefiederten Schilfstreifen. Kurz nach fünf Uhr endete der Pfad an einem Sumpf, der sehr viel morastiger war als der vorherige. Aber man konnte sich besser in ihm zurecht finden: Das Schilf war nur zwei bis drei Fuß hoch, und im Hintergrund sah man Bäume am Horizont und die schwarzen Flecken grasender Rinder. Trotzdem waren die nächsten 50 Minuten unangenehm genug. Ich watete durch hüfthohes, vor fauliger Vegetation schlammiges Wasser. Wie immer in Stunden der Gefahr, klammerte ich mich vertrauensvoll an Jocks Halfter, aber der schlüpfrige Boden erwies sich als tragfähig. Der Verwesungsgestank war Übelkeit erregend, und bei jedem Schritt scheuchten wir Myriaden Moskitos und andere heftig stechende Fliegen auf. Später, als wir hier angekommen waren, und ich mir meine Beine ansah, waren sie mit riesigen vollgesogenen Blutegeln bedeckt. Nachdem sie entfernt worden waren, blutete ich so schlimm, dass meiner Gastgeberin schlecht wurde, und sie sich mitten in ihren Abendbrotvorbereitungen erst einmal hinsetzen musste.

Hinter dem Sumpf brachte uns die Fortsetzung unseres Pfades bald in holperiges Buschland. Als es dunkel wurde, kamen wir in einen dichten Wald, wo das durchsickernde Sternenlicht keine große Hilfe bot. Trotzdem wäre ein Fortkommen in einem weniger dichten Wald bei Nacht noch schwieriger gewesen. Hier wusste man wenigstens, dass der Pfad dort entlangführte, wo die Vegetation etwas auseinander trat.

Gegen halb acht Uhr lag der Wald hinter uns, und in etwa einer Meile Entfernung konnte ich eine dunkle, gezackte Masse gegen den Sternenhimmel erkennen – die Eukalyptusbäume von Zeghie. Dann verlor ich inmitten eines Gewirrs von Felsbrocken den Pfad. Kurz darauf wurde unser Weg durch einen Wasserarm des Sees blockiert, und als wir versuchten, in eine andere Richtung auszuweichen, gerieten wir in eine steinerne Rinne, die sich als Sackgasse zu erweisen schien. Als wir dort wieder herausgeklettert waren, verstrickten wir uns schmerzhaft in einem Dornendickicht. Ich war nahe daran, aufzugeben und abzusatteln, als plötzlich der Pfad wieder auftauchte, und 20 Minuten später waren wir im Dunkel der Eukalyptusbäume angelangt.

Ich hielt am ersten *talla-beit* – es war an dem Licht zu erkennen, das sich in Reihen umgedrehter Gläser auf einer Holzbank im Eingang spiegelte. Während ich meinen Durst löschte, starrten mich ein halbes Dutzend Männer in unfreundlichem Schweigen an. Ich war einigermaßen erleichtert, als völlig außer Atem ein Lehrer hereinkam und mir seine Gastfreundschaft anbot. (Es grenzt an Zauberei, mit welcher Geschwindigkeit Lehrer auftauchen, sobald eine *faranj* in einem kleinen Ort ankommt. Wir hatten Zeghie in völliger Dunkelheit erreicht und keine Menschenseele auf unserem Weg zum *talla-beit* gesehen.)

Abraha ist ein großer, breitschultriger, gut aussehender junger Mann aus Debra Marcos – der Hauptstadt der Provinz Gojjam, die wir gestern erreichten. Wie die meisten Dorflehrer wünscht er sich brennend, noch weiter studieren zu können, und hat mich gerade hoffnungsvoll gefragt, ob die irische Regierung Stipendien an Äthiopier vergebe, und ich ihm, wenn ja, nicht bitte eins verschaffen könne – eine anrührend häufige Bitte. Er hasst das Leben in Zeghie, wo die Schule fünf Lehrer und 400 Schüler hat, von denen einige aus weit entfernten Dörfern kommen. Viele der hiesigen Einwohner stehen einer modernen Erziehung so ablehnend gegenüber, dass sie die Lehrer unbarmherzig boykottieren – was mich nicht erstaunt. Denn seit ich Gondar verlassen habe, hat jeder, mit dem ich über meine Reiseroute gesprochen habe, bei der Erwähnung Zeghies die Stirn gerunzelt und »*Metfo!*« (»Schlecht!«) gemurmelt. Es wäre interessant herauszufinden, warum die Leute hier einen so schlechten Ruf haben.

Als Abraha vergangenes Jahr hierher kam, hat er sich vorübergehend eine Ehefrau genommen. Sie ist die 22-jährige Tochter eines reichen einheimischen Kaffeefarmers und wurde von ihrem ersten Ehemann nach fünfjähriger kinderloser Ehe geschieden. Er meint, dass er sie möglicherweise behalten wird, wenn sie ihm ein Kind schenkt. Andernfalls will er sie hier zurücklassen, wenn er versetzt wird. Vorläufig ist er ihr gegenüber rücksichtsvoll, wenngleich ich in ihrem Verhalten, verglichen mit dem einer normalen Ehefrau und Mutter, einen auffallenden Unterschied bemerkt habe. Sie benimmt sich Abraha gegenüber ziemlich unterwürfig, und obgleich sie nach außen hin einen ganz fröhlichen Eindruck macht, liegt in ihren Augen eine schicksalsergebene Traurigkeit.

Dies wird wieder eine höllisch verwanzte Nacht. Ich hatte kaum Platz genommen, als die teuflischen Viecher auch schon über mich herfielen. Und nun bestand Abraha darauf, dass ich auf seiner Rosshaarmatratze schlafen müsse, da er gehört hat, dass man mir meinen Schlafsack gestohlen hat. Ich würde weit lieber draußen unter den Eukalyptusbäumen kampieren – kühl und ohne Wanzen –, aber wenn ich es täte, würde ich meinen Gastgeber tödlich beleidigen.

6. Februar – Bahar Dar

Heute Morgen entdeckte ich, dass Zeghie auf einem hohen Felsplateau über einer Bucht liegt, die im Norden und Süden von bewaldeten Vorgebirgen geschützt ist. Viele seiner quadratischen, »zivilisierten« Häuser scheinen ziemlich neu zu sein; sie haben hohe Blechdächer, glatte, solide Lehmwände, kleine unverglaste Fenster und Türen aus zerlegten Verpackungskisten. Diese Häuser sind so geschickt zwischen die hohen, würdevollen Eukalyptusbäume platziert, dass die Stadt wie die Parodie eines europäischen »exklusiven Villenviertels« wirkt.

Die letzte Nacht verlief wie befürchtet: Ich habe insgesamt nicht mehr als zwei Stunden geschlafen – verteilt auf unruhige Zehnminutenabschnitte. Außer ganzen Bataillonen von Wanzen tobten pausenlos Ratten zwischen den Kochutensilien herum, die sich mit durchdringendem Gequieke stritten.

Wir verließen Zeghie um acht Uhr und kamen sechs Stunden später hier an, nachdem wir uns durch drei Flüsse gekämpft hatten, von denen der nächste stets schwieriger zu bewältigen war als sein Vorgänger. Keiner war sehr breit oder tiefer als vier Fuß – aber sie waren alle ziemlich reißend, und es war nie herauszubekommen, wo man sie überqueren sollte oder konnte. Jock wollte ohnehin keinen von ihnen überqueren. Wenn das Flussbett nicht aus tückischem Schlick bestand, dann aus tückischen, glitschigen Steinen, und im Kampf mit Jocks Nerven und der Kraft der Strömung befand ich mich ebenso oft unter wie über Wasser. Dabei führte unser Weg durch einen dichten, grünen Wald – nie bin ich einem echten Dschungel näher gewesen –, in dem unser Pfad sich häufig verlor. Die drei Flüsse wurden von einem überhängenden, dunklen Gewirr aus Bäumen und Schlingpflanzen eingerahmt, sodass man nie auf direktem Weg hinüberkam – stets mussten wir ein Stück auf- oder abwärts waten, um einen Ausstieg am gegenüberliegenden Ufer zu finden. Auf der Strecke zwischen den Flüssen wurde Jock zweimal eingekeilt und musste teilweise abgesattelt werden, während zahlreiche kleine Affen ihre Klettereien unterbrachen, um auf uns hinunterzuspähen und unpassende Bemerkungen zu machen. Endlich erreichten wir einen Pfad, auf dem ganze Heerscharen von Einheimischen zum Markt wanderten, und eine Stunde später kamen wir auf die Autostraße, die am Ostufer des Sees entlang nach Bahar Dar führt.

Sofort steuerte ich auf das neu eröffnete Luxushotel Ras zu (was das Ausmaß meiner Demoralisierung verdeutlicht!). Sein eleganter äthiopischer Manager konnte nur mit Mühe seine Erschütterung verbergen, als ein ekelhaft mit Schlamm und Blut bedecktes Subjekt ein Zimmer verlangte, dessen Hemd und Shorts so zerrissen waren, dass sie nur noch aus Gewohnheit zusammenhielten. Er entspannte sich jedoch etwas, als ich einen zwar feuchten, aber gültigen Travellers-Scheck aus der Rolle in meinem Geldgürtel einlöste. Dann bemerkte er Jock, der geduldig wartend neben der Veranda stand – und die Ordnung war wiederhergestellt. Von seinem Stuhl aufspringend, rief er: »Die irische Dame mit ihrem Maultier!«, und streckte mir die Hand entgegen. Noch bevor er ein weiteres Wort gesagt hatte, wusste ich, dass Leilt Aida angerufen hatte.

Nachdem mich ein Trupp konsternierter Diener zu meinem Zimmer geleitet hatte, schickte ich einen von ihnen los, um für Jock Gerste, und einen weiteren, um für mich ein Insektizid zu besorgen.

Dieses riesige, im Landhausstil am Rande des Sees errichtete Hotel besteht aus zahllosen Zimmerfluchten. Heute Abend sind zwei Zimmer belegt. Meine geräumige, elegante Suite hat ein eigenes (hellrosa) Badezimmer, unbeschränkt heißes Wasser, ein Bett mit primelgelben Betttüchern und einen knöcheltiefen, von Wand zu Wand reichenden olivgrünen Teppich. Das Ganze ähnelt im Stil einem Hilton-Hotel, und ich genieße jeden Zentimeter und jede Minute darin. Nach dem Preis habe ich nicht gefragt – und nichts könnte mich im Augenblick weniger interessieren.

Nach einem Bad und vor einem späten Mittagessen rief ich Colonel Aziz an, der vorschlug, Jock morgen hier zu lassen und mit dem Bus nach Gondar zu kommen, um eine Strafexpedition an den »Ort des Verbrechens« zu führen. Dies schien mir eine ausgezeichnete Idee, und ich sagte mit unchristlicher Begeisterung zu.

Dann gönnte ich mir ein riesiges Mahl, schlief vier Stunden, gönnte mir ein zweites riesiges Mahl, schrieb dies hier – und nun gehe ich wieder schlafen.

8.
Mein ist die Rache

7. Februar – Gondar
Mir fehlen die Worte, um die Trostlosigkeit von Bahar Dar zu beschreiben – so zitiere ich denn aus meinem Reiseführer: »Bahar Dar ist eine kleine Stadt an der Autobusstrecke von Addis Abeba nach Asmara. Das einzig annehmbare Hotel ist das Hotel Ras. Die Busstation befindet sich gegenüber dem Hotel auf der anderen Straßenseite nahe der Total-Tankstelle. Äthiopische Fluglinien verbinden Bahar Dar mit Addis Abeba. Der Flugplatz liegt gegenüber dem Hotel auf der anderen Straßenseite, genau hinter der Total-Tankstelle. Für manche mag das Polytechnische Institut von Interesse sein, eine moderne Hochschule, geleitet von russischen und äthiopischen Lehrern. Seine Studenten kommen aus dem ganzen Reich. Die Schule liegt genau hinter der Shell-Tankstelle und zeichnet sich durch mehrere große moderne Gebäude aus.« Um das Bild zu vervollständigen, fügen Sie bitte hunderte von blechgedeckten Hütten und eine Textilfabrik hinzu. Der in Zeghie lebende Abraha jedoch hatte Bahar Dar als eine »feine Stadt« beschrieben.

Heute Morgen habe ich die Zeit verschlafen, infolgedessen den frühen Bus nach Gondar verpasst und mich daraufhin entschlossen, zu trampen, statt auf den Nachmittagsbus zu warten. Es war nur sehr wenig Verkehr, aber ich wurde bald von einer interessanten amerikanischen Archäologin namens Joanne mitgenommen. Sie fuhr einen Landrover und hatte einen jungen Mischlingshund auf dem Schoß. Neben ihr saß ein älterer, fetter, kettenrauchender Dolmetscher-Führer, der den Auftrag hatte, ihr bei einigen Kulturinstituten in Addis behilflich zu sein. Unglücklicherweise schien dieser

Mann davon überzeugt, dass Ausgrabungen in Äthiopien eine sinnlose Beschäftigung seien.

Nach einer 25-Meilen-Fahrt durch eine reizlose, bräunliche Ebene verabschiedeten wir uns, und Joanne bog von der Straße ab und holperte über das Buschland davon in Richtung des Grabungsplatzes. Vier Meilen weiter wurde ich von drei jungen Männern in einem WHO-Jeep aufgesammelt. Es waren Mitarbeiter des Gondar's Public Health College, und auch ohne Jock hatten sie »die irische Dame mit dem Maultier« sofort erkannt. Die noch verbleibenden 85 Meilen führten uns zunächst durch eine Fortsetzung der nichts sagenden Ebene und dann über eine großartige Kette kahler Berge; der Tana-See tauchte nur selten auf, weil diese Straße weit im Inland verläuft; und wir passierten auch nur ein paar blechgedeckte Dörfer.

Um halb zwei präsentierte ich mich in den Gondar Police Headquarters, wo ich 90 Minuten in einem winzigen Büro neben einem rostigen Aktenschrank saß, *Talleyrand* las und darauf wartete, dass Colonel Aziz vom Mittagessen zurückkam.

Colonel Aziz ist ein stämmiger, etwa 45-jähriger Mann mit einem runden, braunen Gesicht, durchdringenden Augen, einem gepflegten, leicht affektierten Schnurrbart und einem Anstrich von Wichtigtuerei, wie man ihn bei den meisten Hochländern in verantwortungsvollen Stellungen findet. Sein Englisch ist leicht zu verstehen, wenngleich sein Wortschatz nicht sehr groß ist, und unsere bisherigen Begegnungen sind stets sehr unterhaltsam gewesen. Aber offensichtlich gestaltete sich das offizielle Wiedersehen ein wenig schwieriger.

Ich hatte bereits mehrfach festgestellt, dass die Beraubung einer *faranj* beim Durchschnittshochländer ehrliche Scham und Bekümmertheit auslöst. Ein solches Verbrechen ist »nicht anständig«. Hätte ich von meinem Unglück profitieren wollen, so wäre dies ein Leichtes gewesen, denn jeder Bauer wollte mir unbedingt den Schaden ersetzen, bis zur eigenen Leistungsgrenze. Für jene aber, die wissen, dass ich über meine Reise durch Äthiopien ein Buch schreibe, ist das Ganze noch peinlicher. So musste ich Colonel Aziz, als er endlich kam – und ein so schuldbewusstes Gesicht machte, als sei er selbst der Täter –, auf dem Weg in sein Büro erst einmal trösten. Ich betonte, dass der Raub ein einsames Riff in einem Meer von Freundlichkeit gewesen sei; ich wies darauf hin, dass Äthiopien das sechste fremde Land sei, in dem ich auf Räuber gestoßen sei – und als ihn auch dies nicht erheiterte, verleugnete ich sogar meinen Patriotismus und gab zu, selbst in Irland schon ausgeraubt worden zu sein und dass die Polizei dort leider so gut wie nichts unternommen habe, um meinen Besitz wiederzubeschaffen. Bei dieser letzten Mitteilung hellte sich die Miene des Ärmsten auf. Er zog seinen Stuhl näher an den Schreibtisch heran, läutete und erklärte, dass dies in Äthiopien selbstverständlich ganz anders sei, wo die Bestohlenen in der Regel ihre Sachen innerhalb von 24 Stunden zurückbekämen.

Auf sein Läuten hin kam ein großer, schlanker junger Leutnant herein. Er sprach ein hervorragendes Englisch, und nachdem wir einander vorgestellt worden waren, setzte er sich, um meine Aussage aufzunehmen. Als ich den Priester zu beschreiben begann, war die Atmosphäre plötzlich elektrisch geladen, und die beiden Offiziere riefen gleichzeitig: »Kas Makonnen!« Und während Colonel Aziz nach dem Telefon griff und Gorgora verlangte, sah mich Leutnant Woldie an und sagte: »Sie haben Glück gehabt!«

Ich war bis dahin gar nicht auf den Gedanken gekommen, dass es sich bei dem Quartett um *shifta* gehandelt hatte: Mir waren sie lediglich als besonders heruntergekommene Bewohner einer Gegend erschienen, wo alle Menschen irgendwie ein wenig heruntergekommen aussahen. Ich lebte in der Vorstellung, *shifta* seien besonders farbige Typen, die auf schnellen Pferden ihre Gewehre schwingend die Hänge herabgaloppiert kamen. Aber offensichtlich traf meine Beschreibung des Priesters in allen Einzelheiten auf Kas Makonnen zu, einen *Shifta*-Anführer, der wegen zahlreicher Räubereien und zweier Morde gesucht wurde.

Schon bald hatte Colonel Aziz arrangiert, dass der Leutnant, der Gouverneur von Gorgora (der in Gondar residiert), acht bewaffnete

Polizisten und ich am nächsten Morgen um 6.30 Uhr nach Gorgora aufbrechen sollten. Der Colonel und der Gouverneur wollten dort warten, während der Rest sich auf die Menschenjagd begab. Als ich zu bedenken gab, dass ich zu Fuß vielleicht länger als einen Tag brauchen würde, um das Quartier der Räuber zu finden, da ich mich damals in der Gegend völlig verirrt hatte, wurde entschieden, dass wir mit einem Motorboot am Seeufer entlangfahren und dort landen sollten, wo meiner Erinnerung nach die »*Shifta*-Bucht« lag.

Colonel Aziz bat mich eindringlich, mit niemandem über unser Vorhaben oder die Identität meines »Räuberbarons« zu sprechen. Nur er selbst, der Leutnant, der Sergeant in Gorgora, der Gouverneur und ich seien in das Geheimnis eingeweiht. Selbst die Gorgoraner und die Gondarer Polizisten würden keine detaillierten Informationen erhalten, bevor wir an Bord des Motorbootes seien. Diese Geheimniskrämerei war interessant. Bei uns hätte man sofort die Öffentlichkeit zur Mithilfe bei der Menschenjagd aufgefordert; hier galt offensichtlich nicht nur die Bevölkerung, sondern auch das Aufgebot an einfachen Polizisten als mögliche Verbündete der Verbrecher – sei es nun aus Angst oder Freundschaft. Das morgige Ziel wird sein, Männer zu fangen in einem sehr schwer zugänglichen Gebiet, in dem jede Verfolgung sinnlos ist, wenn sie vorzeitig gewarnt werden. Daher ist das Überraschungsmoment von absoluter Wichtigkeit, und in Äthiopien ist die Vorstellung von einer schlagkräftigen Polizei neu und nicht sehr populär.

Die gesellschaftliche Stellung Kas Makonnens gibt mir Rätsel auf. Einerseits hat man mir erzählt, er sei überhaupt kein Priester, sondern verkleide sich nur als solcher (»Kas« bedeutet Priester). Andererseits hat man mir aber versichert, dass der Bischof von Begemdir ihm sein Priesteramt entziehen werde, sobald er in Ketten nach Gondar gebracht werde. Diese Versicherung lässt mich natürlich argwöhnen, dass die erstere Behauptung lediglich dazu dienen sollte, das Gesicht der äthiopischen Kirche zu wahren – nur, wenn er tatsächlich Priester ist, müsste man doch annehmen, dass ihn der Bischof längst seines Amtes enthoben hätte.

8. Februar – Gorgora

Heute passierten lauter unwahrscheinliche Dinge. Für einen schlichten Bürger Irlands ist die Aufgabe, 17 bewaffnete Männer auf der Suche nach einem Mörder durch eine abgelegene Ecke Äthiopiens zu führen, doch ein wenig ungewöhnlich.

Heute Morgen wurde entschieden, dass 16 Polizisten unserem Zweck besser dienen würden als acht, und als wir Gondar um neun Uhr verließen, war der neue, von Colonel Aziz gesteuerte Landrover der Polizei derart überbesetzt, dass man seinen Fahrer in jedem anderen Land verhaftet hätte. Zwei Stunden später erreichten wir Gorgora und gingen sofort an Bord des Motorboots, das an einem kleinen, von den Italienern gebauten Landungssteg festgemacht hatte – wo gerade Säcke mit *teff*, Sorghum, Hirse und Kaffee von einem riesigen Papyrusfloß entladen wurden, das kurz zuvor aus Kunzela angekommen war. Die nächste Stunde warteten wir auf den Gouverneur, der uns mit vier Körben *dabo, injara* und *wat* sowie zwei Flaschen *tej* und mehreren dickbäuchigen Tongefäßen mit *talla* versorgen sollte. Dann, genau um zwölf Uhr, legten wir ab, während der Colonel und der Gouverneur uns vom Landesteg aus nachwinkten, die letzten Instruktionen nachriefen und uns Glück wünschten.

An Bord waren 24 Personen – drei Besatzungsmitglieder, 16 Polizisten in Zivil, zwei Polizeioffiziere, zwei nicht einzuordnende örtliche Beamte und die *faranj*. Alle, mit Ausnahme der Crew und der *faranj*, waren so schwer bewaffnet – jeder mit einem Gewehr und einem Revolver und dazu noch ein Maschinengewehr –, dass ich mich nur wundern konnte, dass das schon etwas betagte Motorboot nicht unterging. Der Leutnant und der Gorgoraner Sergeant waren in Uniform an Bord gekommen, zogen sich jetzt aber um, damit man sie von Land aus nicht erkennen und die *shifta* warnen konnte. Ich war sehr von dem Sergeant beeindruckt, einem kleinen, drahtigen, etwa 50 Jahre alten Mann, der sich als Vaterlandskämpfer gegen die Italiener ausgezeichnet hatte. Er hat ein markantes, kluges, freundliches Gesicht und verströmt eine beruhigende und gelassene

Autorität; allein die Tatsache, dass er kein Englisch spricht, hat bisher seine Beförderung behindert.

Zwei Stunden lang fuhren wir mit höchster Geschwindigkeit in etwa eineinhalb Meilen Entfernung an der Küste entlang, die bewaldeten Uferfelsen zu unserer Rechten. Gelegentlich kamen wir an felsigen, bewaldeten Inselchen verschiedenster Form und Größe vorbei – jede mit einem halb hinter Bäumen verborgenen Kloster oder einer Kirche. Und die ganze Zeit über schien die Sonne, der Tana-See glitzerte, und es wehte ein kräftiger, kühler Wind. Während ich so am Bug stand, musste ich daran denken, dass es doch viele weit weniger angenehme Arbeiten gibt, als *shifta* zu jagen.

Etwa um 14 Uhr meinte ich, dass wir uns nun der Küste nähern sollten. Während wir langsam darauf zufuhren, versuchte ich unsere Position mit der von mir letzte Woche eingeschlagenen Route in Verbindung zu bringen, was unerwartet schwierig war. Eine Landschaft sieht eben eineinhalb Meilen vom Ufer entfernt völlig anders aus, als wenn man mitten darinsteckt. Immerhin erkannte ich jenes grauenhafte Sumpfgebiet wieder, und um 14.30 Uhr glitt das Boot geräuschlos in die weite Bucht. Da die Crew sich weigerte, näher an die ihr unbekannte Küste heranzufahren, wurde ein kleines Schlauchboot zu Wasser gelassen, und wir wurden in vier Gruppen an Land gerudert.

Wir landeten am Fuß des nördlichen Gebirgskammes, und ich schlug vor, des Überraschungseffektes wegen am Wasser entlang bis zu dem Gebirgskamm im Süden und an ihm entlang bis zum Lager der Verbrecher zu marschieren. Leutnant Woldie schärfte jedem noch einmal ein, doppelt aufzupassen, und die Jagd begann – wobei die Feigenbäume uns Deckung gaben. In diesem Moment machte mir die Sache ausgesprochen Spaß. Während ich durch das Dschungelgras schlich, gefolgt von meiner kleinen Armee mit ihren schussbereiten Waffen, fühlte ich mich wie eine Kreuzung aus »Napier auf dem Weg nach Magdala« und einem Kind beim Indianerspiel.

Plötzlich bewegte sich hinter den Bäumen eine Gestalt. Es war ein erschrockener junger Mann, und sofort liefen zwei Polizisten auf ihn zu, schwangen ihre Waffen und versuchten ihm klarzumachen, dass er sich ruhig verhalten solle. Er reagierte darauf jedoch, indem er blitzschnell die Flucht ergriff. Da die Gefahr bestand, dass der Vorfall vom Lager aus beobachtet worden war, änderten wir unsere Taktik. Der Sergeant und sechs Polizisten wandten sich nach Nordosten, wobei sie ein Maisfeld als Deckung benutzten, während der Rest nach Westen eilte und am Fuß des Gebirgskammes entlang in Richtung auf das Lager vorstieß.

Als wir, immer noch im Schutz der Felsen, bis auf 30 Yards herangekommen waren, warteten wir, bis alle zusammen waren. Dann stürmten wir aus der Deckung heraus, rannten durch die Umzäunung und sahen unser »Wild« vor einem *tukul* sitzen. Er wurde ergriffen, als er auf die Füße sprang, woraufhin ich ob dieses banalen Endes unserer gefährlichen Menschenjagd mit einem nervösen Kichern reagierte.

Inzwischen hatte die Polizei das Lager umstellt, ich hatte die anderen drei Räuber identifiziert, und alle vier waren sicher mit Stricken und Handschellen gefesselt. Leutnant Woldie erzählte mir, sowohl der ältere als auch der schlanke junge Mann seien erst kürzlich aus dem Gefängnis entlassen worden, was ihre Abneigung gegen die Ermordung einer *faranj* erklären könnte. Und in diesem Moment wurde mir auch klar, dass Kas Makonnen tatsächlich ein ordinierter Priester war. Während die Polizisten mit seinen gefesselten Gefährten ziemlich brutal umgingen, wurde er nicht misshandelt. Man erlaubte ihm sogar, im Schatten eines *tukul* zu sitzen – mit einer Wache zu beiden Seiten.

Zunächst bestritten alle vier auf das Entschiedenste, mich jemals zuvor gesehen zu haben – obgleich das entsetzte Wiedererkennen in den Augen des Priesters ein beredtes Eingeständnis seiner Schuld war. Während unserer erfolglosen Durchsuchung der acht *tukuls* wurde die Stimmung der Polizisten immer gereizter. Schließlich brachten sie den älteren Mann an eine Stelle, wo ich ihn nicht sehen konnte. Aber ich konnte ihn hören, und so überraschte es mich nicht, dass er ziemlich übel aussah, als er zehn Minuten später wieder zurückkam. Er war jetzt eifrig bestrebt, die Polizei zu einer Siedlung zu führen, die eine Stunde entfernt lag. Dort würde man nach seiner Behauptung alle meine Sachen unversehrt vorfinden. Der Sergeant und acht Polizisten begleiteten ihn. Der Rest blieb zurück, um die Gefangenen zu bewachen und jeden daran zu hindern, das Lager zu verlassen, das bis zur Herbeischaffung der gestohlenen Sachen unter »Kriegsrecht« gestellt worden war.

Unterdessen ging ich los, um eine seltsame Höhle zu untersuchen, die ich letzte Woche in dem nördlichen Gebirgskamm entdeckt hatte – aber ich war zu erschöpft gewesen, um kulturelle Interessen zu verfolgen. Wie ich vermutet hatte, handelte es sich um mehrere Räume und Durchgänge, die in den Felsen hineingeschlagen worden waren. Meine einzige Lichtquelle waren ein paar mithilfe meiner Streichhölzer entzündete Holzstücke, was nicht sehr befriedigend war. Aber zumindest war zu erkennen, dass der Felsen glatt und sachkundig bearbeitet worden war. Ich fand keinerlei Spuren von Wandzeichnungen, aber es mag durchaus welche gegeben haben, denn meine Suche war sehr oberflächlich. Als das System der Gänge für meine Nerven zu verwirrend wurde, trat ich den Rückzug an: In dieser Gegend habe ich nicht gerade meine glücklichsten Erfahrungen gemacht. Später erfuhr ich, dass der Name der Höhle Selassie Washa ist und man annimmt, dass sie vor 600 Jahren in den Felsen geschlagen wurde – etwa 100 Jahre nach der Entstehung der Felsenkirchen von Lalibela. Aber auf äthiopische Zeitangaben kann man sich nie verlassen. Der Sage nach soll Selassie Washa (nicht näher spezifizierten) Königen als Zuflucht vor ihren Feinden und als Ort der Kontemplation gedient haben.

Als ich zum Lager zurückkehrte, war meine »Armee« fröhlich beim Essen und Trinken, und auch ich bekam eine große Portion nicht besonders guter *injara* und frische Milch. Bei Expeditionen wie dieser folgt die Polizei dem alten Brauch der Hochlandarmeen, die das Requirieren von Nahrung stets als ihr gutes Recht betrachteten. In unserem Fall ist allerdings festzustellen, dass die Polizei das Lager regelrecht ausplünderte, denn als wir zum Motorboot zurückgingen, war jeder Polizist mit Nahrungsmitteln beladen, für die niemand etwas bezahlt hatte.

Um 17.30 Uhr tauchte in der Ferne der Sergeant mit seiner Gruppe auf, und wir brachen in einen Begeisterungsjubel aus, als wir ein kanariengelbes Bündel erkannten, das unser Gefangener trug – meinen kostbaren Schlafsack. Jeder wusste natürlich, wie sehr mir daran lag, dieses spezielle Stück zurückzubekommen, und so strahlten der Sergeant und seine Polizisten über das ganze Gesicht, als ich ihnen entgegenlief, um ihnen zu danken und zu gratulieren.

Auch meine Taschenlampe und Jocks Zaumzeug hatten sich wieder gefunden, aber der Rest war verschwunden, worüber ich mir allerdings nicht die geringsten Gedanken machte, während ich selig meinen Schlafsack betrachtete. Die Polizei jedoch machte sich große Gedanken; vor allem um meine Kamera, über deren Verlust ich nur gelindes Bedauern empfand, da ich unfähig bin, wirklich gute Fotos zu machen. Da der »Hehler« aus dem anderen Compound wegen einer Hochzeit nicht zu Hause gewesen war, hatte man stattdessen seine Mutter verhaftet. Man sagte mir, dass man sie so lange im Gefängnis behalten werde, bis er sich stellen und den Rest meines Eigentums herausgeben würde. Sie war eine zerbrechliche, bestürzte und verängstigte Frau von etwa 50 Jahren, und dieses Verfahren stieß mich ab. Aber es wäre für eine *faranj* absurd gewesen, in dieser Situation einen Vortrag über Gerechtigkeit zu halten. So bat ich schlicht, sie laufen zu lassen. Diese Albernheit wurde natürlich ignoriert; aber nun warf sich die arme Frau – vielleicht weil sie begriffen hatte, dass ich auf ihrer Seite stand – weinend vor drei Polizisten auf die Knie und wiederholte ihre Unschuldsbeteuerungen und ihre Bitte um Freilassung. Als Antwort traten ihr alle drei heftig gegen Schultern, Rücken und Brust, worauf ich nun sehr wütend dazwischenging. Im Verlauf des Nachmittags hatten mich bereits mehrere Akte unnötiger Brutalität empört, und nun machte sich all meine angestaute Wut Luft. Ich versetzte dem mir am nächsten stehenden Flegel einen Hieb aufs Ohr und rief nach Leutnant Woldie, der die Polizisten sofort zurechtwies – wie ich fürchte, nicht weil sie die Frau getreten hatten, sondern weil sie es in meiner Gegenwart getan hatten.

Dann traten wir mit unseren sieben Gefangenen den Rückweg an – meinem Quartett, der Mutter des Hehlers und zwei weiteren gesuchten Verbrechern, die zufällig in diesem *Shifta*-Hauptquartier gefasst worden waren. Auf unserem Weg zum Ufer stellte ich Leutnant Woldie eine Frage, die mich seit Stunden beschäftigte – warum hatten diese *shifta* keine Gewehre, auch nicht in ihren *tukuls*. Er antwortete, die Einwohner dieser Gegend seien notorische Rinderdiebe, die in weiten Bereichen der Provinzen Begemdir und Gojjam operierten, und wenn die meisten von ihnen – wie gerade jetzt – »in Geschäften unterwegs« seien, nähmen sie alle verfügbaren Waffen mit, da sie nicht zu befürchten brauchten, dass die Polizei in ihrer Abwesenheit eine Razzia durchführte. Es gab noch eine Reihe anderer Fragen, die mir keine Ruhe ließen – wieso hatten die *shifta* riskiert, mich auszurauben, und mich dann laufen gelassen, sodass ich die Polizei informieren konnte; warum hatten sie bestimmte Dinge gestohlen, andere aber nicht; und warum war das Quartett in seinem Lager geblieben, wenn die Gefahr einer Polizeirazzia bestand? Leutnant Woldies Antworten zu allen diesen Fragen waren jedoch recht vage. Ich kann also nur vermuten, dass die naiven *shifta* es für unwahrscheinlich hielten, dass ich aus dem Ufersumpf des Tana-See lebendig herauskommen würde. Oder aber sie konnten sich nicht vorstellen, dass eine Englisch sprechende *faranj* erfolgreich mit äthiopischen Polizeioffizieren zusammenarbeitet. Oder sie hatten nicht damit gerechnet, wie vehement die Polizei auf den Raub an einer *faranj* reagieren würde. Heute Abend empfinde ich einen Funken lächerliche Sympathie für mein Quartett – seine Ergreifung war ein zu eindeutiger Sieg der Intellektualität über die Naivität.

Wir erreichten das Seeufer bei Sonnenuntergang – als das Wasser eine gekräuselte Fläche aus Kupfer, Zitrone und Blau-Grün war. Als ich hinausgerudert wurde, flammte der Himmel für einen

Augenblick blutrot auf, und die Masten des Motorbootes standen als schwarzes Kreuz davor. Nachdem ich mich an Bord gezogen hatte, saß ich im Heck, während die Mutter des Hehlers an meiner Schulter schluchzte, und beobachtete, wie das Licht rasch hinter dem Gebirgskamm jenseits des Sumpfes verschwand.

Gegen 19.45 Uhr waren alle an Bord, und während das Boot an Geschwindigkeit gewann, begann unsere Siegesfeier. Nachdem sie ihre wertvolle Fracht an Gefangenen sicher an Deck zusammengetäut hatten, waren alle Polizisten in bester Laune – und es dauerte nicht lange, bis sie in allerbester Laune waren. Bald tauchte eine geheimnisvolle Flasche *araki* auf, um die großzügige Gabe des Gouverneurs an *talla* und *tej* zu ergänzen, und während das Boot im Licht der Sterne durch das Wasser pflügte, mixten wir uns sorglos unsere Drinks. Gegen Ende der Fahrt begann eine Gruppe Polizisten, sich untereinander um die Gewehre zu streiten. In der engen Kabine war es für mich ziemlich ernüchternd, vier betrunkene Hochländer vor mir zu haben, die über den Besitz ebenso vieler geladener Waffen debattierten. Leutnant Woldie saß neben mir und stellte fortschreitend weniger intelligente Fragen über europäische Geschichte. Und nun zwinkerte er mir verschwörerisch zu und bemerkte, dass diese Bauernburschen doch wirklich wie die Kinder seien – was genau das war, was mir Sorgen machte. Aber glücklicherweise verlangsamten wir jetzt die Fahrt, und gleich darauf legten wir am Landesteg an.

Im Licht der Taschenlampen stiegen wir den rauen Pfad zum örtlichen Gefängnis hinauf – einer soliden Lehmhütte mit sauberem Stroh auf dem Fußboden. Hier wurden die sechs Männer gemeinsam in einen Raum gesperrt – jeweils zu zweit aneinander gefesselt, während die unglückliche Frau einen Raum für sich allein bekam. Zumindest haben sie es hier alle komfortabler als zu Hause.

Als der Leutnant, der Sergeant und ich in diese Herberge kamen – wo ich meine letzte Nacht in Gorgora verbrachte –, erfuhren wir, dass Colonel Aziz bereits am Nachmittag nach Gondar hatte zurückkehren müssen. Aber unser Sieg ist ihm bereits mitgeteilt worden, und er wird morgen kommen, um uns einzusammeln.

9. Februar – Gondar

Es ist jetzt elf Uhr abends, und ich komme gerade von einer Party im Police Officers' Klub. Eigentlich war der gesamte Tag eine einzige lange Feier, die in dem Moment begann, als ein strahlender Colonel Aziz heute Morgen in Gorgora ankam und es schon zum Frühstück *tej* gab. Als wir nach Gondar zurückkehrten, brachte es mich dann doch etwas aus der Fassung, mich in der Rolle einer Lokalheldin wiederzufinden. Offensichtlich hatte Addis in den Morgennachrichten über das gestrige Unternehmen berichtet, und die Gondarer führten sich auf, als ob ich die *shifta* ganz allein gefangen hätte. Heute Nachmittag hatte mich die Gattin des Generalgouverneurs (eine Cousine von Leilt Aida), die gerade aus Addis zurückgekommen war, zum Tee in den Palast eingeladen. Sie spricht fließend Englisch, und nachdem wir die aufregende *Shifta*-Geschichte hinter uns gebracht hatten, haben wir uns lange und angeregt über die erfreulicheren Aspekte des Hochlandlebens unterhalten.

Heute habe ich auch meine Bücher, Insektizide und Medikamente zurückerhalten. Nur die Kamera und das Geld fehlen immer noch, und ich muss in Gondar bleiben, bis beides gefunden ist. Außerdem werde ich als Zeugin benötigt, wenn dem Quartett wegen des Raubes der Prozess gemacht wird.

10. Februar

Die heutigen Ermittlungen der Polizei haben nichts Neues ergeben, und ich fange an, unruhig zu werden. Ich sehne mich danach, meine Wanderung mit Jock nach Labibela fortzusetzen – obgleich Jock zweifellos sein faules Leben und die Gerste in Bahar Dar vorzieht. Gerade habe ich mit dem Hotel Ras telefoniert, und der Manager hat mir versichert, dass der *buccolo* alle Annehmlichkeiten eines V.I.P. genießt. Es sei ihm gegönnt.

Heute Morgen ist der Generalgouverneur aus Addis zurückgekommen, und heute Nachmittag wurde ich zur Audienz gebeten. Obgleich er erst seit 18 Monaten hier ist, gewinnt man den Eindruck, dass er ein ungewöhnlich verständnisvolles Interesse an der

Provinz nimmt. Es lag ihm außerordentlich daran, mit mir über die wenig bekannten Gebiete zwischen den Provinzen Takazze und Buahit zu diskutieren. Seine generelle Einstellung zu den regionalen Problemen scheint mir klug und wohlwollend, und seine Anteilnahme geht weit über die eines bloßen Repräsentanten des Kaisers hinaus.

11. Februar

Meine Geduldsprobe dauert an. Zu meinem Glück ist jedoch auch Joanne hier gestrandet. Sie wartet auf eine Grabungserlaubnis für die Provinz Begemdir. Sie ist die einzige *faranj*, die ich in Äthiopien getroffen habe, die in *tukuls* schläft, *tukul-talla* trinkt und *Tukul*-Essen isst. Außerdem spricht sie Amharisch, schwimmt im Tana-See, reitet auf nicht zugerittenen Pferden durch die Semiens und sieht über die zahlreichen, entzündeten Insektenstiche an ihren Beinen souverän hinweg. Wir mögen uns.

Heute bestand die einzige Unterbrechung des Tagesablaufs in einem Besuch beim »Barber«, der mir einen barbarischen Haarschnitt verpasste. Die Operation dauerte 35 Minuten und ließ mich vorübergehend fürchten, dass er mich skalpieren wollte. Meine Gondarer Freunde sind schockiert und betrübt – trösten mich aber damit, dass ich auf meinem Weg nach Addis nun mit Sicherheit gegen jede sexuelle Belästigung gefeit sei.

Heute Abend lässt meine Stimmung etwas zu wünschen übrig. Zwei der sechs infizierten Kratzer an meinen Beinen haben sich in entzündete, eiternde Striemen verwandelt, deren Schmerzen bis in den Oberschenkel ausstrahlen. Ich fühle mich krank. Das Ganze ist die logische Folge davon, dass ich sie bei all den anderen Aufregungen und Unternehmungen total vernachlässigt habe. Auf Nancy O'Briens Anweisung hin behandle ich sie jetzt mit Antibiotika.

12. Februar

Ich hatte eine schlimme Nacht. Das Pochen in meinem Bein wurde vom Schlagen der Hochzeitstrommeln auf einem Grundstück unmittelbar hinter dem Hotel sowie von ununterbrochenem Singen, Klatschen und Hundegebell begleitet. Den heutigen Tag habe ich dösend und lesend im Bett verbracht. Colonel Aziz meint, das Gericht werde morgen noch nicht tagen, aber vielleicht am Dienstag … Oder auch nicht.

13. Februar

Heute hat man den Räubern gedroht, dass man ihnen morgen früh auf dem Marktplatz 55 Peitschenhiebe verabreichen werde, falls sich meine Kamera nicht bis zum Mittag angefunden hat. Die Polizei erwartete von mir, dass ich über die in Aussicht genommene öffentliche Auspeitschung meiner Feinde frohlocken würde – an der teilzunehmen ich herzlich eingeladen sei –, und Colonel Aziz verkündete die Entscheidung in einem so selbstzufriedenen Ton, als handle es sich um eine ganz außergewöhnliche Leistung der äthiopischen Polizei. Er war entsprechend enttäuscht, als ich leicht grün im Gesicht wurde und ihn bat, es um Gottes willen nicht meinetwegen zu tun. Nachdem er sich gefangen hatte, blickte er mich zornig an und brüllte: »Genau das ist der Grund, warum in Europa so viele Verbrechen begangen werden!« Glücklicherweise genügte bereits die Drohung. Meine Kamera liegt jetzt im Polizeihauptquartier, und der Gerichtshof wird morgen früh um zehn Uhr zusammentreten.

14. Februar

Ich wurde für 11.30 Uhr ins Gericht bestellt und durch schmutzige Flure an Reihen von Männern vorbeigeführt, die mit dem Rücken an der Wand auf dem Boden saßen und sich leise unterhielten. Der Gerichtssaal ist sehr hoch, etwa 50 Fuß lang und 20 Fuß breit. An seinem einen Ende saßen auf einem Podium hinter einem mit einer grünen Plastikdecke bedeckten Tisch drei Richter in verblichenen schwarzen Seidenroben. Der »Zeugenstand« war ein kleiner Holztisch in der Mitte des Saales, auf dem meine »wiedergefundenen Sachen« und eine amharische Bibel lagen; mir zur Seite saß ein Lehrer als Dolmetscher. Die »Anklagebank« war ein bis zur Taille reichender Wellblechverschlag auf einem Podium rechts neben der Eingangstür. Es gab keine Geschworenen, aber die Öffentlichkeit – vertreten durch etwa 50 Männer – füllte die Bänke hinter dem Zeugenstand. Einige dieser Männer warteten auf ihre eigene Verhandlung, der Rest frönte dem Lieblingszeitvertreib der prozessbegeisterten Hochländer.

Die Verhandlung verlief wohl geordnet und ruhig. Nachdem ich mich gesetzt hatte, nahm der öffentliche Ankläger – ebenfalls in schwarzer Robe – auf einem Stuhl zu meiner Rechten Platz und las dem Gericht eine amharische Übersetzung meiner Aussage vor. (Außer dem Lehrer und Leutnant Woldie sprach niemand Englisch.) Dann verlas der Lehrer das Originalprotokoll, und ich stand auf, legte eine Hand auf die Bibel, beschwor die Wahrheit meiner Aussage und identifizierte sowohl mein Eigentum als auch die Angeklagten. Als Nächstes schilderte Leutnant Woldie die Festnahme und das Auffinden der gestohlenen Sachen, und schließlich ergriffen drei der Angeklagten die Gelegenheit zu ihrer Verteidigung. Nur Kas Makonnen schwieg. Niemand unterbrach oder drängte sie zur Eile. Aber sie sprachen ohnehin nicht lange. Offensichtlich hielten sie ihre Sache für hoffnungslos. Das Kreuzverhör war kurz.

Während die Richter das Urteil berieten, wurden die Angeklagten auf den Flur gebracht. Ich ging zusammen mit meinem Dolmetscher und Leutnant Woldie in einen angrenzenden Raum. 20 Minuten später wurden wir wieder hereingerufen. Der Vorsitzende Richter erhob sich und hielt eine lange Rede über die abscheuliche Niedertracht, eine *faranj* auszurauben. Dann verurteilte er die vier zu je zwei Jahren Gefängnis und 30 Peitschenhieben; die Strafe sollte am nächsten Sonnabendmorgen um neun Uhr auf dem Marktplatz vollstreckt werden – wenn sich riesige Menschenmengen auf dem größten Markt der Woche versammeln. Sofort stand ich auf und bat, ihnen die Prügelstrafe zu erlassen – zur allseitigen Erheiterung (einschließlich der Richter) über eine so kuriose Zimperlichkeit der *faranj*. Der Vorsitzende Richter sagte mir, ich solle mich setzen und aufhören, mich albern zu benehmen –

oder etwas Sinngemäßes. Später erfuhr ich, dass man einen Äthiopier sofort zu drei Monaten Gefängnis wegen Missachtung des Gerichts verurteilt hätte, wenn er eine entsprechende Bitte vorgebracht hätte.

Um zwei Uhr war ich wieder in meinem Zimmer, trank düsteren Gemüts *tej* und plagte mich mit Gewissensbissen. Die Richter hatten angedeutet, die Strafe sei deshalb so hoch ausgefallen, weil die Angeklagten durch die Beraubung einer *faranj* den guten Namen Äthiopiens in den Schmutz gezogen hätten, und es ist kein angenehmes Gefühl, der Grund dafür zu sein, dass drei Männer zu einer Strafe verurteilt worden waren, die in keinem Verhältnis zu ihrer Tat stand. (Mein Mitgefühl erstreckte sich nicht auf Kas Makonnen, den vermutlich schon bald eine sehr viel schwerere Strafe vor dem Central Criminal Court erwartete.)

Meine düsteren Gedanken wurden durch den Anruf aus dem Palast unterbrochen. Man teilte mir mit, dass der Provinzialgouverneur beschlossen habe, mir meine noch fehlenden 120 äthiopischen Dollar zu ersetzen. Ich protestierte entschieden, denn sämtliche Kosten meines Gondarer Aufenthalts waren bereits von der Regierung übernommen worden – völlig unnötigerweise, denn kein Äthiopier hatte mich gebeten, allein zwischen *Shifta*-Nestern herumzuwandern. Aber mein Protest half nichts; und als ich den Hörer auflegte, sagte ich mir, dass diese großzügige Geste in jedem Fall die Scham der Verantwortlichen verringern würde. In diesem Augenblick betrat Leutnant Woldie die Bar, und so erzählte ich ihm von der Freundlichkeit des Gouverneurs und bedauerte ein wenig, eine so teure Plage für Äthiopien zu sein. Aber er lachte nur – und um mich aufzuheitern, erklärte er mir, dass man sich die 120 äthiopischen Dollar von den Familien der Gefangenen holen werde.

Das stürzte mich nun in die tiefsten Tiefen meiner Schuldgefühle. Sehr wahrscheinlich hatten diese Familien nichts von meinem Geld erhalten, sodass durch diese Maßnahme eine Anzahl unschuldiger Menschen bestraft wurde, für die 120 äthiopische Dollar so viel bedeuteten wie für mich 1200. Ich verließ die Bar, um auf andere Gedanken zu kommen durch einen Besuch des königlichen Palastes, bei dem ich in der letzten Woche häufig gewesen war.

Während ich vor der Ruine des Palastes Iyasu des Großen saß, kamen die Dinge schließlich wieder ins richtige Lot. Angesichts der Gräueltaten, die sich hier auf diesem Gelände ereignet hatten, erwies sich mein Beitrag zur Geschichte der Grausamkeiten in Äthiopien als geradezu lächerlich gering. Ich begann auch einzusehen, dass es einer *faranj* nicht ansteht, die Methoden der äthiopischen Polizei in Bausch und Bogen zu verdammen, obwohl man einzelne Exzesse sehr wohl kritisieren sollte. In einem Land, in dem man die Landbevölkerung nicht über Zeitungen oder Radio erreichen kann, sind öffentliche Auspeitschungen die einzige effektive Methode, um einerseits öffentlich bekannt zu machen, dass Verbrecher gefasst worden sind, und zugleich Gesetz und Ordnung Respekt zu verschaffen. Man sollte auch nicht vergessen, dass noch vor 100 Jahren öffentliche Hinrichtungen zu den volkstümlichen Unterhaltungen unserer eigenen Zivilisation gehörten.

Auf meinem Rückweg ins Hotel konzentrierte ich mich auf die positiven Auswirkungen der Angelegenheit: Der Sergeant in Gorgora ist endlich befördert worden, als Anerkennung für die Tüchtigkeit und die Verschwiegenheit, mit denen er die Dinge auf seiner Seite organisiert hat. Und mich haben die Äthiopier um eine einmalige Erfahrung bereichert: Noch keine andere Polizei hat jemals wiedergefunden, was man mir geraubt hatte. Als mir das Gleiche zu Hause passierte, hat die irische Polizei nicht ein Zehntel der Intelligenz, Tüchtigkeit und Energie von Colonel Aziz und seinen Leuten bewiesen – aber vielleicht hätte sie sich ein wenig mehr angestrengt, wenn ich Äthiopierin gewesen wäre.

Meinen Plan, morgen früh nach Bahar Dar abzureisen, habe ich heute Abend ganz plötzlich geändert. Im Hotel Itegue Menen stieß ich in der Lounge auf John Bromley, der gerade aus Asmara angekommen war, und eine halbe Stunde später rief Peter an, hörte von meinem Pech und schlug mir vor, zur Erholung nach Asmara zu kommen, bevor ich mit Jock weiterziehe. Die Idee, zwei Tage lang in einer »kleinen Enklave Englands« auszuspannen, schien mir nicht unattraktiv, und so habe ich zwei Plätze gebucht: einen für den ersten Bus morgen früh nach Asmara und den zweiten für die Sonntagsmaschine von Asmara nach Bahar Dar.

15. Februar – Enda Selassie

Der große bequeme Addis-Asmara-Bus verließ Gondar um 7.10 Uhr und kam hier nachmittags um fünf Uhr an. Er war nur leicht überfüllt und hatte einen sehr umsichtigen, eritreischen Fahrer, der noch vorsichtiger wurde, als wir im Zickzack durch die westlichen Ausläufer der Semiens fuhren. Ich hasse Busreisen, aber in diesem Fall bin ich froh, diese Straße entlanggefahren zu sein: Selbst in den Ausläufern des Himalaja findet man nichts Vergleichbares, denn das dortige Terrain stellt keine so unerhörten Anforderungen. Um die Takazze-Schlucht zu überqueren, fuhren wir acht Meilen in einer Serie von engen Haarnadelkurven steil hinunter und kletterten auf der Nordseite entsprechend wieder hoch. Mitreisende aus Addis, die die Schlucht noch nie vorher gesehen hatten, fanden sie rasend aufregend; aber ich konnte ihnen nicht ganz beipflichten, denn die Straße überquert den Takazze natürlich an seiner zahmsten Stelle.

Enda Selassie ist ein fahrplanmäßiger Übernachtungsort für Busreisende, und wir wohnen in einem der anspruchsvollsten seiner wenigen kleinen Hotels. Das Hauptproblem eines »anspruchsvollen« Hotels in einer Dürregegend ist das Klo. Hier ist es unsäglich – und mein Zimmer liegt nebenan. Es wäre sehr viel gesünder, diese unpraktische italienische Neuerung rauszuwerfen und sich wieder der freien Natur zu bedienen, wo jeder sich selbst sein Loch graben oder einen flachen Stein finden muss.

16. Februar – Asmara

Wir verließen Enda Selassie um 7.30 Uhr und erreichten zwei Stunden später die tigrisch-eritreische Grenze. Hier erinnert ein großes steinernes Denkmal an die Wiedervereinigung Äthiopiens, und der raue Schotterweg verwandelt sich in eine glatte, gut gepflegte Teerstraße.

Zu Mittag hielten wir in der italianisierten Stadt Addi Ugri, wo sich der Himmel plötzlich bezog. Dann begann es zu meiner freudigen Überraschung zu *regnen*, und als wir uns Asmara näherten, jagte ein heftiger Wind niedrige, graue Wolkenfetzen über die ausgedörrte Landschaft. Dies war der erste Regen seit meiner Abreise aus London, und während alle anderen froren und die Fenster schlossen, machte ich meins weit auf, um die kühlen Tropfen auf meinen nackten Armen zu spüren. Aber der heftige Regenguss dauerte nicht lange, und in Asmara wirbelte der Wind bereits wieder unangenehme Staubwolken auf.

Peter wartete bereits auf mich, als der Bus an der Endstation hielt. Es war wunderbar, hier zu sein – und von Christopher und Nicola mit breitem Grinsen empfangen zu werden

17. Februar

Diesen Zwischenstopp in einem englischen Haushalt auf meinem neolithischen Treck genieße ich natürlich ganz besonders – Schinken und Eier zum Frühstück, Nachmittagstee, Kaminfeuer, Hunde auf den Sesseln, überall Bücher, eine nur zwei Tage alte *Times* und BBC-Nachrichten.

Morgen kommt John aus Gondar zurück, zusammen mit Sir Thomas und Lady Bromley (dem britischen Botschafter und seiner Frau), die die Strecke Addis–Asmara mit einem Landrover zurücklegen werden. So mussten heute zwei offizielle Partys vorbereitet werden, und ich habe einen großen Teil des Tages in der Küche verbracht und Walnüsse geknackt, Pflaumen entsteint, Muskatnüsse gerieben und Eischnee geschlagen. Normalerweise entspricht dies nicht gerade meiner Vorstellung von »Entspannung«, aber hier habe ich es enorm genossen.

Am Nachmittag gewitterte es rund um Asmara, und bald darauf begann es bei heftigem, kaltem Wind zu regnen – selbst das Wetter sorgt dafür, dass ich mich zu Hause fühle.

18. Februar

Der Landrover kam mittags hier an, und obgleich John einen heftigen Schnupfen und Sir Thomas einen Hexenschuss hat, wurde unsere Lunchparty ein so feucht-fröhlicher Erfolg, dass ich den Nachmittag verschlafen habe. Um sechs Uhr begann die Cocktailparty, und ich schlich mich in mein Zimmer zurück, da ich gegen derartige Vergnügungen allergisch bin. Aber während ich auf meinem Bett lag und Woodhouse las, nahmen sich die Kinder meiner so fürsorglich an, dass sich am Ende die Anzahl der leeren Gläser in meinem Zimmer ziemlich verderbt ausnahm. Und nun früh zu Bett, denn morgen muss ich um sieben Uhr auf dem Flughafen sein.

19. Februar – Bahar Dar

Bei meiner Ankunft gab es sofort Ärger, denn Jock befand sich in einem erbärmlichen Zustand, obgleich ich einen ausreichenden Betrag für seine Verpflegung dagelassen hatte. Offensichtlich hatte es niemand für nötig befunden, seinen »Pfleger« zu überwachen, der anscheinend den größten Teil des Geldes in die eigene Tasche gesteckt und Jock irgendwelchen Abfall gegeben hatte. Sein Bauch ist schrecklich aufgebläht und sein Fell so struppig, wie ich es noch nie erlebt habe. Als ich ihn beim Näherkommen ansprach, spitzte er die Ohren und kam auf mich zu, was mich sehr rührte, denn inzwischen muss er seine *Faranj*-Herrin mit einer Reihe entsetzlicher Anstrengungen und entnervender Missgeschicke in Verbindung bringen. Augenscheinlich weiß er sich von mir gewürdigt.

Die kleine Maschine der Ethiopian Airlines hatte Asmara um 7.30 Uhr verlassen und kam nach Zwischenstopps in Aksum, Gondar und Debre Tabor drei Stunden später hier an. Asmara besitzt einen internationalen Jet-Flughafen, aber überall sonst landeten wir auf irgendwelchen rauen Landebahnen. Die Besatzung bestand nur aus Äthiopiern. Der Pilot war äußerst geschickt, aber natürlich ließen sich einige heftige Stöße nicht vermeiden. Als wir tief über die Semiens flogen, verbreitete sich unter meinen Mitpassagieren ein ehrfürchtiges Staunen, und der Engländer zu meiner Linken meinte, dies sei ein so absolut unmögliches Land, dass man es nur mit dem Flugzeug bereisen könne. Ich gab ihm höflich Recht.

Aber mich beschäftigte inzwischen mehr die Zukunft als die Vergangenheit. Debre Tabor, mein nächstes Ziel, liegt auf unserer Route von Bahar Dar nach Lalibela, und es war ein merkwürdiger Gedanke, dass ich für die gleiche Strecke, für die das Flugzeug 15 Minuten benötigte, wahrscheinlich vier Tage brauchen würde. Soweit ich es von oben erkennen konnte, wird unsere nächste Runde nicht gerade leicht.

Bahar Dar liegt 2000 Fuß tiefer als Asmara und hat ein vergleichsweise tropisches Klima. Ich verbrachte den größten Teil des Nachmittags im Tana-See schwimmend – und nun muss ich meine Sachen packen.

9.

Feindselige Eingeborene

20. Februar – Ein Compound in den Bergen

Vor vier Jahren haben die Israelis im Zuge der Äthiopien-»Hilfe« dort, wo der Blaue Nil aus dem Tana-See herausfließt, eine überaus hässliche Brücke gebaut. Die Verschandelung dieser Stelle – einst eine der romantischsten in ganz Afrika – ist inzwischen durch eine Reihe von Hütten, eine Tankstelle und eine Textilfabrik vervollständigt worden.

Jenseits der Brücke bogen wir von der Autostraße ab, marschierten ein paar Meilen durch raues Buschland, kletterten einen bewaldeten Berg hinauf und schlitterten auf der anderen Seite in weites, heißes Grasland hinab, wo unser Fortkommen durch zahlreiche Flussläufe erschwert wurde. Einer floss breit und tief durch einen dichten, dunklen Dschungelabschnitt. Jock sah mich nur vorwurfsvoll an. Und so führte ich ihn nach einem kurzen Bad in das Grasland zurück, wo wir zwei Stunden lang an den hohen Ufern mehrerer schmaler, seichter Flüsse auf und ab wanderten, deren Furten stets schwer zu finden waren. An den entfernten Berghängen sah man ein paar Niederlassungen, aber wir trafen nur einen einzigen Einheimischen, einen jungen Mann, der mir auf Amharisch die üblichen Fragen stellte: »Woher kommst du? Wohin gehst du? Warum allein? Warum zu Fuß?« Während ich ihm zu antworten versuchte, marschierte ich weiter durch das knietiefe Gras und zog Jock hinter mir her – er trödelte heute ziemlich herum. (Im Verlauf des Vormittags musste ich dreimal die Gurte nachstellen, da sich seine Blähungen Luft machten.) Plötzlich verspürte ich einen nervösen Ruck am Halfter, und als ich mich umsah, sah ich unseren Begleiter mit meinem Sonnenhut und einem *Injara*-Korb davoneilen, die ich oben auf dem Gepäck festgebunden hatte. Ich war stinkwütend – umso mehr, als ich mir gerade überlegt hatte, den Hut aufzusetzen. Aber eine Verfolgung wäre sinnlos gewesen. Dieser Diebstahl bringt mich in eine nicht ganz ungefährliche Lage, denn der (kürzlich in Gondar gekaufte) Korb enthielt Kompass, Karte, Höhenmesser, Taschenlampe, Dosenöffner, Löffel, mein heutiges Mittagessen: eine Dose Tunfisch sowie Pillen zur Desinfizierung des Wassers und Tabletten gegen Malaria. Die Pillen, das Medikament und den Dosenöffner werde ich in Dessie ersetzen können, aber Karte und Kompass sind zwischen hier und Addis nicht aufzutreiben – wobei es ohne sie schwierig werden könnte, Addis überhaupt zu finden. Der mittägliche Sonnenstand bietet auf diesem Breitengrad keine große Hilfe, und mein Richtungssinn ist bei sich dahinschlängelnden Pfaden ziemlich unzuverlässig.

Nachdem wir die Flüsse hinter uns gelassen hatten, führte uns so etwas wie ein Pfad bis zwei Uhr über bewaldete Hügel und durch ebenes Grasland. Dann stießen wir auf einem umgepflügten Abhang auf ein paar Höfe, wo mir eine Gruppe von Männern zuwinkte, auf einen Schluck *talla* hereinzukommen. Die Niederlassung wirkte ärmlich, aber alle waren eifrig bemüht, mir sowohl zu essen als auch zu trinken zu geben. Ich erzählte ihnen von dem Diebstahl, und mein Gastgeber nannte mir den Namen eines Dorfes, aus dem der Jugendliche vermutlich stammte, denn seine Bewohner seien *metfo*.

Nach einer weiteren Serie von Hügeln, Ebenen und Flüssen erreichten wir schließlich diese Siedlung. Sie liegt auf einem Hang und überblickt ein weites Tal. Durch Zufall bat ich im Compound des Priesters um Gastfreundschaft, was mir ein eher amüsantes als erbauliches Erlebnis bescherte: Mein großer, schlanker, schon etwas älterer Gastgeber – der aus irgendeinem Grund nur Turban und *shamma* trägt – hat freundliche, aber gerissene Augen und gibt sich sehr würdevoll. Wie jeder vor ihm, ließ er sich von meinem Gondarer Haarschnitt täuschen, und ich hatte kaum Platz genommen, als er mir seine Enkelin brachte und sie mir zum Preis von zwei Dollar für eine Stunde oder fünf Dollar für eine Nacht anbot. Sie war ein sehr hübsches Mädchen und schien äußerst geneigt, sich ein paar anständige Dollar zu verdienen. Ich tat so, als würde ich mir das Angebot sorgfältig überlegen, schloss dann aber doch nur für eine Stunde ab. Ich entschuldigte dies damit, dass ich ja immerhin schon von Bahar Dar bis hierher gelaufen und deshalb möglicherweise einer Liebesnacht nicht gewachsen sei. Inzwischen hatte sich die ganze Familie um uns versammelt. Meine Argumentation leuchtete allen ein, und jedermann nickte verständnisvoll, als sich das Mädchen eng neben mich setzte und mir zu verstehen gab, dass sie sich großzügig zeigen und ihre Mitarbeit nicht auf exakt eine Stunde nach Eintritt der Dunkelheit begrenzen werde. Einen Augenblick später wurde Opas kleiner Irrtum entdeckt.

Das arme Mädchen schrie auf: »*Set nut!*« – und sofort trat ein verblüfftes Schweigen ein, während ich die Gesellschaft breit angrinste. Dann brach jeder – einschließlich des Großvaters – in brüllendes Gelächter aus. Einer der Männer sprang sofort auf einen hohen Stein, um den nächsten Compound an ihrem Spaß teilnehmen zu lassen, wobei er seine Worte mit einigen nicht sehr anständigen Gesten illustrierte.

Hier werden die Rinder nachts in eine riesige, gemeinschaftliche Umzäunung gebracht, die noch zusätzlich sorgfältig mit Dornbüschen verstärkt ist und wo die Tiere von einer Gruppe Jugendlicher und einem Rudel Hunde vor Dieben und wilden Tieren bewacht werden. Als wir ankamen, grasten die Herden noch unten im Tal, und die Hirten kamen aus allen Richtungen den Hang herauf, um sich die *faranj* anzusehen, bevor es dunkel wurde. Es ist erstaunlich, welche Verantwortung diese kleinen Jungen tragen. Sobald sie laufen können, lernen sie das Hüten, und im Alter von acht oder neun Jahren obliegt vielen von ihnen bereits die Sorge für fast das gesamte Vermögen einer Familie.

Während ich schreibe, steht ein Zweidrittelmond leuchtend über mir, und hinter den südlichen Bergen zucken Blitze über den Himmel. Zahlreiche Nachbarn sind gekommen, um mich zu sehen, und wir sitzen draußen vor den *tukuls* – weil es hier so viel heller ist als drinnen –, trinken *talla* und *araki* und essen *atar* aus der Schote. Die redseligen Frauen sind so sehr von dieser improvisierten Party in Anspruch genommen, dass es bisher keine Anzeichen für die Vorbereitung des Abendessens gibt. Aber ich habe vor einer Stunde zwei rohe Eier geschenkt bekommen und werde nun meinen Schlafsack auf dichtem *Teff*-Stroh ausrollen.

21. Februar – Ein Compound in den Bergen

Heute Morgen hat mir mein Gastgeber den kaum sichtbaren Pfad nach Debre Tabor gezeigt – noch immer zwanglos in einen *shamma* gekleidet, aber vorschriftsmäßig versehen mit Kreuz und Fliegenwedel. Es herrschte wenig Verkehr auf diesem Weg. Schon bald ging es wieder richtige Berge hinauf, die ersten, seit wir die Semiens verlassen haben. Dieser Gebirgszug ist sehr steil, dicht bewaldet und noch kaum erschlossen. Zwischen acht Uhr morgens und vier Uhr nachmittags kamen wir nur an zwei entfernten Siedlungen vorbei.

Kurz nach Mittag sah ich einen Leoparden – und das Herz klopfte mir gleichzeitig vor freudiger Erregung und angestammter Furcht. Das herrliche Tier hatte offensichtlich schlafend auf dem Ast eines Baumes gelegen. Als es von unseren Schritten geweckt wurde, sprang es mit einer schnellen, geschmeidigen Bewegung auf einen anderen Baum und von dort auf den Boden. Automatisch hatte ich das Halfter fester gepackt, weil ich irgendeine nervöse Reaktion von Jock erwartete, aber offensichtlich versagten seine Instinkte; er trottete ruhig weiter, unerschütterlich wie immer.

Von der Kuppe des Berges konnte ich erkennen, wie sich unser Pfad meilenweit an einem mit Gras bewachsenen Grat entlangschlängelte, der im Verhältnis zu seiner Länge sehr schmal war und zu beiden Seiten in ein tiefes Tal abfiel. Jenseits dieser Täler sorgten zwei weitere lange, hohe, ungebrochene Gebirgskämme für ein friedliches Gefühl von Abgeschiedenheit. Und hier saß ich nun auf einem Felsbrocken und aß Rosinen, während ich den süßen, stechenden Geruch durchsonnter Kräuter einatmete, dem sanften Orchester der Vogelstimmen zuhörte und die Farbenpracht der blühenden Büsche bewunderte – rosa, weiß, blau, gelb, purpur und rot. Ein paar weiße Wolken ließen das intensive Blau des Himmels noch blauer erscheinen. Ich hoffte, dass sie sich bald vor die Sonne schieben würden, denn infolge meiner kurzen Haare und ohne meinen Hut hatte ich mir bereits einen Sonnenbrand an Schläfen und Ohren geholt. (Meine abstehenden Ohren sind in dieser Hinsicht besonders anfällig.) Als wir weitergingen, erhob sich plötzlich ein heftiger, kalter Wind, der Berge grauer Wolken vor sich her trieb – und einmal fielen sogar ein paar Tropfen. (Etwa von Mitte Februar an erfreut sich das Hochland zwei Monate lang der so genannten »kleinen Regen« – heftiger Schauer, die zumeist abends niedergehen.)

Auf dem nächsten Berghang verlor ich den Pfad, und etwa um halb fünf Uhr sagte mir die Sonne, dass wir genau nach Süden marschierten statt nach Nordosten. Wir kamen jedoch bald zu einem Dorf, von wo uns ein breiter Weg wieder fünf Meilen weit über hohe, umgepflügte Hügel nach Osten brachte. Die paar Leute, denen wir begegneten, verhielten sich ziemlich abweisend, wenn auch nicht so sehr, dass ich auf das, was mich hier erwartete, hätte vorbereitet sein müssen.

Diese Siedlung liegt in der Nähe der Bergkuppe und besteht aus fünf oder sechs verarmten Compounds. Die ersten beiden Familien, die ich ansprach, verweigerten mir nicht nur die Erlaubnis, innerhalb ihrer Umzäunung zu schlafen, sondern verscheuchten mich mit »*Hid*«-Rufen und drohten mir mit ihren *dulas*. Ich »*hiddete*«, wobei ich bemüht war, eifrige Bereitschaft mit Würde zu verbinden, und ging vorsichtig auf zwei andere *tukuls* zu, die auf einem Stoppelfeld ein wenig abseits vom Rest der Siedlung standen. Auch hier hieß mich der magere Hausherr alles andere als fröhlich willkommen, aber er gestattete mir wenigstens mürrisch, innerhalb seines Hofes zu schlafen, wo er zwei grimmige Köter hält, um Hyänen und Leoparden abzuschrecken.

Während ich das Gepäck ablud, hörte ich aus dem einen *tukul* lautes Stöhnen, das von der jungen Frau meines Gastgebers herrührte, die hoch fiebernd auf einem Lehmbett lag. Da sie über starke Schmerzen in der Lunge klagte, entschloss ich mich, ihr ein Antibiotikum zu geben, und schon die erste Kapsel schien ihr gut zu tun. Sobald ihr Ehemann merkte, dass die *faranj* Medikamente bei sich hatte, verlangte er, ich solle ihr eine *murfee* geben, und wurde ziemlich sauer, als er hörte, dass ich keine hatte. Diese Hochländer halten – wie die Tibeter – von einer Spritze weit mehr als von jeder anderen Medizin. Bei aller Flegelhaftigkeit gegenüber seinem Gast ist mein Gastgeber jedoch seiner Frau gegenüber unendlich geduldig und sanft. Während der letzten drei Stunden hat er neben ihr gesessen, ihr den Rücken massiert, die Stirn gestreichelt und sie überredet, Tee und Kaffee zu trinken. Er hat sogar die traditionelle »Horn-Behandlung« versucht, die mit dem tibetanischen Medizinzauber verwandt zu sein scheint: Er nahm ein langes Rinderhorn, wickelte ein großes grünes Blatt um das Loch am Ende und versuchte es mittels Saugwirkung an der schmerzenden Stelle am Körper zu befestigen. Zu meiner Enttäuschung blieben seine wiederholten Bemühungen ohne Erfolg, sodass ich nicht herausbekommen habe, was der nächste Schritt gewesen wäre.

Dies ist ein äußerst armer Haushalt; die ganze Familie ist unterernährt. Zur Abendbrotzeit wurden weder *injara* noch *talla* serviert, obgleich drei Frauen um das Feuer herumsitzen. Stattdessen bekam jeder zwei Hand voll gekochte grüne Bohnen und so viel Kaffee, wie er wollte, denn Kaffee wird jetzt in dieser Höhe überall angebaut.

Vor einer halben Stunde kam ein ausgemergelter, etwa 50-jähriger Mann – der uns zuvor von seinem Compound verjagt hatte – und schenkte mir fünf winzige, frisch gelegte Eier. Er ist der Vater meiner Patientin, und dieses Geschenk, nehme ich an, sollte eine Art »Wiedergutmachung« sein. Als er sah, dass ich eine Frau bin, bot er mir sofort an, als Bodyguard während der Nacht neben mir zu schlafen. Er scheint ganz von Reue und Dankbarkeit überwältigt, was mich in meiner Auffassung bestärkt, dass die Feindseligkeit dieser Leute auf Furcht und nicht auf Bösartigkeit beruht.

Nun muss ich meiner Patientin noch eine Kapsel geben und werde dann schlafen gehen. Ich hoffe nur, dass ich noch vor der Dämmerung wach werde, um ihr die nächste Dosis zu verabreichen. Während ich hier schreibe, versucht die arme Frau ihren wild brüllenden zweijährigen Sohn zu stillen – was mir nicht gerade klug zu sein scheint, aber zumindest ein Zeichen dafür ist, dass es ihr besser geht.

22. *Februar – Camping in einem Tal*

Mein Nachtschlaf wurde einige Male unterbrochen, aber heute Morgen hatte ich die Genugtuung, meine Patientin lächelnd und fieberfrei zu verlassen.

Wir brachen um sieben Uhr auf und wanderten zunächst zwei Stunden lang auf einem viel begangenen Pfad durch wellenförmiges Gelände nach Osten. Viele Hänge waren gepflügt, und von allen Seiten hörte man die scharfen Rufe und merkwürdigen Pfiffe, mit denen die Jungen ihre Ochsengespanne antreiben. Der Knall ihrer langen Peitschen hallte in der weiten, heiteren Landschaft als Echo zurück. Danach wurde das Gelände rauer und der Pfad weniger deutlich, aber ich verlor ihn nie ganz, und um elf Uhr erreichten wir ein großes Dorf im Schatten hoher Eukalyptusbäume.

Mich quälte inzwischen heftiger Durst, denn ohne meine Desinfizierungstabletten bin ich auf *talla* angewiesen. So klapperte ich die Compounds ab, und im fünften *tukul* bot man mir schließlich ein dünnes Gebräu und ein dürftiges Mahl an: schleimiges *injara* und feuriger *Berberie*-Brei. Mehrere junge Männer kamen und setzten sich zu mir, nachdem sie zunächst Jocks Last fachmännisch geprüft hatten. Die Stimmung war unerfreulich. Diesen Leuten fehlte die angeborene Höflichkeit der Hochländer. Sie machten keinerlei Versuch, mit mir ins Gespräch zu kommen, sondern unterhielten sich stattdessen die ganze Zeit über mich und den *buccolo*.

Als ich aufstand und gehen wollte, blockierte meine schon etwas ältere Gastgeberin den Ausgang und forderte angriffslustig zwei Dollar für das Essen, das keine 50 Cent wert gewesen war. Solche Dinge ärgern mich. Ich hatte vorgehabt, ihr einen Dollar zu geben, aber nun gab ich ihr 50 Cent und schob mich entschlossen an ihr vorbei – und wurde sogleich von drei jungen Männern verfolgt, die mir meine Börse aus der Tasche zu ziehen versuchten. Ich wollte schon nachgeben, statt mich zu wehren, als ein bewaffneter Mann um die Ecke des *tukuls* bog. Er trug ein Buschhemd und saubere Breeches und strahlte Autorität aus. Er muss ein örtlicher Beamter gewesen sein, denn die jungen Männer verdrückten sich sofort auf die andere Seite der runden Hütte. Ich ergriff Jocks Halfter, tauschte mit dem Mann einen Gruß aus und ging.

Die Leute in diesem Gebiet sind so unberechenbar, dass ich froh bin, dass wir unseren Treck nicht hier begonnen haben. Inzwischen aber habe ich, was die Bräuche und Eigenarten der Hochländer betrifft, so viele Erfahrungen gesammelt, dass ich im Umgang mit ihnen sehr viel mehr Selbstvertrauen entwickelt habe, als ich bei meiner Ankunft in Massawah hatte.

Hinter dem Dorf entdeckte ich einen schwachen Pfad, der durch hohes Dschungelgras nach Osten führte. Hier trafen wir einen weiteren Bewaffneten, der anhielt und mich aufgeregt und nachdrücklich vor den zahlreichen *shifta* warnte, die angeblich derzeit die Wälder auf dem Weg nach Debre Tabor unsicher machten. Seine Warnung war die erste von sechs ähnlichen Hinweisen, die ich heute erhalten habe; aber selbst, wenn es stimmt, dass es hier von *shifta* nur so wimmelt, kann ich nichts dagegen tun – außer beten, dass sie uns nicht bemerken. Die Sonne brannte unbarmherzig auf uns herab, als wir einen steinigen, mit einzelnen Büschen bewachsenen Berg hinaufstiegen. Auf dem Gipfelplateau, wo heftig *teff* gedroschen wurde, kamen wir an zwei verschlossenen Kirchen und ein paar Siedlungen vorbei, bevor wir auf einem Geröllpfad den abschüssigen, dicht bewaldeten Hang wieder hinabstiegen. Am Fuß dieses Berges verlor sich der Pfad hinter drei elenden Compounds, und in den nächsten vier Stunden tauchte auch nirgends wieder ein Weg auf.

Um 14.30 Uhr erfrischte ich mich durch ein ausgedehntes Bad in einem tiefen, schmalen Fluss. Ich hatte den ganzen Tag unglaublich geschwitzt, und nun brach meine Selbstkontrolle zusammen, und ich trank gierig von dem Wasser. Ich frage mich, ob jene Experten, die uns erzählen, dass unser stärkster Trieb der Sexualtrieb sei, wissen, was wirklicher Durst ist. Ich kann mir vorstellen, dass Durst einen Menschen zu einem Verbrechen treibt, zu dem ihn seine sexuelle Begierde nicht treiben könnte.

Wir überquerten den Fluss und stiegen einen weiteren hohen, von grauen Pavianen bewohnten Berg hinauf. Ein überraschend gelassener Leopard bummelte keine 30 Yards vor uns durch das Gras – zum großen Ärger der Paviane. In der nächsten halben Stunde zwang uns ein dichter Wald, von unserem eigentlichen Kurs in jede nur erdenkliche Richtung abzuweichen. Nachdem sich der Wald wieder etwas gelichtet hatte, überquerten wir zwei weitere Hügel voll blühender, zwischen massiven Felsbrocken stehender Büsche. Hier fielen mir einige unbekannte Vogelstimmen auf, und ich sah eine Reihe farbenprächtiger Schmetterlinge sowie viele geschäftig summende Bienen, von denen eine ein wenig *zu* geschäftig war und mich schmerzhaft in den Nacken stach.

Um 16.30 Uhr erreichten wir den Gipfel eines dritten Hügels, den man wie seine beiden Vorgänger richtiger als hohen Berg bezeichnen müsste – wenn nicht die Überquerung dreier hoher Berge in rascher Folge ein wenig unglaublich klänge. Ich brauchte 20 Minuten, um einen Abstieg von seiner breiten Kuppe zu finden: Auf der einen Seite war der Wald undurchdringlich, auf einer anderen fiel der Berg 500 Fuß senkrecht in eine bewaldete Schlucht ab; was übrig blieb, war ein Hang mit kleineren Klippen, hässlichem Dornengestrüpp, hohem Gras und niedrigen Bäumen. Dieses Gestrüpp war qualvoll. Seine Dornen lösten sich zwar leicht von seinen Zweigen, aber nicht wieder aus meiner Haut; eben jetzt bin ich dabei, sie mühsam aus meinen Armen und Beinen zu entfernen. Und das trockene, glatte, hüfthohe Gras verdeckte einen trügerisch zerklüfteten Untergrund. Auf einer steilen Böschung rutschte ich aus, stolperte seitlich in ein Loch und verrenkte mir mein rechtes Knie. Das sah zunächst böse aus, aber nachdem der erste Schmerz etwas abgeklungen war, stellte sich die Verletzung als nicht allzu schwerwiegend heraus. Bald darauf entdeckte ich eine Möglichkeit, im Zickzack unter Umgehung der Kliffs, der Bodenvertiefungen und des Dornengestrüpps hinunterzukommen, und eine halbe Stunde später hatten wir ebenes Grasland erreicht, wo hunderte grauer Paviane zwischen gigantischen Bäumen herumschwärmten.

Eine Meile weiter hatte uns die Zivilisation wieder. Drei kleine Jungen, die an einem Flussufer Holz sammelten, flohen bei unserem Auftauchen ins Unterholz. Ein Trampelpfad führte uns zu einem Hang, wo ein junger Mann laut singend mit seinem Ochsengespann pflügte. Wie viele Leute in dieser Gegend war er sehr dunkelhäutig. Als er uns bemerkte, hielt er inne und starrte uns in stummer Verwunderung an, bevor er einen *Shifta*-Warnruf ausstieß. Nachdem er so seine Pflicht erfüllt hatte, interessierten wir ihn nicht weiter, und er wandte sich wieder seinen Ochsen zu, ließ die Peitsche knallen und nahm seinen Gesang wieder auf.

Eines der auffälligsten Merkmale der Hochländer ist ihr Desinteresse an vorüberziehenden *faranjs*. Selbst die paar Leute, die spontan ihre Gastfreundschaft anbieten, halten sich im Wesentlichen von ihrem Gast fern, was sehr irritierend sein kann. Aber diese Zurückhaltung schafft nicht mehr die gleiche Barriere wie früher. Meine Rückkehr zu den echten Hochländern – nach meinem »städtischen« Zwischenspiel – hat mir bewusst gemacht, welche unerwartet tiefe Zuneigung ich für sie entwickle, obgleich die Leute in dieser Gegend nicht gerade umwerfend liebenswert sind.

Inzwischen hatte mein Knie angefangen, mir zu schaffen zu machen, und als wir uns nun einer größeren Ansammlung verstreut liegender Compounds näherten, tat es mir ausgesprochen weh. Unser Auftauchen erregte indessen eine Feindseligkeit, die tiefer zu sitzen schien als die gestern Abend. Irgendwie warnte mich mein Instinkt, diesen Leuten zu trauen. Aus den ersten beiden Compounds, die ich betrat, wurde ich prompt hinausgeworfen. Als mich die Frauen im dritten wütend zu steinigen versuchten, während die Männer dem Angriff ihrer Ehefrauen applaudierend zusahen, hatte ich genug.

Als ich – meinen von einem der scharfen Geschosse getroffenen Ellbogen reibend – den Rückzug antrat, versank das Tal unter uns bereits in der Dämmerung, und bis ich in das Grasland am Fuß des Berges hinuntergehumpelt war, war es dunkel. Aber es versprach mondhell zu werden. Während ich Jock absattelte, fiel zum ersten Mal auf unserem Treck Regen – ein Schauer, der 20 Minuten anhielt und herrlich erfrischte.

Beim Umherziehen in diesem Land entwickelt man ein gehöriges Maß an Fatalismus – zweifellos eine Schutzmaßnahme des Unterbewusstseins gegen Nervenzusammenbrüche. Heute Abend jedenfalls sind mir feindselige Einheimische, *shifta*, Leoparden und Hyänen völlig schnurz. Die Wahrscheinlichkeit spricht dafür, dass Jock und ich das Ganze überleben, und die Möglichkeit, dass einer von uns oder wir beide angegriffen werden könnten, beunruhigt mich nicht länger.

23. Februar – Debre Tabor

Irgendwann in der letzten Nacht wurde ich plötzlich wach und erblickte einen Himmel, über den langsam silbrige Wolken segelten – und dazwischen ein Vollmond vor einem königsblauen Hintergrund. Ich drehte mich auf den Rücken und starrte in einem seltsam körperlosen Zustand der Verzauberung eine Zeit lang hinauf. Ich hatte das Gefühl, als hätte ich als Person aufgehört zu existieren und sei nur noch dazu da, die Schönheit über mir in mich aufzunehmen. Möglicherweise kann man einen solchen Himmel oft erleben. Aber für mich hatte dieses stille, silbrige Treiben gegen das Blau des Himmels etwas von einer feenhaften Lieblichkeit und einen zauberischen Glanz. Und die Erinnerung daran hat mir geholfen, einen schmerzhaften Tag durchzustehen.

Heute Morgen war mein Knie steif und geschwollen und wurde während unseres zehnstündigen Marsches auch nicht besser. Aber nicht einmal ständige Schmerzen können mir die Freude an diesen endlosen, verschiedenen Bergregionen nehmen, wo uns unser Weg nie länger als einen halben Tag durch die gleiche Landschaft geführt hat.

Ich hatte nicht damit gerechnet, Debre Tabor vor Einbruch der Dunkelheit zu erreichen, und es ist reiner »Dusel«, dass wir ohne die Hilfe von Karte, Kompass, intelligenten Bauern oder deutlich erkennbaren Pfaden so schnell hergekommen sind. Inzwischen habe ich aufgehört, die von uns überquerten Berge zu zählen. Bis drei Uhr nachmittags kamen wir an keiner Siedlung vorbei, obgleich ich gelegentlich in der Ferne die Rufe der Hirten hörte. Es muss also irgendwo Compounds gegeben haben. Häufig brach der Pfad ab, aber ich fand ihn immer wieder, wenngleich ich nie sicher wusste, ob es auch der richtige war. Wir durchwateten mehrere Flüsse, und ich habe dreimal gebadet – wobei ich zahlreiche Zeugnisse einer Besiedlung fand: Die Einheimischen hatten ihre »Marken« an den Ufern und auf flachen Steinen in der Flussmitte hinterlassen. Eigentlich müsste doch selbst den rückständigsten Menschen aufgehen, dass es ziemlich unklug ist, die eigene Wasserversorgung als Latrine zu benutzen.

Heute Morgen bin ich fast einem Leoparden auf den Schwanz getreten, der unter einem Busch neben dem Pfad schlief. Im ersten Augenblick hatte ich seinen Schwanz für eine Schlange gehalten; dann erwachte der Eigentümer und verschwand mit einem Angstfauchen blitzschnell im Unterholz, was Jock ein wenig aus der Fassung brachte.

Kurz nach drei Uhr erreichten wir eine Bergkuppe, wo eine große, von uralten Ölbäumen umstandene Kirche das Ende der bewaldeten Wildnis anzeigte. Von hier aus konnte ich jenseits eines weiten Tales auf einem weiteren hohen Berggipfel zahlreiche Eukalyptusbäume erkennen und kam zu dem richtigen Schluss, dass dies Debre Tabor sein müsse.

Dieses letzte Stück kostete uns drei Stunden, und den abschließenden schwierigen Aufstieg auf 8500 Fuß schaffte ich nur mit zusammengebissenen Zähnen.

Im Tal lagen mehrere Siedlungen, und wir sahen ein paar Herden räudiger Schafe. Unterhalb von Debre Tabor wurde der Abhang des Berges über ein primitives System bewässert. Dies ist unüblich, obgleich die frühen semitischen Siedler die Bewässerung im Hochland einführten und es in Tigre noch viele Spuren dieser Wasserleitungen gibt. Diese Kunst breitete sich jedoch ebenso wenig wie die semitische Architektur nach Süden aus und ist auch im Norden seit langem wieder in Vergessenheit geraten.

Am Ortsrand von Debre Tabor empfing uns eine begeisterte Kinderschar und brachte uns auf einer langen, ungepflasterten Straße, vorbei an den Verkaufsbuden mit dem üblichen, bescheidenen Warenangebot, zum »Hauptplatz«, wo prompt zwei junge Männer vom Peace Corps erschienen und uns einluden, ihre Gäste zu sein. Da Debre Tabor der abgelegenste Peace-Corps-Posten Äthiopiens ist, zögerte ich nicht, ihre Einladung anzunehmen, obgleich ich grundsätzlich dagegen bin, mich auf Kosten freiwilliger Hilfsorganisationen durchfüttern zu lassen.

Ich musste allerdings bald feststellen, dass meine Zusage eine »internationale Verwicklung« heraufbeschworen hatte. Ein paar Tage zuvor hatte nämlich der Generalgouverneur aus Gondar angerufen und alles für meinen hiesigen Aufenthalt Nötige veranlasst, und nun wartete der örtliche Gouverneur nur darauf, mich zu empfangen. Das Ganze war ziemlich unangenehm. Ich hätte es vorgezogen, die Gastfreundschaft des Gouverneurs in Anspruch zu nehmen, abgesehen davon, dass es undankbar war, dies nicht zu tun. Aber die Amerikaner waren über die Aussicht, ihren *Faranj*-Gast wieder zu verlieren, völlig niedergeschlagen, und ihre Einladung als »zweite Wahl« zu behandeln, wäre schlimmer als undankbar gewesen. So schloss ich einen Kompromiss. Nachdem mein Knie fest bandagiert war, humpelte ich zum Haus des Gouverneurs, köpfte eine Flasche *tej* mit ihm und blieb zum Abendessen. Er ist ein freundlicher Mann, der für meine missliche Lage Verständnis hat und sich statt um meine nun um Jocks Unterbringung kümmern will.

24. Februar

Heute brauchte mein Knie erst einmal Ruhe, sodass ich bisher wenig von Debre Tabor gesehen habe. Ich aß mit dem Gouverneur und seinem Dolmetscher zu Mittag, dessen Englisch genauso fließend ist wie mein Amharisch. Aber nachdem ich dieser Sprache an so vielen langen Abenden zugehört habe und gelegentlich gezwungen war, mich ernsthaft mit ihr herumzuschlagen, scheint sich jetzt sogar meine Sprachblockade ein wenig zu lockern.

Debre Tabor war ein italienischer Außenposten, und so sind das Haus des Gouverneurs, die Polizeikasernen und die Schule hässliche, eingeschossige Zementgebäude am Rand der Stadt. Die Italiener haben auch eine Autostraße von Gondar über Debre Tabor nach Dessie gebaut, aber viele der 20 Brücken zwischen Gondar und hier sind von der italienischen Armee auf ihrem Rückzug vor den britischen Befreiern wieder gesprengt worden. Den Rest hat man verfallen lassen, wie auch die Straße selbst. Es hat fast den Anschein, als sei die Regierung gegenüber Autostraßen ebenso nachlässig wie die örtlichen Häuptlinge gegenüber ihren Wald- und Gebirgspfaden. In Nepal, wo sich die Infrastruktur in den meisten Gegenden ebenfalls auf Bergpfade beschränkt, arbeiten die Dorfbürgermeister zusammen, um die Wartung dieser Pfade zu organisieren. Hier dagegen wäre eine solche gemeinsame Anstrengung undenkbar. Wenn im Hochland ein Weg unpassierbar wird, wird er in der Regel von den Kaufleuten wieder in Ordnung gebracht, die am meisten auf ihn angewiesen sind. Im Übrigen wird eine Reparatur nur vorgenommen, wenn in einem bestimmten Gebiet der Besuch des Kaisers oder des Generalgouverneurs bevorsteht; und dann wird die Arbeit so schlecht gemacht, dass der Weg schon bald wieder in seinen »natürlichen Zustand« zurückfällt.

Auf meinem Rückweg vom Haus des Gouverneurs kam ich bei der Seventh-Day-Adventist-Mission vorbei, die hier in den 30er-Jahren gegründet wurde und eine große Schule und ein Krankenhaus unterhält. Es ist den Missionaren verboten, äthiopische Christen zu bekehren; wobei die wenigen Falasha oder Moslems, die zum Katholizismus oder Protestantismus übergetreten sind, von den Hochländern nicht als wahre Christen angesehen werden. Aber um in den Genuss der vorteilhaften Angebote dieser Schule zu kommen, werden viele Einheimische vorübergehend zu Siebenten-Tags-Adventisten.

Ich erwarte nicht, in einem Missionar-Compound gleich gestimmte Seelen zu finden, aber die Ideale dieser Gruppe entnervten mich völlig. Nachdem ich ungefähr 15 Minuten einer ernsten jungen Frau zugehört hatte, holte ich meine Zigaretten heraus und fragte automatisch: »Macht es Ihnen etwas aus, wenn ich rauche?« Die Atmosphäre wurde eisig. Meine Gastgeberin sah mich an, als hätte ich eine Obszönität geäußert. Dann sagte sie: »Wir erlauben hier keinerlei abhängig machende Drogen« – und fuhr fort, mir zu erklären, dass Tee ein sündhaftes Stimulans sei. Woraufhin ich auf meine Uhr sah, etwas von einer unaufschiebbaren, dringenden Verabredung murmelte und die Flucht ergriff.

Meine Gastgeber vom Peace Corps sind lange genug hier, um sich darüber klar zu sein, dass die Ausbildung junger Hochländer zu 95 Prozent eine Farce und zu 5 Prozent ein Gewinn ist. Die meisten der 25 äthiopischen Lehrer in Debre Tabor sind selbst mangelhaft ausgebildet und verfügen nur über eine geringe oder gar keine Schulung für ihren Beruf. Viele der 1050 Schüler kommen aus zwei bis sechs Tagesmärsche entfernten Niederlassungen oder Dörfern, und es ist üblich, dass sie bei Verwandten oder in gemieteten *tukuls* oder Zimmern leben, die sich sechs bis acht Kinder teilen. Etwa ein Fünftel sind Mädchen – ein überraschend hoher Prozentsatz –, und jeder hat den Ehrgeiz, sich für eine Gondarer Secondary School zu qualifizieren. Die wenigen jedoch, die dies tatsächlich schaffen, bringen es im Vergleich zu den Stadtkindern kaum sehr weit – es sei denn, sie sind Moslems, deren durchschnittliche Intelligenz höher ist als die der christlichen Mehrheit. Diese Überlegenheit jedoch steigert ihre Unpopularität bei den örtlichen Behörden, sodass das Erreichen eines Stipendiums für sie noch schwieriger sein kann als für die anderen.

25. Februar

Heute Morgen habe ich eine Testwanderung zur hiesigen »berühmten Kirche« gemacht. Sie steht auf einem hohen Berg und sieht auf das tiefer gelegene Gelände herab, das wir auf unserem Weg von Bahar Dar nach hier überquert haben. Im Nordosten konnte ich die aufragende Barriere rauer Gebirgsketten erkennen, die zwischen hier und Lalibela liegt.

Die Kirche war abgeschlossen, und in der nahe gelegenen Siedlung war niemand bereit, sie für mich zu öffnen. Situationen wie diese enthüllen immer wieder einen tief verwurzelten Mangel an Hilfsbereitschaft im Charakter der Hochländer. Neben der Einfriedung, am höchsten Punkt der breiten Kuppe, standen die vom Grün überwucherten Ruinen einer jener italienischen Festungen, die auf zahlreichen Berggipfeln errichtet worden waren, um patriotische Aufstände niederzuschlagen. Ich kletterte hinauf und saß dort mehr als eine Stunde, ließ meine Blicke weit über die Landschaft schweifen und dachte an jene Engländer, die im 19. Jahrhundert nach Debre Tabor gekommen waren.

Zu Beginn des 19. Jahrhunderts, als Gondar noch die nominelle Hauptstadt war, machte Ras Gugsa, der mächtigste Fürst seiner Zeit, diese Stadt hier zu seinem Hauptquartier. Sein Nachfolger war Ras Ali, an dessen Hof Lord Palmerston 1848 Walter Plowden als Konsul sandte. Plowden wurde von John Bell begleitet, der bereits 1843 zusammen mit ihm Abessinien besucht hatte und der ein enger Freund des Kaisers Theodore werden sollte. Bei seiner Ankunft schrieb Plowden: »Debre Tabor … ist kalt und gesund, aber außer dem Haus des Ras gibt es hier kein einziges Steingebäude.« Dreijährige Verhandlungen führten zu einem Handelsabkommen, das in Ras Alis Innenzelt unterzeichnet wurde, wo die Adligen und der Konsul auf Teppichen saßen, die man auf die nackte Erde gelegt hatte. Plowden berichtet: »Nach abessinischer Art redete er (Ras Ali) weiter … über ein Pferd, das im Zelt angebunden war und mich wohl ein Dutzend Mal fast niedergetreten hätte.« Ein paar Monate später wurde Ras Ali von Kassa (dem späteren Theodore) besiegt.

Nach seiner Krönung machte auch Kassa Debre Tabor zu seinem Hauptquartier, weil er Gondar als »Stadt der Kaufleute« verachtete. Später ließ er Debre Tabor bis auf die Grundmauern abbrennen, bevor er nach Magdala ging – keine große Heldentat, da es hier nur ein Steinhaus unter hunderten von *tukuls* gab.

1879 kam General Gordon aus Ägypten nach Debre Tabor, um im Namen des Khedive Frieden zu schließen. Die wieder aufgebaute Stadt war inzwischen die Hauptstadt Johannes' IV. Gordon war von den Hochlandadligen nicht sehr beeindruckt. Er berichtet: »Ich bin schon vielen Menschen begegnet, aber ich habe selten eine fanatischere, grausamere Sippschaft gesehen als diese. Die Bauern sind nicht übel.« Damals hielten sich mehrere Fremde am Hof auf. Gordon erwähnt, dass er den griechischen Konsul von Suez und drei Italiener getroffen habe – und heute Nachmittag habe ich in einem *tej-beit* einen Englisch sprechenden, einheimischen Kaufmann getroffen, der mir erzählt hat, sein Urgroßvater sei ein »ägyptischer Grieche« gewesen. Johannes IV. und General Gordon kamen nicht gut miteinander aus. Ihre einzige Gemeinsamkeit bestand in ihrem Schicksal, beide wurden bald darauf von Anhängern des Mahdi ermordet.

Nach meiner Rückkehr in die Stadt verbrachte ich ein paar Stunden damit, in einem *tej-beit* etwas zu trinken und dann durch lange, ungepflasterte und von hohen Eukalyptusbäumen gesäumte Gassen an soliden Häusern aus Stein und Lehm vorbei spazieren zu gehen. Die Einwohnerzahl liegt jetzt bei etwa 7000, und die Menschen sind höflich und freundlich. Da dies eines der wichtigsten Marktzentren der Provinz ist, kommen zum Sonnabendmarkt gelegentlich bis zu 3000 Besucher von außerhalb. Außerdem ist Debre Tabor berühmt für die vielen Hyänen, die Größe seiner Esel und die Güte seines *araki* – der in Gondar verkauft wird, bisweilen sogar in Addis.

Um 17.30 Uhr kehrte ich ins Haus des Gouverneurs zurück, um Streifen gebratenen, getrockneten Rindfleischs zu essen und noch mehr hochklassiges *talla* und *tej* zu trinken. Die Hochländer müssen zu den stärksten Trinkern der Welt gehören; mehrere Lehrer haben mir erzählt, dass Kinder häufig in halb trunkenem Zustand in die Schule kommen oder totale Trunkenheit als Grund für ihr Nichterscheinen angeben. Trotzdem habe ich nie einen betrunkenen erwachsenen Äthiopier gesehen; *talla* und *tej* sind so bekömmlich, dass sie keinen »Kater« verursachen.

Mein Knie schmerzt zwar heute Abend wieder mehr als heute Morgen, aber wir werden trotzdem morgen nach Lalibela aufbrechen.

10.

Ohne Landkarte durch Lasta

24. Februar – Kummerdingai

Heute war die Landschaft völlig anders als jene heiße, abgeschiedene Welt gold-brauner Hügel und Täler der letzten Woche. Hier befinden wir uns im weiten, kühlen Hochland, wo Rinder und Pferde auf ausgedehnten gelbgrünen Weiden grasen, die frisch gepflügten Felder grau gefleckt von Steinen sind, jeder Berggipfel eine von Bäumen beschattete Niederlassung aufweist und alle paar Meilen ein Fluss glitzert.

Kurz nach Mittag kamen wir an einen Compound, wo das Mannsvolk gemütlich bei einem Umtrunk beisammensaß. Sie fragten nach unserem Weg, erklärten mir, dass wir uns verlaufen hätten, und luden mich auf einen Schluck *talla* ein, bevor sie uns auf den richtigen Weg bringen wollten. Ich nahm auf einem Ziegenfell Platz, das zu meinen Ehren extra aus dem *tukul* geholt wurde. So viel Freundlichkeit tut gut, und ich gebe zu, dass das Verhalten der Einheimischen auf einer solchen Reise eben doch eine große Rolle spielt, auch wenn man gelegentlich behauptet, es störe einen nicht, wenn die meisten Leute einen anstarren und einige sogar mit Steinen werfen. In unbewohnten, einsamen Gegenden macht mir das Alleinsein nichts aus. Aber unter Menschen, denen ich gleichgültig bin, fühle ich mich allein gelassen.

Gegen vier Uhr hinkte ich so erbärmlich, dass mir eine Gruppe von Männern, die fünf mit Fellen hoch beladene, lahmende Pferde nach Debre Tabor trieben, eine Reihe unverständlicher medizinischer Ratschläge erteilte. Bald darauf wurden wir von einem großen, schlanken, etwas älteren Mann mit hellen, tief liegenden Augen überholt.

Er sah mein Knie – das wieder ziemlich angeschwollen war –, murmelte *»Metfo!«* und ergriff entschlossen Jocks Halfter. Er führte uns in sein großes Dorf, brachte mich in eine quadratische, verwanzte Hütte und befahl seiner Frau, für die *faranj* Rühreier zu machen. Auch er war zu Fuß aus Debre Tabor gekommen, und gleich darauf erschien seine junge Tochter mit einer Blechdose voll warmen Wassers und einer Holzschale, um uns beiden die Füße zu waschen und von den Zehenspitzen bis zum Knie gründlich zu massieren. Ganz besondere und recht schmerzhafte Aufmerksamkeit schenkte sie dabei meinem rechten Knie. Sie beendete die Zeremonie mit einem respektvollen Kuss auf meinen linken großen Zeh.

Kummerdingai liegt auf einem flachen, vom Wind gepeitschten Plateau, das im Norden von einer Kette runder Bergkuppen überragt wird. Da wir den ganzen Tag langsam bergauf gestiegen sind und die Nachtluft hier oben ziemlich kalt ist, schätze ich, dass wir uns etwa auf 9000 Fuß Höhe befinden. Die Gegend scheint fruchtbar zu sein, aber meine Gastgeber sind sehr arm. Sie haben kein *talla,* und am Sonntag hatten sie zum Abendessen nur *injara* und *Berberie*-Brei. Trotzdem haben sie ihrem Gast vor 15 Minuten ein zweites Mahl aus *injara* und Rührei serviert.

27. Februar – Sali

Hinter Kummerdingai schlängelte sich der Weg drei Stunden lang über steile, kahle, abgerundete Gebirgskämme. Dann erreichten wir ein weites grünes Plateau, auf dem sehr viele Pferde weideten. Aus einer großen Niederlassung kamen uns zwei Lehrer entgegengelaufen und luden mich – schon von weitem laut rufend – zum Kaffee ein. Normalerweise haben diese abgelegenen Niederlassungen keine Schule. Aber der hiesige Ortsvorsteher ist ein ungewöhnlich modern denkender Mann, der die Gondarer Behörden überredet hat, hier eine Ausnahme zu machen. Er selbst hat mithilfe freiwilliger Mitarbeiter das Schulgebäude gebaut und bezahlt die Lehrer aus eigener Tasche. Glücklicherweise hat er die Lehrer bekommen, die er braucht – zwei erfrischend idealistische Gondarer, die sich absolut nicht an den Unbequemlichkeiten und der Abgelegenheit ihres Arbeitsplatzes stören

Beide, der Ortsvorsteher wie auch seine Frau, sind reizend. Er ist einer der attraktivsten Männer, denen ich je begegnet bin – etwa 50 Jahre alt, über sechs Fuß groß, breitschultrig, mit einer Löwenmähne und dem Auftreten eines Herrschers.

Zwei Stunden lang saßen wir alle in einem großen, sauberen, hohen *tukul* zusammen, tranken *talla* aus Glaskaraffen und Kaffee aus winzigen Tassen. Unsere Unterhaltung floss ungewöhnlich leicht dahin, teils, weil die Lehrer ein recht gutes Englisch sprachen, vor allem aber, weil mir mein Gastgeber und seine Frau so gescheite Fragen stellten. Der Kaffee wurde von einer gut aussehenden 28jährigen Frau geröstet, gemahlen und aufgebrüht. Sie hat die beiden 23 Jahre alten jungen Männer als deren gemeinsame Lebensgefährtin aus Gondar hierher begleitet. Ihr Mann hat sich vor kurzem wegen Unfruchtbarkeit von ihr scheiden lassen, aber inzwischen scheint sie sich in ihrer neuen Rolle bereits wohl zu fühlen.

Heute Morgen splitterte mein *dula*. Als meine Gastgeberin dies bei meinem Aufbruch bemerkte, schenkte sie mir sofort einen Ersatz, der sehr viel kräftiger ist als der alte. Inzwischen war es 11.30 Uhr, und trotz einer ständigen kalten Brise brannte die Sonne ungemütlich heiß. Gestern hatte sich der Himmel gegen elf Uhr bezogen, aber heute sah es nicht danach aus, und die ultravioletten Strahlen sind in dieser Höhe ziemlich stark.

Es dauerte nicht lange, und ich hatte schon wieder den richtigen Weg verloren. So stiegen wir zu einem Fluss hinunter, wo ein paar Jungen ihre Rinder tränkten. Sie konnten uns indessen auch nicht weiterhelfen. Also kletterten wir auf gut Glück einen steilen, bewaldeten Berg hinauf, überquerten einige Gerstenfelder und wanderten über weite, windige, mit kurzem goldenen Gras bewachsene Hänge. Es gab keinerlei Pfad, und Jock tat sich auf dem glatten Rasen schwer. Dann aber entdeckte ich auf dem Hang der gegenüberliegenden Bergkette einen breiten Weg, und in den nächsten zwei Stunden durchquerten wir sich wellenförmig ausbreitendes Ackerland, das sich meilenweit wie ein brauner Teppich bis zum tiefblauen Himmel hinauf erstreckte.

Vom Rand dieses Plateaus sah ich unvermittelt in ein bezauberndes kleines Tal hinab, das tief eingebettet zwischen rauen grauen Bergspitzen lag. Auf einer rotgoldenen Grasfläche standen, umgeben von schlanken grünen Bäumen, mit gelb-braunem Stroh gedeckte *tukuls;* und jede dieser Farben leuchtete klar und weich im milden Schein der Nachmittagssonne.

Diese verstreuten Compounds bilden das Dorf Sali. Die beiden Lehrer aus Kummerdingai hatten mir einen Brief für ihre hiesigen Kollegen mitgegeben, aber als wir das Dorf erreichten, waren unsere zukünftigen Gastgeber noch in der Schule. Ihre Dienerin – ein untersetzter, unscheinbarer Teenager – hieß mich jedoch herzlich, wenn auch ein wenig schüchtern, willkommen. Sie wusch mir die Füße, massierte meine Beine und brachte mir dann ein Mahl aus gebratenem, getrocknetem Fleisch und kaltem *injara*. Dann kam der Ortsvorsteher mit Geschenken: *talla* für mich und Futter für Jock. Die Einheimischen hier sind mir weit sympathischer als meine außergewöhnlich geistlosen Gastgeber. Sie stammen aus Debarak und sehnen sich danach, ihren Lehrerberuf aufzugeben und einen »besseren Job« zu bekommen, vorzugsweise als Bankangestellte in Asmara oder Addis.

Morgen will ich nach Bethlehem, wo Thomas Pakenham 1955 eine gut erhaltene mittelalterliche Kirche entdeckt hat. Um von dort nach Lalibela zu kommen, muss ich noch einmal nach Sali zurück, sodass Jock einen freien Tag hat.

Mein Quartier, eine zweiräumige Lehmhütte, wurde vor drei Jahren gebaut, als die Schule eröffnet wurde, und scheint wanzenfrei zu sein. Dafür wimmelt es von Flöhen. (Verglichen mit dem, was ich für Wanzen empfinde, entwickle ich für Flöhe geradezu zärtliche Gefühle.) Die Jungs wollten mir eins ihrer Betten im hinteren Raum opfern, aber da ich mir wegen der Wanzen nicht ganz sicher bin, werde ich kein Risiko eingehen und lieber zusammen mit der Dienerin auf dem Fußboden im Wohnzimmer schlafen.

28. Februar

Und nun dies! Letzte Nacht wachte ich mit brennenden Schmerzen in der Brust und heftigen Kopfschmerzen auf und hatte zugleich das Gefühl, irgendetwas verstopfe meine Lungen. Im Dunkeln tastete ich in meinen Taschen nach Aspirin und den Antibiotika. Dann setzte ich mich, unter Schmerzen nach Luft ringend, mit dem Rücken gegen die Wand, denn sobald ich mich hinlegte, glaubte ich zu ersticken. Dabei hatte ich mich noch völlig gesund gefühlt, als ich um 21.30 Uhr schlafen gegangen war. Es konnte demnach keine einfache Grippe oder der Beginn einer Bronchitis sein. Eher handelte es sich um einen Sonnenstich. Während ich vier lange Stunden hindurch verzweifelt nach Luft rang, versuchte ich zu vergessen, dass ein Sonnenstich Lungenentzündungen hervorrufen kann. Die Dämmerung brach an, und immer noch konnte ich nicht richtig durchatmen, aber nachdem ich ein zweites Acromycin genommen hatte, fühlte ich mich eine Stunde später so viel besser, dass ich mich für die Anwendung der Therapie »frische Luft und Bewegung« entschied und damit für die Einhaltung meiner Pläne für den heutigen Tag.

Um neun Uhr brach ich auf, mit zwei Schuljungen als Führer, und war nach einer vierstündigen Wanderung in Bethlehem. Unterwegs ging es einige Male steil bergauf, und meine Lungen fühlten sich bei jedem Atemzug an, als würden sie gleichzeitig von irgendeinem Marterwerkzeug zusammengepresst und mit Sandpapier abgeschmirgelt. Ich hatte mein zweites Hemd mitgenommen, um es mir über Kopf und Nacken zu legen – eine Vorsichtsmaßnahme, an die ich gestern hätte denken sollen –, aber um 10.30 Uhr bedeckten freundliche Wolken den halben Himmel.

Ein Teil unseres Weges führte durch eine »normale« Berglandschaft, wie man sie auch in den Ausläufern des Himalaja findet. Weit häufiger jedoch ging es über nicht weiter aufregende Hügelketten – einige dicht bewaldet, einige gepflügt, einige mit Gras bedeckt –, aber jedes Mal erblickte man von ihrem Grat am Horizont zerklüftete, dunkelblaue Bergketten.

Bethlehem ist eine große Siedlung auf einem hohen Gebirgsvorsprung. Als wir ankamen, wurde in der Kirche gerade eine Messe zelebriert. Man feierte eins der unzähligen koptischen Feste zu Ehren Marias, und wir konnten von draußen den herrlichen Gesang, das Schlagen vieler Trommeln und das Rasseln der sistra hören. Ich wollte die Gläubigen durch unser Erscheinen während des Gottesdienstes nicht stören, aber meine Führer drängten mich hinein. Sofort war ich von der gesamten Gemeinde umgeben und wurde von mehreren höflichen Priestern freundlich begrüßt.

Auf den ersten Blick wirkt die Kirche von Bethlehem wie jede andere Rundkirche des Hochlands. Um Thomas Pakenham zu zitieren: »Die *Tukul*-Kirche war lediglich eine plumpe Schicht, die einer älteren Kirche übergestülpt worden war. In den runden Lehmwänden und unter dem kegelförmigen Dach verborgen befand sich eine rechteckige mittelalterliche Kirche von geradezu aufregender Schönheit: Die massiven, gedrungenen Türbalken und die rosafarbenen, polierten Wände, die wie Porphyr wirkten, waren in ihrer Art schöner als alles, was man bisher gekannt hatte... Ich hatte... eine völlig unbekannte mittelalterliche Kirche von hinreißender Bauart entdeckt.«

Damals (vor elf Jahren) »gab es dort viele im 18. Jahrhundert auf leinene Wandbehänge gemalte Fresken, die die rosafarbenen Steine der Westfassade verdeckten«. Heute sieht man auf der Wand nur noch die Spuren, wo diese Fresken einmal gehangen haben. In der Annahme, ich sei speziell ihretwegen gekommen, brachten die Priester eine wahre Flut von entschuldigenden Erklärungen vor, die mir nicht das Geringste sagten. In Wahrheit war ich nicht besonders enttäuscht, denn schon allein der Kirche wegen hatte sich mein schmerzvoller Abstecher mehr als gelohnt.

Am Ende des Gottesdienstes wurden meine beiden Führer und ich eingeladen, die Priester, die Dorfältesten und die Knabendiakone zu einem breiten Felsvorsprung unterhalb der Einfriedung zu begleiten. Dort nahmen wir unter gewaltigen wilden Feigenbäumen Platz, die so alt aussehen wie die Erde selbst, und aßen gesegnetes heißes *dabo* und tranken grau-grünes *talla* aus riesigen gelb-braunen Kürbisflaschen.

Unter uns trennte eine tiefe, halbkreisförmige Schlucht unseren Berg von den blau-grün-ockerfarbenen Hängen seiner Nachbarn – und diese ganze ungestüme Farbenpracht wurde unaufhörlich von Wolkenschatten um Nuancen verändert.

Bald darauf kam ein Dekan den Weg herunter, der auf dem Kopf ein mit geröstetem *atar* gefülltes Ziegenfell trug. Die Erbsen wurden in flache Weidenkörbchen geschüttet und diese in Reichweite jeder kleinen Gruppe hingestellt. Inzwischen waren andere Dekane damit beschäftigt, die Kürbisflaschen nachzufüllen, weitere Töpfe mit *talla* herbeizuholen und eine zweite Runde *dabo* auszuteilen. Die Priester und die Dorfältesten diskutierten ihre eigenen Angelegenheiten. Sie hatten längst jedes Interesse an mir als einer *faranj* verloren. Aber als Gast wurde ich keineswegs vernachlässigt: Der Hauptpriester schwenkte wiederholt seinen Fliegenwedel auch in meine Richtung und achtete aufmerksam darauf, dass meine Kürbisflasche nicht leer wurde und ich immer die Hand voll *dabo* hatte. Mich erfüllte eine so tiefe Zufriedenheit, dass dieser Aufenthalt hier – völlig unerwartet – zu einer meiner schönsten Stunden wurde, die ich in diesem Bergland verbracht habe.

Jede Reise durch ein unbekanntes Land gliedert sich in zwei Abschnitte – in eine Anfangsphase der Begeisterung und des Staunens, in der man sich für jedes Detail interessiert, und daran anschließend eine Phase der Entspannung, in der man nicht mehr nur Beobachter des Exotischen ist, sondern das Gefühl hat, in den Rhythmus des täglichen Lebens mit einbezogen zu sein. Inzwischen fühle ich mich unter den Hochländern bereits zu Hause. Denn wohin ich in dieser statischen, der Konvention unterworfenen Gemeinschaft auch komme, treffe ich auf Bekanntes. Nicht nur die anmutigen Förmlichkeiten sind mir vertraut, sondern auch die langen, hageren Gesichter und die klaren braunen Augen; die Art, wie die Männer *atar* von der Handfläche in den Mund schnellen; die Bewegung, mit der sie ihre *shammas* um den Körper drapieren, wenn sie sich setzen;

ihre Haltung, wenn sie zusammenstehen und sich unterhalten, wobei sie die Hände auf die Enden der quer auf ihren Schultern ruhenden *dulas* legen; das raue Stakkato ihrer Sprache; ihre ausdrucksvollen Gesten; und der plötzliche Ausbruch sichtbaren Zorns, aus dem schnell ein Lachen werden kann. Dies alles bildet eine Welt, die mir noch vor zwei Monaten verwirrend, amüsant und manchmal ein wenig Furcht einflößend erschien und die ich heute als genauso normal empfinde wie meine eigene entfernte Welt im Norden.

Kurz nachdem wir Bethlehem verlassen hatten, ging ein etwa 20 Minuten dauernder heftiger Regenschauer nieder. Bei Sonnenuntergang wanderten wir über die weite Ebene unterhalb Salis. Hier war die Landschaft so herbstlich, dass sie mich an einen späten Septembertag in Irland erinnerte: über einem goldbraunen Gebirgskamm türmten sich düstere, zerrissene Wolken vor einem blau-grünen Horizont. Dazu wehte ein böiger Wind.

Heute Abend kamen der Ortsvorsteher und seine Frau auf einen kurzen Besuch und brachten einen weiteren Kessel *talla* mit. Man stellte mir die üblichen Fragen, und meine Antworten riefen die gewohnten Reaktionen hervor. Die Hochländer empfinden aufrichtiges Mitleid, wenn sie hören, dass ich weder Eltern noch Geschwister, Ehemann oder Kinder habe. Manche der Frauen fangen sogar an zu weinen, und oft wird dann ein amharisches Sprichwort zitiert: »Es ist besser, nicht geboren als allein zu sein.«

1. März – Ein Dorf auf einer *amba*

Heute Morgen ging es mir besser, obgleich ich die Nacht über noch ziemlich gekeucht habe. Als wir Sali um 7.30 Uhr verließen, war der Himmel grau. Vier Stunden lang wanderten wir über stille, sonnenlose Ackerflächen und Heidemoore langsam bergauf. Vom Rand eines Plateaus sah ich dann eine kleine Stadt, die kaum 20 Minuten entfernt zu sein schien. Aber beim Abstieg mussten wir so viele tiefe Spalten umgehen, dass es ein Uhr mittags wurde, bis wir Nefas Moja erreichten.

Hier brachte mir eine freundliche Frau in einem *tej-beit* reichlich *talla, tej* und Tee, weigerte sich aber, eine Bezahlung dafür anzunehmen. Als wir weitergingen, schien wieder die Sonne, und so wickelte ich mir mein zweites Hemd um den Kopf. Inzwischen hatten wir wieder »abschüssiges« Gelände erreicht. An einer albtraumartigen Stelle wäre der arme Jock fast auf dem engen Pfad ausgeglitten, neben dem es wenigstens 700 Fuß senkrecht in die Tiefe ging. Danach wurde der Weg eben und wand sich sechs Meilen weit um die Flanken der bewaldeten Berge. Zu unserer Linken lagen tiefe, goldene Täler und dahinter eine Anhäufung blauer Bergketten, aber nirgends war irgendeine Siedlung zu sehen.

Bald darauf wurden wir von zwei Männern mit einem Esel eingeholt. Der ältere, etwa 50 Jahre alte Mann war klein, schlank und hatte nur ein Auge – und der Ausdruck in diesem Auge gefiel mir überhaupt nicht. Der andere war ungefähr 20 Jahre alt, stämmig, mit dicken Lippen. Er griff sich sofort Jocks Halfter und forderte mich auf, weiterzugehen. Dies ist an sich eine übliche Höflichkeitsgeste im Hochland, aber hier war klar, dass nicht unbedingt Ritterlichkeit meine Gefährten zu ihrem Verhalten veranlasste. Dennoch blieb ich weiterhin freundlich und marschierte neben dem Älteren hinter Jock her und behielt sorgfältig mein Gepäck im Auge. Ich fühlte mich indessen so unbehaglich, dass ich wieder mit nach Nefas Moja zurückgegangen wäre, wären uns Reisende in diese Richtung entgegengekommen.

Dann begann mein einäugiger Gefährte weinerlich um Kleidung und Medikamente zu betteln. Als ich erklärte, weder das eine noch das andere zu besitzen, wurde er unverschämt. Er lief nach vorne, fummelte an meinen Taschen herum und wollte wissen, was darin sei. Als ich antwortete: »*Faranj-injara*«, drehte sich der Junge plötzlich um und fragte, wo ich mein Geld hätte. Ich sagte, ich hätte kein Geld, was beide mit einem höhnischen Auflachen quittierten; sie erklärten, jeder *faranj* habe viel Geld. Eine Weile blieben sie stehen, um *sotto voce* die Lage zu besprechen. Dann luden sie mich mit unnatürlicher Herzlichkeit ein, die Nacht in ihrer Siedlung zu verbringen. Offensichtlich hatten sie Angst, Jock mitten auf einer »Hauptstraße« abzuladen, und wollten mit ihrer Einladung Zeit gewinnen.

Die nächsten 50 Minuten erschienen mir wie 50 Stunden. Häufig sah ich zurück, in der Hoffnung, irgendjemand würde uns überholen. An jeder Wegbiegung hielt ich angespannt nach einem Wanderer bzw. einer Siedlung vor uns Ausschau. Und die ganze Zeit über horchte ich auf Rufe von Hirten oder Pflügern, aber diese Berge waren zu dicht bewaldet. Hier konnte weder das Vieh geweidet noch der Boden bestellt werden. Während ich noch darüber nachdachte, wie ich die beiden loswerden könnte, bevor wir ihre Siedlung erreichten, wo ihnen wahrscheinlich jeder gegen mich beistehen würde, kamen wir an eine weitere Biegung, und ich sah vor uns einen Mann und eine Frau, die sehr langsam gingen. Ich schnappte mir das Halfter und rannte los, so schnell wie ich Jock hinter mir herziehen konnte. Wir überholten sie genau an der Stelle, wo ein schwacher Pfad vom Hauptweg zur Siedlung meiner beiden Gefährten abzweigte.

Das Paar war deshalb so langsam gegangen, weil die Frau krank war; an ihren Augen sah man, dass sie Schmerzen hatte und mich kaum wahrnahm. Beide waren vielleicht Mitte 40, und auch der Mann sah elend aus. Er starrte mich verblüfft an, als ich ihm Jocks Halfter in die Hand drückte, nach vorn zeigte und nachdrücklich wiederholte: »Debre Zeit! Debre Zeit!« Dann hatten uns die beiden Halunken eingeholt. Sein Gesicht drückte Unbehagen aus, als sie nun ärgerlich auf ihn einzureden begannen, wobei sie erst auf Jock und dann auf ihre Siedlung hoch über dem Pfad zeigten. Sie behaupteten, dass der örtliche Gouverneur ihnen die Sorge für mich übertragen habe. Mein »Freund« schien ein Mann von minimaler Intelligenz, der mit der ganzen Sache nichts zu tun haben wollte. Mit einem gleichgültigen Schulterzucken wandte er sich daher ab und forderte seine Frau auf, ihm zu folgen. Verzweifelt holte ich mein Portemonnaie heraus, drückte ihm einen Dollar in die rechte und das Halfter in die linke Hand und wiederholte bittend: »Debre Zeit!« Er betrachtete das Geld, runzelte die Stirn und gab es mir zurück – behielt aber zu meiner Erleichterung das Halfter fest im Griff, drohte den beiden anderen mit plötzlich erwachender Energie mit seinem *dula* und führte Jock schnell auf dem Hauptweg weiter. Lässig hinter ihm herschlendernd, blickte ich zurück und sah die beiden Halunken zu ihrer Siedlung hinaufsteigen, wobei sie uns immer noch mit begehrlichen Blicken verfolgten. Es ist höchst unwahrscheinlich, dass sie mir persönlich etwas angetan hätten, aber in diesem Land weiß man nie ganz genau, was als ausreichendes Motiv angesehen wird, um einen Mord zu begehen.

In einem kleinen Dorf verabschiedete ich mich dankbar von dem traurigen Paar. Inzwischen hatten wir wieder ein Gebiet mit überwältigenden Höhen und Abgründen erreicht, mit symmetrischen *ambas,* jähen Abhängen und grotesk erodierten Gipfeln. Gegen Nachmittag füllten sich die Täler mit einem wundervollen Licht, wie blassblauer Nebel, durch den weite rosenfarbige Hänge und grüngoldene Wälder hindurchschimmerten.

Am Fuß der mörderischen Felswand unterhalb dieses Plateaus trafen wir einen gut aussehenden, bewaffneten jungen Mann, der behauptete, »die Polizei« zu sein. Ich wusste, dass er log. Seine schmeichlerische Art missfiel mir, und ich misstraute seinen berechnenden Blicken auf Jocks Gepäck. Aber mein Knie tat mir wieder ziemlich weh, und so war ich froh, jemanden gefunden zu haben, der mir den leichtesten Weg den Steilhang hinauf zeigen konnte. Und als wir dann diese Siedlung hier erreichten und uns alle ziemlich finster ansahen, wählte ich lieber »den Teufel, den ich kannte« und nahm die Einladung des jungen Mannes an, in seinem Compound zu übernachten.

Die Familie meines Gastgebers besteht aus seiner Mutter, einer Kind-Ehefrau und zwei weiteren Frauen. Die Atmosphäre in diesem *tukul* ist einmalig. Die ganze Zeit über macht man sich auf unfreundliche Art über mich lustig – eine Unhöflichkeit, die ich bei den äthiopischen Hochländern nicht für möglich gehalten hätte –, und für jedes Glas *talla,* das ich getrunken habe, für meine *injara* mit *Berberie*-Brei sowie für Jocks Futter musste ich im Voraus bezahlen.

Während ich schreibe, wird neben mir *injara* gekocht. Der geschlagene dünne Eierteig wird aus einem irdenen Topf (in dem er drei bis vier Tage gären muss) in eine flache Eisenpfanne gegeben und mit einem kegelförmigen irdenen Deckel zugedeckt. Eine Portion muss knapp fünf Minuten über einem starken Holzfeuer kochen. Dann lässt die Hausfrau die Masse geschickt in das *Injara*-Gefäß gleiten, wischt die Pfanne mit einem mit Pflanzenöl getränkten, schmutzigen Lappen sorgfältig aus, und die Prozedur beginnt von vorn. *Injara*-Töpfe werden niemals ausgewaschen, damit die angetrockneten Teigreste die Fermentation der nächsten Portion beschleunigen.

Heute kam ich an ein paar soliden, aus Stein gebauten *tukuls* vorbei. Die Männer dort trugen keine *shammas*, sondern hatten sich braune oder braun-schwarz karierte Wolldecken umgehängt. Sie erinnerten mich an die Decken der Hirten im Kangra-Tal in Nordindien, obgleich diese hier weit grober gearbeitet waren als alles, was man in Asien sieht.

Jetzt werde ich meinen Schlafsack auf dem glatten Rasen des Compounds ausbreiten und unter kalten, glitzernden Sternen schlafen; Jock steht wegen der Gefährlichkeit der hiesigen Hyänen im *tukul*.

2. *März – Eine Niederlassung auf einem Hügel*

Heute Morgen weckte mich mein Gastgeber, noch bevor es hell war. Es schien ihm daran zu liegen, uns möglichst schnell loszuwerden, obgleich Hochländer die Abreise ihres Gastes in der Regel eher hinauszuziehen suchen. Meine Sachen aus dem *tukul* hatte er bereits mitgebracht und versuchte nun, Jock zu beladen, kam aber mit dem italienischen Packsattel nicht zurecht. Meine Taschen, die ich letzte Nacht offen gelassen hatte, hatte er zugebunden. Als er sah, dass ich die eine öffnen wollte, um meinen Schlafsack und meine Huskys hineinzutun, wurde er beleidigend. Als ich daraufhin näher nachforschte, sah ich, dass er die Blechschachtel mit meinem Münzgeld gestohlen und alles andere sorgfältig durchsucht, aber nichts weiter entwendet hatte. Nun stand er mit finsterem Gesicht über mir. Als ich mich erhob, stieß er mich heftig mit seinem Gewehr und forderte mich auf, möglichst schnell aufzuladen und zu verschwinden. Sein schlechtes Gewissen ließ darauf schließen, dass ich durch eine Beschwerde beim Ortsältesten mein Geld wahrscheinlich zurückbekommen hätte. Aber ich erinnerte mich an den unfreundlichen Empfang am gestrigen Abend und hielt es für besser, den Diebstahl zu ignorieren. Dieser Zwischenfall bewies nur seine Dummheit. Hätte er sich an diesem Morgen völlig normal benommen, wäre ich nie auf den Gedanken gekommen, mein Gepäck vor der Abreise durchzusehen.

Wir wanderten gerade über ein völlig ebenes Plateau nach Osten auf einen gelb gestreiften, rot gepunkteten Himmel zu, als ich hinter mir jemand »*Faranj, faranj*« rufen hörte. Ich drehte mich um und sah ein junges Paar mit drei kleinen Kindern auf mich zukommen. Sie wollten Verwandte in Debre Zeit besuchen – das zwölf Meilen entfernt am Ende des Plateaus lag –, und der Vater fragte mich, ob sich sein fünfjähriger kranker Junge auf mein Gepäck setzen dürfe. Das Kind jammerte vor sich hin, und so konnte ich schlecht Nein sagen. Es strahlte, als es auf meine Taschen gehoben wurde. Seine achtjährige Schwester hielt kräftig mit den Erwachsenen mit, aber sein drei Jahre alter Bruder ritt den ganzen Weg auf den Schultern seines Vaters.

Sechs Meilen weit verlief unser Pfad über ausgedörrtes Grasland. Dann schlängelte er sich durch dichtes Gestrüpp, wo uns Paviane beschimpften und sich zwei Hyänen schnell in die Büsche verdrückten, als wir näher kamen. Um 9.45 Uhr erblickten wir am Horizont die Eukalyptusbäume von Debre Zeit. Am Ziel meiner Gefährten legte ich eine kurze *Talla*-Pause ein, bevor uns ein paar Jungen an den Rand des Plateaus brachten und mir den Abstieg zeigten: eine enge, steinerne Treppe von haarsträubender Instabilität.

Aber erst einmal sah ich mich um. Im Norden erblickte ich einen massiven, viereckigen Berg, der eine Reihe weiterer blauer Giganten überragte. Dies musste der Abuna Josef sein (13 747 Fuß), der über Lalibela hinwegsieht – wenn man weder Karte noch Kompass besitzt, ist es sehr beruhigend, einen so auffälligen Wegweiser zu haben. Dann betrachtete ich das vor mir liegende Chaos von Bergen und Schluchten und machte mir klar, dass irgendwo dazwischen tief verborgen die gewundene Takazze-Schlucht darauf wartete, unsere Bekanntschaft zu erneuern. Es gibt bei einem Treck wie diesem stets zwei besondere Momente – den Augenblick der Herausforderung, wenn man einen solchen Landstrich zum ersten Mal sieht; und den Augenblick des Triumphes, wenn man zurückblickt, nachdem man ihn bezwungen hat. Hier scheint mir der Augenblick des Triumphes noch in weiter Ferne zu liegen.

Vom Fuß des Kliffs schlitterten wir einen abschüssigen Hang hinunter und wurden plötzlich mit unserem bisher schwersten Abstieg überhaupt konfrontiert. Was uns erwartete, war kein direkter Weg von oben nach unten, sondern ein kompliziertes Hinauf-, Hinunter- und Hinwegklettern über einen verwirrenden Komplex von Kliffs, Bergkämmen und Felsspitzen, wobei es neben dem Pfad gelegentlich bis zu 1000 Fuß in die Tiefe ging. Ich liebe zerklüftete Berge, tiefe Täler und prekäre Situationen, aber es kann auch mal zu viel werden.

Wir waren zu drei Vierteln unten, als Jock stolperte und über den Rand trat. Der Schock, als ich ihn abstürzen sah, war so groß, dass sich mein Gehirn im ersten Moment weigerte, das Geschehen als Realität anzuerkennen. Er landete mit dem Rücken auf einem schmalen Sims ungefähr 30 Fuß unterhalb des Pfads – und rollte weiter auf den nächsten, noch einmal 20 Fuß tieferen Felsvorsprung. Gott sei Dank war dieses zweite Felsband etwa 15 Fuß breit. Wäre er noch weitergerollt, so wäre er auf 300 Fuß tiefer gelegene Felsen gestürzt.

Da ich keinerlei Erfahrung hatte, was Maultiere aushalten können, war ich nicht wenig verblüfft, als ich sah, wie er sich wieder aufrappelte. Offensichtlich war ihm nichts passiert. Ungeduldig, mich zu vergewissern, kletterte ich mit affenartiger Geschwindigkeit das Kliff hinunter – ohne Rücksicht auf mein Knie, das ich mir dabei ein zweites Mal schwer verrenkte. Der arme Bursche zitterte am ganzen Körper – und ich auch –, aber er schien unverletzt. Ich war so erleichtert, dass ich meine Arme um seinen Hals schlang und losheulte. Ich hätte mir leicht ein anderes Maultier kaufen können, aber keinen Jock.

Als wir uns wieder einigermaßen beruhigt hatten, ging ich daran, mein Gepäck aufzusammeln, das über die beiden Felssimse verteilt lag. Der Sattel war dagegen noch an seinem Platz: Wahrscheinlich war er die Ursache für Jocks Sturz, hatte ihn aber auch vor Verletzungen geschützt. (Sehr wahrscheinlich ist die italienische Art, Lasten zu befördern, deshalb hier nicht übernommen worden, weil eine seitlich überstehende Last in den Bergen zu gefährlich ist.) Der entstandene Schaden war gering: Lediglich eine Dose Insektenpulver war aufgeplatzt und hatte eine Schachtel Kohlepapier ruiniert. Sogar meine wertvolle Flasche Tinte und mein noch wertvollerer Füllfederhalter waren heil. Ich stellte indessen bald fest, dass es nicht leicht ist, ein Maultier auf einem 15 mal zehn Fuß großen Sims neben einem 300 Fuß tiefen Abgrund zu beladen – besonders, wenn die Nerven aller Beteiligten bloßliegen. Ich brauchte 20 Minuten, um zurechtzukommen, und dann begannen wir uns ängstlich unseren Weg über das Kliff zu bahnen, um wieder dorthin zu kommen, was man hier als Pfad bezeichnet.

20 Minuten später waren wir auf dem Grund eines langen, heißen Tales, in dem der unfruchtbare Boden schmutzig weiß war und selbst die Büsche krank aussahen. Inzwischen war klar, dass ich mir mein Knie ernsthaft verletzt hatte. Jeder Schritt verursachte mir derartige Schmerzen, dass ich beschloss, im nächsten Compound zu übernachten. Aber der 2. März war offensichtlich nicht unser Glückstag. In den nächsten viereinhalb schmerzvollen Stunden sah ich aber auch nicht einen einzigen *tukul* – und ich hatte Angst, im Freien zu kampieren, denn mit einem steifen Knie konnte ich Jock nicht gegen mögliche Angriffe von Hyänen oder Leoparden schützen.

Der raue Pfad führte uns aus dem Tal heraus, eine *amba* hoch und wieder runter und dann immer weiter und weiter hinab durch dichten Wald bis zu einem breiten Flussbett, in dem das wenige Wasser schmutzig zwischen grünschlammigen Steinen dahinfloss. Aber inzwischen war ich so weit, dass mich Dreck oder Schlamm nicht mehr kümmerten, und während Jock sich so richtig satt trank, versuchte ich in etwas geringerem Umfang mit ihm mitzuhalten. Und nachdem ich noch gebadet und mein Knie massiert hatte, nahm ich schließlich – vor Schmerzen benommen – die letzte Etappe in Angriff: einen 90-minütigen Aufstieg auf ein weiteres Plateau mit vereinzelten Stoppelfeldern. Die dazugehörende Siedlung lag auf halbem Weg auf einem Berghang am Rand der Ebene, und obgleich unsere Ankunft zunächst einige Unruhe auslöste, beruhigte sich bald jedermann angesichts meiner totalen Erschöpfung.

Dieser Compound besteht aus sieben *tukuls* (vier für die Menschen und drei für die Tiere). Armut und Krankheit sind herzzerreißend. Ich sitze jetzt auf einem riesigen, glatten Felsbrocken, und Wolken von Fliegen machen mich halb wahnsinnig, während ich wie üblich meine Nahrungsmittelschachtel als Tisch benutze und schreibe. Mein verletztes Knie fühlt sich schon wieder etwas besser an, nachdem es zweimal fachmännisch und ausdauernd von meiner Gastgeberin massiert worden ist.

Vor ein paar Augenblicken haben zwei Hirten den ganzen Besitz der Familie in den Compound getrieben – ein Schaf, zwei Lämmer, einen Ziegenbock, drei Ziegen, zwei Kitze und fünf Kühe. Alle sehen schrecklich mager aus. Die Siedlung liegt am Rand der Lasta-»Hungerzone«, die seit mehreren Jahren unter einer anhaltenden Dürre leidet. Jock hat heute Abend nur einen halben Arm voll Stroh bekommen, und ich lebe von meiner eisernen Ration. Einer der etwa 14-jährigen Hirten hat so dünne Arme und Beine, einen so disproportional großen Kopf und so eingesunkene Augen, dass er allen Hunger der Welt zu dokumentieren scheint. Sein jüngerer Bruder sieht nicht viel besser aus. – Es macht einen qualvollen Unterschied aus, ob man persönlich neben einem solchen Menschen sitzt oder Bilder von Hungeropfern betrachtet. – Beide Jungen und ihre drei jüngeren Schwestern sind in zerrissenes Rindsleder gekleidet. Während ich schreibe, kommen zwei ältere Mädchen in den Compound, tief gebeugt unter dem Gewicht eines riesigen Wasserkruges. Sie müssen das Wasser aus irgendeiner entfernten Quelle oder einem Fluss geholt haben, denn sie sind dem Zusammenbrechen nahe. Das eine Mädchen hat ein grauenhaft aussehendes Bein, das vom Knie bis zur Ferse mit eiternden Wunden bedeckt ist. Trotzdem scheint sie ganz fröhlich, sodass ich mich wegen des Theaters schäme, das ich um mein Knie gemacht habe. Hier bittet man mich nicht um Medikamente – ein Zeichen dafür, dass diese Menschen bisher nur wenig oder gar keinen Kontakt zu *faranjs* hatten.

3. März – Ein Lager in einer Ruine

Was für ein Tag! Falls es in dieser Gegend irgendeinen Pfad nach Lalibela gibt, muss ich ihn erst noch finden. Derzeit ist der Abuna Josef meine einzige Hoffnung auf Rettung.

Heute Morgen tat mein Knie weniger weh, als ich befürchtet hatte. Um 6.30 Uhr waren wir wieder unterwegs. In den nächsten drei Stunden kamen wir jedoch allenfalls drei Meilen voran. Wiederholt wurden unsere Versuche, auf Flussniveau hinabzusteigen, durch steile, von Dschungeln bedeckte Kliffs vereitelt, die uns zwangen, wieder auf das Plateau zurückzuklettern und erneut nach einem Abstieg zu suchen. Und als wir endlich in der Schlucht waren, fand ich nicht wieder heraus; dies war keine einfache Schlucht, sondern ein wundervolles Labyrinth tiefer Felseinschnitte. Wir stampften mehr als eine halbe Stunde durch weichen, sengenden, silbrigen Sand auf der Suche nach einem Pfad auf irgendeins der bewaldeten Kliffs, die die verschiedenen Flussläufe wie Mauern umgaben. Als wir schließlich dem nördlichsten Fluss folgten, sah ich vor uns Leute – eine Überraschung inmitten dieser bewegungs- und lautlosen Wildnis. Es war eine Familie – acht Kinder und ihre Eltern –, die hier ihre Wäsche wusch, indem sie in den stehenden Pfützen auf ihren geflickten Kleidungsstücken herumtrampelte.

Als der Vater sich vom Schock erholt hatte, zeigte er auf einen

Felsbrocken, wo ich warten sollte, bis sie mich aus der Schlucht herausführen würden. Inzwischen war es 9.30 Uhr, und ich war froh, mich ausruhen zu können. Sofort ließen die jüngeren Kinder ihre Arbeit im Stich, um mich scheu zu betrachten. Unterdessen rupfte Jock begeistert die paar grünen Pflanzen ab, die am Wasser wuchsen. Diese Familie verhielt sich insofern untypisch, als sie eine gewisse Zuneigung für ihren Hund zeigte, der kleiner war als die üblichen Hochlandköter.

Nach einer halben Stunde wurden die nassen Kleidungsstücke zu Bündeln zusammengerollt, um von ihren Eigentümern auf dem Rücken nach Hause getragen zu werden. Während die Mutter ein riesiges Bündel Feuerholz schulterte, befestigte der Vater ihr und sein Bündel oben auf Jocks Ladung, ergriff das Halfter und führte ihn einen Pfad hinauf, der so schwach zu erkennen war, dass *Faranj*-Augen ihn niemals entdeckt hätten. Auf der Spitze des Kliffs kamen wir dann auf einen deutlicheren Weg, der durch unfruchtbares Buschland auf ein weiteres hohes Plateau führte.

Unser Tempo entsprach dem eines Leichenzuges. Die Mutter ging sehr langsam, und der Vater hielt mit ihr Schritt, wobei er aufmunternde Geräusche von sich gab und die Kinder zurückrief, wann immer sie respektlos weit vorausliefen. Es wäre für ihn unbeschreiblich *infra dig* gewesen, selbst das Feuerholz zu tragen. Trotzdem waren ihm die Qualen seiner Frau mit Sicherheit nicht gleichgültig, die sich mühsam keuchend einen langen Hang nach dem anderen hinaufschleppte. Viele *faranjs* verurteilen das Verhalten der Hochländer gegenüber ihren Frauen. Ich habe jedoch den Eindruck gewonnen, dass die meisten Ehepaare es nicht an gegenseitiger Zuneigung und Rücksichtnahme fehlen lassen. Ohne Zweifel weist die Hochlandtradition den Frauen in mancher Hinsicht einen geringeren Status zu als dem Mann. Dies wird z. B. dadurch symbolisiert, dass sie die schweren Lasten schleppen, während ich einen Mann noch nie etwas anderes tragen sah als einen *dula* oder ein Gewehr – und vielleicht einmal einen *Injara*-Korb, falls er nicht von seiner Frau begleitet wurde. Es ist jedoch unfair, allein hieraus zu schließen, dass die meisten Männer ihre Frauen schlecht behandeln – oder dass es unter den Hochland-Ehemännern keine Pantoffelhelden gibt. Ich habe auf meiner Reise in wenigstens zwei *tukuls* erlebt, dass das unglückliche Familienoberhaupt in ständiger Angst vor seiner herrischen Ehefrau lebte und sich in ihrer Gegenwart unterwürfig wie ein Kind benahm.

Die große Siedlung meiner Retter ist erbärmlich arm. Infolge der Missernte gab es kein *talla*. Stattdessen bekam ich eine Kürbisflasche mit dicker Milch. Während ich auf dem Felsbrocken saß und aß, kam die gesamte Einwohnerschaft, um mich – freundlich, aber distanziert – verwundert anzustarren. Anfangs gab es einige Spekulationen über mein Geschlecht. Aber meine in Gondar gekauften Baumwollshorts haben inzwischen einen Zustand erreicht, der längere Diskussionen überflüssig macht, was allseits große Fröhlichkeit auslöste.

Um 11.30 Uhr brachte mich Vater mit großem Gefolge an den Ortsrand und zeigte mir den Weg zur Takazze-Schlucht. Er und mehrere andere Männer hatten mir zuvor eindringlich abgeraten, meinen Weg nach Lalibela fortzusetzen, da es hinter der Takazze-Schlucht weder Wege noch *tukuls* gäbe, dafür aber zahlreiche wilde Tiere. Nach einem ausgiebigen Händeschütteln und vielen Verbeugungen sahen uns alle in traurigem Schweigen nach.

Während der nächsten Stunde stiegen wir durch eine steile, aber feste, verdorrte Welt scharfkantiger Felsen, grau-brauner krümeliger Erde und absterbender Büsche nach unten. Es war mir nicht gelungen, über diesen Teil der Takazze-Schlucht irgendwelche Informationen zu bekommen, und mir blieb fast das Herz stehen, als ich plötzlich vor einer Schlucht stand, die tiefer war als alles, was mir bisher begegnet war. Für einen sich sehr vorsichtig bewegenden, absolut schwindelfreien Menschen mochte der Abstieg einigermaßen sicher sein. Aber für ein beladenes Maultier schien er mir tödlich. Nach einer Weile entschied ich mich, die Sache erst einmal allein zu erkunden. Ich band Jock an einen verkrüppelten Baum, damit er mir nicht in seiner übergroßen Loyalität folgte. Als ich ungefähr ein Drittel der vertikalen, schlecht ausgewiesenen Steintreppe hinabgestiegen war, sah ich Eselskot. Das beruhigte mich – obgleich bestimmt noch kein Tier mit einem italienischen Packsattel jemals diesen Pfad gegangen war –, und so kehrte ich zu Jock zurück, flehte die Götter um Beistand an und dirigierte ihn über den Rand des Kliffs.

Die nächsten 20 Minuten waren die nervenaufreibendsten meines Lebens. Selbst Jocks Unerschütterlichkeit begann zu bröckeln, und in seiner verzeihlichen Panik wollte er ständig auf irgendwelche Simse springen, von denen er nie wieder heruntergekommen wäre, wenn er sie erreicht hätte. Und meine wiederholten Anstrengungen, ihn in seiner Tollkühnheit zu zügeln, waren auch für mich gefährlich, denn dies war kein Steilhang, auf dem man wie ein Affe herumhüpfen konnte.

Einmal verkeilte sich die Ladung zwischen zwei Felsbändern. Jock wurde mit dem Kopf nach unten eingeklemmt und strampelte kraftlos mit den Hinterbeinen. Ich war inzwischen vor Verzweiflung schon derart abgestumpft, dass ich nicht einmal mehr Angst davor hatte, auf die hunderte von Fuß unter uns liegenden Felsbrocken des Flussbetts abzustürzen. Verwegen zog ich mich auf das innere Felsband hoch, murmelte mit zittriger Stimme ein paar beruhigende Worte und beugte mich hinunter, um einen der Säcke loszubinden. Während Jock sich befreite, griff ich nach seinem Halfter. Wäre er mit seiner einseitig überhängenden Last weitergegangen, so hätte ihn dies in akute Gefahr gebracht. Einen schrecklichen Augenblick lang sah ich ihn bereits kopfüber abstürzen. Aber durch eins dieser telepathischen Wunder, die unsere Beziehung kennzeichnen, blieb er ruhig unter dem Sims stehen, während ich – gegen den Felsen gestützt und vor Aufregung schwitzend – den Sack wieder an seinem alten Platz festzurrte.

Als wir schließlich das Flussbett erreichten, war Jock völlig außer Atem und sein Hals dunkel vor Schweiß. Er war so erschöpft, dass er nicht einmal trinken wollte, und auch ich war so fertig, dass ich mich übergeben musste und erst danach etwas trinken konnte. Ich überlegte mir, ob ich nicht besser auch meine Wasserflasche auffüllen sollte. Aber da man sich kaum eine todbringendere Flüssigkeit denken kann als den Takazze im März, hielt mich ein letzter Rest von Vernunft davon ab, den Bakterien eine weitere Chance zu geben, und ich ließ meine Flasche leer.

Zu meiner Erleichterung ging nun auch Jock ans Wasser. Während er trank, rauchte ich eine Zigarette. Das Flussbett wand sich hier etwa 240 Fuß in beide Richtungen; Biegungen schränkten meine Sicht ein. Die dunklen Felswände der Schlucht waren zu aufragenden, kannelierten Pfeilern von Furcht erregender Symmetrie erodiert. Nur gegenüber der Stelle, wo wir heruntergekommen waren, war das Kliff nicht ganz so abschüssig und der Felsboden mit etwas Erde vermischt. Vermutlich ging es dort wieder hinauf.

Da die Schlucht in der Mittagshitze einem Backofen glich, zog ich den armen Jock bald durch ein Gewirr glühend heißer Felsbrocken weiter. Der Schweiß lief in Strömen an mir herunter, Wolken von pulverisiertem Staub reizten meine Lungen, und häufig ging es einen Schritt vor und zwei zurück. Keiner von uns befand sich jedoch in Todesgefahr, und so empfanden wir das, was man unter normalen Umständen als Zerreißprobe bezeichnet hätte, nahezu als Sonntagsspaziergang.

Oben angekommen, merkte ich, dass ich einen Fehler gemacht hatte, als ich darauf verzichtete, meine Wasserflasche zu füllen. Der Durst quälte mich, und meine staubige Kehle fühlte sich ganz rau an. Ein schwacher Pfad führte uns weiter über trostloses, verbranntes Grasland. Eine Stunde später erschien plötzlich der Abuna Josef in einem Einschnitt zwischen zwei nahen Bergen und zeigte mir, dass wir völlig in die Irre marschierten. Wir änderten also die Richtung und stiegen einen langen, weglosen Hang zwischen zwei kahlen Bergketten, die an seinem Ende zusammenliefen, hinab. Seit wir am Morgen aufgebrochen waren, hatte ich nirgends menschliche Spuren entdeckt. Nun sah ich, dass sich dort, wo die Bergketten aufeinander stießen, vier Mädchen um ein Wasserloch versammelt hatten. Ihre Krüge hatten sie neben sich auf den Boden gestellt. Halb verdurstet, stürzte ich vorwärts – im gleichen Moment sahen sie mich, stießen einige hohe Angstschreie aus, ließen ihre Krüge im

Stich und flohen den nördlichen Abhang hinauf. Als ich den Rand des Wasserlochs erreichte, kletterte gerade ein fünftes Mädchen heraus, sah mich an wie ein in die Falle gegangenes Tier und jagte laut schreiend hinter ihren Kameradinnen her. Ich kann mich nur amüsieren, wenn ich daran denke, was man mir alles über die Angst der *faranjs* erzählt hat, allein im Hochland umherzureisen, wenn sich so viele Hochländer davor fürchten, dass sich ein *faranj* zu *ihnen* verirren könnte.

An diesem Wasserloch war meine Toleranzgrenze erreicht. Wahrscheinlich war es weniger verseucht als der Takazze, aber mein Durst war nicht so unerträglich, dass ich mich hätte überwinden können, von dieser braunen, schlammgleichen Flüssigkeit zu trinken, die sich zwei Inch hoch in dem acht Fuß tiefen Loch angesammelt hatte. Es musste einen ganzen Tag dauern, bis man auch nur einen Krug mit Wasser gefüllt hatte.

Von der Kuppe der nördlichen Bergkette ging es zu einem weiten, staubigen Stoppelfeld hinunter. Die Siedlung der Mädchen, wo ich irgendetwas Trinkbares zu bekommen hoffte, lag einige hundert Yards weiter – einsam auf einem ausgedörrten Plateau, umgeben von stillen Schluchten und zerklüfteten blauen Bergen. Ein wunderschönes, Ruhe ausstrahlendes Bild im goldenen Sonnenschein. Aber darüber schwebte der Tod.

Die Siedlung war ungewöhnlich stark befestigt; ihr dichter, sechs Fuß breiter Dornenwall schien nur ein »Tor« zu haben, und jeder Compound war nochmals von einem hohen, starken Zaun umgeben. Offensichtlich hatten die Mädchen alle Bewohner gewarnt, dass sich in der Nähe etwas sehr Absonderliches herumtreibe, denn der Ort machte einen verlassenen Eindruck. Auch als wir zwischen den eng nebeneinander liegenden Compounds hindurchgingen, zeigte sich keine Menschenseele, und es war nicht das geringste Geräusch zu hören, aber die ganze Zeit über hatte ich das Gefühl, von allen Seiten beobachtet zu werden.

Schließlich betrat ich einen der Compounds. Als wir uns einem *tukul* näherten, tauchten plötzlich zwei äußerst misstrauische Männer in der Tür auf, während hinter ihnen die herausschauenden Frauen Warnrufe ausstießen. Als ich um Wasser bat, drehten sich die Männer um, flüsterten mit ihren Frauen und baten mich dann sehr zögernd herein.

Wie gewöhnlich tauten sie schnell auf. Ich bekam zwei kleine Kürbisflaschen mit fauligem Wasser, das leicht mit Honig gesüßt war (eine abgewandelte Form des alkoholfreien *birz*). Und noch während ich trank, kam ungefähr die gesamte – inzwischen ebenfalls beruhigte – Dorfgemeinschaft und starrte mich schweigend an, wobei sie den ganzen *tukul* und den Platz davor ausfüllte. Die allgemeine Stimmung mir gegenüber war weder freundlich noch feindlich, aber es war sehr deutlich zu erkennen, dass diese Neutralität auf einer durch Unterernährung hervorgerufenen Lethargie beruhte.

Im ersten Moment hatte es mich erstaunt, dass so viele Männer einen Turban trugen, obwohl es nirgends in der Nähe eine Kirche zu geben schien. Dann begriff ich, dass dies eine Jabarti-Siedlung war – daher auch die starke Befestigung und *birz* statt *talla*. (Diese Moslem-Hochländer ähneln in ethnischer Hinsicht ihren christlichen Nachbarn und unterscheiden sich in der Religionsausübung völlig von allen übrigen Moslems. Nur wenige halten den Ramadan ein, pilgern nach Mekka oder beten regelmäßig. Vom orthodoxen Islam wissen sie genauso wenig wie die Kopten vom orthodoxen Christentum oder die Falachen vom orthodoxen Judaismus. Die meisten waren ursprünglich Kopten und wurden von den Galla-Invasoren oder den Armeen Mohammed Gragns bekehrt. Da sie auf Grund mehrerer kaiserlicher Dekrete kein vererbbares Land besitzen dürfen, leben viele Jabartis von der Weberei und vom Handel, weshalb sie von den Kopten verachtet werden. Ihre Kleidung und ihre Häuser unterscheiden sich nicht von denen der anderen Hochländer, aber ihre Compounds sind häufig zum Schutz gegen *shifta* zusätzlich befestigt, die – als Christen – häufiger Jabartis als Kopten angreifen. Obwohl tausende von ihnen 1864 von Theodore zwangsweise wieder zu Christen gemacht wurden, stellen die Jabartis noch immer etwa ein Zehntel der Hochlandbevölkerung.)

Die Hausfrau bot mir eine halbe Portion *injara* an – etwas, das mir nie vorher passiert war, denn Reste sind in der Regel nur noch für Dienstboten und Kinder gut genug.

Ich lehnte höflich ab und fragte mich zugleich, warum diese Menschen noch in dieser verfluchten Gegend ausharrten, wo erst kürzlich 5000 an Typhus, Malaria und Hunger gestorben und die meisten der Überlebenden fortgezogen sind. Aber vielleicht würde es für Jabartis schwierig sein, irgendwo anders Land zu bekommen.

Da es von hier aus nicht möglich war, unseren Weg direkt in Richtung auf den Abuna Josef fortzusetzen, wandten wir uns zunächst nach Westen. Auf einem schmalen Pfad, der sich schon bald in Wohlgefallen auflöste, überquerten wir einen Hang aus ausgelaugtem Ackerboden. Anschließend ging es drei Stunden lang über heiße, unfruchtbare, dünn bewaldete Hügel. Ich sah zwei Hyänen, einen Leoparden, der friedlich unter einem Busch lag, sowie eine verlassene Siedlung – verfallen und überwachsen. Es gab keine Spuren irgendeiner Kultivierung oder auch nur einen Pfad. Das Buschwerk hatte die Hänge bereits wieder zurückerobert.

Gegen sechs Uhr wurde der Boden steiniger und der Wald dichter. Großes Vergnügen machten mir hunderte von Pavianen, die als Silhouetten gegen den Himmel auf einem nahen Bergkamm entlangliefen, wobei sie häufig eine Pause einlegten, um ziemlich unharmonisch auf uns zu schimpfen. Inzwischen hatte ich die Hoffnung aufgegeben, noch irgendwo Wasser zu finden. Als wir daher dieses trockene Flussbett erreichten, schien es mir unter den gegebenen Umständen ein annehmbarer Campingplatz. Es ist etwa 30 Yards breit und steigt zu beiden Seiten an, was ihm einen Anstrich von Geborgenheit verleiht. Auf einem der vielen flachen Steine, die im feinen silbrigen Sand in seiner Mitte liegen, habe ich mein Feuer entzündet. Eine Vorsichtsmaßnahme, um ein Übergreifen auf meine gesamte Umgebung auszuschließen.

Um noch mehr Holz zu sammeln, ging ich ein Stück in der Rinne entlang – und vernahm plötzlich durch die Stille das liebliche Murmeln von Wasser! Mein Durst war inzwischen so peinigend geworden, dass er Körper und Geist beherrschte. Als ich daher einen flachen Fluss 440 Fuß unterhalb des Felsbandes entdeckte, auf dem wir kampierten, rannte ich sofort zurück, um meine Wasserflasche zu holen. Dann unternahm ich drei verzweifelte Versuche, in die Schlucht hinunterzukommen. Durst ist so zwingend, dass man beim Anblick von Wasser leicht dazu neigt, jede Vorsicht außer Acht zu lassen. Aber es nützte nichts – wo ich es auch versuchte, die letzten 150 Fuß bestanden aus senkrechtem, glattem Fels. Plötzlich tauchten die Paviane unter mir am Ufer des Flusses auf. Offensichtlich waren sie unterwegs zu ihrer Wasserstelle gewesen, als ich sie das erste Mal gesehen hatte. Erbittert starrte ich auf sie hinunter und dachte über die Nachteile der Evolution nach. Dann kletterte ich unsicher zu meinem Camp zurück und aß eine Dose Tunfisch, was meinen Durst beträchtlich verschlimmerte.

Inzwischen waren ein paar Regentropfen gefallen, und während ich aß, trieben geisterhafte, sternenbeschienene kleine Wölkchen über den Himmel. Jock weidete ruhig über mir auf einem mit Dschungelgras bewachsenen Abhang. Während ich meine Schreibsachen auspackte, warf ich einen Blick auf seine tröstliche Gestalt, die sich langsam zwischen den Büschen bewegte. Gleich darauf setzte mir fast das Herz aus! Unmittelbar neben ihm blinkte dicht am Boden ein leuchtendes, bösartiges gelbes Auge: ein zum Sprung ansetzender Leopard! Ich riss ein großes brennendes Scheit aus dem Feuer und stürmte den Hang hinauf, wobei ich mich gleichzeitig über Jocks gelassene Dummheit wunderte. – Ich brauchte einen Augenblick, um zu erkennen, dass das »einäugige wilde Tier« in Wahrheit der Planet Venus war, der gerade über der Bergkuppe aufgegangen war und durch das Gebüsch funkelte.

Während der letzten Stunden ist meine Selbstachtung aber durch zwei echte Augenpaare wieder aufgerichtet worden, die das Licht meines Feuers von verschiedenen Stellen oben am Hang widerspiegelten. Keins davon befand sich in Jocks Nähe. Und da er keine Anzeichen von Unruhe zu erkennen gab, tat ich es ihm gleich und blieb auf würdige Art sitzen. Ich bin froh, dass ich zum Schlafen eine offene Stelle gefunden habe; eine Nacht hier irgendwo im Wald wäre sicher nicht sehr entspannend.

Kurz nach Sonnenuntergang erhob sich ein starker Wind, und das Feuer brannte schnell herunter. Seine lodernden, sich verschlingenden, tiefrot- bis orangefarbenen Flammen beleuchten ein außerordentlich weites Gebiet, das auf seltsame Weise mir zu gehören scheint, während hinter dem schwarzen Vorhang der Nacht das Niemandsland beginnt. Auf dieser vergleichsweise niedrigen Höhe (etwa 6000 Fuß) schwitzt man neben einem Feuer pausenlos vor sich hin, sodass mein Durst ständig schlimmer wird.

Es ist bereits elf Uhr nachts. Ich habe eine brennende Kerze zwischen zwei Schachteln im Windschatten eines Felsens aufgestellt und in ihrem Schein vier Stunden lang geschrieben – allerdings mit vielen Pausen, um die absolute Stille zu genießen, die auch mich völlig absorbiert zu haben scheint. Trotz Durst und »glitzernder Augenpaare« bin ich mir sicher, dass dieser Abend später einmal zu meinen schönsten Erinnerungen zählen wird. Die Einsamkeit hat hier eine Qualität, wie ich sie seit der Überquerung des Plateaus zwischen Ataba und Buahit nicht mehr erlebt habe. Höchstwahrscheinlich gibt es im Umkreis von zehn Meilen kein weiteres menschliches Wesen; und auch die Totengeister müssen mir wohlgesinnt sein, denn mein Friede ist vollkommen.

Inzwischen ist der Himmel wieder wolkenlos und durch die goldene Kraft der Sterne belebt. Vor einer Minute flog ein Jet auf seinem Weg von Asmara nach Addis über uns hinweg, und ich habe an die Passagiere gedacht – für kurze Zeit meine nächsten Nachbarn –, die sich gerade nach einem Fünfgängemenü in ihren Sesseln zurücklehnen, Zeitung lesen und an geeisten Getränken nippen. Aber

When I survey the bright
Coelestiall spheare
So rich with jewels hung, that night
Doth like an Æthiop bride appear

möchte ich um keinen Preis, auch nicht um den eines geeisten Getränkes, mit ihnen tauschen.

Thus those coelestiall fires,
Though seeming mute,
The fallacies of our desires
And all the pride of life confute.

For they have watcht since first
The World had birth:
And found sinne in it selfe accurst
And nothing permanent an earth.*

4. März – Lalibela

Man ist keine besonders gute Maultierwache, wenn man den ganzen Tag in den Bergen herumgestiegen ist. Mein Pflichtgefühl weckte mich letzte Nacht nur ein einziges Mal – gerade lange genug, um zwei schwere Äste aufs Feuer zu legen. Dann schlief ich tief und fest bis sechs Uhr durch. Als ich aufwachte, glühte der kleine Aschehaufen noch immer rosig in der silbrigen Dämmerung – und Jock war unversehrt, aber, wie ich bald feststellte, nicht ganz gesund.

Es ist etwas Herrliches, in der Einsamkeit und kühlen Stille eines Bergmorgens aufzuwachen! Während ich eine Dose Sardinen aß, kamen die Paviane ziemlich nah heran, nahmen um mich herum Platz, kratzten sich und beschimpften mich mit Gesten und beleidigenden Bemerkungen.

Gegen 6.45 Uhr begann unser zweistündiger Kampf mit einer Reihe zerklüfteter, dicht bewaldeter Berge, die uns manchmal restlos zu besiegen drohten. Der Abuna Josef blieb unfreundlicherweise unsichtbar, aber das war nicht so besonders wichtig, solange es einzig darum ging, erst einmal in irgendeiner Richtung aus diesem ungeheuren Komplex von Rinnen und Vorsprüngen herauszukom-

* William Habington (1605–1654)

men. Ganz plötzlich hatten wir es geschafft – und standen vor einem breiten, langsam abfallenden Hang sonnengesprenkelter grauer Erde. Und an seinem Ende glitzerte Wasser.

Es war ein Nebenfluss jenes Flusses, den ich am vergangenen Abend gesehen hatte. Er war mit winzigen Streifen grünen Schleims verziert, aber ich sagte mir, dass sie ja eigentlich nur aus irgendwelchen gesunden pflanzlichen Substanzen bestehen konnten. Hinter den hohen Uferdünen aus feinem grauen Sand hielt ich wieder nach dem Abuna Josef Ausschau. Aber nach allen Seiten hin schränkten hohe Bergketten mein Blickfeld auf wenige Meilen ein und irritierten meinen Richtungssinn. So ging ich zögernd auf den am wenigsten mühsam aussehenden Berg zu, in der Hoffnung, dass sich Abuna Josef auf dem Gipfel kooperativer zeigen möge.

Während dieses Aufstiegs begann Jock zusammenzuklappen. Er bewegte sich nur sehr langsam, sein Atem ging schwer, und er schien restlos »fertig« zu sein. Ich war ernsthaft alarmiert, wenn auch nicht sehr überrascht. Seit wir Debre Tabor verlassen haben, hatte er kaum Getreide bekommen, und wir waren durchschnittlich 20 Meilen am Tag durch anstrengendes Gelände gewandert. Bei dem Gedanken, er könne jetzt an diesem gottverlassenen Ort zusammenbrechen, geriet ich fast in Panik. Lalibela war zwar inzwischen in erreichbare Nähe gerückt, ich selbst also in Sicherheit, aber Jock im Stich zu lassen, um die eigene armselige Haut zu retten, war etwas, wovon ich mich kaum jemals wieder ganz erholen würde. Und ich bezweifelte, dass sich mein »gesunder Menschenverstand« als robust genug erweisen würde, ein krankes Tier und einen guten Freund den wilden Tieren als Beute zu überlassen.

Mein eigener leerer Magen war krank vor Aufregung, als Jock sich – treu wie immer – bis zur Spitze emporkämpfte. Ich sah mich verzweifelt nach dem Abuna Josef um, aber der Riese war immer noch hinter neuen, näher gelegenen Bergketten verborgen.

Während Jock sich ausruhte, studierte ich das Terrain vor uns. Ich wusste, dass Lalibela etwa auf der gleichen Höhe lag wie dieser Berggipfel. Und so wollte ich versuchen, weitere steile Klettereien zu vermeiden und mich möglichst im oberen Teil der dazwischenliegenden Berge zu halten – selbst wenn dies unsere Wegstrecke verdoppeln sollte. Wir wurden jedoch bald durch Geröllhalden zum Abstieg gezwungen, die so steil waren – und über einem so tiefen Abgrund lagen –, dass mir das Risiko einer Überquerung mit dem vor Schwäche stolpernden Jock zu groß war. Anschließend folgten wir einer ebenen, gewundenen, silbrig-sandigen Rinne. Sie schien zwar in die falsche Richtung zu führen, aber die einzige Alternative wären weitere, wahrscheinlich sinnlose Aufstiege gewesen.

Es war 10.40 Uhr, als ich auf dem links gelegenen Hang einen schwachen Pfad erblickte. Die Erleichterung gab mir neue Kraft – und steckte vielleicht auch Jock an, der als Antwort auf mein heftiges Ziehen an seinem Halfter jetzt schneller wurde. 20 Minuten später erreichten wir auf einer grauen, ausgetrockneten Bergkuppe eine weitere elende Jabarti-Siedlung. Die Compounds waren mit schlecht gepflegten »Connemara«-Steinwällen umgeben. Die Bewohner, denen auf dem Markt in Lalibela schon Touristen begegnet sein mussten, beobachteten unsere Ankunft völlig teilnahmslos. Sie hatten weder Futter für Jock noch etwas zu essen für mich; aber von der Kuppe dieses Berges zeigte uns ein Mann den Weg nach Lalibela.

Die nächsten Meilen waren die kritischsten unserer ganzen Reise. Hätte sich Jock störrisch gezeigt, wäre seine Qual vielleicht weniger herzzerreißend gewesen; aber er kämpfte mit einem vertrauensvollen Mut weiter, den ich niemals vergessen werde, obgleich er von Stunde zu Stunde schwächer wurde.

Mein früherer Plan, weitere Klettereien zu vermeiden, erwies sich jetzt endgültig als undurchführbar. Unterhalb der Siedlung endete der Weg in einem breiten, unfruchtbaren Tal. Danach folgten wir ein paar Meilen weit einem tiefen, trockenen und von einem dichten Wald eingerahmten Flussbett, bis die zu beiden Seiten aufsteigenden Berge so nah zusammenrückten, dass wir auf einen von ihnen hinaufmussten. (Wir wurden durch den Anblick des Abuna Josef belohnt. Er schien zwar noch immer bedrückend weit entfernt, aber allein seine Gegenwart stärkte unseren Mut.) Dann folgte wieder ein Abstieg, ein weiteres Tal, ein weiteres Flussbett – diesmal mit stehenden Pfützen malariaverseuchten Wassers – und noch ein weiterer Berg, auf dem wir uns einmal mehr zwischen Rinnen und Dornendickichten verirrten. Aber der schlimmste Teil unserer letzten Etappe kam erst noch – ein zweistündiger, ununterbrochener Aufstieg auf einen massiven Bergwall, der sich ungebrochen meilenweit zwischen uns und Lalibela erstreckte. An diesem Hang fehlte nicht viel, und wir hätten abermals im Freien kampieren müssen, obgleich eine weitere Nacht ohne vernünftiges Futter Jock derart geschwächt hätte, dass er am nächsten Morgen nicht mehr weitergekommen wäre. Beim Aufstieg musste er alle zehn Yards stehen bleiben, um wieder zu Atem zu kommen. Sobald er aufhörte zu keuchen, riss ich am Halfter, und er nahm demütig die schmerzhafte Anstrengung auf sich, die nächsten zehn Yards zurückzulegen. Jedes Mal, wenn er stehen blieb, streichelte ich ihm tröstend über die Nase, und er sah mich mit matten, traurigen Augen an. Diese zwei Stunden möchte ich nicht noch einmal erleben.

Das letzte Stück, die unvermeidliche Felsböschung unterhalb des Kammes, war nicht sehr hoch, aber das Fehlen irgendeines festen Pfades machte das Hinaufkommen auf den Gipfel äußerst schwierig. Jock war jetzt fast völlig am Ende. Am Fuß der Böschung ließ er den Kopf hängen und weigerte sich weiterzugehen. Diesen Moment hatte ich gefürchtet; denn nun hatte ich keine andere Möglichkeit mehr, als hinter ihm zu gehen und meinen *dula* zu gebrauchen. Mühsam gehorchte er, und ich würde gern glauben, dass er die Beweggründe verstand, aus denen heraus ich ihn prügelte. Als er die vor mir liegende Kuppe hinaufkletterte, war mir vor Spannung ganz schlecht. Ich wusste, dass Jock es nicht mehr schaffen würde, wenn zwischen uns und Lalibela nur noch eine einzige weitere Steigung liegen würde. In meiner Aufregung sprang ich förmlich auf den Gipfel, ließ meinen Blick über das weite Panorama schweifen – und dankte Gott, als ich in der Ferne auf gleicher Höhe Blechdächer und Eukalyptusbäume sah. Dazwischen lag zwar noch ein tiefes Tal mit zahlreichen verstreuten Hügeln, das wir aber in einem Halbkreis über die oberen Flanken der hohen, im Norden gelegenen Berge umgehen konnten.

Für die letzten vier Meilen brauchten wir zweieinhalb Stunden, wobei mehrere steile Hänge für Jock nochmals zur Qual wurden. Nahe Lalibela fällt der Weg steil ab, um den Jordan zu überqueren, und steigt dann wieder steil empor. Als wir Lalibela erreicht hatten, machte Jock mitten auf der »Hauptstraße« einfach Halt und gab mir mit einem Blick zu verstehen, dass wir, was *ihn* betreffe, am Ziel seien. Da ich ihn nur zu gut verstand, entlud ich ihn auf der Stelle – umgeben von neugierig starrenden Einheimischen – und engagierte drei Jugendliche, damit sie unser Sattelzeug und das Gepäck ins Tourist-Hotel brächten, das auf einem hohen Felsband über der Stadt liegt. Woanders hätte man die Leute nicht dafür zu bezahlen brauchen, einem Reisenden in einer offensichtlichen Notlage zu helfen, aber Lalibela gehört zu den Haupttourismuszentren Äthiopiens.

Als ich Jock in der Dämmerung diesen letzten steilen Hügel hinaufführte, wurde mir plötzlich mein eigener miserabler Gesundheitszustand bewusst. Die Schmerzen in meinem Bein und meiner Lunge schlugen wie eine Welle über mir zusammen. Nachdem ich tagelang nichts Vernünftiges zu essen bekommen hatte, verweigerten meine Beine plötzlich den Dienst, genauso wie vor Gondar. Dennoch konnte ich nichts essen, als ich mich schließlich ins Restaurant geschleppt hatte; und heute Nacht hatte ich zum ersten Mal in diesem Land diese stechenden und brennenden Bauchschmerzen, die das Vorspiel zur Ruhr sind. Vielleicht waren jene grünen Schleimstreifen am Ende doch nicht so gesund.

11.
Der mühsame Weg durch Wollo

5. März – Lalibela

Hier erklärt mir jeder sehr forsch, Jock müsse jetzt natürlich verkauft und ein anderes Maultier angeschafft werden; aber dieses gefühllose Gerede über Verkauf und Kauf macht mich einfach wütend.

Jock hat bereits mehrfach bewiesen, dass er kein x-beliebiges Maultier ist, und eine Trennung von ihm würde mir den Rest meiner Reise verleiden. Außerdem räumen die Experten ein, dass er lediglich an Unterernährung leidet. So habe ich mich entschlossen, ihm zum Aufpäppeln eine Woche Pause zu gönnen und zukünftig seine Last zu verringern, indem ich mich von meinem italienischen Packsattel trenne und meine Bücher nach Addis schicke.

Heute habe ich das Hotelgelände nur kurz verlassen, um mit dem Gouverneur in seinem nahe gelegenen Haus zu Mittag zu essen. Im Übrigen habe ich viel Zeit bei Jock zugebracht, um seine Fütterung zu überwachen. Dazwischen habe ich auf meinem Bett gelegen, gelesen und meine diversen Leiden gepflegt. Die Ruhrattacke scheint mithilfe von Sulphaguanidine erfolgreich abgewehrt – aber Jock ist nicht der Einzige, der eine Woche Pause braucht.

6. März

Einst war Lalibela – damals unter dem Namen Roha – die Hauptstadt der Zagwe-Dynastie, deren hamitische Agow-Könige die salomonische Linie etwa um das Jahr 920 ablösten und 300 Jahre lang regierten. Diese Könige werden heute offiziell, wenn auch unlogischerweise, als Usurpatoren betrachtet, indem man jene salomonische Legende hochhält, die der derzeitigen Dynastie so starke moralische Unterstützung gibt. Immerhin waren die Agow-Könige Christen, und einer von ihnen – Lalibela – ist ein Heiliger der äthiopischen Kirche. Einem Manuskript zufolge, das sich heute im Britischen Museum befindet, war er der Vorletzte seines Geschlechts und ließ zwischen 1182 und 1220 (äthiopischer Zeitrechnung*) zehn der berühmten Felskirchen von Lalibela errichten. Die elfte soll dann seine Witwe zu seiner Erinnerung gebaut haben.

Die Kirchen sind aus dem gewachsenen Fels herausgehauen und zählen zu den berühmten »Sieben Weltwundern«. Als ich sie endlich sah, war es für mich ein überwältigendes Erlebnis. Der Überlieferung nach hat König Lalibela für ihre Konstruktion 400 oder 500 erfahrene Handwerker aus Jerusalem und Alexandria engagiert sowie zahllose Einheimische. Dem portugiesischen Reisenden Francisco Alvarez erzählten die Mönche im 16. Jahrhundert, dass die elf Kirchen innerhalb von 24 Jahren fertig gewesen seien. Kurz nach ihrer Vollendung notierte ein äthiopischer Schreiber: »Welche Zunge ist in der Lage, sie zu beschreiben? Wer sie erblickt, wird niemals ihre Schönheit ganz erfassen können; dieses Wunder ist so groß, dass das Herz des Betrachters nie müde wird, es zu bestaunen.« Ich stimme ihm absolut zu und bin froh, dass wir unseren Kuraufenthalt hier eingelegt haben.

7. März

Sosehr ich Lalibelas Kirchen genieße, so sehr deprimiert mich die Atmosphäre der Stadt. Bis vor drei Jahren war dies ein entlegenes Bergdorf, das nur von wenigen *faranjs* besucht wurde und von Hochländern, die zum Grab König Lalibelas pilgerten. Jetzt sorgt die Ethiopian Airlines an sechs Tagen der Woche für eine Verbindung nach Addis, das Hotel Seven Olives ist eine annehmbare Imitation von Home Comforts, die einheimischen Kinder haben sich zu einem

* Anm. d. Übers.: In Äthiopien gilt der julianische Kalender, der gegenüber dem gregorianischen Kalender um siebendreiviertel Jahre zurück ist.

professionellen Bettlerkorps gemausert, und der Geruch von Habgier hängt schwer in der Luft.

Das Hotel gehört Prinzessin Ruth, einer jüngeren Schwester von Leilt Aida und angeblich liebsten Enkelin des Kaisers. Seit seiner Eröffnung vor zweieinhalb Jahren wird es von einem amerikanischen Ex-Missionar geführt, der fromme Sprüche auf die Rückfenster seines Landrovers geklebt hat und 24 Stunden brauchte, bis ihm aufging, dass ich nicht Herr Murphy bin. (Er windet sich noch immer in entschuldigender Verlegenheit, sobald wir uns begegnen, obgleich ich ihm wiederholt versichert habe, dass er sich mit seinem Irrtum in bester Hochlandtradition befindet.) Der Preis für ein Einzelzimmer im Haupthaus beträgt 42 Shilling, und ich bezahle 18 Shilling für eine Zelle (im Anbau), die lediglich ein Doppelbett enthält und ein niedriges Blechdach, Lehmwände, einen Steinfußboden und ein winziges unverglastes Fenster hat – überall sonst in diesem Land würde ein entsprechendes Zimmer drei Shilling kosten. Mit dem Gewinn werden jedoch die Opfer der Dürrekatastrophe in Lasta unterstützt, und ohne das Hotel Seven Olives hätten sich auch die regionalen Probleme weit schlimmer ausgewirkt.

Gestern Mittag ist der freundliche Distriktgouverneur nach Addis geflogen und hat für mich einen SOS-Ruf an Lady Bromley mitgenommen. Ich bin zwar dagegen, dass Reisende ihre Sorgen auf Botschaftsschultern abladen, aber die derzeitige Krise schien mir die Bitte zu entschuldigen, irgendwann in dieser Woche dem Flugzeug nach Lalibela einen Sonnenhut, Wassertabletten und Kugelschreiber mitzugeben. Heute um 11.30 Uhr erhielt ich nun einen großen, versiegelten Postsack Ihrer Britischen Majestät, der nicht nur die erbetenen Sachen enthielt, sondern zusätzlich zwei Dosenöffner, eine Sonnenbrille und ein dickes Bündel Briefe. Diese großzügige Erfüllung meiner Bitte hat mich mit tiefer Dankbarkeit erfüllt. Der Gouverneur war direkt vom Flughafen zur Botschaft gegangen und hatte meinen Brief Lady Bromley persönlich ausgehändigt. Diese hatte sofort sämtliche Einkäufe erledigt und den Postsack per Eilpost zum Flughafen geschickt. Möge St. Lalibela sie beide segnen!

8. März
Die Häuser in Lalibela sind ungewöhnlich attraktiv. Häufig sind es runde, zweigeschossige Steingebäude mit Strohdächern – ich habe noch nirgends etwas Ähnliches gesehen. Den Hauptteil der Bevölkerung stellen die Priester und deren Familien; und wie die meisten Hochländer sind auch die Menschen hier weit weniger abweisend, als der erste Eindruck vermuten lässt. Auf meinen heutigen Streifzügen wurde ich zweimal auf einen Drink in ein *tej-beit* eingeladen (Lalibela-*tej* ist hervorragend), und ein paar alte Agow-Frauen, die in der Sonne vor ihrem *tukul* saßen, forderten mich auf, mich zu ihnen zu setzen und gerösteten Mais zu essen. Nach unserer spektakulären Ankunft hat hier anscheinend jeder über uns Erkundigungen eingezogen, und so genieße ich jetzt eine »Spezialbehandlung«. Selbst die Ober im Hotel servieren mir zu jeder Mahlzeit doppelte Portionen, weil Wanderer mehr essen müssen als Leute, die mit dem Flugzeug kommen.

Heute Abend geht es Jock schon merklich besser. Die kleine aufgescheuerte Stelle an seinem Bauch ist wieder völlig abgeheilt. Mein eigener Zustand ist ebenfalls befriedigend. Meinem Knie hat die Ruhepause gut getan, und die Schmerzen in meiner Lunge sind verschwunden. Dafür habe ich jetzt einen eigentümlichen Husten, der mich nachts wach hält und gegen Antibiotika immun zu sein scheint.

9. März
Heute ging es mir weit weniger gut; das Sulphaguanidine hat offensichtlich den Kampf gegen die Heerscharen exotischer Bakterien verloren, die ich derzeit in mir trage, sodass ich fast bei einem blitzartigen Ruhrüberfall draufgegangen wäre. Und jetzt habe ich derart weiche Knie, dass mir die Vorstellung, zu Fuß nach Addis zu gehen, ebenso absurd erscheint, als wenn ich auf meinen Händen laufen sollte. Aber mit etwas Glück hoffe ich ebenso schnell wieder fit zu sein, wie es mich umgeworfen hat. Momentan liege ich erst einmal auf einem bequemen Bett und zähle zwischen den Ausflügen zum

Klo meine Wunden. Aber vor allem danke ich meinem gütigen Schutzengel, dass er mich vor diesem Anschlag bewahrt hat, bis ich hier angekommen bin.

10. März

Als ich heute Morgen aufwachte, hatte sich mein Bauch zwar wieder einigermaßen beruhigt, aber da mein Husten schlimmer geworden ist, bin ich nach einem vorsichtigen Frühstück aus dünnem Tee schön langsam zum neuen Health Centre hinuntergegangen. Der Medical Officer hat mich durch seine Intelligenz und seinen Eifer tief beeindruckt; wahrscheinlich hat ihn Prinzessin Ruth persönlich für diesen Posten ausgesucht. Er ist kein Arzt, sondern schlicht ein ernsthaft bemühter junger Mann mit einem Stethoskop um den Hals und viel gesundem Menschenverstand – der ideale Typ, um beste Resultate mit kleinstem Aufwand zu erzielen.

Er schrieb mir ein Rezept aus, und ich ging damit in einen anderen Raum, in dem ich über dutzende von stöhnenden Patienten hinwegstieg. Dort goss mir eine ebenso beeindruckende, in Addis ausgebildete Krankenschwester aus einer Flasche »Grant's Whisky« eine dicke, weiße Flüssigkeit in eine kleinere Flasche und wickelte mir eine Hand voll Tabletten in ein Stück amharische Zeitung. Sie erklärte mir, ich solle eine Woche lang täglich viermal die Medizin sowie acht Tabletten einnehmen. Niemand wollte sich darauf festlegen, eins dieser Medikamente zu benennen, aber ich bezahlte meine vier Shilling und trug sie, das Beste hoffend, nach Hause. Die Tabletten enthalten offensichtlich ein Sulfonamid, die Medizin dagegen kann alles Mögliche sein. Ich war einigermaßen erstaunt, als mein Husten nach der ersten Dosis wesentlich besser wurde und nach der zweiten fast aufhörte.

Ich hatte ursprünglich vorgehabt, morgen nach Imrahanna Kristos zu wandern – einer Höhlenkirche auf dem westlichen Hang des Abuna Josef –, wo ich auch über Nacht bleiben wollte. Vor meinem Besuch beim Medizinmann hatte es noch so ausgesehen, als könne ich diese Expedition vergessen. Aber schon am Mittag fühlte ich mich so weit wiederhergestellt, dass ich mich aufmachte, um zu einer Kirche in der Nähe des Gipfels direkt oberhalb Lalibelas hinaufzuklettern. Und ich habe es geschafft, sodass der Ausflug nach Imrahanna Kristos wieder »drin« ist. Insoweit beruhigt, drehte ich an der Kirche um, ohne den Gipfel erreicht zu haben, was eine Konditionsschwäche anzeigt. Aber wenn ich morgen ein gemächliches, meinem Zustand angemessenes Tempo einschlage, sollte alles gut gehen.

11. März – Imrahanna Kristos

Es ist gut gegangen, zumindest was meine Ankunft hier betrifft, obgleich der heutige Marsch für einen Rekonvaleszenten ein nicht gerade empfehlenswerter Ausflug war. Was sich dann abspielte, war indessen alles andere als erfreulich, und ich bin heute Abend ausgesprochen schlechter Laune.

Als Konzession an mein Halbinvalidentum hatte ich mich entschlossen, einen Träger mitzunehmen, und so meldete sich gestern Abend Giorgis bei mir, ein charmanter 14-Jähriger. Er sagte, er sei von Mrs. Dettenberg geschickt worden, einer deutschen Malerin. Sie ist – neben dem Hotelmanager – die einzige in Lalibela lebende Ausländerin und war mir während der vergangenen Woche eine gute Freundin. Giorgis ist der Sohn eines Priesters und selbst Diakon. Für sein Alter wirkt er winzig. Da er die kirchliche Schule besucht, spricht er kein Englisch. Aber er ist ein netter Junge, und sein plötzliches Lächeln lässt sein kleines, braunes Gesicht richtig aufleuchten.

Wir brachen um acht Uhr auf, wobei ich mir unterwegs im Büro des Gouverneurs noch ein Empfehlungsschreiben abholte, in dem er die Priester hier bat, »mir in jeder Weise behilflich zu sein«. Nach einem eindrucksvollen Abstieg in ein weiteres staubiges Tal kletterten wir auf einen der mächtigsten, 9000 Fuß hohen Nebengipfel des Abuna Josef hinauf. Von hier aus hatte ich noch einmal eine wunderbare Aussicht auf das »Land unserer Qualen« zwischen Lalibela und Debre Zeit, dessen Plateau sich als hoher, klar herausgemeißelter blauer Felsblock gegen den Horizont abhob. Ich erinnerte mich gut daran, wie ich diese Landschaft – und den Abuna Josef – zum ersten Mal vom Rand jenes Blockes aus gesehen hatte.

Es war ein schönes Gefühl, wieder in den Bergen zu sein, die klare Luft zu atmen und die Welt durch jenes reine Höhenlicht zu betrachten, das jeder Farbe einen zusätzlichen Glanz verleiht. Dieses gut bewässerte Plateau hier ist mit kolossalen Granitblöcken übersät. Pferde- und Maultierherden halten die frischen Weiden so kurz, dass sie wie ein gut gepflegter Rasen wirken. Um sie herum liegen braune Äcker und goldene Stoppelfelder und überall dazwischen winzige Siedlungen; und direkt darüber ragt im Osten ein nochmals 4000 Fuß höherer Felsengipfel des Abuna Josef empor.

Um die Mittagszeit stieg der Weg wieder steil an und brachte uns über einen felsigen Abhang 1000 Fuß höher. Der anschließende leichte Teil – über noch grünere Weiden, wo ein kalter Wind blies – endete wieder einmal abrupt am Rand eines Plateaus. Zu meinen Füßen lag ein weites, atemberaubendes Gewirr von Bergen und Tälern.

Ein schwieriger Pfad brachte uns von Sims zu Sims an den Flanken des Abuna Josef nach unten. Schließlich erreichten wir die Überreste eines alten Waldes und wanderten durch die kühle Dämmerung unter hohen, verkrüppelten Nadelbäumen zum Fuß des Berges.

Und plötzlich tauchte völlig unerwartet Imrahanna Kristos vor uns auf, wo der Pfad in ein enges, schattiges Tal einmündet, das an drei Seiten von hohen, steil aufragenden Bergen umgeben ist. Unter dem mittleren Berg befindet sich eine tiefe Höhle, und in dieser Höhle steht die Kirche. Ich erspähte sie zunächst von oben, als wir die letzten 30 Yards des Felsens hinunterkletterten. Im Übrigen schützt eine sechs Fuß hohe Mauer die weite Öffnung der Höhle, sodass man – unten angekommen – von außen nur das Dach sehen kann.

Hier setzte ich mich müde auf einen Felsbrocken. Gleich daneben befand sich das Wohnhaus der Priester – eine zweigeschossige runde Steinhütte. Innerhalb weniger Minuten waren wir von drei

Priestern und mehreren Diakonen umringt. Respektvoll stand ich auf, verbeugte mich und überreichte dem ältesten Priester das Empfehlungsschreiben des Gouverneurs. Aber ohne auch nur einen Blick darauf zu werfen, verlangte das ordinierte Trio in aggressivem Ton die sofortige Zahlung von fünf Dollar. Sie führten sich eher wie *shifta* auf denn als Männer der Kirche. Prompt geriet ich in Wut und schnappte zurück: »Cents *yellum*!« – obgleich ich fünf Dollar als Abschiedsgeschenk mitgebracht hatte. Ich habe Verständnis dafür, wenn *faranjs* in einer so armen Gegend wie dieser beständig angebettelt werden, aber für den anmaßenden Ton der Priester gab es keine Entschuldigung.

Dann entschloss ich mich zu einem Kompromiss und bot ihnen einen Dollar. Sofort scharten sich alle drei um mich, wiesen auf den Weg und kreischten: *»Hid! Lalibela! Hid! Lalibela!«* Möglicherweise war dies ein Versuch, mich einzuschüchtern; vielleicht dachten sie, ich hätte Angst, die Nacht in den Bergen zu verbringen. Ich wollte schon wutentbrannt gehen, als ein großer Junge aus dem Kreis der *debtaras* heraustrat. Er sprach ein paar Worte Englisch, mit denen er mich zu besänftigen suchte, bevor er sich an die Priester wandte und vorschlug, sie sollten doch erst einmal den Brief des Gouverneurs lesen. Offensichtlich waren sie dazu aber nicht in der Lage, und so las er selbst ihn mühsam laut vor; aber das offizielle Schreiben machte auf niemanden Eindruck.

Inzwischen hatte ich mich wieder beruhigt. Ich erklärte, falls die Priester nur ein Minimum an Höflichkeit zeigten und die Kirche aufschlössen, würde ich beim Abschied ein angemessenes Geschenk dalassen. Aber sie wiederholten nur stur, dass sie nicht einmal die Tür der Mauer für weniger als fünf Dollar öffnen würden. Worauf ich den armen Giorgis heranwinkte – der sich hinter einen Felsbrocken gekauert hatte – und mich anschickte, den Rückweg anzutreten. In meiner Wut vergaß ich sogar meine Müdigkeit und schritt zügig voran, wurde aber bald durch Rufe von unten gebremst. Man bot an, die Tür in der Mauer für eineinhalb Dollar zu öffnen. Einerseits war ich versucht, sie nicht mit ihrem Gefeilsche durchkommen zu lassen, andererseits wollte ich natürlich Imrahanna Kristos sehen. So ging ich zurück, zahlte den »ermäßigten Eintritt« und durfte die Höhle betreten mit dem Versprechen, dass man mir das Innere des Gebäudes am nächsten Morgen zeigen würde.

Diese 800 Jahre alte Kirche hat horizontale Bänder aus weißlichem Gips und schwarzem Holz, die im gedämpften Licht der Höhle überraschend an die Bauweise im mittelalterlichen England erinnern. Das Bauwerk ist nur 42 Fuß lang. Sein Heiligtum trägt eine niedrige Kuppel, ähnlich einer buddhistischen *stupa*. Die Kirche wurde von dem Priesterkönig Imrahann Kristos erbaut, der etwa von 1110 bis 1150 regierte und über den in einem alten Manuskript zu lesen ist (das Francisco Alvarez hier in den 1520er-Jahren gesehen hat), dass »dieser König in seinem ganzen Leben niemals Steuern von seinen Vasallen genommen hat und dass er, wenn jemand sie ihm freiwillig brachte, befahl, diese an die Armen zu verteilen«. Es scheint, dass diese kaiserlichen Ideale aufgehört haben, die örtliche Geistlichkeit zu inspirieren. Als ich um die Kirche herumging, vorbei an den Gräbern des Königs und seiner heiligen Tochter, bemerkte ich noch eine weitere Verbindung zum Buddhismus: ein Swastika-Dekor, das einige der sehr schön geschnitzten Holz- und der gemeißelten Steinfenster schmückte. Und plötzlich wurde mir vor diesem abgelegenen Schrein fossilisierter Heiligkeit die Tragik der sterbenden Religion des modernen Äthiopien bewusst.

An der Rückwand der Höhle, die in etwa die Form eines Halbmondes hat, stieß ich auf eine mysteriöse Ansammlung zahlreicher zerfallender Mumien. Als ich in der Dunkelheit darüber hinwegstolperte, stellte ich plötzlich erschrocken fest, dass ich einem Kind die Rippen zertreten hatte – sein linker Arm und seine Hand lagen ein paar Fuß entfernt. Der Versuch, diese Toten einzubalsamieren, war so erfolglos, dass hier jetzt weit mehr Skelette als Mumien liegen, obgleich die meisten von ihnen noch teilweise von »Leichentüchern« aus Flechtwerk umgeben und mit Bändern verschnürt sind, was darauf schließen lässt, dass sie nicht sehr alt sind. Niemand konnte mir jedoch irgendeine genaue Auskunft über ihre Herkunft geben. Die plausibelste Theorie scheint mir, dass es sich um die Überreste einer Pilgergruppe handelt, die hier während irgendeiner Epidemie starb. Unklar bleibt jedoch, warum man sie einbalsamiert und an einem so heiligen Ort verwahrt hat, statt sie wie üblich zu beerdigen. Aber möglicherweise handelte es sich ja um ganz außergewöhnliche Pilger, deren Körper diese spezielle Ehrung verdienten.

Als ich die Höhle verließ, teilte mir einer der jüngeren Priester mit, dass ich für zwei äthiopische Dollar in seinem *tukul* essen und schlafen könne. Ich erwiderte eisig, dass ich auf Gastfreundschaft verzichten könne, gab ihm einen äthiopischen Dollar für Giorgis Kost und Logis und zog mich auf dieses Felsband unterhalb der Siedlung zurück, wo ich auf ein langes, wildes Tal hinabblicke, das sich jetzt sanft mit Nebel füllt.

Es ist bedauerlich, dass so viele Touristen ihre Eindrücke von der bäuerlichen Bevölkerung des Hochlandes nur aus der Begegnung mit solchen Priestern wie in Aksum, Gondar und Lali beziehen. Offensichtlich zieht die Priesterschaft des Hochlandes die miesesten Vertreter der Bevölkerung an oder gebiert sie vielmehr, denn das Priesteramt wird im Wesentlichen vererbt.

Es ist übrigens interessant, dass die hiesige Geistlichkeit den Brief des Gouverneurs so verächtlich abgetan hat. Denn in den letzten 30 Jahren hat Haile Selassie die Macht der Priester im Interesse des Fortschritts immer mehr eingeschränkt – nur sind seine Reformen offensichtlich noch nicht bis Imrahanna Kristos vorgedrungen. Bei seinen Bemühungen hat der Kaiser nicht zuletzt von der italienischen Besetzung profitiert, denn viele verräterische Priester haben damals den Respekt ihrer Herde verloren. Zwei Bischöfe haben sogar offen mit dem Feind zusammengearbeitet, wobei der eine so weit ging, den patriotischen Kämpfern das Recht auf ein christliches Begräbnis abzusprechen. Aber Haile Selassies größter Sieg in seiner subtilen antiklerikalen Kampagne war, dass er die Nabelschnur zwischen der äthiopischen Kirche und dem Patriarchat in Alexandria durchtrennt hat. Dieser Erfolg hat einerseits den Status der kirchlichen Würdenträger Äthiopiens schmeichelhaft erhöht, andererseits dem Kaiser aber auch die volle Macht verschafft über die Geistlichkeit, die zuvor – unter ihrem ägyptischen Abuna – eine vom Staat unabhängige Autorität ausübte.

12. März – Lalibela

Als ich heute Morgen aufwachte, war es noch dunkel, aber die Priester feierten bereits die Messe. Ich lag warm in meinem Schlafsack, blickte auf das Sternenband, das sich zwischen den schwarzen Bergmassiven hinzog, und lauschte den alten, feierlich schönen Gesängen, die sich auf so sonderliche Art inmitten des Verfalls von Kirchen, Doktrinen und Moral erhalten haben. Zehn Minuten später wurde es hell, zunächst ganz zart auf den Gipfeln hoch oben, und gleich darauf strömte das Licht wie eine goldene Flut ins Tal.

Um 6.30 Uhr betraten wir die Höhle, aber zu meiner Empörung wurde mir abermals der Zutritt zur Kirche verwehrt; diesmal von einer Gruppe mürrischer *debtaras,* die offensichtlich im Auftrag der Priester handelten. Ich wartete daher das Ende der Messe ab, wenn die Priester die Kirche verlassen würden. Aber sie kamen nicht heraus. Stattdessen stießen die *debtaras* Giorgis und mich ziemlich unsanft zum Ausgangstor und deuteten auf den Pfad nach Lalibela, als wollten sie sagen »*Hid!*«, wagten aber nicht, es auszusprechen. Der arme Giorgis befand sich bereits seit unserer gestrigen Ankunft in einem Zustand zwischen Furcht und peinlicher Verlegenheit. Jetzt gab er mir zu verstehen, es sei das Beste, wenn wir nachgäben. Und so gingen wir, ohne dass ich mein Hauptziel erreicht hatte.

Ich vermute fast, dass mich die Priester deshalb nicht in die Kirche ließen, weil auch sie in letzter Zeit einige ihrer Kunstschätze illegal an *faranjs* verkauft haben. Solche Verkäufe kommen immer häufiger vor. Um sie unter Kontrolle zu halten, bedient sich die Regierung der Hilfe namhafter ausländischer Experten, die die Kirchen besuchen und ein Inventar aller ihrer Schätze aufstellen. So gesehen ist es schade, dass man in mir nicht den wahrscheinlich größten Nichtexperten für Kirchenschätze erkannte, der Imrahanna Kristos je besucht hat.

Ich fühlte mich heute so viel besser, dass ich kaum müde war, als wir um drei Uhr wieder hier ankamen. Auch Jock sieht richtig verjüngt aus, und so werden wir morgen weiterziehen.

13. März – Kulmask

Wir folgten zunächst der Jeepspur (mein Reiseführer bezeichnet sie elegant als »provisorische Straße«), die Lalibela mit der Autostraße Asmara–Dessie–Addis verbindet. Ungefähr einmal im Monat fährt hier ein Auto entlang (für die 130-Meilen-Strecke benötigt man zehn bis elf Stunden), und selbst für einen Jeep grenzt es an ein Wunder, hier durchzukommen. Letzte Woche verließ ein WHO-Malariaausrottungsteam Lalibela, und noch heute kann man die Reifenspuren sehen – zu meinem Glück, denn so konnten sie mir an einigen Stellen den Weg weisen, wo sonst von einem Pfad nichts mehr zu erkennen war.

Hinter Lalibela stiegen wir in ein weites, unfruchtbares, heißes Tal hinab. Dann ging es zwei Stunden lang durch eine Landschaft, die mich zum ersten Mal hier im Hochland total deprimierte. Das Tal ist noch immer bewohnt. Wir passierten mehrere Siedlungen, zwei kleine Herden ausgemergelter Rinder und ein paar vernachlässigte, ungepflügte Felder, von denen die letzten mageren *Teff*-Früchte vor langer Zeit abgeerntet worden waren. Aber ich sah nicht einen einzigen Hirten. Und während wir endlos zwischen niedrigen, grau-braunen, von toten Büschen entstellten Hügeln dahinwanderten, atmete die gesamte sonnenverbrannte Szenerie nichts als Elend. Der Wacholder, der es sonst überall fertig bringt, frisch und grün auszusehen, welkte hier vor sich hin, und selbst die Kakteen hingen schlaff herunter. Man hatte das Gefühl, dass die hiesige Bevölkerung die Nähe des Todes akzeptiert hat und nur noch abgestumpft und gleichgültig in ihren *tukuls* sitzt. Die Erinnerung an dieses stille, elende Tal wird mich noch lange verfolgen.

Ein sanfter, zweistündiger Aufstieg brachte uns anschließend in ein höher gelegenes Tal – lang gestreckt, breit, wohl bestellt und von gewaltigen klobigen Felsen umgeben. Bei der rechteckigen Felsenkirche von Geneta Mariam, deren schräges Dach von einer unerwartet schönen Säulenreihe gestützt wird, machte ich eine Pause. Aber in der nahen Siedlung hatte niemand einen Schlüssel.

Im Laufe des Nachmittags wurde aus der sanften Brise ein heftiger Wind, der gegen sechs Uhr Sturmstärke erreichte und dunkle Wolken über den Himmel jagte. Wir erreichten diese kleine Stadt hier eine halbe Stunde nach Sonnenuntergang. Der westlich gekleidete junge Mann, der im beleuchteten Eingang einer Hütte stand, konnte nur der Lehrer sein. Ich sitze jetzt in seinem Zimmer, und auf der anderen Seite der Wand kaut Jock hörbar an seinem Körnerfutter.

In den letzten beiden Stunden haben mein Gastgeber und ich, begleitet vom willkommenen Trommeln des Regens auf dem Blechdach, eine »lautstarke« Unterhaltung geführt. Hailu ist in Addis geboren und nörgelt entsetzlich darüber, dass ihn die Regierung gezwungen hat, zwei Jahre in dieser gottverlassenen Stadt arbeiten zu müssen. Außer ihm gibt es noch fünf weitere Lehrer, darunter erstaunlicherweise auch zwei Frauen.

Gerade rollt eine Dienerin meinen Schlafsack auf einem Rinderfell auf dem Lehmfußboden aus – zu Hailus Kummer, der dem Gast lieber sein Bett überlassen hätte. Es ist sehr angenehm, in einem Land zu sein, wo man ohne Zögern das Schlafzimmer mit einem jungen Mann teilen kann, dessen Gesicht man nicht einmal deutlich gesehen hat. So gefährlich das Reisen im Hochland manchmal sein mag, in dieser Hinsicht kann eine Frau jedem Mann unter allen Umständen vertrauen. Diese bemerkenswerte Ritterlichkeit ist so sehr Teil der ganzen Hochlandatmosphäre, dass sie mir selbstverständlich geworden war – bis mein Vertrauen kürzlich durch das Benehmen eines scheinbar zivilisierten *faranj* erschüttert wurde. Er hielt sich ebenfalls im Hotel in Lalibela auf, war aber nicht dem gleichen Irrtum erlegen wie der Hotelmanager. Seine Versuche, mich betrunken zu machen und anschließend in mein Zimmer einzudringen, liefern reichlich Stoff zum Nachdenken über das Thema »Kulturvergleich«.

Zyniker belächeln den angeblichen Ritterlichkeitskodex der Hochländer und verweisen auf ihr gewohnheitsmäßig sehr abwechslungsreiches Sexualleben; aber selbst in Äthiopien ist das Bedürfnis nach Abwechslung in kleinen Siedlungen und Dörfern nicht leicht zu befriedigen. Und überhaupt gefällt mir eine Erklärung Colonel Aziz' sehr viel besser. Er erzählte mir, dass die Hochländer jede fremde Frau traditionsgemäß als Repräsentantin der Jungfrau Maria betrachteten, und fügte hinzu – mit einem Realismus, der seine romantische Erklärung elegant wieder aufhob –, wenn aber diese fremde Frau zu verstehen gäbe, dass sie eine kleine Abwechslung auf ihrem Weg zu schätzen wisse, dann würde sich jeder Mann glücklich preisen, ihr gefällig zu sein; aber die Initiative müsse von ihr ausgehen. Mögen andere ruhig darüber spotten: Meine eigene Erfahrung mit den Hochlandern gibt mir die Überzeugung, dass Colonel Aziz' Erklärung im Wesentlichen der Wahrheit entspricht.

14. März – Ein Compound in einem Tal

Als wir Kulmask heute Morgen verließen, war die Luft schneidend frisch, auf jedem Abhang hörte man das Murmeln von Wasser, und der Pfad war dick mit klebrigem Matsch bedeckt. Das ausgedörrte Tal unterhalb Lalibelas schien wenigstens 1000 Meilen entfernt zu liegen.

Da die »provisorische Straße« von Kulmask nach Waldia einen großen Bogen beschreibt, folgten wir der alten Route durch hohe Bergketten, die sich von allem unterscheiden, was ich bisher in Äthiopien gesehen hatte. Dieses fruchtbare Gebiet ist dicht besiedelt: Wir passierten bewässerte Felder und feuchte Äcker und wanderten zwischen leuchtenden Hängen dahin, die sich in einer ungebrochenen grünen Linie vom Fuß der zerklüfteten, grauen Felswände hinabschwangen. Auf diesen satten Weiden grasten zahlreiche Rinder-, Pferde- und Ziegenherden. Um die Mittagszeit erreichten wir dann die »Schafsgrenze«, wo es nur noch wenige Siedlungen oder Felder gab.

Hier wehte uns ein schneidend scharfer Oststurm ins Gesicht, und gegen 13.30 Uhr hingen tiefe, drohende purpurrote Wolken über uns. Unaufhörlich krachte und grollte der Donner um die nahe gelegenen Bergspitzen und produzierte mit seinem Echo einen seltsamen, wilden und herrlichen Rhythmus. Dann peitschte ein kurzer Hagelschauer mit einer solchen Heftigkeit über dieses hohe Plateau, dass ich unter Jocks Bauch Schutz suchte.

Zehn Minuten später setzten wir unseren Weg bis an den Rand der Hochebene fort. Unter uns, im Norden und Süden, bildeten die niedrigeren Berge gleichsam eine Treppe, deren gigantische Stufen weiß heraufschimmerten. Einen Moment glaubte ich, es habe geschneit; dann wurde mir klar, dass es Hagel war. Hier oben schien inzwischen schon wieder die Sonne. Die Beleuchtung war unsagbar schön. Hinter den glitzernden Felsbändern lag eine bewegungslose, taubengraue bis marineblaue Wolkenschicht, die die rauen Berggipfel halb verhüllte. Und weit, weit dahinter in einem goldenen Tal leuchtete das reife Korn wie ein Seidenteppich.

Während Jock graste, saß ich auf einem Felsen und genoss voller Freude diese Herrlichkeit. Aber schon bald, nachdem wir unseren Abstieg begonnen hatten, stellte ich reumütig fest, dass es intelligenter gewesen wäre, mir die vor uns liegende Schlucht etwas genauer anzusehen, statt über das wundervolle Panorama in Ekstase zu geraten.

Diese 500 Fuß tiefe Felswand war ein weiterer Nagel zu meinem Sarg. Sie fiel fast senkrecht ab und bildete dann einen Vorsprung, der über ein Tal hinausragte, das abermals 1500 Fuß tiefer lag, mit nichts als guter frischer Luft dazwischen. Selbst Jock beurteilte die Lage pessimistisch und musste geführt werden.

Dann, nachdem wir ein Drittel der Steigung geschafft hatten, verlor ich die Nerven, und wir saßen fest. Als ich mich voll schlimmer Ahnungen umguckte, sah ich, dass wir die falsche Route eingeschlagen hatten. Vorhin hatte ich unterhalb der Spitze keinen Pfad gefunden. Jetzt jedoch war er gut zu sehen – 600 Fuß entfernt und durch einen breiten senkrechten Spalt auf der Felsoberfläche von uns getrennt.

Ich entschloss mich, zum Kamm zurückzukehren und einen zweiten Versuch zu unternehmen. Nur konnte sich Jock nicht umdrehen. Niemals zuvor bin ich einer Panik so nah gewesen. Das Ganze war völlig irrational, denn ein Abgrund von 2000 Fuß ist nicht gefährlicher als einer von 500 Fuß. Aber mir schauderte vor dem Anblick des Tales so sehr weit unter uns und vor der extremen Gefährlichkeit dieser bröckeligen Klippe. Jocks Zittern schien meine eigene Angst zu rechtfertigen. Aber wir konnten schließlich nicht den Rest unseres Lebens als Skulpturen auf einer Felswand verbringen. So versuchte ich, meine Nerven wieder in den Griff zu bekommen, indem ich mich zwang, stur in den Abgrund hinunterzusehen. Ich hoffte, die Gewöhnung an diesen Anblick würde eine solche Verachtung gegen mich selbst erzeugen, dass ich meinen Weg ruhig fortsetzen konnte. Nach kurzer Zeit zwang ich mich weiterzugehen, und Jock folgte mir zögernd. In den nächsten langen 40 Minuten stiegen wir abwärts – mit gelegentlichen kurzen, durch tiefe Rinnen oder unüberwindliche Felsvorsprünge erzwungenen Aufstiegen. Die Hälfte der Steine, auf die ich trat, polterte in den Abgrund; das lockere Erdreich zerbröckelte unter jedem Schritt; wenn ich mich auf meine *dula* stützte, lösten sich kleine Erdrutsche; und das Dorngebüsch »drückte mir befreit seine Stacheln in die Hand«, wenn ich verzweifelt danach griff. Und die ganze Zeit fürchtete ich das Schlimmste für Jock.

Als wir endlich den Pfad erreichten, war unsere Route klar, wenn der Weg auch unangenehm blieb. Wir gingen an der Basis der Felswand weiter, weg von dem goldenen Tal, bevor wir abermals in eine tiefe Schlucht abstiegen, wo ein reißender Fluss durch einen dichten, dunklen Wald strömte.

Manchmal wirkt die kaleidoskopische Beschaffenheit dieser Berglandschaft wie ein Traum: Jenseits dieses wirbelnden braunen Flusses marschierten wir zunächst unter einem zwielichtigen Gewirr aus Bäumen, Schlingpflanzen und Farnen dahin. Dann kamen wir in ein heißes, feuchtes Tal, wo junger Weizen und saftige Weiden smaragdgrün leuchteten. Die Luft war vom Rauschen des fließenden Wassers belebt, und um die vielen Compounds wuchsen hohe Kakteen, die ihre glänzenden Trauben korallenroter Beeren wie Broschen »am Busen der Natur« befestigt hatten. – Noch am Morgen waren wir auf einem kalten, herben Plateau mit abgegrastem Rasen und rauem Granit gewesen. Und vor nicht einmal 36 Stunden haben wir das ausgedörrte, farb- und wasserlose »Tal des Todes« durchquert.

Diese üppige Landschaft machte das Gehen schwierig. Ein paar Meilen weit verlief unser Pfad im Bett eines zwei Fuß tiefen Flusses, der über runde, schlüpfrige Steine bergab stürzte. Als Nächstes kamen langsam abfallende Wiesen, wo ich bei jedem Schritt bis zu den Knöcheln einsank, während der arme Jock jämmerlich auf dem schwarzen Morast herumrutschte – und dann rutschte auch noch die Last von seinem Rücken, obgleich sie jetzt leicht und kompakt ist. Aber zu diesem Zeitpunkt kamen uns glücklicherweise zahlreiche Maultier- und Eselkarawanen auf ihrem Rückweg vom Markt in Waldia entgegen, und zwei nette Männer hielten an, um mir zu helfen.

Die letzte Stunde folgten wir dem Fluss durch eine breite Schlucht zwischen bewaldeten Klippen. Mehrmals mussten wir die schnell fließenden, kalten dunkelbraunen Fluten durchwaten, aber das Wasser war nirgends tief. Als wir uns diesem aus fünf *tukuls* bestehenden Compound am Rand des Dorfes näherten, ging die Dämmerung bereits in Dunkelheit über, und der Himmel hatte sich wieder bezogen. Inzwischen bin ich im Haupt*tukul* untergebracht, der größer ist als normal, was leicht zu erklären ist, denn des Nachts beherbergt er sieben Erwachsene, vier Kinder, drei Esel, ein Maultier und allerlei Geflügel.

Heute Abend bin ich Jocks wegen beunruhigt. Trotz seiner guten Erholung sieht er nach unserem 26-Meilen-Marsch ziemlich mitgenommen aus. Dabei war es – abgesehen von der Felsklippe – nicht einmal besonders anstrengend.

15. März – Waldia

Die letzte Nacht gehört zu den Top Ten meiner höllischen Nachtwachen. Ich hatte kaum den *tukul* betreten, als ich merkte, dass er ungewöhnlich gut mit Flöhen, Wanzen und Läusen ausgestattet war – einer neuen Plage. Diese Läuse können ein unangenehmes Fieber bewirken, sodass ich Böses ahnte, als ich feststellte, dass meine letzte Dose Insektizid ein Loch hatte und völlig leer war. Dann brach ein heftiges Gewitter los, und der Aufprall des Regens auf das Strohdach löste Schauer großer und sehr eigenartiger Insekten aus, die im Dunkeln in wilder Flucht über mich hinwegsausten. Dieser Doppelschauer dauerte bis 2.30 Uhr. Zu diesem Zeitpunkt war der Gestank des tierischen Urins so schlimm, dass man hätte annehmen sollen, dass er sämtliche Insekten erstickt hätte. Aber dem war nicht so.

Kurz nach zehn Uhr abends war das Feuer bedeckt worden, jeder rollte sich unter einem Rinderfell zusammen, und für mich begann eine achtstündige Zerreißprobe. Immerhin war für Ablenkung gesorgt: Im Neben*tukul* fand eine die ganze Nacht dauernde feuchtfröhliche Party statt. Außerdem kamen wir in den Genuss eines Esels- und eines Hahnenkampfes. Die ausschlagenden, beißenden und schreienden Esel brachten jeden auf die Beine. Eine Stunde nachdem man sie getrennt und an gegenüberliegenden Wänden festgebunden hatte, erhob sich das Volk abermals wie ein Mann, um ein Paar schlaganfallgefährdeter Hähne zu trennen. Der eine wurde schließlich mit einigen Schwierigkeiten in einen Sack gesteckt, worauf sich der andere mürrisch auf seinen etwa zwei Fuß über meinem Kopf angebrachten Schlafplatz zurückzog. Und etwa um drei Uhr fuhr ich hoch, als er mit seinen Flügeln ein maschinengewehrfeuerartiges Geräusch machte, bevor er durchdringend zu krähen begann. Für den Rest der Nacht krähte er alle zehn bis 15 Minuten. Wenn ich um sechs Uhr noch zu irgendeinem Gefühl fähig gewesen wäre, hätte ich mich gefreut, dass die Sonne aufgegangen war.

Mein Gastgeber wollte mit seinen drei, mit Fellen beladenen Eseln ebenfalls nach Waldia, und so schlossen wir uns um 6.45 Uhr einer aus weiteren 19 Eseln und sieben Männern bestehenden Karawane an. Der Himmel war klar, aber ich habe noch nirgends einen so schlüpfrigen, matschigen Untergrund erlebt. Eine Stunde lang schlitterten wir in eine Reihe von überschwemmten Schluchten hinein und wieder hinaus. Dann waren wir plötzlich aus der Gewitterzone der letzten Nacht heraus, und der Weg schlängelte sich über nackte, graue Hügel, die aussahen, als habe es hier seit Jahrzehnten nicht mehr geregnet. Ein steiler Aufstieg auf einen bewaldeten Berg brachte Waldias Eukalyptusbäume in Sicht, und um elf Uhr kamen wir in der trostlosen kleinen Stadt an.

Ich war ziemlich erschöpft, als wir uns den Blechdächern und dem Lastwagenlärm näherten. Gegen ein Uhr mittags hatte ich für Jock eine große Mahlzeit getrockneter Erbsen gekauft (seltsamerweise konnte ich kein Getreide bekommen) und meinen Bedarf an Insektiziden gedeckt. Dann zog ich mich in mein sauberes Zimmer im – von Italienern erbauten und von Äthiopiern geführten – Fernfahrer-»Hotel« zurück und schlief bis fünf Uhr.

Als ich aufwachte, trommelte der Regen auf das Blechdach, und einer der örtlichen Lehrer wartete auf mich an der Bar. Er lud mich zu sich zum Abendessen ein, und vor einer Stunde bin ich durch knöcheltiefen Matsch wieder hierher zurückgewatet. Wenn dies die »kleinen Regen« sind, fällt es nicht schwer zu glauben, dass das Reisen während der eigentlichen Regenzeit von Juni bis September im Hochland völlig unmöglich ist.

16. März – Eine Hütte neben der Straße

Heute sind wir die gesamten 23 Meilen auf der Autostraße marschiert, und trotzdem schien mir Jock gegen Abend alarmierend erschöpft.

In Waldia selbst stank es heute Morgen wie in einer ungepflegten Bedürfnisanstalt, aber außerhalb der Stadt war die regenklare Luft vom herrlichen Duft der zartgelben Blütenbälle eines Baumes erfüllt, der hier auf vielen der steilen Hänge wächst. Ein langer Aufstieg brachte uns auf den ersten von mehreren Pässen, vorbei an steilen, kahlen, braunen Bergen, von denen einige Male vom Regen losgewaschene Miniaturerdrutsche herunterkamen. Von dort ging es hinunter in ein breites Tal mit zahlreichen Siedlungen und Stoppelfeldern. Offensichtlich wurde hier überwiegend Mais angebaut, denn überall sah man die leuchtend gelben, fünf Fuß hohen spitzen Garben aus Maisstroh: wie lauter goldene Wigwams. Zum Schutz gegen hungrige Rinder hatte man sie alle unten mit einem Dornenkranz umgeben. Diese langen, kräftigen Maisstängel sind zugleich ein beliebtes Baumaterial. Man verwendet sie, um die Wände der *tukuls* zu verstärken, und zum Bau des Dachstuhls für das Strohdach. Die meisten der hiesigen Rinder haben enorme, ausladende Hörner, wie ich sie bisher nur in Tigre gesehen habe. Diese Rasse ist an sich leicht gebaut, und wenn die Tiere unterernährt sind, trotten sie dahin, als seien ihnen ihre Hörner zu schwer und als könnten sie den Kopf nicht mehr hochheben.

Bald erhob sich ein scharfer Wind, und um ein Uhr mittags hatte sich der Himmel zu zwei Dritteln bezogen. Riesige Felsen türmten sich schroff rings um uns auf, und die Straße war wieder einmal ein Beispiel für die genialen Leistungen der italienischen Ingenieure. Jock reagierte heute auf den Straßenverkehr leicht nervös, aber zum Glück hatten wir es nur mit acht Bussen und neun Lastwagen zu tun.

Dieser große Jabarti-Compound liegt direkt neben der Straße. Hoch über ihm klammert sich eine koptische Siedlung an den Berghang, halb verborgen hinter einem Gewirr von Büschen und riesigen Kakteen. Trotz seiner Größe enthält der Compound nur einen einzigen kleinen *tukul* – das Heim eines jungen Paares – sowie einen langen italienischen Bungalow, der während der Besatzung als Armeeposten gedient haben mag. Fünf seiner sechs Räume sind nicht mehr bewohnbar, aber im letzten Zimmer wohnen drei alte Frauen – der einen fehlt das rechte Auge, der zweiten die linke Hand, und die dritte ist durch fürchterliche Brandnarben entstellt. Sie sind meine Gastgeberinnen. Ich hatte kaum ihr leeres hohes Zimmer betreten, das nur vom Flackern einer winzigen Öllampe erleuchtet wurde, als die drei sich plötzlich erhoben, sich in Richtung Mekka wandten und ihre Abendgebete begannen, wobei ihnen ein Rinderfell als Gebetsteppich diente. Sie gaben ein seltsames Bild ab, als sie dort direkt nebeneinander nahe der Tür standen und als Silhouetten gegen die zunehmende Dämmerung unisono die rituelle Handlung vollzogen.

Aus dem *tukul* wurde ein einfaches Mahl aus *injara* und Bohnenbrei herübergebracht, und obwohl diese Familie sehr arm ist, bestanden alle darauf, dass auch ich davon nehmen sollte. Eben werden zwei Esel, eine Kuh, ein Kalb und Jock in einen der anderen Räume getrieben. Ich werde mich ihnen anschließen, bevor ich mich hier von den Wanzen auffressen lasse.

17. März – Ein Lager unter der Brücke

St.-Patricks-Tag – und, wie es sich gehört, mein erster Tag in Äthiopien, an dem der Himmel bezogen ist. Als wir um 6.30 Uhr aufbrachen, erinnerte das Wetter stark an einen feuchten Sommermorgen in Irland. Es regnete sanft und gleichmäßig, und die Wolken hingen tief über einer warmen, tropfenden Erde. Vom ersten Pass aus konnte ich drei weitere Gebirgszüge erkennen, und über und zwischen dem Blau der Berge schwebten silbrige Nebelfetzen. Als wir die Talsohle erreichten, wurde der Regen zur Sintflut, und bald machte mir die Luftfeuchtigkeit zu schaffen – ein ungewohntes Gefühl nach drei Monaten angenehmer Trockenheit. Jetzt aber schleppten wir uns Meile für Meile durch dicken, klebrigen Matsch, und es war unmöglich, Schwärme kitzelnder Fliegen von Gesicht und Nacken abzuwehren. Aber angesichts der herrlich grünen Landschaft rings um mich her waren diese unangenehmen Begleiterscheinungen nicht wichtig. Zweimal legte ich heute Morgen eine Pause ein, um Jock grasen zu lassen, der sich gierig auf das frische grüne Gras stürzte. Ich hoffe nur, dass sein Magen diese drastische Veränderung seiner Nahrung mitmacht.

Es folgte ein weiterer langer, schweißtreibender Aufstieg auf einen hohen Pass, wo uns ein Graupelschauer empfing. Von hier aus konnte man viele Meilen voraus den Verlauf unserer Straße verfolgen, die immer wieder hinter einem Berg abtauchte. Es wurde drei Uhr, bevor wir die nächste Talsohle erreichten. Da das gebirgige Terrain vor uns kaum bewohnt sein würde, machte ich bei der nächsten Siedlung halt. Ich kaufte ein Bündel Stroh für Jocks Abendessen und befestigte es oben auf unserem Gepäck, ohne auf seinen Hinweis einzugehen, dass es für ihn eigentlich schon Abendbrotzeit sei. Aber er ist ja nicht dumm. In der Regel bleibt er nicht öfter als einmal am Tag stehen, um sich zu schütteln, und zufällig tat er dies heute, nachdem ich eben das Stroh befestigt hatte. Prompt fielen ein paar Halme herunter. Unklugerweise ließ ich ihm Zeit, sie aufzufressen. Der Zusammenhang von Ursache und Wirkung war unserem Jock sofort klar. Ein paar Meter weiter blieb er wieder stehen, schüttelte sich und drehte sich hoffnungsvoll nach den paar heruntergerutschten Halmen um – und fühlte sich ganz offensichtlich betrogen, als ich sie aufhob und zurückstopfte.

Nach dem nächsten Abstieg wurde der Weg eben und schlängelte sich um bewaldete Hänge, wo keinerlei menschliche Stimmen zu hören oder Anzeichen für eine Bebauung zu erkennen waren. Bei Sonnenuntergang tat sich unter uns ein unfruchtbares Tal auf. An seinem weit entfernten Ende stieg unsere Straße wiederum einen unbesiedelten hohen Hang hinauf. Außerdem konnte ich eine lange Brücke sehen, die sich über ein halb gefülltes Flussbett spannte. Und da der Himmel noch eine ganze Menge mehr Regen versprach, entschloss ich mich, unter einem ihrer Bögen zu kampieren. Als wir die Brücke erreichten, war es bereits dunkel, und da Jock nach unserem 28-Meilen-Marsch müde vor sich hin stolperte, hatten wir einige Mühe, auf Flusshöhe zu kommen und einen Platz für die Nacht zu finden. Jetzt hätte ich mich ohrfeigen können, dass ich mir in Waldia keine Taschenlampe gekauft hatte. Aber dort war mir natürlich nicht die Idee gekommen, dass es notwendig werden könnte, neben einer Hauptstraße im Freien zu übernachten.

Morgen früh werde ich auf einen vorbeikommenden Lastwagen warten müssen, um Jock zu beladen. Aber dies dürfte für uns keine größere Verzögerung bedeuten, da die in Richtung Süden fahrenden Lastwagen häufig über Nacht in Waldia bleiben.

18. März – Dessie

Letzte Nacht hat es heftig geregnet, doch die Italiener bauen solide Brücken, und so wachte ich heute Morgen trocken, wenn auch ein wenig steif, auf. Mein Bett hatte aus einem Berg kleiner Steine bestanden; aber nachdem ich mich erst einmal möglichst bequem zurechtgerückt hatte, erfüllte selbst diese wenig anheimelnde Couch ihren Zweck. Als ich um 5.30 Uhr aufwachte, sah ich, dass ich Jock in der Dunkelheit so schlecht angebunden hatte, dass er sich befreit hatte und zu mir unter den Brückenbogen gekommen war – zweifellos, um vor dem Sturzregen Zuflucht zu suchen.

Während ich meine Sachen zusammenpackte, hörte ich das entfernte Dröhnen eines riesigen Tanklastwagens. Der Fahrer und sein Gehilfe beluden Jock nicht gerade sehr fachmännisch – vielleicht infolge ihrer Verblüffung über die ungewohnte Situation. Aber in einem Dorf auf der Kuppe des nächsten Bergrückens hielt ich an einem rudimentären »Bar-Restaurant«, und die Bedienung brachte die Sache in Ordnung.

Ich genoss gerade mein drittes großes Glas Tee, als ein hoch gewachsener, älterer Mann die Hütte betrat. Seine Kleidung war zerfetzt, und seine Habe hatte er in einem Bündel an seinem *dula* befestigt. Er setzte sich zu mir, bestellte ein kleines Glas Tee – das an vielen Orten nur fünf Cent kostet – und fragte sofort: »Wie viel?« Als man ihm sagte: »Zehn Cent«, machte er seine Bestellung rückgängig, stand auf und ging ohne ein weiteres Wort. Da er ganz offensichtlich heute noch einen langen Weg vor sich hatte, bestellte ich nun meinerseits für ihn Tee und *dabo*. Er zögerte überrascht einen Moment und akzeptierte dann diese Schicksalswende mit würdevoller Dankbarkeit. Dieser kleine Zwischenfall hat mich mehr berührt als jede Zahl von Statistiken über Armut.

Den ganzen Morgen über stieg die Straße langsam an, es wehte eine leichte, kühle Brise, und zarte weiße Wölkchen segelten über den tiefblauen Himmel. Wir passierten zahlreiche Siedlungen. Auf feucht glänzenden Weiden graste zufrieden das Vieh, und aus dem sanften Grün der Wiesen erhoben sich breite, braune Berge, deren untere Hänge von Kiefernwäldern verdunkelt wurden und auf deren Gipfeln runde Wolken ausruhten – und sanft den zimtfarbenen Ton der Erde reflektierten.

Um 10.30 Uhr machten wir in einer kleinen Stadt eine Pause, und Jock widmete sich dem frischen Gras, das um den *talla-beit* wuchs. Auf dem Weg von Waldia hatte ich in mehreren Städten und Dörfern gerastet, und die Menschen hier in der Provinz Wallo hatten auf mich einen außerordentlich fleißigen und gastfreundlichen Eindruck gemacht. Sie scheinen weniger anfällig gegen die »Hauptstraßeninfektion« als die Bewohner von Begemdir, aber vielleicht sind sie ihr auch nur weniger ausgesetzt. Auch in ihren Häusern sieht man wenig ausländische Neuerungen.

Auf dem langen Aufstieg zum Pass oberhalb von Dessie wand sich die Straße zwischen Bergen hindurch, die so gewaltig waren, dass ich mir wie eine Mücke auf der Wand einer Kathedrale vorkam. Hier leuchteten auf jedem Hang die wächsernen orangeroten Blüten kleiner Kakteen, die zwischen dem Gewirr leuchtend blaugrüner Eukalyptusschösslinge wuchsen. Wegen der ineinander verschachtelten Berge sieht man Dessie zum ersten Mal – kaum zwei Meilen entfernt, aber ganz, ganz tief unten – etwa drei Stunden, bevor man die Stadt erreicht. Die Straße macht zunächst einen kurzen Abstecher nach Westen über den Pass, schwingt dann wieder nach Südosten, überquert einen kleineren Berg und neigt sich schließlich abrupt der Provinzhauptstadt zu.

Oben auf dem Pass schloss sich uns ein freundliches Paar an, das auch nach Dessie wollte und anbot, mir eine Abkürzung zu zeigen. Gemeinsam verließen wir die Straße und stiegen steil hinab, bis wir auf eine sumpfige flache Wiese kamen, die bald in unglaublich nasse Felder überging, die durch Kanäle von bis zu drei Fuß Breite und vier Fuß Tiefe in Abschnitte eingeteilt wurden. Hier war es fast unmöglich, sich auf den Beinen zu halten, denn der frisch gepflügte, durchtränkte Lehmboden glich einer Mischung aus Butter und Sirup. Und als wir einen der Kanäle überquerten, verschätzte Jock sich auch noch beim Sprung und rutschte rückwärts ins Wasser. Zunächst saß er nur mit den Hinterbeinen fest, aber bei dem Versuch sich zu befreien, drehte er sich, rutschte abermals weg und wurde zwischen den Wänden des Kanals eingeklemmt.

In der nächsten schrecklichen halben Stunde versuchten wir drei, unterstützt von zwei kleinen einheimischen Jungen, in Matsch und Wasser herumwatend, den armen Jock zu ermutigen, sich selbst zu helfen. Sonst konnte ich wenig tun, außer ihm Ladung und Sattel abzunehmen, wobei ich zweimal in der fauligen Brühe am Boden des Grabens landete. Ich konnte es kaum mit ansehen, wie Jock sich wieder und wieder auf relativ soliden Boden hochstemmte, aber jedes Mal an der Schlüpfrigkeit des Untergrunds und dem Mangel an Bewegungsspielraum scheiterte. Dann schließlich gelang es ihm, sich so weit zu befreien, dass ich ihn dazu bringen konnte, sich um 90 Grad zu drehen und langsam im Kanal weiterzugehen, bis zu einem Punkt, wo dieser breit genug war, dass er herausspringen konnte. Er wirkte arg mitgenommen und elend, als wir ihn wieder beluden. Zusätzlich hatte sich der weiche Matsch sowohl an der Ladung als auch am Sattel festgesetzt und sie schwerer gemacht. So entschied ich mich, ihm morgen einen freien Tag zu gönnen.

Am Rand von Dessie verabschiedete sich das freundliche Paar. Während wir zum Touring Hotel weitermarschierten, folgten uns Scharen begeisterter Kinder, die von meiner völlig mit schwarzem Matsch bedeckten Gestalt angezogen worden waren.

Dem offiziellen Reiseführer zufolge bietet dieses von den Italienern gebaute Hotel »guten Service zu moderaten Preisen, aber es ist für gewöhnlich leer und hat eine trübsinnige Atmosphäre«. Ich habe schon früher festgestellt, dass es für den Autor von »Welcome to Ethiopia« Ehrensache ist, niemals einen *faranj* hinsichtlich der Qualität der äthiopischen Hotels im Unklaren zu lassen, und dass er in seinem Bemühen, objektiv zu sein, manchmal ein wenig untertreibt. Dieses große, saubere Gebäude ist mit erlesener Geschmacklosigkeit eingerichtet und im Hinblick darauf, dass heute Abend von seinen 104 Zimmern nur zwei belegt sind, hat es vielleicht das Adjektiv »trübsinnig« verdient. Aber die Hotelleitung hat uns so herzlich empfangen, dass es mir trotz allem ein ganz netter Ort zu sein scheint. Zwei Zimmermädchen führten mich durch einen endlos langen, mit Teppichen ausgelegten Korridor in mein Zimmer, wobei ich bei jedem Schritt dicke Dreckklumpen hinterließ. Als ich mich für diese Schmutzfährte entschuldigte, lachten sie nur, klopften mir begütigend auf die Schulter und verglichen mich mit einem *buccolo* oder einem *tukul*. Vielleicht waren sie über ein wenig Arbeit ganz froh.

Mein Zwölfshillingzimmer hat ein großes Fenster, das sich öffnen lässt, einen kleinen Schreibtisch, ein bequemes Bett, eine Nachttischlampe, ein Waschbecken, wo es morgen früh (wie man mir versichert hat) auch fließendes Wasser geben wird, sowie einen riesigen Kleiderschrank, dessen Türgriffe herunterfallen, wenn man sie nur berührt. (Dieser letzte Punkt ist jedoch für mich von rein akademischem Interesse.) Aber das Wertvollste an diesem ganzen Hotel ist der Garten, gut drei Acres ungemähte Wiese, auf der sich Jock jetzt in Gesellschaft von vier Ochsen, zwei Schafen und fünf Truthähnen den Bauch voll schlägt. Diese opulente Weide macht mehr als wett, dass aus keinem der Wasserhähne in den unzähligen Badezimmern Wasser kommt und ich mich unter einer zögerlich tropfenden Dusche vom Dreck befreien musste. Die Managerin ist eine blonde Italienerin, die vor 60 Jahren in Eritrea geboren wurde. Allgemein als »Mamma« bekannt, ist sie mit Abstand die dickste und eine der nettesten Frauen, denen ich je begegnet bin.

19. März

Äthiopische Stadtenamen haben gelegentlich etwas Tragikomisches. Dessie bedeutet »Meine Freude«, aber ich habe niemals eine so deprimierend hässliche Ansammlung menschlicher Behausungen gesehen. Dies ist die drittgrößte Stadt Äthiopiens mit einer Bevölkerung von etwa 80000 Menschen. Aber wie mein Reiseführer notiert, tut man sich tatsächlich schwer, Dessie als Stadt zu bezeichnen; treffender wäre »überdimensionales Dorf«. Obgleich die »Stadt« in ein enges Tal eingezwängt ist, hat ihre strategisch günstige Lage zwischen dem Flachland und der Hochebene und zwischen Addis Abeba und Asmara dazu beigetragen, dass Dessie zu einem wichtigen Handelszentrum geworden ist.

Immerhin, wenn man die Verbindung zwischen Auge und Hirn blockiert, ist es vielleicht möglich, an Dessie seine Freude zu haben. Die freundlichen Menschen hier scheinen mehr aus sich herauszugehen als die meisten Hochländer, und trotz ihrer monströsen Hässlichkeit ziehe ich diese Stadt bei weitem dem »großstädtischen« Asmara vor. Dessie ist zumindest eine typisch äthiopische Stadt, wo die Esel noch in den Vorgärten des gesamten »Villenviertels« grasen und Frauen ihre Wäsche im Rinnstein der Hauptstraße waschen.

Heute kam ich mit einem weiteren Hotelgast ins Gespräch – einem abkommandierten jungen Regierungsbeamten aus Addis, dessen verkniffener Gesichtsausdruck mich etwas irritierte, bis ich herausfand, dass er an der Ruhr leidet. Der Patient machte Dessies Wasser dafür verantwortlich und erklärte mir, Äthiopien sei für Reisende ein sehr gefährliches Land. Dies ist das erste Mal in seinen ganzen 26 Jahren, dass er die Hauptstadt verlassen hat, und er hofft, dass er nie wieder dazu gezwungen sein wird.

Jocks Kondition ist heute Abend nicht sehr gut, und ich habe leichte Zweifel, ob er unsere letzte Strecke über das Hochplateau von Manz noch schafft.

12.

Trauermarsch nach Manz

20. März – Ein Compound auf einer Bergkuppe

Seit ich Asmara verlassen habe, habe ich keine derartigen Menschenmengen mehr gesehen, wie sie heute Morgen nach Dessie hereingeströmt sind. Als wir einen steilen Pfad durch einen Eukalyptuswald hinabstiegen, sahen wir uns plötzlich von dem entgegenkommenden »Rushhour«-Verkehr hunderter sich vorwärts schiebender Menschen blockiert. Dazu kamen noch Ziegen- und Schafherden, unzählige beladene Esel, Pferde und Maultiere sowie eine Reihe Reiter und ein paar Reiterinnen, die jeder von einem Bewaffneten begleitet wurden. In dieser Provinz scheint es besonders viele Packpferde sowie Pack- und Reitmaultiere zu geben.

Am Fuß des Berges überquerten wir ein leuchtend grünes, ziemlich feuchtes Tal, wo sich uns eine Karawane aus sechs Männern, zehn Eseln, fünf Pferden und drei Maultieren anschloss, die auf dem Heimweg vom gestrigen Markt war. Wie gewöhnlich war Jock darauf erpicht, an der Spitze zu marschieren, aber bald hinkte er mit dem langsamsten Esel hinterher; ein alarmierendes Zeichen.

Ein langer, steiler Anstieg brachte uns auf einen hohen Pass, von dem aus unser Weg in einem fortwährenden Auf und Ab durch eine herrliche Wildnis zerklüfteter Berge führte. Aber es ging nie sehr tief hinab, sodass wir trotzdem ständig an Höhe gewannen.

Gegen Mittag hatte sich der Himmel bewölkt, und um 15.30 Uhr folgte auf einen einzigen gewaltigen Donnerschlag ein Sturzregen, der vor einem eisigen Wind mit der Kraft eines Wasserfalls über den Hang fegte. Ich war sofort klatschnass, und meine Gefährten, die sich in schwere Decken gewickelt hatten, waren über meinen bemitleidenswerten Zustand sehr besorgt, der noch viel Mitleid erregender war, als sie ahnen konnten, denn mein Schlafsack und meine Huskys auf Jocks Rücken waren ebenfalls tropfnass. Wir waren jetzt etwa 10 000 Fuß hoch, und der Regen verwandelte sich bald in schmerzhaften Hagel, als wir in einem vorzeitigen Dämmerlicht den morastigen Weg entlangmarschierten.

Um fünf Uhr kam diese Ansammlung von Compounds auf der Bergseite neben unserem Weg in Sicht. Während ich mit Jock den steilen Pfad hinaufkletterte, rief uns ein liebenswerter alter Mann, der zwei neugeborene Lämmer trug, über das Heulen des Windes hinweg eine Einladung zu und führte uns in seinen bereits überfüllten *tukul*. Es ist die größte Hütte, in der ich bisher gewesen bin, mit einem Umfang von ungefähr 50 Fuß. Derzeit halten sich in ihr neun Menschen, ein Maultier, zwei Pferde, drei Esel sowie unzählige Schafe, Lämmer, Ziegen, Kitze, Hähne und Hühner auf. Sie alle – besonders die Lämmer und Kitze – machen einen solchen Lärm, dass man sein eigenes Wort nicht versteht.

Die Aufteilung dieses *tukul* ist ausgesprochen kompliziert. Im äußeren Kreis ist das Vieh untergebracht – mit Ausnahme eines ausgesparten Abschnitts für die »Küche«, wo ein Feuer brennt. Dieser »Stall« für Maultiere, Pferde und Esel ist tiefer gelegen als der Rest, sodass sich ihre Köpfe fast auf Fußbodenhöhe des – theoretisch – für Menschen reservierten Teils befinden, wo man ihnen auch ihre Futterhaufen hingeworfen hat.

Als wir hereinkamen, wurde im »Wohnzimmer« sogleich zusätzlich Holz aufs Feuer gelegt, und ich habe die vergangenen zwei Stunden – ziemlich ergebnislos – versucht, meine triefenden Sachen und meinen Schlafsack zu trocknen.

21. März – Ein Compound in einem Hochtal

Mein traurigster Tag – denn hier trenne ich mich von Jock. Letzte Nacht war mein Schlaf etwas durch Feuchtigkeit und Kälte gestört sowie dadurch, dass gelegentlich Schafe oder Ziegen über mich hinwegstiegen. Als ich in den frühen Morgenstunden aufwachte und nach meiner Taschenlampe tastete, griff ich in etwas Undefinierbares. Es stellte sich heraus, dass es die Nachgeburt eines Mutterschafes war, das soeben neben meinem Ohr sein Lamm geboren hatte.

Wir brachen um 6.30 Uhr auf. Es war ein kalter, strahlender, herrlicher Morgen mit einem blassblauen, mit zarten Wolkenstreifen durchzogenen Himmel über weiten braunen Berghängen. In der Ferne sah man ein paar runde Steinhütten, und auf den tieferen Hängen wuchsen einzelne verkrümmte Bäume, die wie immergrüne Eichen aussahen. Das Ganze erinnerte ein wenig an Schottland: Weite Flächen mit dichten Büscheln grün-brauner Kräuter vermittelten die Illusion einer Heidelandschaft, durch deren torffarbenen Boden sich silbergraue Felsspitzen schoben.

Unser Weg führte weiter stetig bergauf, und ich sah mit Sorge, dass Jock sich schon zu Beginn des Tages sehr schwer tat. Als wir an einen steinernen Unterstand kamen, wo zwei Jungen litergroße Becher Tee verkauften, machte ich eine Pause und führte Jock auf einen mit Gras bewachsenen Pfad, aber er wollte nicht fressen.

In der Hütte befanden sich bereits zwei Reisende, die hartes *dabo* zu ihrem Tee aßen; und während ich meinen Durst stillte, kam noch eine Familie langsam und elend den Pfad herauf. Die Frau war blind – Augen, Gesicht und Nacken waren mit entzündeten offenen Wunden bedeckt. Sie wurde von ihrer etwa elfjährigen Tochter geführt, die mit einem langen geschulterten *dula* vorausging, an den sich die Mutter ängstlich klammerte, die jedes Mal wimmerte, wenn sie auf dem unebenen Weg stolperte. Der Vater litt an hochgradiger Tuberkulose. Nach jedem Hustenanfall wischte er sich mit dem Ende seines schäbigen *shamma* den blutigen Mund ab, und in seinen eingesunkenen Augen lag eine Hoffnungslosigkeit, die herzzerreißender war als jedes körperliche Symptom. Er bat die *faranj* nicht einmal um eine Medizin. Im Gegenteil, als ich ihren Tee bezahlte und ihnen mein eigenes *dabo* gab, sah er mich äußerst verwirrt an, als sei dieses Quäntchen Glück etwas völlig Neues in seinem Leben. Es war offensichtlich, dass er und seine Frau sich langsam zu Tode quälten. Man konnte nur beten, dass sie bald erlöst würden.

Jock und ich setzten unseren Weg gemeinsam mit den beiden Männern und ihren Eseln fort. Eine halbe Stunde später wurden wir von einer weiteren Karawane aus fünf Männern, vier Pferden, zwölf Eseln und einem Maultier eingeholt. Diese Gruppe war auf dem Heimweg vom Markt in Dessie, sodass die meisten Tiere unbeladen waren. Nur von den Eseln trugen ein paar Salzblöcke oder Säcke mit Baumwolle.

Der Pfad fiel nun steil in ein tiefes Tal ab, bevor es wieder auf einen windigen Pass hinaufging, der hier und da mit Hagelkörnern bedeckt war. Wir müssen etwa 11 500 Fuß hoch gewesen sein, und die Strahlen der Sonne wärmten kaum noch. Auf diesem an die Semiens erinnernden Plateau wuchsen lediglich riesige Lobelien im flachen Gras. Dennoch war hier nichts von der Einsamkeit der Semiens zu spüren, vielmehr trafen wir mehrere schwer beladene, in Richtung Dessie ziehende Karawanen. Die Aussicht vom Rand des Plateaus war überwältigend. Aber meine Begeisterung über die Großartigkeit dieser äthiopischen Landschaft wurde bereits durch einen Hauch von Traurigkeit überschattet: In weniger als zwei Wochen würde ich am Ende meiner Reise angekommen sein.

Beim Abstieg tauchten inmitten breiter Streifen Ackerlands und grüner Wiesen auch einige Compounds auf. Dann ging es im Zickzack weiter über die Berge. Jock wurde bei jedem neuen Aufstieg langsamer, bis er in der Nähe der Provinzgrenze zwischen Wollo und Shoa am Fuß eines Berges stehen blieb, den Kopf hängen ließ und nicht mehr weitergehen konnte.

Unterwegs hatte sich zwischen meinen Begleitern und mir die auf solchen Trecks übliche Kameradschaft entwickelt, und so gab Haile Malakot, ein sehr hilfsbereiter Mann, der einige Autorität zu genießen schien, sofort einem der Jüngeren den Auftrag, mein Gepäck auf einen der leer gehenden Esel umzuladen. Danach setzte Jock seinen Weg müde fort, und ich folgte ihm schweren Herzens. Offensichtlich ist seine Kondition so angeschlagen, dass er einen Monat lang regelrecht aufgepäppelt werden müsste.

Wir kamen hier bald nach fünf Uhr nachmittags an. Nach der

Temperatur und der Vegetation zu urteilen, müssten wir etwa 9000 Fuß hoch sein. Die Siedlung steht mitten auf einem runden, welligen, fruchtbaren Plateau, das an drei Seiten von hohen Bergen eingegrenzt wird. Haile Malakots Compound ist bei weitem der größte. Er besteht aus drei Wohnhäusern, zwei Ställen und zwei gut gefüllten Kornspeichern. Mein Gastgeber ist der Ortsälteste; trotzdem teilt auch er seinen *tukul* mit Pferden, Kälbern, Schafen und einem Maultier.

Mich interessiert jedes kleinste Detail meines Domizils, denn ich habe mich entschlossen, Jock hier zurückzulassen und statt seiner einen Esel mitzunehmen. Haile Malakot gewinnt bei dem Tausch zwölf Pfund, aber es sei ihm gegönnt, denn ich bin mir sicher, dass er Jock anständig behandeln wird. Ich habe mir seine Pferde und Esel genau angesehen. Sie sind in guter Verfassung, und keins der Tiere weist irgendeine Verletzung auf. Ein weiteres gutes Zeichen ist die Freude, mit der ihn sein Hund begrüßte, als wir uns dem Compound näherten. Dieses große schwarze, wollige Tier (eine ungewöhnliche Rasse) kam uns schwanzwedelnd entgegengesprungen, als es seinen Herrn erkannte, während die meisten Hochlandhunde sich zitternd ducken, sobald ihr Besitzer erscheint.

Auch von der übrigen Familie wurden die Heimkehrer allseits mit Küssen und ausführlichen Begrüßungszeremonien empfangen, die zwischen Haile Malakot und seinen fünf kleinen Kindern besonders herzlich ausfielen. Statt der Geschenke, wie sie Kindern in einer wohlhabenderen Gesellschaft aus der Stadt mitgebracht worden wären, erhielten die Kleinen Stücke getrockneten *dabos*, die ihr Vater unterwegs nicht gegessen hatte. Sie nahmen sie mit breitem Lächeln und tiefen Verbeugungen entgegen. Ihre Mutter bekam mehrere billige, farbenprächtige gläserne Armreifen – made in Czechoslovakia.

Haile Malakots Familie ist eine der nettesten, bei der ich bisher gewohnt habe. Deprimiert wie ich heute Abend bin, betrachte ich es als ein glückliches Zeichen, dass wir gerade ihn an diesem kritischen Tag getroffen haben. Um die Abendbrotzeit stellte sich heraus, dass er insgesamt neun Kinder hat. Vier davon sind bereits erwachsen, und ich kann mir nur schwer vorstellen, wie wir alle in diesem *tukul* einen Platz zum Schlafen finden sollen. Aber wenn wir ein wenig zusammenrücken, wird es schon gehen.

22. *März – Worra Ilu*

Schließlich hatten wir uns alle irgendwie zusammengerollt, und ich habe ganz gut geschlafen, obgleich mir die Kinder so nah auf die Pelle gerückt waren, dass ich kaum die Zehen bewegen konnte. Als ich in den frühen Morgenstunden einmal raus musste, war dies natürlich nicht möglich, ohne dass alle wach wurden. Der Weg nach draußen war jedoch durch ein kompliziertes Gurtsystem verbarrikadiert, das den *tukul* in zwei Hälften teilte und die Pferde daran hindern sollte, zu uns herüberzukommen. Als ich zögernd davor stehen blieb, zeigte Haile Malakot ungeduldig auf den für die Tiere abgetrennten Teil, wo im Verlauf der Nacht bereits einige Familienmitglieder unüberhörbar ihre Notdurft verrichtet hatten. Gehorsam kroch ich unter dem Hindernis hindurch und entrichtete ebenfalls mein Scherflein.

Um 5.30 Uhr standen meine Wirtin und ihre älteste Tochter auf, um in einer dunklen Ecke des *tukul* mit dem Mahlen der täglichen Getreideration zu beginnen. Unvermeidbar traten sie auf mich drauf. Danach lag ich wach und rechnete mir aus, wie viele Stunden Hochlandfrauen jeden Tag für diese Arbeit aufbringen müssen. Es ist eine mühsame Beschäftigung, aber Mutter und Tochter sangen dabei leise und fröhlich vor sich hin. Dieses Reiben von Stein auf Stein mit dem Getreide dazwischen sowie die Rufe der Hirten in den Bergen sind zwei Dinge, an die ich mich im Zusammenhang mit Äthiopien stets erinnern werde.

Sobald es anfing hell zu werden, begann ich meine Sachen zu packen, wobei ich um und über mehrere liegende Körper kriechen musste. Dann stand auch Haile Malakot auf, um die Tiere hinauszulassen und meinen Esel zu holen. Ich verabschiedete mich nicht von Jock, der mit dem Rest davongaloppierte, um einen ruhigen Tag auf der grünen Weide zu verbringen.

Gestern schon hatte mich einer der Esel durch seine Ausdauer und Fügsamkeit besonders beeindruckt, der sich jetzt lammfromm mein Gepäck aufladen ließ und dann flink vor dem kleinen Jungen hertrottete, der mich auf den Pfad nach Worra Ilu bringen sollte. Als das Kind jedoch umgedreht war, kam die Ernüchterung. Ausdauer besitzt dieses Tier ohne Frage – aber Störrischeres hat bestimmt noch nicht auf vier Beinen gestanden. Ich habe ihn Satan getauft.

Anfangs versuchte ich den Teufel zu führen; aber Hochlandesel werden niemals geführt, und so reagierte er auf mein Bemühen, indem er die Ohren zurücklegte, böse mit den Augen rollte und wie angewurzelt dastand. So verharrten wir einen Moment und spielten »unbewegliches Objekt« gegen »unwiderstehliche Kraft«. Natürlich ging diese Runde an »unbewegliches Objekt«. So entschloss sich »unwiderstehliche Kraft«, den Feind im Rücken anzugreifen. Ich versetzte ihm einen Schlag auf sein Hinterteil und fuhr ihn wütend in meinem besten Amharisch an, woraufhin Satan abrupt herumfuhr und im Galopp den Heimweg antrat. Nachdem ich ihm den Rückzug abgeschnitten hatte, brachte ihn ein weiterer Schlag dazu, nunmehr in die richtige Richtung zu zuckeln – zumindest für den Augenblick. Was mir jetzt allein hätte helfen können, wäre einer jener Bergpfade gewesen, von dem man in keiner Richtung abweichen kann. Aber auf dem Plateau hielt Satan natürlich alle Trümpfe in der Hand, denn es gab nichts, was ihn daran hätte hindern können, zu gehen, wohin er Lust hatte.

Auf den nächsten zehn Meilen musste ich wiederholt die Verfolgung aufnehmen, wenn Satan nach Osten, Westen oder Norden entfloh. Seltsamerweise schien der Süden die einzige Richtung zu sein, mit der er sich nicht anfreunden konnte. Auch das Wetter war nicht gerade sehr aufmunternd. Als wir losgingen, hatte eine dunkle Wolkendecke den Himmel verhangen. Bald darauf trieb der Sturm dichte Graupelschauer über das Plateau und verwandelte den Boden in einen schlüpfrigen, zähen, schwarzen Matsch, sodass jeder Schritt doppelt anstrengend wurde. Trotzdem war ich bald vor Kälte so erstarrt, dass ich mit meinen klammen Fingern unmöglich die

Tasche an meinem Hemd aufknöpfen konnte. Nicht einmal in den Semiens habe ich eine so durchdringende Kälte erlebt.

Statt sich in sein Schicksal zu ergeben, benahm sich Satan immer fremdenfeindlicher, und als wir schließlich hier ankamen, war ich dermaßen bedient, dass ich mir einen Eseltreiber suchen wollte – obgleich zu befürchten war, dass es nicht leicht sein würde, jemanden zu finden, der mich nach Manz hineinbegleitete.

Worra Ilu, der Geburtsort der Kaiserin Zauditu, reiht sich mühelos in die übliche Kollektion blechgedeckter Lehmhütten unter Eukalyptusbäumen ein. Das »Hotel« ist eine winzige primitive Herberge, die von der amharischen Ehefrau eines jemenitischen Händlers geführt wird, der sich vor 15 Jahren in Äthiopien niederließ. Dieser Mann spricht heute fließend Amharisch und hat es verstanden, sich völlig dem einheimischen Lebensstil anzupassen. Diese jemenitischen Kleinstadthändler sind im Hochland stärker integriert als alle anderen Ausländer. Und trotzdem bestand vom ersten Moment unserer Begegnung ein starkes geistiges Band zwischen uns. Hussein spricht kein Wort Englisch, aber zwischen ihm und mir hat sich eine Art intuitives Verstehen entwickelt, wie es zwischen mir und einem Englisch sprechenden Einheimischen nie möglich wäre. Wenn ich mich trotzdem inzwischen unter den Hochländern so wohl fühle, so ist dies ein bezeichnender Maßstab für den außergewöhnlichen Grad an Eigenständigkeit, der ihren Charakter kennzeichnet.

Ich hatte mir gerade statt meines triefend nassen Hemdes meine etwas weniger nasse Jacke angezogen, als mich Worra Ilus 400 Schulkinder in ihrer Mittagspause »entdeckten«. Seit meiner Ankunft in Mai Cheneta bin ich nicht mehr so enthusiastisch »überfallen« worden. Obgleich diese Stadt nur zwei Tagesmärsche von Dessie entfernt ist, haben nur wenige Kinder jemals zuvor einen Weißen gesehen (während ihre Eltern vielen Italienern begegnet sein müssen). Und da sie in der Schule wohl etwas von der Welt der *faranj* gehört hatten, wollten sie nun unbedingt einen lebendigen Europäer kennen lernen. Sieben Stunden lang wurde ich förmlich von ihnen überschwemmt – häufig nahezu erstickt, während die Menge um mich herumwogte. Als es Zeit wurde für den Nachmittagsunterricht, war es den elf Lehrern unmöglich, ihre Schüler aus meinem Hotel herauszubekommen, wo die älteren Jungen den Restaurant-Küche-Schlafraum besetzt hatten, während die jüngeren vor der Tür randalierten und ihr Recht einforderten, ebenfalls einen Blick auf die *faranj* werfen zu dürfen. Da die Lehrer nicht weniger neugierig waren als die Kinder, wurde ich in die neue Schule eingeladen – ein hübsches Steingebäude –, um meine Runde durch die Klassenräume zu machen. So war mein Nachmittag noch anstrengender, als er es gewesen wäre, wenn ich mit Satan nach Manz weitermarschiert wäre.

Vor einer Stunde hat mir der Direktor einen 20-jährigen Schüler mit dem treffenden Namen Assefa gebracht, der Satan bis zum Busbahnhof in Sali Dingai bringen will, wenn ich ihm die Rückfahrt in den Norden nach Dessie bezahle. Es macht ihm nichts aus, allein von Dessie nach Worra Ilu zu gehen, aber er sagt, es sei für ihn »gefährlich«, wenn er allein durch Manz zurückwandern würde, denn die Leute dort seien »sehr wild«. Die Tatsache, dass er eine Woche in der Schule fehlen wird, scheint niemanden zu kümmern. Ich vermute, dass viele Schüler den Unterricht ohnehin nur unregelmäßig besuchen.

23. März – Ein Compound auf einem hohen Plateau

Vor unserer Abreise aus Worra Ilu ging ich kurz an der Schule vorbei, um mich zu verabschieden. Ich erwischte genau den Moment, als die übliche Zeremonie begann, die am Anfang eines jeden Hochland-Schultages steht. Jeden Morgen treten sämtliche Schüler in militärischer Formation um einen hohen Fahnenmast an, um die Nationalhymne zu singen, während die äthiopische Flagge aufgezogen wird. Diesem Versuch, das Nationalgefühl in einer Stammesgemeinschaft zu fördern, folgt ein Gebet für den Kaiser. Ein Junge tritt vor die Versammlung, senkt den Kopf und spricht das Gebet, auf das die anderen ebenfalls mit gesenktem Haupt antworten. Heute jedoch waren die Köpfe der Schüler von Worra Ilu nicht besonders tief unten; die meisten Augen blieben auf mich gerichtet.

Satans Laune war heute Morgen noch genauso unerträglich wie gestern. Als er beladen wurde, versuchte er, mir ins Bein zu beißen, und auf den ersten fünf Meilen hatten Assefa und ich alle Hände voll zu tun, um ihn in die richtige Richtung zu dirigieren. Wir begegneten vielen Menschen auf ihrem Weg zum Markt, die Wollbündel von wenigstens zwei Fuß Umfang trugen: Wir befinden uns hier in der einzigen Gegend Äthiopiens, in der Wolle produziert wird. Woanders werden Hochlandschafe selten geschoren, und die Idee, sie zu züchten, um ihre Wolle zu verkaufen, ist völlig unbekannt.

Satan gewährte uns nur wenig Muße, die Landschaft zu bewundern; aber gelegentlich blieb ich dennoch stehen, um meinen Blick über die vom Regen erfrischten, mit Steinbrocken übersäten Wiesen schweifen zu lassen, die sich zu unserer Rechten bis zum Horizont erstreckten. Oder um in den Abgrund hinabzuschauen, der dieses Plateau vom nächsten trennte. Dann führte unser Weg vorübergehend vom Rand des Abgrunds weg und schlängelte sich ein paar Meilen weit durch Wiesen und Äcker, in denen verstreut einige durch solide, schulterhohe Mauern geschützte Compounds lagen. Einige der steinernen *tukuls* waren zweigeschossig, und alle schienen mit viel handwerklichem Geschick gebaut.

Bald kamen wir wieder an den Rand der Schlucht, und von hier ging es dann vier Stunden lang bergab. Von der Aussicht her war dies einer der aufregendsten Momente des gesamten Trecks. Am Rande des Abgrunds stehend, hatte ich einen ungehinderten Ausblick bis zum Grund der 4000 Fuß unter uns liegenden Schlucht. Der Uacit war von dort oben kaum zu erkennen, obgleich er ein ansehnlicher Fluss ist. Auf der anderen Seite der Schlucht erhob sich steil ein weiteres langes, ebenes Tafelland, und im Südosten erblickte man noch ein drittes: Manz.

Der Abstieg brachte uns über eine von drei flachen, breiten Felsbändern gebildete Riesentrittleiter nach Süden. Zunächst ging es über eine fast senkrechte Steintreppe das Kliff hinunter. An dessen

Basis wurde das Gefälle dann etwas weniger steil. Gelegentlich marschierten wir sogar über ebenen Grund durch dichte Wälder oberhalb gewaltiger Abgründe, wenn sich der Pfad eine Stelle suchte, wo er den Abstieg fortsetzen konnte.

Auf jedem Felsband lagen ein paar ärmliche Compounds. Einmal hielten wir an, um unseren Durst zu löschen. Als wir uns den *tukuls* näherten, bot sich mir allerdings ein Anblick, der mir vorübergehend das Blut in den Adern gefrieren ließ: Auf einem Stoppelfeld neben einem Berg rot glühender Kohlen zerhackte ein alter Mann einen Kopf, der abscheuliche Ähnlichkeit mit dem eines Menschen hatte. Als ich genauer hinsah und feststellte, dass es ein gebratener Pavian war, wurde mir vor Erleichterung ganz schwach. Die Paviane richten in dieser Gegend auf den Feldern gewaltige Schäden an, sodass sie gelegentlich von Männern und Hunden gejagt und erschlagen werden. Das Opfer wird dann gebraten und an die Hunde verfüttert, um ihren Jagdeifer anzustacheln.

In diesem Compound wurden wir herzlich von zwei alten Männern und drei alten Frauen empfangen. Wir bekamen mehrere Liter einfaches *talla*, viele Tassen dünnen Kaffees und eine ungewöhnliche Art schokoladenbraunen *dabo*, der überraschend schmackhaft war, obgleich er eine seltsame Konsistenz hatte (so ähnlich wie halbfester Zement), sowie kalte gekochte Bohnen, die eklig aussahen und auch so schmeckten. Der Schmutz in diesem *tukul* war entsetzlich. Und die alten Leute waren völlig verzweifelt, weil am Tag zuvor ihre einzige Kuh – kurz vorm Kalben – sowie ihr einziger Ochse an irgendeiner Krankheit eingegangen waren, deren Hauptsymptom starker Durchfall gewesen war. Der Umfang dieser Katastrophe ist für uns schwer zu begreifen. Diese Tiere waren ihr wertvollster Besitz – ein Vermögen von wenigstens 200 Dollar –, und es bestand keinerlei Hoffnung, sie zu ersetzen. Die Frauen weinten, als sie es uns erzählten, und die Männer starrten düster vor sich auf den Boden. Jetzt haben sie keinen Ochsen mehr zum Pflügen, und ihre Nachbarn sind zu arm, um ihnen einen leihen zu können. Trotzdem wollten sie von uns kein Geld annehmen, als wir sie erfrischt und gestärkt wieder verließen.

Während des restlichen Abstiegs wurde es mit jedem Schritt heißer, auf dem Grund der Schlucht müssen gut 30 Grad Celsius geherrscht haben. Als ich zu dem Plateau zurückblickte, von dem wir gerade heruntergekommen waren, schien es mir von unten völlig unerreichbar; und als ich mich dem Plateau zuwandte, auf das wir hinaufwollten, war es dasselbe. Wir standen hier am Zusammenfluss zweier Flüsse, die beide etwa 100 Yard breit waren. Vor einer Woche wäre ihr Flussbett noch nahezu trocken gewesen, und auch jetzt waren sie nur zu knapp einem Drittel voll Wasser. Aber das frische Wasser aus den Überschwemmungsgebieten (das die Farbe starken Milchtees hatte) sprudelte über die Felsen, entwurzelte die kleinen Büsche, die sich dazwischen angesammelt hatten, und schwemmte sie mit sich in den Blauen Nil, den Weißen Nil und ins Mittelmeer.

Wir überquerten den Uacit und bogen dann nach Westen in eine Nebenschlucht ein. Am Fuße der hoch aufragenden Felswände wurden hier Streifen fruchtbaren Ackerbodens von Männern gepflügt und gewässert, die aus nicht sichtbaren Siedlungen auf den Plateaus kommen mussten. Zwölfmal waren wir gezwungen, Nebenarme des Uacit zu überqueren, und je höher wir kamen, umso enger wurde die Schlucht und umso tiefer und reißender waren die Flüsse. Schließlich wurde es schwierig, sich in dem steinigen Flussbett gegen die mächtige, bis zur Taille reichende Strömung auf den Beinen zu halten. Hier auszurutschen wäre fatal gewesen, denn in diesem zwischen den Felsen hindurchwirbelnden Wasser war schwimmen so gut wie unmöglich. Satan indessen nahm die Herausforderung spielerisch, um dem Teufel Gerechtigkeit widerfahren zu lassen. Auf halbem Weg durch die Schlucht schlossen sich uns ein auf einem weißen Pferd reitender Priester und zwei Männer mit ihren Eseln an. Ohne Zweifel freute sich Satan über die Gesellschaft seiner Artgenossen, denn wahrscheinlich war er noch nie zuvor allein unterwegs gewesen.

Auch wenn wir nicht gerade in einem Flussbett wateten, war das Gehen ermüdend – durch tiefen, feinen Sand oder über Streifen großer, lockerer Steine. Die Steine entschädigten mich jedoch durch ihren unerhörten Farbenreichtum: blassrosa, blassgelb, dunkel- und hellgrün, malvenfarbig, silber mit weißen Flecken, dunkelrot, und ein paar große Steine sahen aus wie Connemara-Marmor.

Die Schlucht war noch etwa 50 Yard breit, als wir zum Ausgangspunkt eines zweistündigen Aufstiegs kamen, der ebenso schwierig war wie die Kletterpartien in den Semiens. Bevor wir ihn in Angriff nahmen, machten wir eine Pause, und ich bot dem müde werdenden Assefa etwas *dabo* an, den Hussein mir zum Abschied geschenkt hatte. Er roch zunächst daran und fragte mich dann besorgt, ob er mit Milch hergestellt sei, weil er ihn in diesem Fall nicht essen dürfe, da er sonst gegen die Fastengesetze verstoße. Ich ließ es darauf ankommen und sagte: »Keine Milch – Wasser«, und sofort biss er gierig hinein.

Um 17.45 Uhr begannen wir mit dem Aufstieg. Eine Stunde später war aus dem Tageslicht fast übergangslos helles Mondlicht geworden. Ein solcher Aufstieg ist dermaßen stimulierend, dass ich jeden schweißtreibenden Schritt genoss, obgleich wir bereits einen langen Tag hinter uns hatten. Es gab nur eine kurze unerfreuliche Stelle, wo der Mond hinter einem enorm hohen Kliff verschwand. Meine Taschenlampe half hier nicht viel, und neben den unebenen Felsenstufen lag eine tiefe Schlucht.

Dann hörte ich einen Laut, der mich in die Semiens zurückversetzte: das Bellen hunderter von Gelada-Pavianen. Von allen Seiten beschimpften sie uns. Ihr schrilles Kreischen und Schreien, vom Echo vervielfacht und verzerrt, hatte auf diesem mondbeschienenen Berg, wo zuvor nur unsere Schritte die unendliche Stille unterbrochen hatten, einen gespenstischen Effekt.

Unmittelbar unterhalb der Kuppe machte ich eine Pause, um auf die anderen zu warten. Die Schönheit des sich mir bietenden Anblicks werde ich nie vergessen: Um mich herum stiegen senkrechte, zerklüftete Felswände empor, während sich auf der anderen Seite der Schlucht die symmetrischen schwarzen Konturen des gegenüberliegenden Plateaus gegen den Himmel abzeichneten. Darüber ein halber Mond, der die grandiose Pracht um mich herum in eine

Märchenlandschaft verwandelte, wo jeder Abgrund zu einem dunklen Brunnen und jede Felsspitze zu einem monströsen silbernen Turm wurde.

Als wir schließlich den 10 000 Fuß hohen Gipfel und damit das Hochland von Manz erreicht hatten, war mein Hemd völlig durchgeschwitzt. Die normalerweise rasch einsetzende Verdunstung hatte bei diesem schweißtreibenden Aufstieg versagt. Um den Eindruck noch zu verstärken, mit Manz eine Traumwelt betreten zu haben, zuckten nun auch noch Blitze wie rote und orangefarbene Flammenpfeile über den bewölkten nordöstlichen Horizont, wie ich sie nie zuvor gesehen habe. Ich hatte angenommen, dass der Weg jetzt leichter werden würde, aber vor uns lagen noch immer mehrere steile Hügel. Nachdem der Priester wieder aufgesessen war, übernahm er die Führung. In jener letzten halben Wegstunde genoss ich das zauberhafte Bild unserer kleinen Prozession, wie sie einen hohen, gepflügten Hang hinaufstieg, bis zu den großen dunklen Bäumen auf seiner Kuppe, und dabei im hellen Mondschein einem weißen Pferd mit seinem weiß gekleideten, einen weißen Turban tragenden Reiter folgte.

In diesem großen Compound dient das runde obere Stockwerk eines Stalles als Gästezimmer. Sofort nach unserer Ankunft wurde ein großes Feuer angezündet, und ich zog mein durchnässtes Hemd aus, setzte mich nah an die Flammen und aß frisch gebackenen *dabo* und dicke Milch. Das hiesige *talla (karakee)* ist das beste aller Hochlandbiere: dunkel, leicht dickflüssig, bitter wie ungesüßter Zitronensaft und wunderbar erfrischend.

Unser Gastgeber und seine Söhne sind reizend, wenn auch der *faranj* gegenüber sehr scheu. Seltsamerweise habe ich bisher keine Frau gesehen. Ich erkundigte mich, ob die Einheimischen oft nach Addis gehen – die Hauptstadt ist weniger als eine Woche Fußmarsch entfernt –, aber von der Familie ist noch niemand dort gewesen.

Während des Abendessens erzählte mir Assefa von seiner eigenen Familie, die jenseits der Schlucht lebt. Vor einem Jahr wurden zwei seiner Brüder und eine Tante vom Blitz erschlagen, während sie plaudernd im *tukul* der Tante saßen. Er ist der einzige überlebende Sohn. Da seine Eltern arm sind – »ein wenig Land, ein Esel, ein Ochse, zwei Pferde und drei Kühe« –, wird sein Schulgeld von einem reichen Onkel bezahlt, der als Kellner in Addis arbeitet. Assefas Intelligenz ist dermaßen begrenzt, dass ihm die Schule nicht den geringsten Nutzen bringen wird. Aber seine Eltern hoffen, dass er mit einer »Schulbildung« in der Lage sein wird, sie auf ihre alten Tage zu unterstützen. Und obgleich seine beiden Brüder tot sind, erlauben ihm die Eltern, von zu Hause fortzubleiben, und versorgen ihn noch mit Nahrung – Mehl und Gewürzen.

24. März – Mehal Meda

Heute Morgen war die klare Luft eisig. Während Satan beladen wurde, sah ich mich in meinem ersten Compound in Manz ein wenig um. Er liegt auf einem steilen Hang, wo gigantische Disteln wachsen, ähnlich denen in den Semiens. Es gibt drei große Wohnhäuser, vier zweistöckige Gebäude, die zugleich als Stall und Vorratsscheune dienen, sowie drei ungewöhnliche, an Iglus erinnernde, steinerne Kornbehälter. Alles ist solide und mit viel Geschick gebaut, und im Gegensatz zu den Semiens hat hier das Klima die Architektur der Manzer durchaus beeinflusst. Mir fiel außerdem auf, dass an der Wand neben jeder *Tukul*-Tür in Augenhöhe Kuhfladen mit darin eingebetteten halbierten Eierschalen angebracht waren, wahrscheinlich um böse Geister abzuhalten.

Gegen 6.30 Uhr führte uns der Priester um die Flanke eines Berges herum auf eine weite Ebene voller runder Hügel und abgeflachter, rein vulkanischer Felshöcker, die von spektakulären Schluchten durchschnitten wurden.

Auf dieser weiten, gelb-grünen Grasfläche weideten tausende kleiner Schafe. Ihre Färbung war sehr unterschiedlich: schwarz, rotbraun, weiß, dunkelbraun, grau sowie jede Kombination aller dieser Farben. Auch viele Rinder, Maultiere, Pferde und Esel grasten hier, aber ich sah keine Ziegen.

Um zehn Uhr hielten wir am Compound der Großmutter der

Ehefrau des Priesters und wurden zwei Stunden lang mit gerösteter Gerste, Kaffee, *injara*, Bohnen-*wat* und drei Kürbisflaschen Dickmilch (nur für die nicht fastende *faranj*) bewirtet. Dies war ein typischer Manzer-Compound mit einem attraktiven, strohgedeckten Torbogen über dem Eingang der Schutzmauer. Unter den Dachtraufen des Kornspeichers hingen zwei zylindrische, strohumwickelte, aus Lehm und Weidengeflecht gefertigte Bienenstöcke, jeder etwa vier Fuß lang, 18 Zoll im Durchmesser und mit einem runden, zwei Zoll großen Loch an seinem einen Ende. Assefa erzählte mir, dass die Bienenhaltung bei den Hochländern Männersache sei und die Bienenstöcke traditionell am Neujahrstag (im September) gereinigt würden. Den überwiegenden Teil des Honigs verwendet man für die Herstellung von *tej*, aber gelegentlich isst man ihn auch als Delikatesse. Im Haus des Gouverneurs von Lalibela war mir ein solches toffeeähnliches Konfekt angeboten worden. Man stellt es her, indem man Honig auf ein Tablett streicht und die Masse ein paar Stunden in die Sonne stellt.

Der Priester blieb noch einen Tag bei seinen Verwandten, und so zogen wir allein weiter. Den ganzen Morgen über war Satan zufrieden hinter dem Pferd hergetrabt. Aber nun entsann er sich wieder seiner üblen Tricks, und Assefa, der über Schmerzen in seinen Beinen und eine allgemeine Erschöpfung klagte, überließ den Hauptteil der Arbeit mir. Auf diesem herrlichen Hochland jedoch – wo der Wind kühl, die Sonne warm und der Himmel mit hohen weißen Wolken gesprenkelt war – fühlte ich mich so aufgekratzt, dass mir die Jagd hinter einem dämonischen Esel richtig Spaß machte.

Um drei Uhr erreichten wir dieses Dorf, das demnächst das Hauptquartier der Distriktsverwaltung aufnehmen soll. Überall lagen Blechplatten, Steinhaufen und Bauholz herum, und ich sah mit Verblüffung kleine Traktoren innerhalb des halbfertigen Gebäudes. Seit Donald Levine vor sechs Jahren sein Buch *Wax and Goldy* schrieb, hat sich hier vieles verändert. Er war der erste *faranj*, der Manz erforschte, aber inzwischen verbindet eine ungepflasterte Autostraße Manz mit Addis. Und während der Trockenzeit rattert zweimal in der Woche ein Bus auf dem Weg nach Mehal Meda hier durch, wo man italienischen Wein und Bier kaufen kann. Der rapide »Fortschritt« in diesem Gebiet liegt vielleicht an Haile Selassies besonderer Vorliebe für Manz, die Heimat der derzeitigen Dynastie.

Ich wollte die Nacht in einer Siedlung verbringen, und so setzten wir nach einer eineinhalbstündigen Pause in einem *talla-beit* unseren Weg auf der Hauptstraße fort. Wir waren noch nicht weit gekommen, als ich hinter mir jemanden rufen hörte, und als ich mich umdrehte, sah ich zwei wütende Männer hinter uns herrennen. Innerhalb weniger Augenblicke hatten sie uns eingeholt. Sie ergriffen mich am Arm, behaupteten, Polizisten zu sein, und erklärten, ich müsse zur Vernehmung mitkommen. Der eine war offensichtlich betrunken, keiner von ihnen trug irgendetwas, das auch nur entfernt an eine Uniform erinnert hätte, und beide benahmen sich schlichtweg unverschämt. Ich »widersetzte mich daher meiner Festnahme«. Während der folgenden Rauferei – wobei das halbe Dorf und ein weinender Assefa zusahen –, wurden meine Arme blau geschlagen, die Schnalle an meinem Buschhemd verbogen, und der Betrunkene versetzte mir einen schmerzhaften Hieb in den Magen. Dann kam noch ein dritter Mann dazu, der unter seinem schmutzigen *shamma* die Überreste einer Uniform trug. In dürftigem Englisch bestätigte er, dass meine beiden Angreifer Polizisten seien, und erklärte, sie wollten meinen Pass sehen. Ich erwiderte wütend, dass die Polizei noch nie zuvor meinen Pass habe sehen wollen, obgleich ich seit drei Monaten durch Äthiopien reise. (Ich trug meinen Pass nicht bei mir, da mir der Polizeichef von Begemdir geraten hatte, ihn nach Addis zu schicken, damit er mir nicht unterwegs gestohlen würde.) Darauf beschuldigte mich der dritte Mann der Lüge, drehte mir den Arm auf den Rücken und marschierte mit mir zur Polizeistation, mit den anderen beiden als Begleitung sowie einem zitternden Assefa mit Satan.

Ich werde nur selten böse, aber wenn, dann sehe ich rot. Ich zitterte vor Wut, als wir die Lehmhütte der »Polizeistation« betraten. Der Polizeichef entsprach durchaus seinen Untergebenen. Er saß in einem kleinen Raum an einem wackeligen Tisch, hatte einen Viertagebart und trug unter seinem *shamma* einen zerrissenen Armeemantel. Ich kämpfte mich durch eine Gruppe sich unterhaltender Männer, und sagte ihm erst einmal haarklein, was ich von der Mehal Medaer Polizei hielt. Daraufhin wurde ich auch noch beleidigt. Der Mann, der mich festgenommen hatte, sagte spöttisch: »Hab doch nicht solche Angst!« Ich funkelte ihn an und schnappte zurück, dass Angst ganz bestimmt das Letzte sei, was mir ein so schlampiger Haufen Taugenichtse einflößen könne. Ich fügte gleich noch hinzu, dass vielmehr er und seine Kumpane Grund hätten, sich zu fürchten, da ich diesen Zwischenfall den Behörden in Addis melden würde; und um meiner Drohung Gewicht zu verleihen, streute ich die Namen von Leilt Aida, Ras Mangaska und Iskander Desta ein, worauf es plötzlich still wurde.

Nach einer Schweigeminute meinte der Chef, ich sollte mich besser mit dem örtlichen Gouverneur unterhalten. Daraufhin wurde ich zu einer erst kürzlich erbauten Hütte gebracht, wo ein sauber gekleideter, aber wenig imposanter Mann ziemlich aufgeblasen hinter einem brandneuen, auf Mahagoni getrimmten Schreibtisch saß, auf dem zu beiden Seiten eines Löschblatts ein Stapel jungfräulicher Geschäftsbücher lag. Er verlor sehr bald völlig die Übersicht, als vier Männer ihm gleichzeitig vier verschiedene Versionen meiner Verhaftung lieferten. Brüsk gab er mir ein Zeichen, mich auf eine Bank an der Wand zu setzen und zu warten.

Zehn Minuten später erschien ein Dolmetscher. Amsalu ist der örtliche Medical Officer und ein sehr angenehmer junger Mann. Er bat mich, mich etwas zurückzuhalten, obgleich ich inzwischen vor Wut kochte, und erklärte dem Gouverneur Ato Balatchaw die Situation. Nun saß der große Mann in einer peinlichen Klemme. Wenn er mich entließ, gab er damit zu, dass ich »widerrechtlich verhaftet« worden war, behielt er mich aber in Haft, so konnte dies nach all dem Gerede über Fürstlichkeiten katastrophale Folgen haben. Als ehrenhaften Kompromiss schlug ich vor, man möge Leilt Aida als meinen Leumundszeugen anrufen. Aber Mehal Meda hat kein Telefon. Nach einer langen Diskussion und vielen Überlegungen wurde deshalb beschlossen, dass mich am nächsten Morgen ein Polizeioffizier nach Molale begleiten und von dort aus mit Makale telefonieren sollte. Dies stellte alle zufrieden, obgleich dem Gouverneur bei dem Gedanken an mein Gespräch mit Leilt Aida über seine Polizei nicht sehr wohl in seiner Haut war.

Dann wurde ich zu einem der untergeordneten Polizisten zurückgebracht, der die nächsten 40 Minuten damit verbrachte, mit Amsalus Hilfe »meine Aussage« für die Akten aufzunehmen. Offensichtlich wurde mein Bericht über den Zwischenfall sorgfältig »bearbeitet«, und ich würde viel darum geben, wenn ich wüsste, was ich da am Ende unterschrieben habe.

Ich erhole mich jetzt in einem kleinen »Hotel«. Dessen einziger ebenerdiger Raum enthält zwei schmale Eisenbetten mit zerbrochenen Sprungfedern und unzumutbaren Decken. Wanzen sind reichlich vorhanden, und die Tapete besteht aus einer Ansammlung von Bildern aus amerikanischen, englischen, italienischen und französischen Magazinen. Viele hängen verkehrt herum.

Heute Abend leidet Mehal Meda offensichtlich an einer Art Kollektivschuld. Zahlreiche Männer und Frauen besuchen mich, beklagen den unglücklichen Zusammenstoß, versichern mir nachdrücklich, dass keiner der beteiligten Polizisten ein Manzer sei, und trösten mich mit Geschenken: *talla, tej,* Kaffee, Tee, geröstetes Getreide, gekochte Bohnen, Dickmilch und hart gekochte Eier. Nirgends im Hochland ist man mir mit größerer Freundlichkeit begegnet.

Inzwischen haben mir Amsalu und die hiesigen Lehrer die üblichen Fragen über meine Heimat und meine Eindrücke von ihrem Land gestellt. Als Dr. Donald Levine erwähnt wurde, erschien selbst auf den ernsten Gesichtern der nicht Englisch Sprechenden um uns herum ein liebevolles Lächeln, und ein älterer Mann fragte aufgeregt, ob ich Dr. Donald kennen würde. Ich erwiderte, dass ich nicht die Ehre gehabt hätte, ihn persönlich kennen zu lernen, aber sein Buch gelesen hätte, worauf mich Amsalu sofort am Ärmel zupfte und mich bat, ihm ein Exemplar zu schicken. Er würde ein Monatsgehalt dafür ausgeben, aber *Wax and Gold* ist natürlich in Äthiopien verboten. Die politische Buchzensur scheint mir ein schwerer Fehler, weil sie den Verdacht weckt, dass die Verhältnisse in Äthiopien weit miserabler sein könnten, als sie es tatsächlich sind. Mehrere Englisch sprechende Einheimische haben mich gefragt, welche skandalösen Regierungsgeheimnisse denn in *Wax and Gold* enthüllt würden. Sie waren verständlicherweise verwirrt, als ich ihnen erklärte, dass es überhaupt keine Regierungsschandtaten aufdecke, sondern eine wissenschaftliche Studie über ihre derzeitig in einem Übergangsstadium befindliche Kultur sei.

Als ich mein Notizbuch aufschlug, damit Amsalu seinen Namen und seine Adresse hinten hineinschreiben konnte, fand ich darin versteckt ein zusammengefaltetes Stück Papier. Es war der wenig hilfreiche Brief des Gouverneurs von Lalibela an die Priester von Imrahanna Kristos, und so warf ich ihn zu dem übrigen Wust auf dem Tisch. Amsalu bemerkte das amharische Schriftstück mit den zahllosen Siegeln und Stempeln, die jedes noch so unbedeutende äthiopische Dokument zieren, und nachdem er einen Blick darauf geworfen hatte, rief er aus: »Aber dies hätte der Polizei doch an Stelle deines Passes genügt!« Ich starrte ihn an und bekannte, dass *faranj* nicht auf die Idee kämen, einen Brief als Ersatzpass vorzulegen. Aber er versicherte mir, dass jedes offiziell gestempelte Papier den gleichen Zweck erfülle und dass ich sofort freikäme, wenn wir dieses Schreiben zur Wohnung des Gouverneurs brächten.

Es wehte ein eisiger Nachtwind, als die vier Lehrer mit mir durch das Dorf gingen. Als wir uns der Hütte des Gouverneurs näherten, empfing uns fürchterlicher Lärm aus einem Transistorradio, und als Amsalu lauthals nach einem Diener rief, um uns anzumelden, hörte ihn niemand. Ich schlug vor, an die Blechtür zu klopfen, aber davor schreckten meine Gefährten zurück, denn es gehört sich nicht für einen *hoi-polloi*, mit dem großen Mann direkt Verbindung aufzunehmen. Nachdem aber Amsalu noch mehrere Male vergeblich gerufen hatte, konnte ich leider nicht länger auf die örtliche Etikette Rücksicht nehmen und hämmerte donnernd gegen die Blechplatten.

Sofort erschien Ato Balatchaw, eingehüllt in seinen *shamma*. Er bat uns mürrisch in sein Wohnzimmer, wo Amsalu unter vielen Entschuldigungen das wertvolle Schreiben präsentierte, und als der Gouverneur begriff, dass sich hier eine Lösung anbot, die jedes Gespräch mit Leilt Aida über seine Polizei überflüssig machte, war er plötzlich gar nicht mehr mürrisch. Fünf Minuten später schieden wir, nachdem er mir schriftlich die Erlaubnis erteilt hatte, ohne Eskorte nach Molale zu wandern. Ich war so überrascht, dass sich »Amtsgeschäfte« im Hochland so schnell erledigen lassen.

25. März – Molale

Aus geografischer wie aus historischer Sicht erweist es sich jetzt als richtig, dass ich die Durchquerung dieser Region an das Ende meiner Reise gesetzt habe. In Manz erreicht die Schönheit des Hochlandes ihr triumphierendes Crescendo aus Licht, Raum, Farbe und Form. Zugleich ist hier die Heimat des Hauses Shoa, dessen Oberhaupt derzeit den salomonischen Thron innehat.

Wenn die Provinzen des Hochlandes generell weit abgeschieden vom Rest der Welt ihr Eigenlieben führen, so scheint dies für Manz sogar noch im Verhältnis zum übrigen Hochland zuzutreffen. Seine Atmosphäre ist einmalig. Zum Teil liegt dies an äußeren Dingen: Gut gebaute Steinhäuser ersetzen einfache *tukuls*, statt *shammas* trägt man schwere, dunkle Wollmäntel, die Durchschnittshöhe beträgt 10 000 Fuß. Zum Teil liegt es aber auch am Charakter der Menschen, die mehr Individualität erkennen lassen als die meisten anderen Hochländer. Sie scheinen auch geistig wendiger, körperlich kräftiger – und arroganter. Schon in Manz selbst ist die Kommunikation zwischen den drei Distrikten immer schwierig gewesen wegen der tiefen Schluchten, die das Plateau durchschneiden. Wir haben heute auf 15 Meilen drei davon durchquert. Als wir uns am Morgen dem ersten Einschnitt näherten, begegneten wir zahlreichen Menschen, die zum Markt wollten. Die Schlucht selbst ist von Gelada-Pavianen bewohnt, von denen ganze Herden in der Nähe des Weges saßen und den Vorübergehenden wenig schmeichelhafte Dinge nachriefen; und an ihrem Kopfende befindet sich ein 100 Fuß hoher Wasserfall, der während der Regenzeit herrlich aufregend sein muss. Die meisten der uns entgegenkommenden Frauen trugen braune oder braun-schwarze knöchellange Gewänder, und die Männer, die noch dazu barfuß gingen, erinnerten in ihren langen, rauen, braunen Mänteln an Franziskanermönche. Die Reicheren trugen außerdem Umhänge aus Schaffell um die Schultern, denn am Morgen ist es in dieser Höhe bitterkalt.

Der Aufstieg vom Grund der dritten Schlucht war für mich eine Herausforderung. Während Assefa und Satan auf einem langen, gewundenen Weg hinaufstiegen, kletterte ich in direkter Linie an dem glatten, leicht abfallenden, grauen Felsen empor. So nah am Ende meiner Reise bereitet mir jedes weitere Erlebnis dieser Art eine zusätzliche bitter-süße Freude.

Hinter den Schluchten schlängelte sich unser Weg zwischen niedrigen braunen Hügeln hindurch bis zu einer weiten, mit Gerste bestellten Ebene – einige Felder waren noch silbergrün, andere bereits golden und reif. Hier begegneten wir mehreren Gruppen, die vom Markt in Molale zurückkamen. Viele der Frauen und Männer ritten auf Maultieren mit silbernen Halsketten, und die meisten Leute grüßten mich mit einer Verbeugung und einem Lächeln. Mir fiel ihre sehr unterschiedliche Hautfarbe auf: von fast schwarz bis zum hellsten Braun – was überraschend ist, da Manz im Gegensatz zu den anderen Teilen Shoas niemals von den Galla erobert wurde. Vielleicht sind die dunkelhäutigeren Einwohner Nachkommen ehemaliger Sklaven, die die berühmten Manzer Krieger erbeutet haben, als sie für ihren Kaiser Menelik II. jene anderen, von den Galla besetzten Gebiete zurückgewannen.

Bei unserer Ankunft in dieser kleinen Stadt kurz nach drei Uhr nachmittags erklärte Assefa plötzlich, dass er zu erschöpft sei, um auch nur einen Schritt weiterzugehen. Auch Satan machte ein Gesicht, als täte er sich furchtbar Leid, und so bahnten wir uns unseren Weg über den noch immer von Menschen wimmelnden Marktplatz zu einem *talla-beit,* das unvermeidbare Gefolge von Schuljungen im Schlepp. Zehn Minuten später erschien der Direktor der Schule in der Tür, drückte sein Missfallen darüber aus, dass eine *faranj* mit den Bauern *talla* trank, und lud mich ein, für die Nacht sein Gast zu sein.

Ato Beda Mariam lebt in einem stallähnlichen Reihenhaus hinter der vor drei Jahren gebauten, zweigeschossigen Schule, die zugleich Molales größtes Bauwerk ist. Die Schule hat acht Klassen (zwölf sind das Maximum). Ihre zehn Lehrer müssen es mit 400 Schülern aufnehmen. Auch hier konnte ich wieder feststellen, dass allein die Erwähnung des Namens »Dr. Donald« mein Ansehen raketenartig in die Höhe schnellen ließ. Die Amerikaner im Allgemeinen und das Peace Corps im Besonderen sind bei Ato Beda Mariam und seinem Stab ziemlich unbeliebt, im Gegensatz zur Mehrheit der Englisch sprechenden Äthiopier, mit denen ich über dieses Thema gesprochen habe. Dr. Levine dagegen wird in Manz kaum als *faranj* betrachtet. Nur wer die Reserviertheit der Manzer selbst erlebt hat, kann ermessen, welches Kompliment darin liegt.

Mein 32-jähriger Gastgeber leitet diese Schule seit fünf Jahren. Sein Englisch ist exzellent. Ich war überrascht, als er mir erzählte, dass er selbst erst mit 17 Jahren zur Schule gekommen sei. Der traditionelle Widerstand der Eltern gegen eine staatliche Erziehung ist in Manz noch so stark, dass viele der in Molale zur Schule gehenden Jugendlichen von zu Hause weggelaufen sind und sich ihr Schulgeld mit irgendwelchen Jobs in der Stadt selbst verdienen. Aber infolge der ansteckenden Illusion, dass eine staatliche Schulbildung »sofortigen Reichtum« bedeutet, lässt die elterliche Opposition auch hier von Jahr zu Jahr nach.

Ato Beda Mariam freut sich darüber. Ich bin anderer Meinung. Ich halte seine Argumentation für falsch, dass es sich Äthiopien nicht leisten könne, die Ausbildung der Massen zurückzustellen, bis erst einmal genügend hinreichend qualifizierte Lehrer zur Verfügung stehen. Abgesehen von den zwei Gondarern in jener abgelegenen Siedlung in der Nähe von Kummerdingai ist er der erste auf dem Land lebende Leher, den ich getroffen habe, der sowohl die Befähigung als auch die richtige Einstellung für seinen Beruf mitbringt. Nichts in diesem Land deprimiert mich mehr als der Schaden, der den äthiopischen Kindern von unerfahrenen, zynischen und ungeeigneten Lehrern zugefügt wird. Mir sind die Hochländer so lieb geworden, dass mich dieses Problem bedrückt und alarmiert wie die Krankheit eines Freundes. Es ist ein Problem, mit dem alle »unterentwickelten Länder« zu kämpfen haben. Aber die Hochlandkinder scheinen besonders unter den schlimmen Konsequenzen zu leiden, die daraus entstehen, dass man diesen Ländern höchst unsensibel ein pseudowestliches Erziehungssystem übergestülpt hat. In Asmara und Addis mögen *faranj* beim Studium der Statistiken sehr angetan sein vom Ehrgeiz des Kaisers, die Bildung seiner Untertanen zu fördern. Aber in den kleinen Städten und Dörfern, wo man weder ausgebildete Lehrer noch Schüler trifft, sieht die Sache etwas anders aus. Hier schämt man sich dann wieder einmal der westlichen Zivilisation: Welchen Schaden fügen wir verständnislos und unüberlegt jenen Völkern zu, denen wir suggerieren, dass sie unserem Lebensstil blindlings nacheifern müssen, nur weil wir materiell reicher sind? Was berechtigt uns, alle Welt mit unserem eigenen krankhaften Drang anzustecken, alles zu verändern, glatt zu schleifen und zu standardisieren? Woher nehmen wir die Unverfrorenheit, uns Menschen gegenüber als Herren aufzuspielen, die noch besitzen, was wir längst verloren haben – das gesunde Bewusstsein dafür, dass die Dinge, die wirklich zählen, keinen materiellen Wert haben?

26. März – Sah Dingai

Heute haben wir nur 16 Meilen zurückgelegt. Aber der dreistündige Abstieg von Manz in einen weiteren, tiefen, heißen Flusseinschnitt sowie die anstrengende Kletterei auf dieses 9000 Fuß hohe Plateau hat Assefa zum Halbinvaliden gemacht und Satan so deprimiert, dass er nicht einmal mehr versucht hat, wieder nach Hause zu gehen.

Als wir Molale verließen, war der Himmel stählern, und es wehte ein rauer Wind. Aber bald schien wieder die Sonne, und zur Mittagszeit herrschten auf dem Grund der Schlucht äquatoriale Temperaturen. Als wir jedoch ein paar Stunden später die Felswand unterhalb Sali Dingai emporstiegen, wurde Manz von dicken Wolken verhüllt, um uns herum krachte der Donner, und ein mit Graupeln versetzter Sturm zerrte an meinem durchgeschwitzten Hemd. Assefa und Satan waren ein gutes Stück zurückgeblieben, und so setzte ich mich nahe dem Gipfel hin und betrachtete die Landschaft, die wir gerade durchquert hatten – eine Szenerie, deren Dramatik durch die schnell dahinziehenden Wolkenmassen und das schwefelfarbene Aufflackern der Blitze noch unterstrichen wurde. Und während ich an all das Schöne dachte, das ich – selbst in den vergangenen acht Stunden – gesehen hatte, beschlich mich eine leichte Wehmut. Aber es war nicht nur die Schönheit, die mich an diesen Hochgebirgslandschaften begeisterte, es war zugleich ihre herausfordernde Brutalität. Hätte ich diese Schönheit ohne diese ständige Herausforderung erlebt, würde ich mich Äthiopien jetzt nicht so verbunden fühlen. Die kraftzehrenden Kletterpartien und nervenzerfetzenden Abstiege, der pudrige Staub und die bösartigen Dornen, Hitze und Kälte, Hunger und Durst, die wilden Schluchten, trügerische Pfade und weglose Wälder haben ebenso wie die weiten, stolzen, chaotischen Landschaften dieses Band geschmiedet.

Assefa und Satan kamen auf einem steilen Weg herauf, der den letzten Steilhang umging. Wieder vereint kletterten wir drei dann über dieses breite Felsband auf einen noch höheren Gipfel zu dem großen Dorf Sali Dingai, einem Außenposten der »Autostraßen-Zivilisation«. Eine neue 15 Meilen lange Straße – auf der bereits täglich ein Bus verkehrt – verbindet den Ort mit der Hauptstraße Asmara–Dessie–Addis. Am Ende dieser Straße wurden vor kurzem ein paar viereckige Hütten und eine Schule gebaut. Im Übrigen aber hat Sali Dingai seinen ursprünglichen Stil bewahrt, obgleich bereits abzusehen ist, dass sich auch hier bald vieles ändern wird.

Assefa und ich hatten nur einen einzigen Gedanken … Während wir uns noch nach einem *talla-beit* umsahen, trat ein freundlicher Mann aus einer Lehmhütte heraus und lud uns ein, an der Tauffeier für seinen fünften Sohn teilzunehmen. In dem dunklen, mit Stroh ausgelegten Raum saßen ringsherum an den Wänden etwa 40 Männer auf Lehmbänken und hätschelten ihre Gewehre, während mitten auf dem Fußboden ein Spielmann saß und musizierte. Eine große, ältere Frau tanzte und sang dazu mit seltsamer wilder Hingabe.

Diese Einladung muss mir vom Schicksal vorherbestimmt gewesen sein, denn auf einer Hochlandfeier bleibt niemand lange traurig. Nach einem enormen, von viel *talla* begleiteten Mahl fand ich mich mit einem randvollen Halbliterbecher *araki* in der Hand wieder, der normalerweise in winzigen Portionen serviert wird. Ich trank den brennenden Alkohol langsam in kleinen Schlucken, und bald schob sich zwischen mich und die Realität ein sentimentaler Schleier, durch den ich mich selbst, meinen Gastgeber, seinen fünften Sohn, alle seine anderen Söhne, die übrigen Gäste, alle Hochländer, die Welt im Allgemeinen und sogar die Aussicht auf meine Ankunft in Addis mit heiterem Wohlwollen betrachtete.

Um sieben Uhr führte Samuel, der Direktor der Schule, Assefa und mich schwankend zu sich nach Hause. Ich hatte offenbar gerade eine rührselige Phase erwischt. Jedenfalls liefen mir plötzlich dicke Tränen über die Wangen, als ich zu dem strahlenden, blank gefegten Himmel hinaufsah und daran dachte, dass der irische Himmel im Vergleich hierzu so viel weniger Sterne zu haben scheint.

Große Mengen starken, schwarzen Kaffees machten uns wieder nüchtern, und als ich wieder klar sehen konnte, bemerkte ich, dass meine Gastgeberin eine sehr hübsche und charmante Frau ist. Sie und ihr Mann sind in Addis geboren und dort zur Schule gegangen, und hier nehmen sie – leider – einen Status ein, der etwas über dem der ländlichen Einwohner liegt.

Mit der Ernüchterung kehrte auch meine Schwermut zurück, und während ich trübsinnig an die vor mir liegende Autostraße dachte, musste ich mir noch anhören, wie sehr mich Samuel und seine Frau beneideten, dass ich in drei, vier Tagen in Addis sein würde.

27. März – Addis Abeba

Ein abruptes Ende, aber meine Ankunft hier ohne Jock wäre in jedem Fall unvollkommen gewesen, und so war dieser plötzliche, weniger schmerzliche Abschied fast eine Erleichterung.

Heute Morgen entdeckte ich, dass Satan auf beiden Hinterläufen stark lahmte. Ein Hochländer hätte ihn trotzdem beladen und auf seinen Weg geprügelt. Da ich aber kein Hochländer bin, habe ich ihn als ein Geschenk von zweifelhaftem Wert bei Samuel gelassen, und ein kleiner Junge hat mir mein Gepäck zur Bushaltestelle getragen.

Es war ein wundervoller Morgen in dieser hohen kühlen Bergwelt mit ihrer Klarheit, Weite und Stille. Aber ich war innerlich wie erstarrt und sah dies alles, ohne etwas dabei zu empfinden. Der Bus sollte um acht Uhr fahren. Zwei Lehrer sowie ein halbes Dutzend weiterer Männer begleiteten mich zur Haltestelle. Für sie war es ganz normal, dass ich in einen *makeenu* stieg, nachdem ich aus einem ihnen völlig unerfindlichen Grund zu Fuß durch Manz gelaufen war. Sie hatten keine Ahnung, was dieser Moment hier für mich bedeutete, und wir plauderten über dies und das, während ich mich innerlich mit der Tatsache abzufinden suchte, dass meine Reise hier zu Ende war.

Der Minibus kam rechtzeitig, und Samuel erklärte mir ganz genau, dass ich an der Hauptstraße in den großen Dessie-Addis-Bus umsteigen müsse, wobei er sehnsüchtig hinzufügte, dass ich bereits gegen Mittag in der Hauptstadt sein würde, und ich gab höflich vor, darüber entzückt zu sein.

Während ich auf die Abfahrt des Busses wartete, holte ich mein Notizbuch heraus und rechnete zusammen, wie viele Meilen ich – nach meinem Taschenpedometer – seit meiner Ankunft in Massawah gewandert war. Als ich bei 800, dann 900 und schließlich 950 Meilen angekommen war, erfasste mich eine geradezu kindliche Aufregung. Ich rechnete hin und zurück, aber es stimmte – ich kam auf 1024 Meilen.

Epilog

Addis Abeba bedeutet »Neue Blume« – ein Missgriff in der Namensgebung, den viele *faranj* zum Schreien komisch finden. Aber so wenig ich über ein missgestaltetes Kind lachen kann, so entgeht mir auch hier die Komik des Witzes. Als der Bus über die Kuppe einer etwa fünf Meilen von Addis entfernten Bergkette fuhr, war mein erster Eindruck: noch mehr Blechdächer unter noch mehr Eukalyptusbäumen als gewöhnlich. Mein zweiter Eindruck war der einer katastrophal *irrealen Stadt*. Auch andere kürzlich modernisierte außereuropäische Hauptstädte scheinen unwirklich, und sind gerade deswegen umso bezaubernder. Sie wirken jedoch nur für den westlichen Besucher imaginär, während Addis Abeba für Äthiopien selbst unreal scheint.

Die Kluft zwischen der Hauptstadt und dem übrigen Land wurde bei meinen Gesprächen mit den in Addis lebenden Ausländern immer wieder sichtbar. Ob Diplomaten, Kaufleute oder Krankenschwestern, die meisten von ihnen waren über Äthiopien einer Meinung. Dabei unterschieden sich die Erfahrungen, auf die sie ihre Meinungen stützten, beträchtlich von denen, die jene gemacht haben, die in den Provinzen unhergereist waren. Den meisten Ausländern, die die Provinzen kennen, kommt Addis wie ein falscher Edelstein vor, der der Struktur des Reiches hastig angeheftet wurde und jeden Tag wieder herunterfallen kann, da die Stadt eine zentralisierte Verwaltung repräsentiert, die für Millionen Untertanen des Kaisers inakzeptabel ist.

Zu den Handikaps der Stadt gehört eine gewisse Unausgegorenheit, für die niemandem ein Vorwurf gemacht werden kann, da Addis erst vor 80 Jahren gegründet wurde, sowie ein Überhandnehmen architektonischer Exzesse, für das man viele Leute verantwortlich machen kann und sollte. Erst kürzlich wurde zur Erinnerung an den Fürsten von Harrar ein riesiges Krankenhaus gebaut, bevor auch nur eine einzige Krankenschwester ausgebildet worden war, die dort hätte arbeiten können. Und wenn man eine große avantgardistische Bank betritt, um einen Traveller's-Scheck einzulösen, dann entspricht der Glanz des Gebäudes allein der Vielzahl der Angestellten, mit denen man verhandeln muss, bis ein winziger Geschäftsvorgang erledigt ist. In der ganzen Stadt erheben sich wahllos extravagante, sinnlose neue Gebäude inmitten eines Durcheinanders von Lehmhütten und beleidigen das Auge und das Begriffsvermögen des Betrachters. Viele bedeutende Persönlichkeiten, die Äthiopien besuchen, kommen nicht weiter als bis Addis, und offensichtlich sind diese architektonischen Kindereien zumindest teilweise von dem Wunsch inspiriert, den Eindruck eines bevorstehenden Aufschwungs zu suggerieren. Man hätte viel Leid verhindern können, wenn man dieses Geld in den Dürregebieten eingesetzt hätte.

Ein anderer Aspekt der »Entwicklung« Addis' ist noch weit gefährlicher: die Stadt als einen Schild zu benutzen, hinter dem sich die Äthiopier vor den Realitäten ihres nationalen Alltags verstecken. Der einfachste Weg, um den alten, blinden amharischen Stolz zu befriedigen, ist heute der Aufbau einer spektakulären Hauptstadt: Trachome und den Hunger in abgelegenen Gebieten zu bekämpfen wäre zu unauffällig, um den Eindruck eines »sofortigen Fortschritts« zu vermitteln. Auf Addis sind alle Hochländer stolz – die vielen, die nie dort gewesen sind, ebenso wie die wenigen, die es mit anderen Hauptstädten vergleichen können. Für alle ist es ein triumphierendes Symbol dafür, was Äthiopien leisten kann, wenn es gefordert wird.

Als Entschuldigung für die regierungsseitige Flucht vor der Realität wird manchmal auf das Kommunikationsproblem verwiesen, das die Struktur des Hochlands mit sich bringt. Aber im Gegensatz zu anderen unterentwickelten Ländern hat Nordäthiopien glücklicherweise ein einmalig gesundes Klima und eine im Ganzen eigenständige Bevölkerung. In *The Christian Romance of Alexander the Great** lesen wir, dass Alexander und seine Soldaten eines Tages in die »Stadt der Heiligen« kamen, »wo das Wasser süßer ist als die Trauben, aus denen man Wein macht, und die Steine aus buntem Chalcedon, Quarz, Hyazinth und Saphir bestehen, wo es weder eisige Kälte noch sengende Hitze gibt, weder Sommer noch Winter, weder Unterdrückung noch Tränen. Statt Schnee fällt Manna vom Himmel. Alle Brunnen und Zisternen sind mit Honig gefüllt, und jedes Tier gibt reichlich Milch.« Zugegeben, dies ist ein Märchen und keine landwirtschaftliche Studie, aber es gibt getreulich die Stimmung des Hochlandes wieder, wo eine energische und verantwortliche Regierung den meisten Gegenden zu Wohlstand verhelfen könnte.

Mein sechswöchiger Aufenthalt in Addis Abeba war eine lehrreiche Schule, obgleich ich noch mehr Erfahrungen hätte sammeln können, wäre ich nicht in einem *Faranj*-Ghetto gefangen gewesen. Mit der Zeit machte es mich immer nervöser, inmitten eines fremden Volkes zu leben, ohne an seinem Alltag teilzuhaben. Bei einigen Gelegenheiten schlich ich mich aus meinem üppigen Quartier, um mich in irgendeiner engen Gasse in ein *talla-beit* zu setzen. Aber obgleich ich immer höflich behandelt wurde, löste meine Gegenwart Verwirrung und heimliche Belustigung aus. Addis liegt noch nicht an der interkontinentalen Anhalterroute, und die Einheimischen erwarten, dass die *faranj* unter sich bleiben. Aber kurz bevor ich nach Hause flog, machte ich mich noch einmal auf und ging für einen Tag in die Berge, um mich von dem echten Äthiopien zu verabschieden.

Der Himmel war bewölkt, als ich am Morgen zielstrebig auf einen im Südosten gelegenen Berg losmarschierte. In meiner augenblicklichen Stimmung schien mir jeder Berg für mein Vorhaben geeignet, mit Ausnahme des Entoto, zu dem man kürzlich eine

* Ein äthiopisches Werk, übersetzt von Sir C. Wallis Budge.

Autostraße gebaut hat. Es war der Sonntag nach dem orthodoxen Osterfest, und als ich durch die Stadt ging, brodelte es in den kleinen Gassen vor Hochzeitsfieber. (Man hat den Eindruck, dass nach Beendigung der Fastenzeit die Hälfte der jüngeren Generation verheiratet wird.) Wie in Indien kosten Hochzeitsfeiern auch hier ein Vermögen. Weiße Festzelte standen in vielen winzigen Compounds, jeder hatte seine schönsten Ostergewänder an, die Sänger übten in den *tej-beits*, die Frauen eilten mit *Injara*-Körben auf dem Kopf und Schalen mit *wat* in ihren Händen hin und her, und die Männer trugen bis an den Rand mit *tej* und *talla* gefüllte Zinkeimer, irdene Krüge und Holzfässer herbei.

Zumeist führte mein Weg zwischen blechgedeckten Hütten hindurch, wo die ungepflasterten Gassen knöcheltief mit dickem, schwarzem, stinkendem Schlamm bedeckt waren. Aus diesem Grund verlassen nur wenig Fremde die Hauptstraße, und so folgten mir Horden von Kindern mit: »*Faranj! Faranj!*«-Rufen. Dann kam ich plötzlich an eine breite geteerte Straße mit großen neuen Häusern, grellen Tankstellen und bunten Reklamewänden. Diese Straßen waren gefährlich wegen der motorisierten Hochzeitszüge der Reichen, die wie verrückt (oder vorzeitig betrunken) in ihren blumengeschmückten, mit laut gröhlenden Hochzeitsgästen überladenen Autos dort entlangrasten. Unmittelbar hinter Addis jedoch erinnerten an die Nähe der Stadt nur noch Elektrizitätsleitungen und Fußgängerbrücken über Flüsse, die man woanders hätte durchwaten müssen.

Dieses schöne ruhige Hügelland hat leichte, sanfte Hänge, frische grüne Wiesen, hübsche kleine Pinienwälder und riesige Plantagen mit Eukalyptusschösslingen, deren junge Blätter beim leisesten Lufthauch wie gesprenkelte Seide erzittern. Die wenigen kleinen Dörfer waren amharisch, bis auf eine Galla-Siedlung. Es gab nur wenig Landwirtschaft, und man sah kaum Menschen. Ich bin einmal eine Stunde lang gelaufen, ohne irgendjemandem zu begegnen.

Der Berg, den ich mir ausgesucht hatte, ist mehr als 10 000 Fuß hoch, aber die Aussicht wurde durch einen leichten Nebel beeinträchtigt. Trotzdem fühlte ich wieder jene bekannte, überwältigende Freude, die ich zuvor schon so häufig in dieser weiten, abgelegenen Hochlandwelt gespürt hatte. Unter mir lag »Die neue Blume« – mit ihren blumenblättrigen Blechdächern, ihren stängelgleichen Mini-Wolkenkratzern und ihren Eukalyptushainen – und dokumentierte mehr als je zuvor den kläglichen, vergeblichen Versuch, der rauen Einöde zu entfliehen, die noch lange die Realität im Herzen Äthiopiens sein wird.

Beim Abstieg über einen anderen Pfad kam ich auf ebenes Weideland mit einer Unmenge von Pilzen, von denen im Supermarkt die importierte Dose 30 Shilling kostet. Eine solche Fülle satinweißer, halb im dichten, abgeweideten Gras versteckter Pilzköpfe hatte ich seit meiner Kindheit nicht mehr gesehen. Mein Buschhemd hat vier geräumige Taschen, und ich verbrachte die nächste Stunde damit, sie alle zu füllen, wobei ich, eifrig mit der Ernte beschäftigt, die Wiesen nach allen Himmelsrichtungen hin abschritt.

Der Nachmittagshimmel hatte sich inzwischen bezogen. Die Umrisse der benachbarten Berge waren verschwommen, die Luft war feuchtwarm, und es hätte einer jener Augusttage sein können, an denen man mit derselben Sammelleidenschaft die irischen Felder durchstreift. Plötzlich wurde die Stille von Hufschlag unterbrochen, und etwa 40 junge Pferde kamen hinter einem Eukalyptuswäldchen hervor und galoppierten auf mich zu. Auf ungesattelten Maultieren folgten ihnen drei junge Burschen, denen die Verwunderung über mein exzentrisches Verhalten deutlich anzumerken war. Keiner von ihnen sprach Englisch, aber es war leicht, ihnen zu erklären, dass Pilze eine *faranj*-Delikatesse sind. Sie starrten mich entsetzt an – und sprangen hastig von ihren Maultieren, um mir gestenreich davon abzuraten, dieses tödliche Zeug zu essen. Es wundert mich, dass ein Volk, das über so wenig natürliche Nahrungsquellen verfügt, nie entdeckt hat, dass man bestimmte Pilze essen kann – ähnlich wie die isländischen Aran, die nicht wissen, dass Wasserkresse essbar ist. Aber dadurch, dass ich auf der Stelle ein halbes Dutzend Pilze verzehrte, konnte ich die Jungen wenigstens davon überzeugen, dass *faranj* gegen das Gift immun sind.

Kurz darauf geriet ich in eine Hochzeitsfeier. Während ich mich am Rand einer Weide auf einem Felsbrocken ausruhte, hörte ich plötzlich in der Ferne Gesang und sah etwa 20 Männer und Frauen über einen weiten, leuchtenden Grasstreifen wandern, rennen und springen. (Dies ist nur eine sehr unvollkommene Beschreibung ihrer eigenartigen Fortbewegung: Es sah fast so aus, als könnten sie nicht auf den Beginn des Tanzes im Haus der Braut warten.) Die Männer trugen über schmuddeligen europäischen Hosen schneeweiße *shammas*, und die Frauen glänzten durch weite, lange Kleider mit wunderschönen, gewebten, buntfarbenen Bordüren. Zwei Mädchen mit *Injara*-Körben auf den Köpfen führten die Gruppe an. Auf den Deckeln der Körbe waren große Sträuße aus Buschwerk und Kräutern befestigt, die sich bei jedem Tanzschritt anmutig im Takt wiegten. Die älteren Frauen folgten singend, hüpfend und lachend mit ganz unmatronenhafter Hingabe. Und die Männer sprangen bei jedem Schritt kraftvoll in die Höhe und schwangen laut singend ihre *dulas* über ihren Köpfen. (Die Lieder der Frauen waren abwechslungsreicher, und gelegentlich blieben sie stehen, um wunderschön zu trillern.) Diese kleine Prozession – so schlicht und fröhlich vor dem Hintergrund sanfter Hügel, bewaldeter Täler und sanfter Wiesen – gehört zu dem Schönsten, was ich je gesehen habe.

Als die Gruppe an mir vorbeikam, lächelte jeder scheu dem überraschenden Zuschauer zu. Sie gingen in meine Richtung, und so folgte ich ihnen auf einem matschigen Pfad zwischen großen Eukalyptusbäumen. Bald hörte ich den harten Rhythmus der Festtrommeln und den lauten Gesang vieler Männer.

15 Minuten später kamen wir an einen Grashang unterhalb eines Compounds, in dem ein großes weißes Festzelt stand. Die Einfriedung und der Torbogen waren mit ungeschickt arrangierten Eukalyptuszweigen geschmückt. Als wir uns näherten, kamen uns vier Mädchen und eine Gruppe älterer Frauen entgegen. Alle Frauen wirbelten in ihren weiten, kreiselnden, bunten Röcken herum, wäh-

rend der Rhythmus der Trommeln immer schneller wurde. Und plötzlich wurde ich von zwei lachenden Mädchen und einem kleinen grinsenden Jungen ergriffen und durch das Gedränge der übrigen, mich willkommen heißenden Gäste in den Compound geführt. Dies war keine »offizielle« Einladung, sondern eine spontane Geste in der Überzeugung, dass natürlich jeder vorbeikommende Fremde gern an ihrer Feier teilnehmen würde.

Im Innern des überfüllten Zeltes war es zum Ersticken heiß. Es roch nach Schweiß, scharf gewürzten Stews und zerquetschten Eukalyptusblättern. Die frischen Zweige waren auf den Boden gestreut worden, unter Reihen von wackeligen Bänken und unter lange, auf Böcke gelegte Tischplatten, über die man alte *shammas* gebreitet hatte. Jeder Gast bekam einen angeschlagenen Emailbecher für sein *talla* und einen angestoßenen Emailteller für sein *wat*. Das *injara* wurde auf den Tisch gelegt, ein enormes zusammengefaltetes Rund für jeden Gast, denn die Etikette gebietet, mehr anzubieten, als man beim besten Willen essen kann. Bei allem Aufwand war dies offensichtlich eine arme Familie, denn es wurde weder *tej* noch rohes Fleisch serviert, und das *wat* war sehr einfach. Da nur etwa 150 Gäste im Zelt Platz hatten, wurde in zwei Schichten gegessen.

Es gab niemanden, der Englisch sprach, und keiner der Männer rauchte; allein das Emailgeschirr und die wadenlangen Röcke der Frauen (die hiesige »Mini«-Mode) deuteten auf die Nähe einer Stadt. Hier wurde mir plötzlich klar, was mich an Addis am meisten ärgerte: dass so viele Fremde unfähig sind, die Äthiopier als ihre Mitmenschen zu betrachten. Es ist in der Tat schockierend, wenn man sich bewusst macht, dass hunderte von selbstzufriedenen Westlern in der Hauptstadt sitzen und ein fettes Gehalt für ihre »Hilfe« beziehen, die sie einem Volk angedeihen lassen, für das sie so wenig Sympathie empfinden, dass eine effektive Hilfe gar nicht möglich ist. (Es sitzen übrigens auch eine stattliche Anzahl Äthiopier in der Hauptstadt, die für eine sinnlose Arbeit dicke Gehälter einstreichen; aber das ist nicht der Punkt.) Ich gebe zu, dass die Fremden für diese Situation nicht allein verantwortlich sind. Der

Umgang mit den Amharas ist schwierig, offiziell wie gesellschaftlich; sie akzeptieren Hilfe nur zu ihren eigenen Bedingungen und betrachten jede andere Rasse gegenüber der ihren als minderwertig. Aber hier muss ein wichtiger Unterschied gemacht werden. Während die Amharas alle Nicht-Amharas als ihnen von der Vorsehung gesandte Diener betrachten, ganz gleich, welchen nominellen Status ein bestimmter Nicht-Amhara einnimmt, neigen die *faranj* dazu, die Hochländer als Kreaturen eigener Art zu betrachten. Und selbst wenn sie für einen Einzelnen Sympathie zeigen, kann man für gewöhnlich einen gönnerhaften Unterton heraushören. Die Haltung der Hochländer kann man noch mit ihrer geografischen Abgeschiedenheit entschuldigen, aber wir präsentieren uns ihnen als die Apostel einer toleranten Aufklärung.

Während des Festes gelang es mir trotz der Sprachbarriere, mit den Einheimischen »ins Gespräch zu kommen«. Ich erfuhr, dass dies das Heim der Braut war und man die Ankunft des Bräutigams jeden Augenblick erwartete, der aus einem zehn Reitstunden entfernten Dorf kam. Es würde keine kirchliche Zeremonie mit einer feierlichen Bekräftigung des Ehegelübdes durch das Abendmahl geben. Stattdessen würde das Brautpaar lediglich beim Namen des Kaisers schwören: »Sie ist meine Frau« bzw. »Er ist mein Mann«.

Nach einer solchen Ziviltrauung ist auch die Scheidung eine einfache Sache. Unter der bäuerlichen Bevölkerung wird die kirchliche Zeremonie daher nur von den Priestern selbst vorgezogen – denen es ohnehin verboten ist, sich wieder zu verheiraten, selbst wenn ihre Frau gestorben ist –, sowie von einer Minorität ungewöhnlich gläubiger Familien. Eine dritte Form der Eheschließung, die eher bei Soldaten und Händlern als in sesshaften Gemeinden üblich ist, erfordert überhaupt keine formellen Eide; der Mann stattet seine Frau lediglich mit einem Heim, Kleidern und Taschengeld aus.

Gegen Ende des Festes, als sich die Gäste bereits ihre fettigen Finger an den auf dem Boden liegenden Blättern abwischten, begannen vier Freundinnen der Braut in einer Ecke des Zeltes im Takt einer von einem hellhäutigen Jungen geschlagenen Trommel zu tanzen.

Der Junge stand dort schlank und aufrecht in weißen Reithosen und Waffenrock, sah eher wie ein sinnenfroher Engel aus und schlug in wilder Begeisterung seine Trommel immer schneller und schneller. Schon bald klatschte alles im Takt der Musik in die Hände, und die Frauen stießen ihre Triller aus. Ich hatte meine ganze Aufmerksamkeit auf die Mädchen gerichtet, bei denen jeder Muskel ihrer geschmeidigen Körper in Bewegung war – mal zurückgenommen, wenn sie hintereinander vibrierend vor Energie und Ekstase im Kreis schritten; dann wieder hitzig, wenn sie sich einem imaginären männlichen Partner in unverhüllter Sexualität näherten; oder wenn sie in die Hocke gingen und so für einige Momente sitzen blieben, wobei sie konvulsiv die Schultern bewegten. Die Tänzerinnen glänzten vor Schweiß, als ihr Tanz von vier kleinen Jungen unterbrochen wurde, die den Weg des Bräutigams von einer Bergspitze aus beobachtet hatten und nun atemlos ins Zelt gestürzt kamen, um sein Kommen anzukündigen.

Als wir hinauseilten, um uns dem Begrüßungskomitee anzuschließen, sahen wir eine Prozession aus fünf Männern langsam unter den Eukalyptusbäumen auf uns zukommen. Allein der 20-jährige Bräutigam ritt auf einem Maultier, das mit jener schäbigen Großartigkeit herausgeputzt war, die für alle Hochlandfeste typisch ist. Das müde Tier trug eine Decke aus zerschlissenem Goldbrokat, hohe leuchtend rote Straußenfederbüsche zwischen den Ohren, und an Sattel und Saumzeug klingelten kleine Silberglöckchen. Da Hochland-Steigbügel nur für den großen Zeh Platz haben, hielt der Bräutigam erst einmal an, um seine eleganten neuen Hochzeitsschuhe anzuziehen, die sein Freund um den Hals getragen hatte.

Die Freundinnen der Braut gingen nun auf die Neuankömmlinge zu, um sie zu begrüßen, und tanzten dann langsam, den Blick auf den Bräutigam gerichtet, rückwärts in Richtung des Compounds, wobei sie sich auf zeremonielle, schlichte, stilisierte Bewegungen beschränkten. Zu beiden Seiten sangen die Männer feierliche Lieder, und die Frauengruppen trillerten abwechselnd dazu. Und als der Bräutigam abstieg, produzierten alle Frauen gemeinsam einen wunderschönen, in Wellen an- und abschwellenden Ton, der von einem unsichtbaren, weit entfernten Chor zu kommen schien.

Dann gab es die formelle Verzögerung: Der Vater der Braut muss zunächst eine Weile warten, bevor er den Bräutigam begrüßt, um die Liebe zu seiner Tochter zu dokumentieren – und seine Zweifel, ob der junge Mann es denn wert ist, in eine so angesehene Familie aufgenommen zu werden. Ich hoffte, dass sein Zögern nur kurz sein würde, da der Bräutigam und seine Freunde, die alle schwere Gewehre trugen, äußerst erschöpft aussahen. Offensichtlich sah der Schwiegervater dies genauso, und bald darauf saßen alle fünf im Zelt um einen enormen Krug mit speziell gebrautem »Bräutigams-Bier« herum.

Offiziell waren sich die Brautleute bis zu diesem Moment noch nicht begegnet, obgleich sie sich in Wirklichkeit sehr gut kannten. Jetzt betraten hintereinander sechs gleich gekleidete Mädchen das Zelt und setzten sich verlegen in einer Reihe der Gruppe des Bräutigams gegenüber. Es war leicht, die aufgeregte Braut unter ihnen zu erkennen. Aber die Tradition verlangt, dass die Mädchen verschleiert sind und der beste Freund des Bräutigams die Braut nach einem bestimmten Ritual »herausfinden« und im Triumph auf seinen Schultern dem Bräutigam zuführen muss. Dies war der einzige unerfreuliche Teil der Zeremonie: Die unglückliche 14-Jährige brach in Tränen aus, als sie ihrem zukünftigen Gatten präsentiert wurde, und er sah fast genauso unglücklich aus, als er sich abrupt abwandte, um einen weiteren Krug *talla* entgegenzunehmen.

Der beiderseitige Jammer des Paares war verständlich, denn die Hochzeitsnacht ist im Hochland häufig ein halböffentlicher Test für die Willenskraft und die physische Stärke beider Partner. In einigen Gegenden wird der Braut beigebracht, sie müsse ihre Unschuld verteidigen, als drohe ihr eine Vergewaltigung. Gleichzeitig aber weiß sie, dass ihr zukünftiger Ehemann, wenn er sich ihr nicht gewachsen zeigen sollte – was bei etwas schüchternen Hochländern häufig vorkommt, die sich durch die wilde Gegenwehr ihrer Braut eher gehemmt als ermuntert fühlen –, seinen besten Freund auffordern wird, den Beweis ihrer Jungfräulichkeit zu erbringen, um diesen dann den gespannt wartenden Gästen zu präsentieren. Die Hochzeitsnacht findet übrigens im Haus des Bräutigams statt, zu dem die Gesellschaft erst morgen reiten wird, sodass dem Paar ein Aufschub von weiteren 24 Stunden gewährt ist.

Als ich meinen Aufbruch ankündigte, bekam ich zahlreiche Einladungen, über Nacht zu bleiben, was ich leider ablehnen musste, da meine Abwesenheit in Addis einige Aufregung hätte verursachen können.

Während ich nach Hause wanderte, ging mir durch den Kopf, dass man sich in der Hauptstadt mit 20 Englisch sprechenden Äthiopiern am Tag unterhalten kann, um festzustellen, dass 19 von ihnen so von dieser künstlichen städtischen Atmosphäre verdorben sind, dass mit ihnen eine echte Kommunikation – auf welchem Niveau auch immer – unmöglich ist. Dagegen kann man sich mit nicht Englisch sprechenden Dorfbewohnern sehr bald verständigen, und zwar unerklärlicherweise, aber unverkennbar auf jenem ursprünglichen Niveau, wo nicht Ideen, sondern nur echte Gefühle zählen. Mir wurde ferner klar, dass man in Äthiopien mehr als in irgendeinem anderen mir bekannten Land – unbewusst – für diese Art von Kontakt etwas tun muss. (Wahrscheinlich würde man für immer scheitern, würde man dieses Ziel bewusst verfolgen.) Als ich mich an meine ersten Wochen hier erinnerte und sie mit diesem Nachmittag verglich, konnte ich über den Unterschied nur staunen. Zugegeben, die Menschen um Addis herum sind weniger introvertiert als die isolierte bäuerliche Bevölkerung im Norden. Dennoch erklärt dies nicht den Wandel in meinem Verhältnis zu den Hochländern. Oberflächlich betrachtet hatte ich diesen Wandel allein bewirkt; aber wenn diese merkwürdigen, zurückhaltenden Tigerianer und Amharer nicht in zahllosen winzigen Details ein grundsätzliches Entgegenkommen signalisiert hätten, hätte ich meinen Teil der Brücke nicht aufbauen können.

Ein Reisender, der die Sprache der äthiopischen Hochlandbewohner nicht spricht, wird sie vermutlich nie ganz verstehen. Aber

Danksagung

Ich möchte mich bedanken

bei Ihrer Hoheit Leilt Aida Desta, deren teilnehmende Hilfsbereitschaft mir viele Wege geebnet hat,

bei den vielen Hochlandbewohnern, ohne deren Gastfreundschaft ich nicht hätte überleben können,

bei seiner Exzellenz Sir Thomas Bromley und Lady Bromley; Councillor Mr. Robert Swann; Konsul Mr. George Peel, britische Botschaft Addis Abeba, die einer Irin großzügig jede Hilfe zukommen ließen,

bei Major und Mrs. John Bromley, britisches Konsulat Asmara, deren Freundschaft mich auf meiner ganzen Reise unterstützt hat,

bei Mr. und Mrs. Marcel Landey, E.C.A., die fünf Wochen meine langmütigen Gastgeber in Addis Abeba waren,

bei einer Reihe von Äthiopiern und *faranjs*, die mir auf viele Art geholfen und mich ermutigt haben,

und bei Dem Ehrenwerten Jock, dessen Treue, Intelligenz und Ausdauer drei Monate lang meine Hauptstütze waren.

das allmähliche Entstehen der Zuneigung zu einem anderen Volk ist der eigentliche Gewinn und die reichste Belohnung einer solchen Reise – und nicht das Zurücklegen tausender von Kilometern oder das Besteigen hunderter von Berggipfeln.